中華古籍保護計劃
ZHONG HUA GU JI BAO HU JI HUA CHENG GUO
·成 果·

衢州市博物館

古籍普查登記目録

全國古籍普查登記目録·浙江衢州

國家圖書館出版社

National Library of China Publishing House

圖書在版編目(CIP)數據

衢州市博物館古籍普查登記目録/《衢州市博物館古籍普查登記目録》編委會編. --北京：
國家圖書館出版社,2019.4
（全國古籍普查登記目録）
ISBN 978 - 7 - 5013 - 6665 - 1

Ⅰ.①衢…　Ⅱ.①衢…　Ⅲ.①博物館—古籍—圖書目録—衢州　Ⅳ.①Z838

中國版本圖書館 CIP 數據核字(2019)第 031000 號

| 書　　名 | 衢州市博物館古籍普查登記目録 |
|---|---|
| 著　　者 | 《衢州市博物館古籍普查登記目録》編委會　編 |
| 責任編輯 | 許海燕 |

| 出　　版 | 國家圖書館出版社(100034　北京市西城區文津街 7 號) |
|---|---|
| | （原書目文獻出版社　北京圖書館出版社） |
| 發　　行 | 010 - 66114536　66126153　66151313　66175620 |
| | 66121706(傳真)　66126156(門市部) |
| E-mail | nlcpress@ nlc. cn( 郵購) |
| Website | www. nlcpress. com→投稿中心 |
| 經　　銷 | 新華書店 |
| 印　　裝 | 河北三河弘翰印務有限公司 |
| 版　　次 | 2019 年 4 月第 1 版　2019 年 4 月第 1 次印刷 |

| 開　　本 | 787 × 1092(毫米)　1/16 |
|---|---|
| 印　　張 | 17.5 |
| 字　　數 | 240 千字 |

| 書　　號 | ISBN 978 - 7 - 5013 - 6665 - 1 |
|---|---|
| 定　　價 | 180.00 圓 |

# 《全國古籍普查登記目録》

## 工作委員會

主　任：周和平

副主任：張永新　詹福瑞　劉小琴　李致忠　張志清

委　員（按姓氏筆畫排序）：

# 《全國古籍普查登記目録》

## 序　言

　　全國古籍普查登記工作是"中華古籍保護計劃"的首要任務,是全面開展古籍搶救、保護和利用工作的基礎,也是有史以來第一次由政府組織、參加收藏單位最多的全國性古籍普查登記工作。

　　2007年國務院辦公廳發布《關於進一步加强古籍保護工作的意見》(國辦發[2007]6號),明確了古籍保護工作的首要任務是對全國公共圖書館、博物館和教育、宗教、民族、文物等系統的古籍收藏和保護狀況進行全面普查,建立中華古籍聯合目録和古籍數字資源庫。2011年12月,文化部下發《文化部辦公廳關於加快推進全國古籍普查登記工作的通知》(文辦發[2011]518號),進一步落實了全國古籍普查登記工作。根據文化部2011年518號文件精神,國家古籍保護中心擬訂了《全國古籍普查登記工作方案》,進一步規範了古籍普查登記工作的範圍、内容、原則、步驟、辦法、成果和經費。目前進行的全國古籍普查登記工作的中心任務是通過每部古籍的身份證——"古籍普查登記編號"和相關信息,建立古籍總臺賬,全面瞭解全國古籍存藏情況,開展全國古籍保護的基礎性工作,加强各級政府對古籍的管理、保護和利用。

　　《全國古籍普查登記工作方案》規定了全國古籍普查登記工作的三個主要步驟:一、開展古籍普查登記工作;二、在古籍普查登記基礎上,編纂出版館藏古籍普查登記目録,形成《全國古籍普查登記目録》;三、在古籍普查登記工作基本完成的前提下,由省級古籍保護中心負責編纂出版本省古籍分類聯合目録《中華古籍總目》分省卷,由國家古籍保護中心負責編纂出版《中華古籍總目》統編卷。

　　在黨和政府領導下,在各地區、各有關部門和全社會共同努力下,古籍普查登記工作得以扎實推進。古籍普查已在除臺、港、澳之外的全國各省級行政區域開展,普查内容除漢文古籍外,還包括各少數民族文字古籍,特別是於2010年分別啓動了新疆古籍保護和西藏古籍保護專項,因地制宜,開展古籍普查登記工作;國家古籍保護中心研製的"全國古籍普查登記平臺"已覆蓋到全國各省級古籍保護中心,并進一步研發了"中華古籍索引庫",爲及時展現古籍普查成果提供有力支持;截至目前,已有11375部古籍進入《國家珍貴古籍名録》,浙江、江蘇、山東、河北等省公布了省級《珍貴古籍名録》,古籍分級保護機制初步形成。

《全國古籍普查登記目録》是古籍普查工作的階段性成果,旨在摸清家底,揭示館藏,反映古籍的基本信息。原則上每申報單位獨立成册,館藏量少不能獨立成册者,則在本省範圍内幾個館目合并成册。無論獨立成册還是合并成册,均編製獨立的書名筆畫索引附於書後。著録的必填基本項目有:古籍普查登記編號、索書號、題名卷數、著者(含著作方式)、版本、册數及存缺卷數。其他擴展項目有:分類、批校題跋、版式、裝幀形式、叢書子目、書影、破損狀況等。有條件的收藏單位多著録的一些擴展項目,也反映在《全國古籍普查登記目録》上。目録編排按古籍普查登記編號排序,内在順序給予各古籍收藏單位較大自由度,可按分類排列古籍普查登記編號,也可按排架號、按同書名等排列古籍普查登記編號,以反映各館特色。

此次全國古籍普查登記工作,克服了古籍數量多、普查人員少、普查難度大等各種困難,也得到了全國古籍保護工作者的極大支持。在古籍普查登記過程中,國家古籍保護中心、各省古籍保護中心爲此舉辦了多期古籍普查、古籍鑒定、古籍普查目録審校等培訓班,全國共 1600 餘家單位參加了培訓,爲古籍普查登記工作培養了大量人才。同時在古籍普查登記工作中,也鍛煉了普查員的實踐能力,爲將來古籍保護事業發展奠定了良好的基礎。

《全國古籍普查登記目録》的出版,將摸清我國古籍家底,爲古籍保護和利用工作提供依據,也將是古籍保護長期工作的一個里程碑。

国家古籍保護中心
2013 年 10 月

# 《全國古籍普查登記目録》

## 編纂凡例

一、收録範圍爲我國境內各收藏機構或個人所藏,産生於 1912 年以前,具有文物價值、學術價值和藝術價值的文獻典籍,包括漢文古籍和少數民族文字古籍以及甲骨、簡帛、敦煌遺書、碑帖拓本、古地圖等文獻。其中,部分文獻的收録年限適當延伸。

二、以各收藏機構爲分册依據,篇幅較小者,適當合并出版。

三、一部古籍一條款目,複本亦單獨著録。

四、著録基本要求爲客觀登記、規範描述。

五、著録款目包括古籍普查登記編號、索書號、題名卷數、著者、版本、册數、存缺卷等。古籍普查登記編號的組成方式是:省級行政區劃代碼—單位代碼—古籍普查登記順序號。

六、以古籍普查登記編號順序排序。

# 《浙江省古籍普查登記目録》

## 工作委員會

# 《浙江省古籍普查登記目録》

## 編纂委員會

主　編：徐曉軍

副主編：童聖江　曹海花　褚樹青　莊立臻　徐益波

　　　　胡海榮　劉　偉　沈紅梅　王以儉　孫旭霞

　　　　占　劍　孫國茂　毛　旭　季彤曦

統校和編纂工作小組組長：曹海花（浙江圖書館）

統校和編纂工作小組成員：秦華英（浙江圖書館）

　　　　　　　　　　　　吕　芳（浙江圖書館）

　　　　　　　　　　　　干亦鈴（寧波市圖書館）

　　　　　　　　　　　　劉　雲（寧波市天一閣博物館）

　　　　　　　　　　　　周慧惠（寧波市天一閣博物館）

　　　　　　　　　　　　馬曉紅（餘姚市文物保護管理所）

　　　　　　　　　　　　陳瑾淵（温州市圖書館）

　　　　　　　　　　　　王　昉（温州市圖書館）

　　　　　　　　　　　　沈秋燕（嘉興市圖書館）

　　　　　　　　　　　　丁嫻明（嘉興市圖書館）

　　　　　　　　　　　　唐　微（紹興圖書館）

　　　　　　　　　　　　丁　瑛（紹興圖書館）

　　　　　　　　　　　　毛　慧（衢州市博物館）

# 《浙江省古籍普查登記目録》

# 序　言

　　浙江文化底藴深厚,書籍刻印歷史悠久,前賢留下的著述浩如烟海,藏書雅閣及私人藏書爲數衆多,古籍資源十分豐富,幾乎縣縣有古籍,是全國古籍藏量較多的省份之一,是中華文化中具有獨特地域特色的重要一脉。保護好這些珍貴的古籍,對促進文化傳承、弘揚民族精神、維護國家統一及社會穩定具有重要作用。同時,加强古籍保護工作,也是加快建設文化大省、文化强省,努力推動文化浙江建設和社會主義文化大發展大繁榮的必然要求。

## (一)

　　爲搶救、保護我國的珍貴古籍,繼承和弘揚優秀傳統文化,國務院辦公廳印發了《關於進一步加强古籍保護工作的意見》(國辦發[2007]6號),全國古籍普查登記工作是瞭解全國古籍存藏情況、建立古籍總臺賬、開展全國古籍保護的基礎性工作。爲認真貫徹落實"國辦發[2007]6號"文件精神,切實加强全省古籍的搶救、保護,浙江省人民政府辦公廳印發《關於進一步加强古籍保護工作的意見》(浙政辦發[2009]54號),提出2009年起要在全省範圍内開展古籍普查登記工作。2012年,浙江省古籍保護工作聯席會議下發《關於印發〈浙江省"中華古籍保護計劃"實施方案〉的通知》(浙文社[2012]30號),提出在"十二五"末基本完成全省古籍普查工作的目標。

　　試點先行、摸底調查、制定方案,建立制度、統籌指揮,引進人員、有效培訓、壯大隊伍,配置設備、補助經費、保障到位,編製手册、明確款目、統一規則,著録完整、審核到位、保證質量,設立項目、表揚先進,在省委省政府的高度重視及其各部門的大力支持下,在國家古籍保護中心的積極指導和省文化廳的正確領導下,通過以上種種措施,"秉持浙江精神,幹在實處、走在前列、勇立潮頭",全省公共圖書館、文物、教育、檔案、衛生五大系統共計95家公藏單位通力合作,到2017年4月底基本完成了全省的古籍普查登記工作。

　　通過普查,摸清了全省古籍文化遺産家底,揭示了全省各地區文化脉絡,形成了統一的古籍信息數據庫,建立了一支遍布全省的古籍保護隊伍,爲下一步有針對性地開展古籍保護工作奠定堅實的基礎。鑒於全省在古籍普查和其他古籍保護工作中的突出表現,2014年,浙江圖書館、嘉興市圖書館、雲和縣圖書館獲得"全國古籍保護工作先進單位"稱號,浙江圖書館徐曉軍和曹海花、温州市圖書館王妍、紹興圖書館唐微、平湖市圖書館馬慧、衢州市博物館程勤等 6 人獲得“全國古籍保護工作先進個人”稱號。

## (二)

全國古籍普查登記範圍爲 1912 年以前産生的文獻典籍。由於近代以來浙江私人藏書相當發達,民國期間也刻印了大量典籍,民國文獻在各藏書單位(尤其是基層單位)所藏歷史文獻中占據了相當大的比重。這些文獻形成了浙江文獻典藏的重要特色,是浙江傳統文化的重要組成部分。爲更加全面地掌握本省歷史文獻文化遺産現狀,浙江省將民國時期傳統裝幀書籍也納入普查範圍。

按照《全國古籍普查登記手册》要求,登記每部古籍的基本項目,必登項目有索書號、題名卷數、著者、版本、册數、存缺卷數,選登項目有分類、批校題跋、版式、裝幀形式、叢書子目、書影、破損狀況等内容。浙江省的古籍普查工作一直高標準、嚴要求,自始至終堅持全國古籍普查登記平臺(以下簡稱“古籍普查平臺”)項目全著録,堅持文字信息和書影信息雙著録,登記每部書的索書號、分類、題名卷數、著者、卷數統計、版本、版式、裝幀、裝具、序跋、刻工、批校題跋、鈐印、叢書子目、定級及書影、定損及書影等 16 大項 74 小項的信息。

普查統計顯示,截至 2017 年 4 月 30 日,全省 95 家單位共藏有傳統裝幀書籍 337405 部 2506633 册,其中不分卷者計 31737 部 96822 册,分卷者計 305668 部 2409811 册 11433371 卷(實存 8223803 卷):古籍(含域外本)219862 部 1754943 册,不分卷者 15777 部 54901 册,分卷者 204085 部 1700042 册 7934703 卷;民國時期傳統裝幀書籍 117543 部 751690 册,不分卷者 15960 部 41921 册,分卷者 101583 部 709769 册 3498668 卷。

從版本定級來看,全省四級文獻最多,部數、册數數量占比分別爲 84.75%、78.69%。三級次之,部數、册數數量占比 13.12%、15.96%。一級、二級文獻共計 5689 部 111722 册,量雖不多,極爲珍貴,其破損程度較輕,基本都配置了裝具且裝具狀況良好,這是古籍分級保護體系的有力體現。

從文獻類型來看,古籍普查平臺采用六部分類,在傳統的經、史、子、集四部外加上類叢部、新學。從册數來看,全省文獻類叢部數量最多,占比 29.40%,這其中很大一部分原因在於民國時期刊印了不少大型叢書。史部、集部、子部、經部分居第二至五位,數量占比分別爲 28.98%、18.00%、13.49%、9.24%。新學數量最少,還不到 1%。

從版本類型來看,全省古籍版本類型豐富,數量最多的是刻本,部數占比 51.01%、册數占比 55.03%。部數排在第二至四位的是鉛印本、石印本、抄本,分別占比 17.71%、16.58%、5.19%。册數排在第二至四位的是鉛印本、石印本、影印本,分別占比 14.27%、12.40%、11.38%,這與將民國時期傳統裝幀書籍納入古籍普查範圍有極大關係。稿、抄本部數占比 6.9%、册數占比 4.04%,總體占比不是很高,但在一、二級文獻中稿、抄本的比例比較高,一級中部數占比 20.49%、册數占比

70.25%,二級中部數占比13.16%、册數占比6.57%。

從版本年代來看,全省藏書從南北朝以迄民國,并有部分日本、朝鮮、越南本。其中,元及元以前共計244部3357册。明、清、民國共計2486788册,數量占比99.21%:明代占比5.95%、清代占比63.27%、民國占比29.99%。日本、朝鮮、越南三國本共計1877部14522册,部數、册數占比分别爲0.56%、0.58%。

從批校題跋來看,337405部文獻中有姓名可考的批校題跋共計15374部,其中集部批校題跋最多,占全部批校題跋的38.73%、占集部文獻的6.16%。稿本的批校題跋在相對應的版本類型中比例最高,爲16.18%。且稿本中有多人批校題跋的量最多,多者一部稿本中的批校題跋者達25人,如浙江圖書館藏沈蕉青稿本《燈青茶嫩草》三卷中有孫麟趾等25人的批校題跋。從各館藏書的批校題跋者來看,有鮮明的館域特色,從一個側面體現了各館的文獻來源。

從鈐印來看,337405部文獻中有51509部有收藏鈐印,各級文獻鈐印比例隨級别的增高而加大,一至四級文獻的鈐印占比分别爲50.67%、49.38%、26.00%、12.90%。收藏鈐印從一個方面體現了某書的遞藏源流,鈐印多於1方者有24840部,鈐印多者達54方,如寧波市天一閣博物館藏清初毛氏汲古閣影宋抄本《集韻》十卷上鈐毛晋、毛扆、段玉裁、朱鼎煦四人共計54方印。

在普查的過程中,我們還利用普查成果積極申報《國家珍貴古籍名録》、評選《浙江省珍貴古籍名録》,建立珍貴古籍分級保護體系。截至目前,全省共有871部珍貴古籍入選第一至五批《國家珍貴古籍名録》,有609部古籍入選第一至三批《浙江省珍貴古籍名録》。

(三)

普查登記著録工作結束後,省古籍保護中心於2016年6月成立由浙江圖書館、寧波市圖書館、寧波市天一閣博物館、餘姚市文物保護管理所、溫州市圖書館、嘉興市圖書館、紹興圖書館、衢州市博物館8家單位的14名普查業務骨幹組成的浙江省古籍普查登記目録統校和編纂工作小組,開始全省普查數據的統校和古籍普查登記目録的編纂工作。

浙江省的普查登記目録是將古籍和民國書籍分開的,全省統一規劃,分别出版《浙江省古籍普查登記目録》和《浙江省民國時期傳統裝幀書籍普查登記目録》。根據《全國古籍普查登記目録審校要求》《古籍普查登記表格整理規範》的要求,省古籍保護中心制定《浙江省古籍普查登記目録編纂工作方案》《浙江省古籍普查數據統校細則》,用於指導全省的數據統校和登記目録的編纂。統校和編纂工作程序如下:導出古籍普查平臺上的數據,切分爲古籍、民國兩張表,按照設定的普查編號、索書號、分類、題名卷數、著者、版本、批校題跋、册數、存缺卷這幾項登記目録的出版款目對表格進行整理,整理後按照題名進行排列分給各統校員進行統校,統校結束後的數據按行政區域進行彙總交由分區負責人進行覆核,覆核結束後由省古籍保護中心一一寄給各館進行修改確認,經各館確認後由分區負責人進行最後審定。

在統校的過程中,爲了保證全省數據著錄的一致,我們積極利用我國古籍整理研究的重大成果《中國古籍總目》(以下簡稱《總目》),每條書目一一對核《總目》,《總目》收者即標注《總目》頁碼,《總目》未收某版本者標注"無此版本",《總目》未收者標注"無",《總目》所收即浙江某館所藏者特殊標注,《總目》著錄與普查信息有差异或一時無法判斷者標注"存疑"。拿浙江圖書館的近7萬條古籍數據來看,據不完全統計,除去複本,《總目》所收即浙江圖書館所藏者有1100多種,《總目》未收某一明確版本者有3200多種,《總目》未收者有8300多種。

全省95家單位中有93家單位有古籍數據,總條數計22萬條左右。根據分區域出版和達到一定條數可以單獨成書的原則,全省的古籍普查登記目錄大致分爲以下26種:浙江圖書館,浙江大學圖書館,浙江省博物館,浙江省中醫藥研究院等四家收藏單位,杭州圖書館,西泠印社社務委員會等十家收藏單位、浙江省瑞安中學等八家收藏單位,寧波市圖書館,寧波市天一閣博物館,寧波市奉化區文物保護管理所等六家收藏單位、舟山市圖書館等二家收藏單位,溫州市圖書館,瑞安市博物館(玉海樓),嘉興市圖書館,平湖市圖書館,嘉善縣圖書館,海寧市圖書館等六家收藏單位,湖州市圖書館等七家收藏單位,常山縣圖書館等二家收藏單位,紹興圖書館,嵊州市圖書館,紹興市上虞區圖書館等八家收藏單位,東陽市博物館,金華市博物館等九家收藏單位,衢州市博物館,台州市黃岩區圖書館,臨海市圖書館,臨海市博物館等六家收藏單位,麗水市圖書館等八家收藏單位。目前全省的古籍普查登記目錄有多種已進入出版流程(爲保障普查編號的唯一性、終身有效性,各館數據以原普查編號從低到高的順序進行排列,由於浙江省古籍普查範圍包括古籍、民國時期傳統裝幀書籍、域外漢文古籍,著錄時幾種文獻交替進行,而出版時是分開的,加之古籍普查平臺系統出現的跳號情況,所以會出現普查編號不連貫的情況,特此說明),民國時期傳統裝幀書籍普查登記目錄的編纂亦接近尾聲。普查登記工作和普查登記目錄的編纂爲接下來《中華古籍總目·浙江卷》的編纂打下了良好的基礎。

浙江省古籍普查工作得到了各方的關心和支持。感謝各兄弟省份古籍同行的熱情幫助,感謝李致忠、張志清、吳格、陳先行、陳紅彦、陳荔京、羅琳、王清原、唱春蓮、李德生、石洪運、賈秀麗、范邦瑾等專家學者的悉心指導,藉力於此,普查工作纔得以順利完成。

條數多,分布廣,又出於眾手,儘管工作中我們一直爭取做到最好,但無論是已經著錄的古籍普查平臺數據還是即將付梓的登記目錄,都難免存在紕漏,希望業界同仁不吝賜教,俾臻完善。

浙江省古籍保護中心

2018年4月

# 《衢州市博物館古籍普查登記目録》

## 編委會

主　　編：柴福有　程　勤

副主編：毛　慧　趙文慧

編　　委：程　勤　毛　慧　趙文慧　徐雲良

# 《衢州市博物館古籍普查登記目録》

## 前　言

衢州市博物館成立於 1985 年 9 月，是市區最大的集收藏、陳列、研究於一體的綜合性博物館，擁有館藏歷史文物 5000 餘件，書畫 1200 餘幅，古籍近 3 萬册。其中古籍有專庫保管，實用面積 208 平方米。80％的古籍爲 1949 年以後各個不同時期各類人員捐獻的，其餘 20％爲徵集。古籍的保管和研究一直是我館的重點工作，有完整的總賬，作爲文物登記在册。所有古籍全部入櫃保存，擁有恒温恒濕的良好保存環境。2006 年我館加入《浙江省古籍善本聯合目録》編撰工作，有 213 部善本上報浙江省圖書館。

2012 年 6 月，衢州市博物館古籍普查項目立項，成立了工作小組，制定了工作計劃，配備了拍攝臺、相機、電腦、工作服等設施。同年 10 月，以館藏 3 萬册古籍爲普查目標的衢州市博物館古籍普查工作正式開始，當年完成總任務的 10％，之後的三年各完成 30％，至 2015 年 12 月 10 日全部普查工作結束，遞交結題報告。我館納入普查範圍的綫裝書共 4673 條數據，本目録收録的是 1912 年以前的書籍，計 3265 條數據，皆爲漢文古籍。其中刻本占半壁江山，爲總數的 44.7％；其餘影印本、石印本、鉛印本分别占總數的 21.8％、16.0％和 10.1％；另有少量抄本和稿本。特色藏書爲方志、醫書、家譜和曲譜，分别占總數的 5％、2％、1.7％和 0.8％。

三年的普查工作很辛苦，期間的困難不用多説，從剛開始的操作不熟練，到二審退回修改一次又一次，灰心了相互鼓勁，懊惱了相互開解。但最終摸清了我館藏書的實際情況，對於古籍數据著録、鑒定方面的知識也增加很多，可以説是我們職業生涯最有意義的工作之一。2014 年普查組組長程勤被文化部授予"全國古籍保護工作先進個人"、我館被省政府公布爲"第一批浙江省古籍重點保護單位"和"第二批浙江省古籍修復站"。但我們不能躺在普查的成績上，還有很多工作需要跟進，比如規範古籍分類問題：由於歷史原因，我館叢書分類不規範，一般都按單行本登記，這次普查是著録爲叢書了，但會分别放置不同櫥櫃，應儘快把它們歸置到一起，成爲"一家人"。還有就是古籍修復工作也要跟上，我館 3 萬册古籍，70％左右爲三級以上破損，古籍保護工作任重道遠。

回想當時申報項目，僅僅是把它作爲一項普通課題，并没有意識到古籍普查是全國性重點工作，會是這麼有意義的一件大事。三年的歷練，普查人員也從初涉古籍的懵懂，成長爲古籍從業隊伍裏的骨幹，感謝他們三年默默的耕耘，感謝他們三年的無悔付出，也感謝單位領導、同事的支持和理解。最讓我們感動的是，衢州市博物館雖然是圖書館系統之外的單位，但得益於浙江省十二五重點工程——古籍保護工作體系的春風，得到省古籍保護中心領導和專家的悉心指導，現場培訓、電話聯繫、有問必答，使我們的普查工作得以順利開展，讓我們有家人的感覺。現如今三年來的工作終於出成果了，借此向關心、支持我館工作的浙江省古籍保護中心的領導和專家表示衷心的感謝！

　　雖然我們是盡了十二分的努力，但限於學識水準，難免會有一些紕漏差錯之處，敬請專家、學者及同行批評指正。

本書編委會
2017 年 11 月 9 日

2

# 目　　録

1

330000－1798－0000001　善00001　經部/叢編

**五經旁訓五種**　（元）李恕旁訓　明崇禎二年（1629）彙錦堂刻本　一冊　存一種

330000－1798－0000002　善00002　經部/詩類/傳說之屬

**御纂詩義折中二十卷**　（清）高宗弘曆敕撰（清）傅恆　（清）陳兆崙等纂　清乾隆刻本　六冊　存十一卷（一至四、十至十三、十六至十八）

330000－1798－0000003　善00003　經部/叢編

**十三經註疏十三種**　（明）□□輯　明崇禎元年至十二年（1628－1639）古虞毛氏汲古閣刻本　十七冊　存一種

330000－1798－0000004　善00004　經部/三禮總義類/通禮雜禮之屬

**文公家禮儀節八卷**　（明）丘濬撰　明刻本　四冊　存六卷（一至六）

330000－1798－0000005　善00005　經部/春秋總義類/傳說之屬

**公羊傳十二卷**　（漢）何休注　（明）鍾惺評**穀梁傳十二卷**　（明）□□輯　明崇禎九年（1636）刻本　二冊　存十二卷（公羊傳一至十二）

330000－1798－0000006　善00006　經部/春秋左傳類/傳說之屬

**春秋經傳集解三十卷**　（晉）杜預撰　清影刻宋淳熙三年（1176）閩山阮仲猷種德堂本　九冊　存十八卷（十三至三十）

330000－1798－0000007　善00086　集部/曲類/曲韻曲譜曲律之屬

**納書楹曲譜全集二十二卷**　（清）葉堂撰　清乾隆五十七年至五十九年（1792－1794）納書楹刻本　一冊　存二卷（南柯記一至二）

330000－1798－0000008　善00386　史部/地理類/方志之屬

**[嘉慶]西安縣志四十八卷首一卷**　（清）姚寶煃修　（清）范崇楷等纂　清嘉慶十六年（1811）刻本　十二冊　存四十六卷（一至九、十三至四十八,首）

330000－1798－0000009　善00087　集部/曲類/曲韻曲譜曲律之屬

**納書楹曲譜正集四卷續集四卷補遺四卷外集二卷納書楹玉茗堂四夢曲譜八卷**　（清）葉堂撰　清乾隆五十七年至五十九年（1792－1794）納書楹刻本　二冊　存二卷（紫釵記一至二）

330000－1798－0000010　善00088　集部/曲類/曲韻曲譜曲律之屬

**太古傳宗琵琶調西廂記曲譜二卷宮詞曲譜二卷絃索調時劇新譜二卷**　（清）湯斯質輯（清）朱廷鏐　（清）朱廷璋重訂　清乾隆十四年（1749）允祿刻本　八冊

330000－1798－0000011　善01160　集部/詩文評類/類編之屬

**詩學指南八卷**　（清）顧龍振編　清乾隆二十四年（1759）敦本堂刻本　三冊　缺二卷（五至六）

330000－1798－0000012　善00387　史部/地理類/方志之屬/郡縣志

**[道光]西安縣新志正誤三卷**　（清）陳塤纂　清光緒九年（1883）刻本　一冊

330000－1798－0000013　善00089　集部/曲類/曲韻曲譜曲律之屬

**九宮譜定十二卷總論一卷**　（清）查繼佐輯　清初刻本　八冊

330000－1798－0000014　善00403　史部/政書類/通制之屬

**廣治平略四十四卷**　（清）蔡方炳撰　清康熙刻本　十二冊

330000－1798－0000015　善00090　集部/曲類/曲韻曲譜曲律之屬

**新編南詞定律十三卷首一卷**　（清）呂士雄等撰　清康熙五十九年（1720）刻朱墨套印本　二十冊

330000－1798－0000016　善00410　子部/藝術類/音樂之屬/樂譜

**太音希聲四卷**　（明）陳大斌輯　明刻本　四冊

330000－1798－0000017　善00411　集部/小說類/長篇之屬

**四大奇書第一種十九卷首一卷一百二十回**　（明）羅本撰　（清）毛宗崗評　清刻本　二十冊

330000－1798－0000018　善00091　集部/詩文評類/詩評之屬

**歷代詩話二十七種**　（清）何文煥編　**歷代詩話考索一卷**　（清）何文煥撰　清乾隆三十五年(1770)何氏刻本　十六冊

330000－1798－0000019　善00092　類叢部/叢書類/彙編之屬

**稗海四十八種續集二十二種**　（明）商濬編　明萬曆商氏半埜堂刻清康熙振鷺堂重編補刻本　四十八冊　存二十三種

330000－1798－0000020　善00094　經部/叢編

**十三經註疏十三種**　（明）□□輯　明崇禎元年至十二年(1628－1639)古虞毛氏汲古閣刻本　十冊　存一種

330000－1798－0000021　善01138　集部/詩文評類/詩評之屬

**唐人五言排律詩論三卷**　（清）蔣鵬翮編釋　清乾隆寒三草堂刻本　一冊

330000－1798－0000022　善00503　集部/詞類/詞譜之屬

**詞律二十卷**　（清）萬樹撰　清康熙二十六年(1687)萬氏堆絮園刻保滋堂印本　十冊

330000－1798－0000023　善01781　集部/總集類/彙編之屬

**漢魏六朝一百三家集（漢魏六朝百三名家集）**　（明）張溥編　明婁東張氏刻本　二冊　存一種

330000－1798－0000024　善01793　類叢部/

類書類/專類之屬

**詩材類對纂要四卷**　（清）蔡以臺輯　（清）任德裕　（清）申贊皇箋　清乾隆刻本　二冊

330000－1798－0000025　善00538　經部/三禮總義類/通禮雜禮之屬

**文公家禮儀節八卷**　（明）丘濬撰　明刻本　二冊

330000－1798－0000026　善00590　子部/醫家類/傷寒金匱之屬/傷寒論

**傷寒論後條辨十五卷**　（清）程應旄注　清乾隆九年(1744)文茂堂刻本　八冊

330000－1798－0000027　普00558　子部/叢編

**子書百家**　（清）崇文書局編　清光緒元年(1875)湖北崇文書局刻本　一冊　存二種

330000－1798－0000028　善00007　經部/四書類/孟子之屬/傳說

**翼聖堂重訂蘇老泉硃批孟子二卷**　（宋）蘇洵撰　明嘉靖元年(1522)翼聖堂刻朱墨套印本　華月峰題簽　一冊　存一卷(一)

330000－1798－0000029　善00585　子部/醫家類/方書之屬/單方驗方

**丹溪心法附餘二十四卷首一卷**　（明）方廣輯　清乾隆六十年(1795)大文堂刻本　九冊　存二十四卷(一至二十三、首)

330000－1798－0000030　善00008　經部/叢編

**十三經註疏十三種**　（明）□□輯　明崇禎元年至十二年(1628－1639)古虞毛氏汲古閣刻本　三冊　存一種

330000－1798－0000031　善00591　子部/醫家類/診法之屬/其他診法

**傷寒舌鑑不分卷**　（清）張登輯　清康熙七年(1668)刻本　一冊

330000－1798－0000032　善00607　子部/醫家類/本草之屬/歷代綜合本草

**本草綱目五十二卷附圖二卷**　（明）李時珍撰　清乾隆四十九年(1784)金閶書業堂刻本

二十四冊

330000－1798－0000033　善00019　史部/地理類/方志之屬/郡縣志

**[康熙]西安縣志十二卷首一卷**　（清）陳鵬年修　（清）徐之凱等纂　清康熙三十八年（1699）刻本　九冊　存十一卷（一至七、十至十二，首）

330000－1798－0000035　普02499　史部/傳記類/總傳之屬/家乘

**[浙江龍游]木城祝氏宗譜十四卷首一卷系圖二卷**　（清）祝康琪　（清）祝封三纂修　清光緒四年（1878）永思堂木活字印本　十七冊

330000－1798－0000036　善00009　經部/群經總義類/傳說之屬

**易堂問目四卷**　（清）吳鼎撰　清乾隆三十七年（1772）鄒容成刻本　二冊

330000－1798－0000037　善00010　經部/叢編

**十三經註疏十三種**　（明）□□輯　明崇禎元年至十二年（1628－1639）古虞毛氏汲古閣刻本　三冊　存一種

330000－1798－0000038　普02500　史部/傳記類/總傳之屬/家乘

**[浙江龍游]木城祝氏宗譜十四卷首一卷系圖二卷**　（清）祝康琪　（清）祝封三纂修　清光緒四年（1878）永思堂木活字印本　六冊　存五卷（一、三、六、九至十）

330000－1798－0000039　普01794　子部/醫家類/兒科之屬/痘疹

**痘科扼要一卷**　（清）陳奇生著　清乾隆二十八年（1763）刻本　一冊

330000－1798－0000040　善01804　子部/醫家類/外科之屬/癰疽、疔瘡

**瘍科選粹八卷**　（明）陳文治撰　清乾隆二十六年（1761）潯溪達尊堂刻本　八冊

330000－1798－0000041　善02030　經部/叢編

**十三經註疏十三種**　（明）□□輯　明崇禎元

年至十二年（1628－1639）古虞毛氏汲古閣刻本　三冊　存一種

330000－1798－0000042　善02048　經部/書類/傳說之屬

**尚書大傳四卷**　（漢）鄭玄注　**尚書大傳補遺一卷**　（清）盧見曾撰　**尚書大傳考異一卷續補遺一卷**　（清）盧文弨撰　清乾隆刻本　一冊

330000－1798－0000043　善02050　經部/書類/傳說之屬

**尚書離句六卷**　（清）錢在培輯解　清雍正刻本　二冊

330000－1798－0000044　善02061　經部/書類/傳說之屬

**尚書離句六卷**　（清）錢在培輯解　清刻本　一冊　存一卷（四）

330000－1798－0000045　善00618　子部/醫家類/綜合之屬/通論

**醫學心悟五卷附華佗外科十法一卷首一卷**　（清）程國彭撰　清雍正徽郡慎德堂刻本　四冊

330000－1798－0000046　善00014　史部/編年類/通代之屬

**資治通鑑綱目前編十八卷**　（元）金履祥撰　**外紀一卷**　（明）陳桱撰　（明）劉弘毅音釋　明正德元年（1506）京兆劉弘毅慎獨齋刻本　二冊　存五卷（十五至十八、外紀）

330000－1798－0000047　善00011　經部/小學類/文字之屬/說文/傳說

**說文解字十五卷標目一卷**　（漢）許慎撰　（宋）徐鉉等校定　清初海虞毛氏汲古閣刻本　十五冊

330000－1798－0000048　善00635　子部/醫家類/傷寒金匱之屬/傷寒論

**新增傷寒集註十五卷**　（清）舒詔撰　清乾隆刻本　四冊

330000－1798－0000049　善02059　經部/書類/傳說之屬

書經講義會編十二卷 （明）申時行撰 明萬曆刻本 一冊 存一卷（一）

330000－1798－0000050 善00641 子部/醫家類/醫經之屬/內經

內經知要二卷 （清）李中梓輯並注 清乾隆二十九年(1764)薛雪掃葉山房刻本 二冊

330000－1798－0000051 善02062 經部/書類/傳說之屬

承雅堂尚書約解二卷 （清）陳昂纂 清康熙橋李陳氏承雅堂刻本 一冊

330000－1798－0000052 善00015 史部/編年類/斷代之屬

兩漢紀六十卷 （宋）王銍輯 明嘉靖刻本 一冊 存一卷（前漢紀三十）

330000－1798－0000053 善00016 史部/地理類/總志之屬/斷代

大明一統志九十卷 （明）李賢等纂修 明刻本 四冊 存八卷（四至五、二十九、四十一至四十四、八十三）

330000－1798－0000054 善00017 史部/地理類/方志之屬/郡縣志

[康熙]衢州府志四十卷 （清）楊廷望 (清)金玉衡纂修 清康熙刻本 十一冊 存三十七卷（一至七、十一至四十）

330000－1798－0000055 善00020 史部/地理類/方志之屬/郡縣志

[乾隆]開化縣志十二卷首一卷 （清）范玉衡修 （清）吳淦等纂 清乾隆六十年(1795)刻本 六冊

330000－1798－0000056 善00650 子部/醫家類/婦科之屬/產科

濟陰綱目十四卷 （明）武之望撰 （清）汪淇箋釋 保生碎事一卷 （清）汪淇輯 清雍正天德堂刻本 八冊

330000－1798－0000057 善02077 經部/詩類/傳說之屬

詩經增訂旁訓四卷 （清）徐立綱撰 （清）□□增訂 清浙衢聚秀堂刻本 一冊 存一卷（一）

330000－1798－0000058 善02087 經部/儀禮類/傳說之屬

儀禮章句十七卷 （清）吳廷華撰 清乾隆二十二年(1757)刻本 六冊

330000－1798－0000059 善02101 經部/儀禮類/傳說之屬

儀禮易讀十七卷 （清）馬駉撰 清乾隆二十年(1755)山陰縣學刻本 一冊 存四卷（一至四）

330000－1798－0000060 善00664 子部/醫家類/本草之屬/歷代綜合本草

本草綱目五十二卷圖三卷瀕湖脉學一卷 （明）李時珍撰 本草萬方鍼綫八卷 （清）蔡烈先輯 清同文堂刻本 五十一冊

330000－1798－0000061 善00021 史部/金石類/總志之屬

金石錄三十卷 （宋）趙明誠撰 清順治七年(1650)謝世箕刻本 四冊

330000－1798－0000062 善02088 經部/儀禮類/傳說之屬

儀禮約編三卷 （清）汪基撰 清雍正元年(1723)墨池書屋刻本 一冊

330000－1798－0000063 善00025 經部/四書類/總義之屬/傳說

朱子四書語類五十二卷 （宋）朱熹講述 (宋)黎靖德編 清康熙十七年(1678)金陵周氏四留堂刻本 十冊

330000－1798－0000064 善00668 子部/天文曆算類/天文之屬

欽定儀象考成三十卷首二卷 （清）允祿等撰 清乾隆刻本 十二冊

330000－1798－0000065 普00071 集部/別集類/清別集

餘堂詩四卷 （清）楊兆涑撰 清雍正刻本 一冊

330000－1798－0000066 普00976 集部/別

集類/清別集

**雪樵詩鈔六卷** （清）陳郁撰　清道光刻本
一冊

330000－1798－0000067　普00986　子部/宗
教類/佛教之屬/諸宗

**修我齋試律鈔一卷** （清）吳蘭樞撰　清嘉慶
刻本　一冊

330000－1798－0000068　普00998　集部/別
集類/清別集

**湖東第一山詩鈔五卷** （清）宋棠撰　清刻本
一冊

330000－1798－0000069　普00995　史部/史
評類/詠史之屬

**讀史百詠不分卷** （清）范澍撰　清刻本
一冊

330000－1798－0000070　普00621　子部/醫
家類/傷寒金匱之屬/傷寒論

**真類傷寒要論四卷** （清）徐周志纂錄　清末
抄本　一冊

330000－1798－0000071　善02098　經部/
叢編

**倣宋相臺五經九十七卷附考證** （清）□□輯
清刻本　六冊　存十二卷（禮記三至六、十
一至十四、十七至二十）

330000－1798－0000073　普00294　史部/雜
史類

**驛前河壩徵信錄不分卷** （清）張邦典等編
清光緒刻本　二冊

330000－1798－0000074　善00805　子部/雜
著類/雜考之屬

**日知錄三十二卷** （清）顧炎武撰　清康熙三
十四年(1695)潘耒刻本　十七冊　存三十卷
（一至四、七至三十二）

330000－1798－0000075　善00026　子部/儒
家類/儒學之屬/經濟

**大學衍義三十六卷** （宋）真德秀撰　明崇禎
五年(1632)陳仁錫刻本　十六冊

330000－1798－0000076　善00027　子部/藝
術類/書畫之屬/畫譜

**芥子園畫傳二集八卷** （清）王槩　（清）王蓍
（清）王臬輯　清康熙四十年(1701)芥子園
甥館刻彩色套印本　一冊　存二卷（蘭譜一
至二）

330000－1798－0000077　善00826　子部/術
數類/相宅相墓之屬

**賴太素龍游縣圖記不分卷** 清抄本　一冊

330000－1798－0000078　善02115　經部/春
秋左傳類/傳說之屬

**如西所刻諸名家評點春秋綱目左傳句解彙雋
六卷** （清）韓菼重訂　清刻本　一冊　存一
卷（一）

330000－1798－0000079　善00806　子部/雜
著類/雜考之屬

**日知錄之餘四卷** （清）顧炎武撰　清康熙刻
本　一冊　存二卷（一至二）

330000－1798－0000080　善00098　子部/儒
家類/儒學之屬/經濟

**說苑二十卷** （漢）劉向撰　明末刻本　四冊

330000－1798－0000081　善02124　經部/叢
編類

**十三經註疏** （明）□□輯　明崇禎元年至十
二年(1628－1639)古虞毛氏汲古閣刻本　七
冊　存一種

330000－1798－0000082　善02126　經部/春
秋左傳類/傳說之屬

**增補春秋經傳左繡滙雋三十卷首一卷** （清）
馮李驊　（清）陸浩輯　清乾隆三十六年
(1771)華川書屋刻三餘堂印本　清馮張孫、
陸浩跋　十六冊

330000－1798－0000083　善00825　子部/術
數類/相宅相墓之屬

**賴公衢州府記不分卷** 清抄本　一冊

330000－1798－0000084　善00830　子部/術
數類/相宅相墓之屬

**後五十段二卷** （清）李德貞撰　清乾隆枕山

樓刻本　一冊

330000－1798－0000085　善02136　經部/春秋左傳類/傳說之屬

**左繡三十卷首一卷**　(清)馮李驊　(清)陸浩評輯　**春秋經傳集解三十卷**　(晉)杜預撰　(宋)林堯叟注　(唐)陸德明音釋　清康熙玉軸樓刻本　十冊　存三十五卷(左繡一、十至十三、十五至十六、十八至二十五、二十九至三十,首;春秋經傳集解一、十至十三、十五至十六、十八至二十五、二十九至三十)

330000－1798－0000086　善00033　子部/藝術類/音樂之屬/樂譜

**太古遺音四卷**　(明)楊掄輯　明萬曆三十二年(1604)金陵楊掄桐梓軒刻本　三冊　缺一卷(二)

330000－1798－0000087　善02137　經部/叢編類

**十三經註疏**　(明)□□輯　明崇禎元年至十二年(1628－1639)古虞毛氏汲古閣刻本　十七冊　存一種

330000－1798－0000088　善00029　集部/曲類/曲韻曲譜曲律之屬

**吟香堂曲譜四卷**　(清)馮起鳳撰　清乾隆五十四年(1789)吟香堂刻本　二冊　存二卷(長生殿上、下)

330000－1798－0000089　普00629　子部/醫家類/傷寒金匱之屬/傷寒論

**傷寒要集不分卷**　(清)金節之傳　清末抄本　一冊

330000－1798－0000090　善00831　子部/術數類/陰陽五行之屬

**諏吉便覽不分卷**　(清)俞榮寬輯　清嘉慶二年(1797)錢唐費淳刻朱墨套印本　一冊

330000－1798－0000091　善02143　經部/叢編

**九經五十一卷附四卷**　(明)秦鏜訂　清刻本　二冊　存二十二卷(周易一至三、圖說,書經一至四,詩經一至四,春秋一至十)

330000－1798－0000092　普00633　子部/醫家類/針灸之屬/針法灸法

**灸法秘傳不分卷**　(清)金鎔傳　清光緒七年(1881)稿本　清養真子題簽　一冊

330000－1798－0000093　普00632　子部/醫家類/方書之屬/單方驗方

**杏花廬經驗方不分卷**　(清)靜淵氏録　清末抄本　一冊

330000－1798－0000094　普01759　集部/別集類/清別集

**墨餘瑣記三卷**　(清)范侶梅撰　清末抄本　三冊

330000－1798－0000096　普02697　史部/地理類/方志之屬/郡縣志

[光緒]**衢州鄉土厄言二卷**　(清)鄭永禧編　清光緒三十二年(1906)刻本　一冊　存一卷(上)

330000－1798－0000097　普02509　史部/傳記類/總傳之屬/家乘

[浙江衢州]**重修三衢仁德葉氏宗譜十卷首一卷**　清光緒木活字印本　九冊　缺二卷(七至八)

330000－1798－0000100　普04298　子部/雜著類/雜說之屬

**含英咀華不分卷**　(清)□□撰　清末抄本　一冊

330000－1798－0000101　善00097　集部/別集類/唐五代別集

**朱文公校昌黎先生文集四十卷外集十卷集傳一卷遺文一卷**　(唐)韓愈撰　(宋)朱熹考異　(宋)王伯大音釋　(唐)李漢編集　(明)朱吾弼重編　明萬曆天德堂刻本　二十冊

330000－1798－0000102　普02585　史部/傳記類/總傳之屬/家乘

[浙江龍游]**龍游毛氏宗譜四卷**　(清)毛啟東　(清)毛以沖纂修　清咸豐六年(1856)木活字印本　一冊　存一卷(一)

330000－1798－0000104　善00095　經部/春

秋穀梁傳類/傳說之屬

**春秋穀梁傳十二卷攷一卷** （明）閔齊伋裁注
並撰考　明末唐錦池文林閣刻本　一冊　存
六卷（隱公、桓公、莊公、閔公、僖公，攷）

330000－1798－0000105　普02701　史部/地
理類/方志之屬/郡縣志

**［光緒］衢州鄉土卮言二卷**　（清）鄭永禧編
清光緒三十二年（1906）刻本　一冊　存一卷
（上）

330000－1798－0000106　善00854　類叢部/
類書類/通類之屬

**類林新詠三十六卷**　（清）姚之駟撰　清康熙
四十七年（1708）刻本　十冊

330000－1798－0000107　普02702　史部/地
理類/方志之屬/郡縣志

**［光緒］衢州鄉土卮言二卷**　（清）鄭永禧編
清光緒三十二年（1906）刻本　一冊　存一卷
（上）

330000－1798－0000109　善00857　類叢部/
類書類/專類之屬

**子史精華一百六十卷**　（清）吳士玉　（清）吳
襄等輯　清雍正五年（1727）刻本　三十九冊
　存一百卷（一至一百）

330000－1798－0000110　善02147　子部/儒
家類/儒學之屬/蒙學

**小學六卷**　（宋）朱熹撰　（明）陳選集注
（清）高愈纂注　清乾隆十二年（1747）刻本
一冊　存四卷（一至四）

330000－1798－0000112　善00099　集部/總
集類/選集之屬/斷代

**唐詩品彙九十卷拾遺十卷詩人爵里詳節一卷**
（明）高棅輯　明嘉靖刻本　一冊　存序、
引用諸書、歷代名公敘記、凡例、總目

330000－1798－0000115　善00840　子部/術
數類/相宅相墓之屬

**雪心賦正解四卷**　（唐）卜應天撰　（清）孟浩
注　辯論三十篇一卷　（清）孟浩撰　清康熙
孟氏刻本　一冊　存四卷（一至四）

330000－1798－0000116　善02149　子部/儒
家類/儒學之屬/蒙學

**小學集註六卷首一卷末一卷**　（明）陳選集注
　**小學校語一卷**　（清）孫崇晉等撰　清嘉慶
元年（1796）姜文奎刻本　一冊　存三卷（一
至二、首）

330000－1798－0000117　善00839　子部/術
數類/命書相書之屬

**袁柳庄先生神相全編三卷**　（明）袁忠徹撰
清刻本　一冊

330000－1798－0000118　善02181　經部/四
書類/中庸之屬/傳說

**中庸闡義七卷**　（清）陳之蘭撰　清乾隆十九
年（1754）大乙山房刻本　一冊　存一卷（一）

330000－1798－0000119　善00031　子部/藝
術類/音樂之屬/樂譜

**德音堂琴譜十卷**　（清）吳之振鑒定　（清）吳
寶芝　（清）汪天榮校　清康熙三十年（1691）
新安汪天榮刻本　六冊

330000－1798－0000121　善02184　經部/四
書類/總義之屬/傳說

**新訂四書補註備旨十卷**　（明）鄧林撰　（清）
杜定基增訂　清乾隆四十四年（1779）刻本
五冊　存八卷（大學、中庸、論語三至四、孟子
一至四）

330000－1798－0000122　善02195　經部/四
書類/總義之屬/傳說

**四書體註合講十九卷**　（清）翁復編　清文奎
堂刻本　一冊　存二卷（大學、中庸）

330000－1798－0000123　善00032　子部/藝
術類/音樂之屬/琴學

**琴學心聲二卷**　（清）莊臻鳳撰　清康熙刻本
　一冊　存一卷（下）

330000－1798－0000124　善00034　子部/藝
術類/音樂之屬/樂譜

**新傳理性元雅四卷**　（明）張廷玉輯　明萬曆
仙源堂刻本　二冊　存三卷（一、三至四）

330000－1798－0000125　善00887　類叢部/

叢書類/彙編之屬

**得月簃叢書初刻十種次刻十種** （清）榮譽編 清道光九年至十一年(1829－1831)長白榮氏刻本 二冊 存一種

330000－1798－0000126 善00041 集部/曲類/曲韻曲譜曲律之屬

**吟香堂曲譜四卷** （清）馮起鳳撰 清乾隆五十四年(1789)馮懋才吟香堂刻本 二冊 存二卷(牡丹亭上、下)

330000－1798－0000127 善00049 子部/藝術類/音樂之屬/琴學

**重修正文對音捷要真傳琴譜大全十卷** （明）楊表正撰 明萬曆十三年(1585)金陵富春堂刻本 十冊

330000－1798－0000128 善00048 子部/藝術類/音樂之屬/樂譜

**大還閣琴譜六卷谿山琴況一卷** （清）徐祺撰 清康熙十二年(1673)蔡毓榮刻本 五冊

330000－1798－0000129 善00047 子部/藝術類/音樂之屬/樂譜

**琴香堂琴譜不分卷** （清）馬任輯 清乾隆二十五年(1760)琴香堂刻本 四冊

330000－1798－0000130 善00045 子部/藝術類/音樂之屬/樂譜

**松風閣指法一卷** （清）莊臻鳳撰 （清）程雄訂正 **抒懷操一卷** （清）曹溶等填詞 （清）程雄譜曲 清康熙程氏松風閣刻本 一冊

330000－1798－0000131 善00865 類叢部/叢書類/彙編之屬

**函海一百五十二種** （清）李調元編 清乾隆綿州李氏萬卷樓刻本 一冊 存一種

330000－1798－0000132 善00044 子部/藝術類/音樂之屬/琴學

**治心齋琴學練要五卷** （清）王善輯 清乾隆九年(1744)治心齋刻本 五冊

330000－1798－0000133 善00043 子部/藝術類/音樂之屬/樂譜

**伯牙心法不分卷** （明）楊掄輯 明萬曆刻本

一冊

330000－1798－0000134 善00042 子部/藝術類/音樂之屬/樂譜

**穎陽琴譜四卷** （清）李郊定撰 清乾隆十八年(1753)述德堂刻本 四冊

330000－1798－0000135 善00039 子部/藝術類/音樂之屬/樂譜

**松風閣琴譜二卷** （清）程雄輯 **松風閣指法一卷** （清）莊臻鳳撰 （清）程雄訂正 清康熙程氏松風閣刻本 啞羊題簽並記 二冊 存二卷(一至二)

330000－1798－0000136 善00038 子部/藝術類/音樂之屬/琴學

**琴學正聲六卷** （清）沈琯撰 清康熙五十四年(1715)香度樓刻本 四冊

330000－1798－0000137 善02214 經部/四書類/論語之屬/傳說

**增訂二論詳解四卷** （清）劉忠輯 清乾隆四十一年(1776)文奎堂刻本 四冊

330000－1798－0000138 善00036 子部/藝術類/音樂之屬/樂譜

**研露樓琴譜四卷首一卷** （清）崔應階撰 清乾隆三十一年(1766)華亭張松孫刻本 四冊

330000－1798－0000139 善00035 子部/藝術類/音樂之屬/樂譜

**誠一堂琴譜六卷琴談二卷** （清）程允基輯 清康熙四十四年(1705)程允基誠一堂刻本 三冊 缺二卷(琴談一至二)

330000－1798－0000140 善02218 經部/四書類/總義之屬/傳說

**四書朱子異同條辨四十卷** （清）李沛霖 （清）李禎訂 清康熙四十四年(1705)近聖堂刻本 三十六冊 缺二卷(論語十七、孟子十二)

330000－1798－0000141 普00844、善00871 類叢部/叢書類/彙編之屬

**武英殿聚珍版書一百三十八種** 清乾隆四十二年(1777)福建刻本 十冊 存二種

330000－1798－0000142　善02219　經部/小學類/文字之屬/字書/通論

**六書正譌五卷**　（元）周伯琦撰　明十竹齋刻本　一冊　存三卷（一至三）

330000－1798－0000143　善02221　經部/小學類/文字之屬/字書/字典

**諧聲品字箋十集五十七卷**　（清）虞德升撰　清康熙十六年（1677）陸頎、陸顥刻二十三年（1684）虞嗣集增刻本　二冊　存二集（乙、丙）

330000－1798－0000144　善00931　子部/宗教類/道教之屬/經文

**太上諸品真經不分卷**　（清）□□撰　清咸豐十一年（1861）衢州柯城狀元坊刻本　一冊

330000－1798－0000145　善02242　經部/小學類/文字之屬/字書/訓蒙

**養蒙針度五卷**　（清）潘子聲撰　清敦仁堂刻本　二冊

330000－1798－0000146　善02318　史部/史抄類

**山曉閣史記選八卷**　（清）孫琮論定　清康熙刻本　張久喜題簽　四冊　存五卷（一至三、七至八）

330000－1798－0000147　善00984　集部/別集類/漢魏六朝別集

**陶公詩評注初學讀本二卷首一卷**　（清）孫人龍纂輯　清乾隆五華書屋刻本　一冊

330000－1798－0000148　善04054　集部/總集類/選集之屬/斷代

**山曉閣選明文全集二十四卷續集八卷**　（清）孫琮輯並評　清康熙刻本　張久喜題簽　一冊　存八卷（六至九、十二至十三、十八至十九）

330000－1798－0000149　善00965　集部/別集類/宋別集

**蘇文忠詩合註五十卷首一卷目錄一卷**　（宋）蘇軾撰　（清）馮應榴輯　清乾隆四十七年（1782）刻本　二十三冊

330000－1798－0000150　普02371　史部/編年類/通代之屬

**御批資治通鑑綱目五十九卷前編十八卷舉要三卷外紀一卷續資治通鑑綱目二十七卷**　（清）聖祖玄燁撰　清刻本　十二冊　存十二卷（御批資治通鑑綱目七至九、十一至十七、二十二至二十三）

330000－1798－0000151　善02370　史部/編年類/通代之屬

**尺木堂綱鑑易知錄九十二卷明鑑易知錄十五卷**　（清）吳乘權等輯　清康熙五十年（1711）尺木堂刻本　三十九冊　缺十六卷（綱鑑易知錄十四、明鑑易知錄一至十五）

330000－1798－0000152　善00988　集部/別集類/唐五代別集

**唐陸宣公集二十二卷**　（唐）陸贄撰　清雍正元年（1723）年羹堯刻本　六冊

330000－1798－0000153　善03372　史部/金石類/總志之屬

**二銘艸堂金石聚十六卷**　（清）張德容輯　清同治十一年（1872）衢州張氏二銘草堂刻本　七冊　存七卷（三、六、十至十二、十四至十五）

330000－1798－0000154　善00991　集部/別集類/宋別集

**山曉閣選宋大家蘇穎濱全集二卷**　（宋）蘇穎濱撰　（清）孫琮評　清康熙刻本　一冊

330000－1798－0000155　善01004　集部/別集類/清別集

**二泉先生賦鈔四卷**　（清）鄭沅撰　清末抄本　四冊

330000－1798－0000156　善03097　子部/醫家類/類編之屬

**重鐫本草醫方合編七卷**　（清）汪昂編　清乾隆五年（1740）寶翰樓刻本　六冊

330000－1798－0000157　善03275　子部/術數類/陰陽五行之屬

**新訂崇正闢謬通書十四卷**　（清）李奉來編輯

清文奎堂刻本　六冊

330000－1798－0000158　善03432　類叢部/類書類/通類之屬
**增訂釋義便用世事通考雜字二卷外卷一卷**（清）徐三省輯　（清）王旭林增補　清乾隆四十三年(1778)龐氏文光樓刻本　一冊

330000－1798－0000159　善01005　集部/別集類/唐五代別集
**杜詩詳註不分卷**（唐）杜甫撰　（清）仇兆鰲輯註　清末抄本　八冊

330000－1798－0000160　善03745　類叢部/類書類/專類之屬
**四書典制類聯三十三卷**（清）閻其淵輯　清乾隆刻本　二冊　存八卷(一至三、十三至十七)

330000－1798－0000161　善03502　史部/政書類/儀制之屬/典禮
**典制類林四卷**（清）唐式南編　清乾隆五十年(1785)寶翰樓刻本　二冊

330000－1798－0000162　普01174　史部/金石類/總志之屬
**二銘艸堂金石聚十六卷**（清）張德容輯　清同治十一年(1872)衢州張氏二銘草堂刻本　十六冊

330000－1798－0000163　善01030　集部/別集類/唐五代別集
**杜詩詳註二十五卷首一卷附編二卷**（唐）杜甫撰　（清）仇兆鰲輯註　清康熙三十二年(1693)刻本　十九冊　缺二卷(附編上、下)

330000－1798－0000164　普01191　史部/金石類/總志之屬
**二銘艸堂金石聚十六卷**（清）張德容輯　清同治十一年(1872)衢州張氏二銘草堂刻本　十六冊

330000－1798－0000165　普01173　史部/金石類/總志之屬
**二銘艸堂金石聚十六卷**（清）張德容輯　清同治十一年(1872)衢州張氏二銘草堂刻本

十六冊

330000－1798－0000166　善01037　集部/總集類/選集之屬/通代
**文選六十卷**（南朝梁）蕭統輯　（唐）李善等注　清乾隆二十六年(1761)文盛堂刻本　十二冊

330000－1798－0000167　善01038　集部/詩文評類/詩評之屬
**而菴說唐詩二十二卷首一卷**（清）徐增撰　清康熙五年(1666)九誥堂刻富春堂後印本　八冊

330000－1798－0000168　普01175　史部/金石類/總志之屬
**二銘艸堂金石聚十六卷**（清）張德容輯　清同治十一年(1872)衢州張氏二銘草堂刻本　十六冊

330000－1798－0000169　普01180　史部/金石類/郡邑之屬/文字
**海東金石苑四卷**（清）劉喜海撰　清光緒七年(1881)衢州張德容二銘草堂刻本　四冊

330000－1798－0000170　善01040　集部/別集類/宋別集
**元豐類稿五十卷續附一卷**（宋）曾鞏撰　清康熙四十九年(1710)長嶺曾國光西爽堂刻本　八冊　缺一卷(續附)

330000－1798－0000171　善03948　集部/總集類/選集之屬/通代
**憑山閣增輯留青新集三十卷**（清）陳枚選　（清）陳德裕增輯　清康熙四十七年(1708)經綸堂刻本　二十二冊　存二十七卷(一至二十二、二十四至二十七、三十)

330000－1798－0000172　善01043　史部/傳記類/總傳之屬/通代
**學統五十三卷**（清）熊賜履編　清康熙二十五年(1686)下學堂刻本　十六冊

330000－1798－0000173　善03973　集部/總集類/選集之屬/斷代
**重訂唐詩別裁集二十卷**（清）沈德潛輯　清

乾隆五十七年（1792）瀛經堂刻本　十册

330000－1798－0000175　善04443　類叢部/類書類/專類之屬

**典制詳註分類崇雅集十卷**　（清）湯慶蓀評選　清乾隆六十年（1795）刻本　一册　存二卷（壹字類、貳字類）

330000－1798－0000176　善00053　子部/宗教類/佛教之屬/經疏

**大佛頂如來密因修證了義諸菩薩萬行首楞嚴經合轍十卷**　（明）釋通潤撰　明天啟刻本　汪夢松跋　十册

330000－1798－0000177　善00052　子部/雜著類/雜說之屬

**驚言十八卷**　（明）徐日久撰　明天啟三年（1623）刻本　葉渭清跋　一册　存四卷（一至四）

330000－1798－0000178　善01112　集部/總集類/選集之屬/通代

**大成齋古文觀止十二卷**　（清）吳乘權　（清）吳大職輯　清康熙三十四年（1695）大成齋刻本　六册

330000－1798－0000179　善04451　子部/儒家類/儒學之屬/蒙學

**發蒙小品六卷**　（清）唐惟懋編　（清）吳鳳儀注　清乾隆四十四年（1779）文華堂刻本　三册

330000－1798－0000180　善00050　史部/金石類/金之屬

**寶古堂重修宣和博古圖錄三十卷**　（宋）王黼等撰　明萬曆三十一年（1603）寶古堂刻本　十册　存二十卷（一至二十）

330000－1798－0000181　善04462　集部/別集類/明別集

**太史張素存先生全稿七卷**　（清）張玉撰　（清）顧芳菁　（清）虞相論定　清五車樓刻乾隆十三年（1748）文茂堂印本　一册　存三卷（上論、下論、大學）

330000－1798－0000182　善00084　集部/曲

類/曲韻曲譜曲律之屬

**納書楹曲譜正集四卷續集四卷補遺四卷外集二卷納書楹玉茗堂四夢曲譜八卷**　（清）葉堂撰　清乾隆五十七年至五十九年（1792－1794）納書楹刻本　二十一册　存二十一卷（正集一至四、續集一至四、補遺二至四、外集一至二，納書楹玉茗堂四夢曲譜一至八）

330000－1798－0000183　善01099　集部/總集類/選集之屬/斷代

**律賦揀金錄四卷**　（清）朱一飛輯　清乾隆四十一年（1776）刻本　四册

330000－1798－0000184　善04636　集部/總集類/選集之屬/斷代

**明詩綜一百卷**　（清）朱彝尊輯　（清）汪森等評　清康熙刻乾隆西泠吳氏清來堂印本　一册　存一卷（一上）

330000－1798－0000185　善01105　集部/總集類/選集之屬/斷代

**唐詩選勝直解八卷**　（清）吳烶輯　清乾隆二十七年（1762）懷素堂刻本　四册

330000－1798－0000186　善00085　集部/曲類/曲韻曲譜曲律之屬

**納書楹曲譜正集四卷續集四卷補遺四卷外集二卷納書楹玉茗堂四夢曲譜八卷**　（清）葉堂撰　清乾隆五十七年至五十九年（1792－1794）納書楹刻本　四册　存四卷（續集四、補遺四、外集一至二）

330000－1798－0000187　普03043　子部/醫家類/外科之屬/外科方

**外科症治全生集四卷**　（清）王維德撰　清光緒四年（1878）吳縣潘霨敏德堂刻本　一册　存二卷（一至二）

330000－1798－0000188　善01108　集部/總集類/選集之屬/通代

**歷朝制帖詩選同聲集十二卷**　（清）胡浚輯　清乾隆二十二年（1757）刻本　二册　存六卷（一至六）

330000－1798－0000189　善01111　集部/總

集類/選集之屬/通代

古文分編集評初集五卷二集五卷三集八卷四集四卷 （清）于光華輯 清乾隆五十二年(1787)友于堂刻本 清宋謙批 一冊 存二卷(初集一至二)

330000－1798－0000190 善01119 集部/總集類/選集之屬/通代

古文淵鑒六十四卷 （清）徐乾學等輯注 清康熙四十八年(1709)刻本 二十六冊 存五十二卷(一至十八、二十一至二十四、二十九至四十、四十五至五十六、五十九至六十四)

330000－1798－0000192 普01177 史部/金石類/郡邑之屬

蜀碑記補十卷 （清）李調元撰 清乾隆刻本 一冊

330000－1798－0000193 善01129 集部/總集類/選集之屬/通代

善卷堂四六十卷 （清）陸繁弨撰 （清）吳自高注 清乾隆九年(1744)鑒茲堂刻本 四冊

330000－1798－0000195 善01137 集部/總集類/郡邑之屬

蜀雅十二卷 （清）李調元選 清乾隆刻億書樓後印本 一冊

330000－1798－0000197 善00054 子部/小說家類/雜事之屬

大唐新語十三卷 （唐）劉肅撰 清刻本 六冊

330000－1798－0000198 普01179 史部/金石類

金石全例 （清）朱記榮輯 清光緒刻十八年(1892)吳縣朱氏彙印本 十一冊 存四種

330000－1798－0000199 善00057 集部/總集類/郡邑之屬

幾社六子詩選不分卷 （明）周立勳等撰 清初抄本 二冊

330000－1798－0000200 善00058 集部/總集類/郡邑之屬

西安懷舊錄十卷 （清）鄭永禧輯 （清）鄭安

允等分纂 清光緒二十六年(1900)稿本 杜雲章題簽並記 十冊

330000－1798－0000202 善00060 集部/楚辭類

山帶閣註楚辭六卷首一卷餘論二卷說韻一卷 （清）蔣驥撰 清雍正五年(1727)蔣氏山帶閣刻本 四冊

330000－1798－0000203 普02028 經部/易類/傳說之屬

周易本義四卷附圖說一卷卦歌一卷筮儀一卷 （宋）朱熹撰 清姜文奎堂刻本 二冊

330000－1798－0000204 善00059 集部/楚辭類

楚辭集註八卷總評一卷 （宋）朱熹集註 （明）沈雲翔輯評 清乾隆五十三年(1788)聽雨齋刻朱墨套印本 六冊

330000－1798－0000205 普02031 經部/易類/傳說之屬

易經體註大全四卷 （清）來爾繩纂輯 （清）朱采治 （清）朱之澄編訂 清康熙四十七年(1708)刻本 二冊

330000－1798－0000206 普02026 子部/叢編

子書百家 （清）崇文書局編 清光緒元年(1875)湖北崇文書局刻本 一冊 存一種

330000－1798－0000208 善00063 集部/別集類/元別集

清閟閣全集十二卷 （元）倪瓚撰 （清）曹培廉校 清康熙五十二年(1713)曹培廉城書室刻本 葉渭清題記 六冊

330000－1798－0000209 善00064 集部/別集類/明別集

王陽明先生全集二十二卷首一卷 （明）王守仁撰 （清）俞嶙輯 清餘姚黃氏敦厚堂刻本 二十冊 缺三卷(二十一至二十二、首)

330000－1798－0000210 善00067 集部/別集類/明別集

袁中郎全集四十卷 （明）袁宏道著 （明）鍾

惺定 （明）曹勳等閱 明崇禎二年(1629)武林佩蘭居刻本 八冊 存二十三卷(一至二、十二至十五、十八至二十、二十三至二十七、三十至三十二、三十五至四十)

330000－1798－0000211 善00069 集部/別集類/唐五代別集

**杜工部集二十卷附錄一卷唱酬題詠附錄一卷諸家詩話一卷注杜詩畧例一卷年譜一卷** （唐）杜甫撰 （清）錢謙益箋註 清康熙六年(1667)泰興季振宜靜思堂刻本 十二冊

330000－1798－0000212 善00070 集部/總集類/選集之屬/通代

**東萊先生古文關鍵二卷** （宋）呂祖謙評 （宋）蔡文子註 （清）徐樹屏考異 清乾隆十八年(1753)浙西顧氏讀畫齋刻本 二冊

330000－1798－0000214 普01166 史部/史評類/史論之屬

**讀史論畧二卷** （清）杜詔撰 清光緒二十七年(1901)武林載記刻本 二冊

330000－1798－0000215 普01167 史部/史評類/史論之屬

**讀史論畧二卷** （清）杜詔撰 清光緒二十七年(1901)武林載記刻本 二冊

330000－1798－0000216 普01168 史部/史評類/史論之屬

**讀史論畧二卷** （清）杜詔撰 清光緒二十七年(1901)武林載記刻本 二冊

330000－1798－0000217 普01169 史部/史評類/史論之屬

**讀史論畧二卷** （清）杜詔撰 清光緒二十七年(1901)武林載記刻本 二冊

330000－1798－0000218 普01170 史部/史評類/史論之屬

**讀史論畧二卷** （清）杜詔撰 清光緒二十七年(1901)武林載記刻本 二冊

330000－1798－0000220 普01171 史部/史評類/史論之屬

**讀史論畧二卷** （清）杜詔撰 清光緒二十七

年(1901)武林載記刻本 二冊

330000－1798－0000221 普01172 史部/史評類/史論之屬

**讀史論畧二卷** （清）杜詔撰 清光緒二十七年(1901)武林載記刻本 二冊

330000－1798－0000222 善00082 集部/戲劇類/雜劇之屬

**古柏堂傳奇雜劇** （清）唐英撰 清嘉慶古柏堂刻本 十六冊

330000－1798－0000223 普02051 經部/書類/傳說之屬

**書經集傳六卷** （宋）蔡沈撰 清光緒十七年(1891)刻本 六冊

330000－1798－0000224 普02047 經部/叢編

**五經旁訓** （清）徐立綱旁訓 清光緒二十一年(1895)刻本 一冊 存一種

330000－1798－0000225 普02044 經部/書類/傳說之屬

**書經集傳六卷** （宋）蔡沈撰 清永言堂刻本 四冊

330000－1798－0000226 普02046 經部/書類/傳說之屬

**書經精華六卷** （清）薛嘉穎撰 清咸豐十一年(1861)緯文堂刻本 四冊

330000－1798－0000229 普02045 經部/書類/傳說之屬

**書經精華六卷** （清）薛嘉穎撰 清嘉慶二十四年(1819)薛氏光雘堂刻本 三冊

330000－1798－0000230 普02039 經部/叢編

**御纂七經五種** （清）李光地等撰 清光緒二十六年(1900)煥文書局石印本 三十二冊

330000－1798－0000232 普02040 經部/叢編

**御纂七經五種** （清）李光地等撰 清光緒十四年(1888)上海鴻文書局石印本 一冊 存

一種

330000－1798－0000233　普02041　經部/書
類/傳說之屬

**書經體註大全合參六卷**　（宋）蔡沈集傳
（清）錢希祥輯注　**書經集傳六卷**　（宋）蔡沈
集傳　清光緒五年(1879)慈水古草堂刻本
三冊　缺四卷(書經體註大全合參五至六、書
經集傳五至六)

330000－1798－0000243　普002597　史部/
傳記類/總傳之屬/家乘

**[浙江武義]武義市東王氏宗譜□□卷首一卷**
（清）王書田等纂修　清光緒三十二年
(1906)木活字印本　一冊　存一卷(首)

330000－1798－0000244　普00013　史部/紀
傳類/正史之屬

**東都事略一百三十卷**　（宋）王稱撰　清刻本
二十冊

330000－1798－0000245　普00018　史部/地
理類/方志之屬/郡縣志

**[嘉靖]邠州誌四卷**　（明）姚本修　（明）閻
奉恩纂　明萬曆刻本　一冊　存二卷(一至
二)

330000－1798－0000247　普00040　子部/藝
術類/音樂之屬/樂譜

**琴譜六卷**　（明）楊表正撰　明萬曆金陵三山
街書肆唐富春刻本　四冊

330000－1798－0000249　普00037　子部/藝
術類/音樂之屬/樂譜

**松絃館琴譜二卷**　（明）嚴澂撰　明萬曆四十
二年(1614)刻本　四冊

330000－1798－0000251　普00046　子部/藝
術類/音樂之屬/樂譜

**澄鑒堂琴譜不分卷琴譜指法二卷**　（清）徐常
遇輯　清康熙二十五年(1686)徐氏刻本　三
冊　缺二卷(指法一至二)

330000－1798－0000252　普00028　集部/詞
類/詞譜之屬

**碎金詞譜十四卷續譜六卷碎金詞韻四卷**

（清）謝元淮撰輯　清道光二十八年(1848)刻
朱墨套印本　十六冊　存十四卷(碎金詞譜
一至十四)

330000－1798－0000253　普00030　集部/詞
類/詞譜之屬

**碎金詞譜十四卷碎金續譜六卷碎金詞韻四卷**
（清）謝元淮撰輯　清道光二十八年(1848)
刻朱墨套印本　八冊　存六卷(碎金續譜一
至六)

330000－1798－0000255　普02699　史部/地
理類/方志之屬/郡縣志

**[康熙]衢州府志四十卷首一卷**　（清）楊廷望
（清）金玉衡纂修　清康熙五十年(1711)刻
本　五冊　存十六卷(六至七、十一至十三、
十八至二十、二十七至三十四)

330000－1798－0000256　普00382　史部/地
理類/方志之屬/郡縣志

**[康熙]衢州府志四十卷首一卷**　（清）楊廷望
（清）金玉衡纂修　清光緒八年(1882)劉國
光刻本　十二冊

330000－1798－0000257　普00380　史部/地
理類/方志之屬/郡縣志

**[康熙]衢州府志四十卷首一卷**　（清）楊廷望
（清）金玉衡纂修　清光緒八年(1882)劉國
光刻本　十二冊

330000－1798－0000258　普00379　史部/地
理類/方志之屬/郡縣志

**[康熙]衢州府志四十卷首一卷**　（清）楊廷望
（清）金玉衡纂修　清光緒八年(1882)劉國
光刻本　十二冊

330000－1798－0000259　普02698　史部/地
理類/方志之屬/郡縣志

**[康熙]衢州府志四十卷首一卷**　（清）楊廷望
（清）金玉衡纂修　清光緒八年(1882)劉國
光刻本　五冊　存十三卷(十一至十三、十八
至二十、三十四至四十)

330000－1798－0000260　普00377　史部/地
理類/山川之屬/山志

爛柯山志十三卷　（清）鄭永禧輯　清光緒三十三年(1907)不其山館刻本　四冊

330000－1798－0000261　普00378　史部/地理類/山川之屬/山志
爛柯山志十三卷　（清）鄭永禧輯　清光緒三十三年(1907)不其山館刻本　四冊

330000－1798－0000262　普02693　史部/地理類/山川之屬/山志
爛柯山志十三卷　（清）鄭永禧輯　清光緒三十三年(1907)不其山館刻本　一冊　存二卷(十二至十三)

330000－1798－0000266　普00072　集部/詞類/詞譜之屬
碎金詞譜十四卷續譜六卷碎金詞韻四卷首一卷　（清）謝元淮撰輯　清道光二十八年(1848)刻本　五冊　存五卷(碎金詞韻一至四、首)

330000－1798－0000267　普00073　集部/別集類/清別集
養默山房詩餘三卷　（清）謝元淮撰　清道光二十四年(1844)朱墨套印本　四冊

330000－1798－0000268　普00093　集部/總集類/彙編之屬
漢魏六朝一百三家集(漢魏六朝百三名家集)　（明）張溥編　明婁東張氏刻本　二十八冊　存十七種

330000－1798－0000270　普00376　史部/地理類/總志之屬/斷代
大清一統志四百二十四卷　（清）和珅等纂修　清光緒二十八年(1902)上海寶善齋石印本　六十冊

330000－1798－0000276　普00205　經部/小學類/文字之屬/字書/字典
康熙字典十二集三十六卷總目一卷檢字一卷辨似一卷等韻一卷補遺一卷備考一卷　（清）張玉書等纂修　清刻本　三十八冊　缺二卷(寅集上、申集上)

330000－1798－0000278　普00051　子部/雜著類/雜纂之屬
玉芝堂談薈三十六卷　（明）徐應秋輯　清刻本　三十四冊　缺十卷(一至四、二十六、三十二至三十六)

330000－1798－0000279　普00066　集部/別集類/漢魏六朝別集
陶淵明文集十卷　（晉）陶潛撰　清康熙三十三年(1694)海虞毛氏汲古閣刻本　四冊

330000－1798－0000280　普00061　集部/別集類/漢魏六朝別集
徐孝穆全集六卷　（南朝陳）徐陵撰　（清）吳兆宜箋注　備考一卷　（清）徐文炳撰　清揚州藝古堂刻本　葉渭清題記　六冊　缺一卷(備考)

330000－1798－0000282　普00242　經部/小學類/文字之屬/字書/字體
六書通十卷　（明）閔齊伋撰　（清）畢宏述篆訂　清乾隆六十年(1795)刻本　六冊

330000－1798－0000283　普00206　經部/小學類/文字之屬/字書/字體
六書通十卷　（明）閔齊伋撰　（清）畢宏述篆訂　清大文堂刻本　五冊　存八卷(一至八)

330000－1798－0000284　普00207　經部/小學類/文字之屬/字書/字體
六書通十卷　（明）閔齊伋撰　（清）畢宏述篆訂　清刻本　十冊

330000－1798－0000285　普00231　經部/小學類/文字之屬/字書/字體
六書通十卷　（明）閔齊伋撰　（清）畢弘述篆訂　清康熙五十九年(1720)基閎堂刻乾隆印本　五冊　存八卷(一至八)

330000－1798－0000286　普00125　經部/詩類/傳說之屬
御纂詩義折中二十卷　（清）高宗弘曆敕撰　（清）傅恆　（清）陳兆崙等纂　清道光長蘆鹽運使如山刻本　六冊

330000－1798－0000290　普00398　類叢部/叢書類/彙編之屬

武英殿聚珍版書一百三十八種　清乾隆武英殿木活字印本　一冊　存二種

330000－1798－0000291　普02377　史部/編年類/通代之屬

御批歷代通鑑輯覽一百二十卷　（清）傅恒等撰　清光緒十三年(1887)上海同文書局石印本　二十冊

330000－1798－0000292　普02380　史部/編年類/通代之屬

御批歷代通鑑輯覽一百二十卷　（清）傅恒等撰　清光緒二十九年(1903)上海商務印書館鉛印本　十一冊　存三十三卷(二十二至二十四、三十三至四十一、四十八至五十、七十六至八十七、九十七至九十九、一百十至一百十二)

330000－1798－0000293　普00399　類叢部/叢書類/彙編之屬

武英殿聚珍版書一百三十八種　清乾隆四十二年(1777)福建刻道光至同治遞修光緒二十一年(1895)增刻本　一冊　存一種

330000－1798－0000294　普02373　史部/編年類/通代之屬

御批歷代通鑑輯覽一百二十卷　（清）傅恒等撰　清光緒二十八年(1902)上海文林書局石印本　二十冊

330000－1798－0000295　普02379　史部/編年類/通代之屬

御批歷代通鑑輯覽一百二十卷　（清）傅恒等撰　清光緒二十九年(1903)上海商務印書館鉛印本　五冊　存十五卷(二十二至二十四、二十七至三十二、三十九至四十一、一百至一百二)

330000－1798－0000297　普02378　史部/編年類/通代之屬

御批歷代通鑑輯覽一百二十卷　（清）傅恒等撰　清光緒石印本　六冊　存二十五卷(十二至十六、二十二至二十九、四十八至五十一、五十九至六十二、一百三至一百六)

330000－1798－0000298　普00393　史部/地理類/總志之屬/斷代

大清中外壹統輿圖(皇朝中外壹統輿圖)十六卷　（清）鄒世詒　（清）晏啟鎮編　（清）李廷簫　（清）汪士鐸增訂　清光緒二十二年(1896)上海書局石印本　六冊

330000－1798－0000299　普00394　史部/地理類/山川之屬/山志

萬山綱目二十一卷　（清）李誠撰　清光緒二十六年(1900)長沙刻本　八冊

330000－1798－0000300　普02375　史部/編年類/通代之屬

御批歷代通鑑輯覽一百二十卷　（清）傅恒等撰　清同治十年(1871)浙江書局刻朱墨套印本　一冊　存二卷(六十五至六十六)

330000－1798－0000301　普02376　史部/編年類/通代之屬

御批歷代通鑑輯覽一百二十卷　（清）傅恒等撰　清光緒石印本　一冊　存七卷(八十六至九十二)

330000－1798－0000303　普02374　史部/編年類/通代之屬

御批歷代通鑑輯覽一百二十卷　（清）傅恒等撰　清刻本　一冊　存二卷(二十至二十一)

330000－1798－0000305　普02409　史部/編年類/通代之屬

御批歷代通鑑輯覽一百二十卷　（清）傅恒等撰　清光緒二十九年(1903)中西書局石印本　二十冊

330000－1798－0000306　普00396　史部/政書類/邦計之屬/鹽法

欽定重修兩浙鹽法志三十卷首一卷　（清）馮培　（清）潘庭筠等纂修　清同治十三年(1874)楊昌濬刻本　三十五冊

330000－1798－0000307　普02386　史部/編年類/通代之屬

御批歷代通鑑輯覽一百二十卷　（清）傅恒等撰　清光緒三十年(1904)上海錦章書局石印

本　二十八冊

330000 - 1798 - 0000308　普02384　史部/編年類/通代之屬

**御批歷代通鑑輯覽一百二十卷**　（清）傅恒等撰　清光緒十一年（1885）同文書局石印本　二冊　存十一卷（五十三至五十七、四十一至四十六）

330000 - 1798 - 0000309　普00392　史部/地理類/總志之屬/通代

**讀史方輿紀要一百三十卷**　（清）顧祖禹撰　清光緒二十七年（1901）上海圖書集成局鉛印本　十九冊

330000 - 1798 - 0000310　普02385　史部/編年類/通代之屬

**御批歷代通鑑輯覽一百二十卷**　（清）傅恒等撰　歷朝史論彙編不分卷　清清裏書屋石印本　十八冊　存五十五卷（一至七、二十八至三十三、三十七至四十二、四十六至五十七、六十一至六十八、七十四至七十六、七十九至八十一、九十一至九十五、一百十六至一百二十）

330000 - 1798 - 0000311　普00390　史部/地理類/輿圖之屬/全國

**方輿全圖總說四卷**　（清）顧祖禹撰　清光緒二十九年（1903）上海益吾齋石印本　三冊

330000 - 1798 - 0000312　普02429　史部/編年類/通代之屬

**御批歷代通鑑輯覽一百二十卷**　（清）傅恒等撰　歷朝史論彙編不分卷　清清裏書屋石印本　五冊　存十六卷（十二至二十七）

330000 - 1798 - 0000313　普02383　史部/編年類/通代之屬

**御批歷代通鑑輯覽一百二十卷**　（清）傅恒等撰　清光緒石印本　七冊　存四十三卷（十五至二十一、五十八至六十二、六十九至七十三、七十九至八十四、一百一至一百二十）

330000 - 1798 - 0000314　普02381　史部/編年類/通代之屬

御批歷代通鑑輯覽一百二十卷　（清）傅恒等撰　清同治十年（1871）浙江書局刻朱墨套印本　七冊　存十八卷（三十九至四十一、六十五至七十、九十八至九十九、一百五至一百七、一百十七至一百二十）

330000 - 1798 - 0000315　普02382　史部/編年類/通代之屬

**御批歷代通鑑輯覽一百二十卷**　（清）傅恒等撰　清光緒二十九年（1903）上海商務印書館鉛印本　十四冊　存四十三卷（四至七、十六至二十一、三十三至三十五、四十二至四十四、六十八至六十九、七十六至八十四、八十八至九十、九十七至九十九、一百八至一百十二、一百十六至一百二十）

330000 - 1798 - 0000320　普00416　子部/藝術類/音樂之屬/樂譜

**蕉庵琴譜四卷**　（清）秦維瀚等撰　清光緒三年（1877）刻本　四冊

330000 - 1798 - 0000321　普00427　子部/藝術類/音樂之屬/樂譜

**琴瑟合譜二卷**　（清）慶瑞輯　清同治九年（1870）刻本　二冊

330000 - 1798 - 0000323　善00100　經部/叢編

**十三經註疏十三種**　（明）□□輯　明崇禎元年至十二年（1628 - 1639）古虞毛氏汲古閣刻本　七冊　存一種

330000 - 1798 - 0000325　普00430　子部/藝術類/音樂之屬/樂譜

**梅花庵二香琴譜十卷首一卷**　（清）蔣文勳撰　清道光十三年（1833）蔣文勳梅花庵刻本　四冊

330000 - 1798 - 0000329　普00401　子部/雜著類/雜說之屬

**危言四卷**　湯震撰　清光緒十六年（1890）上海刻本　二冊

330000 - 1798 - 0000330　普00402　史部/政書類/儀制之屬/專志/科舉校規

奏定學堂章程不分卷　（清）張百熙等編　清光緒浙江學務處刻本　五冊

330000－1798－0000332　普00400　類叢部/叢書類/彙編之屬

邵武徐氏叢書二十三種　（清）徐榦編　清光緒邵武徐氏刻本　一冊　存一種

330000－1798－0000335　普00404　類叢部/叢書類/彙編之屬

武英殿聚珍版書一百三十八種　清刻本　八冊　存一種

330000－1798－0000337　普00406　史部/政書類/律令之屬/律例

大清律例刑案統纂集成四十卷督捕則例附纂二卷　（清）姚潤輯　（清）胡璋增輯　清道光二十八年（1848）刻本　二十四冊

330000－1798－0000347　普01244　子部/儒家類/儒學之屬/俗訓

訓學集語初冊一卷　清刻本　一冊

330000－1798－0000354　普00448　子部/藝術類/音樂之屬/琴學

抒懷操一卷　（清）程雄諧譜　（清）曹溶等填詞　清康熙程氏松風閣刻本　一冊

330000－1798－0000355　普00580　子部/醫家類/類編之書

張氏醫書七種　（清）張璐等撰　清刻本　一冊　存一種

330000－1798－0000356　普00578　子部/醫家類/方書之屬

時方妙用四卷　（清）陳念祖撰　清光緒三十四年（1908）巴蜀善成堂刻本　一冊

330000－1798－0000357　普00576　子部/醫家類/類編之屬

醫林指月十二種　（清）王琦編　清乾隆三十二年（1767）寶笏樓刻本　二冊　存一種

330000－1798－0000358　普00414　子部/藝術類/音樂之屬/琴學

琴律一得二卷　（清）劉沃森撰　清光緒二十

三年（1897）刻本　一冊　存一卷（上）

330000－1798－0000359　普00572　子部/醫家類/方書之屬/單方驗方

景岳新方砭四卷　（清）陳念祖撰　清光緒三十三年（1907）巴蜀善成堂刻本　一冊

330000－1798－0000360　普02546　史部/傳記類/總傳之屬/家乘

[浙江金華]龍山張氏宗譜二十卷　（清）張錫鬯等編次　清光緒二十二年（1896）木活字印本　四冊　存九卷（三、九至十二、十七至二十）

330000－1798－0000361　普00571　子部/醫家類/養生之屬

衛生錄一卷　清道光十五年（1835）刻本　一冊

330000－1798－0000362　普00570　子部/醫家類/類編之屬

醫林指月十二種　（清）王琦編　清乾隆三十二年（1767）寶笏樓刻本　一冊　存一種

330000－1798－0000364　普00568　子部/醫家類/傷寒金匱之屬/傷寒論

傷寒論類方四卷　（清）徐大椿輯　（清）潘蔚增輯　長沙方歌括一卷　（清）陳念祖撰　（清）蕭庭滋　（清）潘霨增輯　清同治五年（1866）古吳潘氏刻本　四冊

330000－1798－0000366　普00564　子部/農家農學類/總論之屬

重訂增補陶朱公致富全書四卷　（明）陳繼儒輯　（清）石巖逸叟增補　清刻本　四冊

330000－1798－0000367　普01451　史部/地理類/總志之屬/通代

讀史方輿紀要一百三十卷　（清）顧祖禹撰　清光緒二十五年（1899）上海圖書集成局鉛印本　二十七冊　缺三卷（三十九至四十一）

330000－1798－0000368　普00922　子部/宗教類/佛教之屬/大藏

頻伽精舍校刊大藏經　釋宗仰等輯　清宣統元年至民國二年（1909－1913）迦陵羅詩氏頻

伽精舍上海鉛印本　四百十四冊

330000－1798－0000369　普 00579　子部/醫
家類/婦科之屬/產科

**胎產集要三卷附幼科摘要一卷**　（清）黃惕齋
輯　清嘉慶十六年(1811)刻本　一冊

330000－1798－0000371　普 00556　子部/
叢編

**二十二子(二十二子彙函)**　（清）浙江書局編
　清光緒元年至三年(1875－1877)浙江書局
刻本　六冊　存一種

330000－1798－0000372　普 00559　子部/
叢編

**子書百家**　（清）崇文書局編　清光緒元年
(1875)湖北崇文書局刻本　一冊　存一種

330000－1798－0000373　普 00557、普 00778
－00779、普 00782－00783、普 00786、普 00791
－00794　子部/叢編

**子書百家**　（清）崇文書局編　清光緒元
年(1875)湖北崇文書局刻本　二十冊　存
十種

330000－1798－0000374　普 00586　子部/醫
家類/類編之屬

**世補齋醫書六種後集四種**　（清）陸懋修撰輯
　清光緒十年(1884)刻十二年(1886)山左書
局印本　十冊　存八種

330000－1798－0000375　普 00432　子部/藝
術類/音樂之屬/樂譜

**琴譜不分卷**　清抄本　二冊

330000－1798－0000376　善 00114　經部/易
類/傳說之屬

**御纂周易述義十卷**　（清）傅恒等撰　清乾隆
刻本　七冊　缺一卷(十)

330000－1798－0000377　普 00433　子部/藝
術類/音樂之屬/樂譜

**自遠堂琴譜十二卷**　（清）吳灯輯　清嘉慶七
年(1802)廣陵吳灯自遠堂吳中刻本　五冊
缺四卷(三至六)

330000－1798－0000379　普 00434　子部/藝
術類/音樂之屬/樂譜

**蘭雪齋琴譜六卷**　（清）胡文翰纂訂　清道光
十七年(1837)蘭桂堂刻本　四冊

330000－1798－0000380　普 00443　集部/曲
類/寶卷之屬

**秦雪梅三元記十卷**　清道光十六年(1836)抄
本　一冊

330000－1798－0000382　普 00441　子部/藝
術類/音樂之屬/樂譜

**自遠堂琴譜十二卷**　（清）吳灯輯　清嘉慶七
年(1802)廣陵吳灯自遠堂吳中刻本　一冊
存一卷(十一)

330000－1798－0000385　普 00446　集部/詞
類/總集之屬

**詞選二卷**　（清）張惠言輯　**續詞選二卷**
(清)董毅輯　清同治十一年(1872)會稽章氏
刻本　一冊

330000－1798－0000386　普 00450　集部/詞
類/別集之屬

**塔影樓詞一卷**　（清）吳廷鉁撰　**鹿門詞二卷**
　（清）季旭撰　清道光二十四年(1844)刻本
　一冊　缺一卷(鹿門詞二)

330000－1798－0000390　普 00581　子部/醫
家類/綜合之屬/通論

**群玉山房重校醫宗必讀十卷**　（明）李中梓撰
　清光緒九年(1883)群玉山房刻本　二冊

330000－1798－0000392　普 00566　子部/醫
家類/眼科之屬

**眼科秘旨二卷**　清紅杏山房刻本　一冊

330000－1798－0000394　普 02156　史部/目
錄類/專錄之屬

**經義考三百卷**　（清）朱彝尊撰　**經義考總目
二卷**　（清）盧見曾編　清光緒二十三年
(1897)浙江書局刻本(卷二百八十六、二百九
十九至三百原缺)　四冊　存二十七卷(五十
七至六十二、八十至八十六、二百至二百六、
二百十二至二百十八)

330000－1798－0000395　普 00552　子部/儒家類/儒學之屬/勸學

**輶軒語七卷**　（清）張之洞撰　清光緒二年(1876)退補齋刻本　一冊

330000－1798－0000396　普 00553　子部/儒家類/儒學之屬/勸學

**輶軒語七卷**　（清）張之洞撰　清光緒二年(1876)退補齋刻本　一冊

330000－1798－0000398　普 00554　子部/儒家類/儒學之屬/勸學

**輶軒語七卷**　（清）張之洞撰　清光緒二年(1876)退補齋刻本　一冊

330000－1798－0000399　普 00555　子部/儒家類/儒學之屬/勸學

**輶軒語七卷**　（清）張之洞撰　清光緒二年(1876)退補齋刻本　一冊

330000－1798－0000400　普 00540　子部/儒家類/儒學之屬/勸學

**輶軒語七卷**　（清）張之洞撰　清光緒二年(1876)退補齋刻本　一冊

330000－1798－0000404　普 00577　子部/醫家類/類編之屬

**婦嬰至寶三種六卷**　（清）徐尚慧編　清刻本　一冊

330000－1798－0000405　普 00486　集部/詞類/詞話之屬

**周氏止庵詞辨二卷**　（清）周濟撰　（清）譚獻評　**周氏止荇介存齋論詞雜箸一卷**　（清）周濟撰　清光緒三多、徐珂、趙逢年刻本　一冊

330000－1798－0000406　普 00474　類叢部/叢書類/彙編之屬

**榆園叢刻十五種附一種**　（清）許增編　清同治至光緒刻本　一冊　存一種

330000－1798－0000407　普 01120　集部/總集類/彙編之屬

**鞠秋百詠二卷**　（清）西泠晚香室定本　清道光二十九年(1849)西泠晚香室刻本　一冊

330000－1798－0000408　普 01121　集部/總集類/課藝之屬

**試帖分韻秋景集四卷**　（清）清華主人輯　清道光十九年(1839)刻本　一冊

330000－1798－0000409　普 00475－00477　類叢部/叢書類/彙編之屬

**榆園叢刻十五種附一種**　（清）許增編　清同治至光緒刻本　三冊　存三種

330000－1798－0000411　普 00592　子部/醫家類/祝由之屬

**祝由科天醫十三科二卷增補一卷**　清光緒二十一年(1895)上海書局石印本　四冊

330000－1798－0000413　普 00277－00278、普 00325、普 00496、普 01064、普 01066、普 01070、普 01144、普 02223、普 02277、普 03905　類叢部/叢書類/彙編之屬

**邵武徐氏叢書二十三種**　（清）徐榦編　清光緒邵武徐氏刻本　十五冊　存十三種

330000－1798－0000415　普 00594　子部/醫家類/婦科之屬/產科

**醫方彙編二卷**　（清）巫齋居士撰　清道光四年(1824)刻本　一冊

330000－1798－0000417　普 00593　子部/醫家類/類編之屬

**士材三書四種**　（明）李中梓等撰　（清）尤乘編　清刻本　二冊

330000－1798－0000418　普 00560　史部/雜史類/斷代之屬

**金陵兵事彙畧四卷**　（清）李圭撰　清光緒十三年(1887)甬上寓齋刻本　二冊

330000－1798－0000419　普 00589　子部/醫家類/兒科之屬/痘疹

**痘科易知不分卷**　（清）廖泮璋　（清）廖鼎璋撰　清光緒十八年(1892)懷城片玉堂刻本　一冊

330000－1798－0000420　普 00587　子部/醫家類/兒科之屬/通論

**鼎鍥幼幼集成六卷**　（清）陳復正輯　清翰墨

圍刻本　六冊

330000－1798－0000422　普00602　子部/醫家類/婦科之屬/產科

**達生編二卷**　（清）亟齋居士撰　清道光十年（1830）育嬰堂刻本　一冊

330000－1798－0000424　普00606　子部/醫家類/婦科之屬/產科

**達生編一卷附經驗良方一卷**　（清）亟齋居士撰　清刻本　一冊

330000－1798－0000426　普00605　子部/醫家類/兒科之屬/痘疹

**麻疹闡註四卷**　（清）張廉撰　清道光二十八年（1848）刻本　一冊

330000－1798－0000427　普00511　集部/戲劇類/傳奇之屬

**芝龕記六卷**　（清）董榕撰　清乾隆二十四年（1759）刻本　四冊　缺二卷（一、六）

330000－1798－0000428　普00604　子部/醫家類/傷寒金匱之屬/傷寒論

**傷寒明理論三卷藥方論一卷**　（金）成無己撰　清刻本　二冊

330000－1798－0000430　普00492　集部/戲劇類/傳奇之屬

**雪韻堂批點燕子箋記二卷四十二齣**　（明）阮大鋮撰　清同治十三年（1874）寄傲山房刻本　四冊

330000－1798－0000432　普00603　子部/醫家類/兒科之屬/通論

**鼎鍥幼幼集成六卷**　（清）陳復正輯　清永州胡安定堂書局刻本　六冊

330000－1798－0000435　普00616　子部/醫家類/醫經之屬/內經

**靈樞經九卷**　（清）張志聰撰　清光緒十六年（1890）浙江書局刻本　八冊

330000－1798－0000437　普00617　子部/醫家類/溫病之屬/其他溫疫病證

**溫病條辨六卷首一卷**　（清）吳瑭撰　清寧波

群玉山房刻本　四冊

330000－1798－0000439　普00612　子部/醫家類/本草之屬/本草藥性

**太醫院增補青囊藥性賦直解八卷首一卷末一卷**　（明）羅必煒訂　清李光明莊刻本　二冊

330000－1798－0000446　普00502　集部/總集類/選集之屬/通代

**樂府英華十卷**　（清）顧有孝輯　清刻本　二冊　存五卷（一至五）

330000－1798－0000447　普00614　子部/醫家類/醫經之屬/難經

**圖註八十一難經辨真四卷脈訣附方一卷**　題（晉）王叔和撰　（明）張世賢注　清刻本　二冊

330000－1798－0000450　普00615、普00638、普00647－00648　子部/醫家類/類編之書

**黃氏醫書八種**　（清）黃元御撰　清咸豐十一年（1861）徐樹銘蠻蘇精舍刻本　六冊　存四種

330000－1798－0000452　普01223　集部/戲劇類/雜劇之屬

**增補箋註繪像第六才子西廂釋解八卷**　（元）王德信　（元）關漢卿撰　**會真記一卷**　（唐）元稹撰　清刻本　六冊

330000－1798－0000453　普01222　集部/戲劇類/傳奇之屬

**牡丹亭還魂記二卷五十五齣**　（明）湯顯祖撰　清光緒十二年（1886）同文書局石印本　一冊

330000－1798－0000455　普00505　集部/戲劇類/雜劇之屬

**教子不分卷**　清末抄本　一冊

330000－1798－0000456　普00527　類叢部/叢書類/彙編之屬

**武英殿聚珍版書一百三十八種**　清刻本　一冊　存二種

330000－1798－0000458　普00613　子部/醫家類/醫經之屬/内經

**内經翼註十二卷圖翼一卷**　（清）周長友撰
清道光六年(1826)種德堂刻本　八冊

330000－1798－0000459　普00539　子部/儒家類/儒學之屬/性理

**朱子語類一百四十卷**　（宋）朱熹撰　（宋）黎靖德輯　清同治十一年(1872)應元書院刻本　四十二冊

330000－1798－0000460　普00533　子部/儒家類/儒學之屬/經濟

**鹽鐵論十卷**　（漢）桓寬撰　**校勘小識一卷**
王先謙撰　清光緒十七年(1891)思賢講舍刻本　一冊

330000－1798－0000461　普00608　子部/醫家類/類編之屬

**壽世彙編五種**　（清）祝寶森編　清光緒十一年(1885)金陵刻本　二冊

330000－1798－0000462　普00529　子部/儒家類/儒學之屬/禮教

**五種遺規**　（清）陳弘謀輯並撰　清光緒二十一年(1895)浙江書局刻本　十冊

330000－1798－0000463　普00530　經部/四書類/總義之屬/傳說

**四書反身錄八卷首一卷**　（清）李顒撰　清道光十一年(1831)浙江書局刻本　四冊

330000－1798－0000464　普00531　子部/儒家類/儒學之屬/蒙學

**小學六卷**　（清）高愈注　**文公朱夫子年譜一卷**　題（宋）李方子撰　清同治十一年(1872)浙江書局刻本　二冊

330000－1798－0000465　普00528　子部/儒家類/儒學之屬/勸學

**先正遺規四卷**　（清）汪正輯　清光緒十九年(1893)浙江書局刻本　二冊

330000－1798－0000466　善03251　子部/醫家類/外科之屬/外科方

**外科症治全生前集三卷後集三卷**　（清）王維

德撰　清乾隆五年(1740)敬藝堂刻本　含民題簽　一冊

330000－1798－0000470　普00637　子部/醫家類/溫病之屬/其他溫疫病證

**溫熱經緯五卷**　（清）王士雄撰　清光緒三年(1877)刻本　二冊

330000－1798－0000471　普00609　子部/醫家類/綜合之屬/通論

**新刊醫林狀元壽世保元十卷**　（明）龔廷賢撰　清刻本　二冊

330000－1798－0000472　普00636　子部/醫家類/醫經之屬/内經

**黃帝内經素問集注九卷**　（清）張志聰撰　清光緒十六年(1890)浙江書局刻本　六冊

330000－1798－0000473　普00611　子部/醫家類/醫經之屬/内經

**黃帝内經素問九卷**　（清）高世栻注　清光緒十三年(1887)浙江書局刻本　四冊

330000－1798－0000474　普00627　子部/醫家類/綜合之屬/通論

**醫學津梁四卷**　（清）程鑒著　清抄本　一冊

330000－1798－0000479　普00516　子部/藝術類/音樂之屬/樂譜

**瓶笙館修簫譜四種**　（清）舒位撰　清道光十三年(1833)錢塘汪氏振綺堂刻本　二冊

330000－1798－0000480　普00639　子部/醫家類/醫案之屬

**名醫類案十二卷附錄一卷**　（明）江瓘輯　清乾隆三十五年(1770)歙縣鮑氏知不足齋刻本　十一冊　存十一卷(二至十二)

330000－1798－0000481　普00645　子部/醫家類/綜合之屬/通論

**醫醇賸義四卷**　（清）費伯雄撰　清同治二年(1863)刻本　四冊

330000－1798－0000486　普00663　子部/醫家類/醫案之屬

**仙方遺跡二卷**　（清）程正通撰　（清）程曦輯

清抄本　一冊

330000－1798－0000491　普00642　子部/醫
家類/婦科之屬

**寧坤秘笈三卷附濟世論一卷任氏世傳傷寒祕**
**方一卷**　（清）竹林寺僧撰　清同治七年
(1868)致和堂刻本　一冊

330000－1798－0000492　普00643　子部/醫
家類/婦科之屬/產科

**萬氏婦人科三卷保產良方一卷**　（明）萬全撰
清味經堂刻本　一冊

330000－1798－0000495　普00514　類叢部/
叢書類/彙編之屬

**函海一百五十二種**　（清）李調元編　清乾隆
綿州李氏萬卷樓刻嘉慶十四年(1809)李鼎元
重校印本　一冊　存三種

330000－1798－0000497　普00646　子部/醫
家類/診法之屬/脈經脈訣

**圖註脈訣辨真四卷脈訣附方一卷**　題（晉）王
叔和撰　（明）張世賢注　清刻本　翰卿題簽
二冊

330000－1798－0000500　善00866　類叢部/
類書類/通類之屬

**類書纂要三十三卷**　（清）周魯輯　清康熙三
年(1664)姑蘇三槐堂刻本　二十四冊　缺四
卷（八至九、十一、十五）

330000－1798－0000502　普00649　子部/醫
家類/傷寒金匱之屬/傷寒論

**傷寒附翼二卷**　（清）柯琴撰　清刻本　一冊

330000－1798－0000505　普00684　類叢部/
叢書類/彙編之屬

**榆園叢刻十五種附一種**　（清）許增編　清同
治至光緒刻本　一冊　存一種

330000－1798－0000506　普00686　子部/藝
術類/篆刻之屬

**篆學瑣著二十八種**　（清）顧湘輯　清道光二
十年(1840)海虞顧氏刻本　八冊

330000－1798－0000507　普00685　子部/藝

術類/書畫之屬/題跋

**習苦齋畫絮十卷**　（清）戴熙撰　清光緒十九
年(1893)杭州景文齋刻本　四冊

330000－1798－0000509　普00666－00667
子部/天文曆算類/算書之屬

**御製數理精蘊上編五卷下編四十卷表八卷**
清宣統三年(1911)上海文瑞樓石印本　二十
四冊

330000－1798－0000510　普00677　子部/藝
術類/書畫之屬/書法書品

**寶真齋法書贊二十八卷**　（宋）岳珂撰　清刻
本　十冊

330000－1798－0000511　普00670　子部/藝
術類/篆刻之屬/印譜

**二金蜨堂印譜不分卷**　（清）趙之謙篆刻
（清）傅栻輯　清光緒三年(1877)大興傅栻有
萬憙齋刻鈐印本　一冊

330000－1798－0000512　善00858　類叢部/
類書類/專類之屬

**子史精華一百六十卷**　（清）吳士玉　（清）吳
襄等輯　清雍正五年(1727)刻本　四十八冊
存一百七卷（一至一百七）

330000－1798－0000513　普00672　子部/藝
術類/篆刻之屬/印譜

**黃山印藪不分卷**　（清）項懷述篆刻　清嘉慶
二十二年(1817)伊蔚齋刻鈐印本　一冊

330000－1798－0000514　普00863　史部/政
書類/軍政之屬

**新策珠璣二卷**　（清）墨餘軒主人輯　清光緒
元年(1875)刻本　二冊

330000－1798－0000515　普00864　類叢部/
類書類/通類之屬

**策學淵萃四十六卷目錄二卷**　清光緒四年
(1878)藤花小舫刻本　二十四冊

330000－1798－0000516　普00671　子部/藝
術類/書畫之屬/總論

**畫禪室隨筆二卷**　（明）董其昌撰　清宣統元
年(1909)掃葉山房石印本　一冊

330000－1798－0000519　普06243、普06427
經部/小學類/文字之屬/字書/字典

**康熙字典十二集三十六卷總目一卷檢字一卷
辨似一卷等韻一卷補遺一卷備考一卷**　（清）
張玉書等纂修　清刻本　十八冊　存二十三
卷(子集下、丑集上中下、寅集上中下、卯集
下、辰集上中、未集中下、申集上、酉集上中
下、戌集上中下,總目,檢字,辨似,補遺)

330000－1798－0000520　普00675　類叢部/
叢書類/彙編之屬

**邵武徐氏叢書二十三種**　（清）徐幹編　清光
緒邵武徐氏刻本　二冊　存一種

330000－1798－0000521　普00676　類叢部/
叢書類/彙編之屬

**邵武徐氏叢書二十三種**　（清）徐幹編　清光
緒邵武徐氏刻本　二冊　存一種

330000－1798－0000522　普00679　經部/禮
記類/傳說之屬

**夏小正通釋一卷**　（清）梁章鉅撰　清光緒十
三年(1887)浙江書局刻本　一冊

330000－1798－0000525　普00678　子部/農
家農學類/農藝之屬/農曆農諺

**卜歲恒言二卷**　（清）吳鵲撰　清光緒四年
(1878)淑園刻本　一冊

330000－1798－0000526　普00680　子部/藝
術類/遊藝之屬/雜藝

**益智圖二卷**　（清）童葉庚撰　清光緒四年
(1878)童葉庚刻本　二冊

330000－1798－0000527　普00669　史部/傳
記類/總傳之屬/技藝

**國朝畫徵錄三卷續錄二卷**　（清）張庚撰　**明
人附錄一卷**　（明）黎遂球　（明）袁樞撰　清
光緒十九年(1893)上海積山書局石印本　一
冊　缺一卷(明人附錄)

330000－1798－0000528　普00867、普06386
類叢部/類書類/通類之屬

**玉海二百四卷附刻十三種六十一卷**　（宋）王
應麟撰　**校補玉海瑣記二卷王深甯先生年譜**

一卷　（清）張大昌撰　清光緒九年至十六年
(1883－1890)浙江書局刻本　一百二十一冊
　缺十九卷(小學紺珠一至十、六經天文編一
至二、周易鄭康成注、通鑑答問一至五,年譜)

330000－1798－0000529　普00674　子部/藝
術類/遊藝之屬/雜藝

**七巧圖一卷**　（清）癯道士書　清嘉慶十七年
(1812)抄本　一冊

330000－1798－0000530　普00682　子部/藝
術類/遊藝之屬/棋弈

**官子譜不分卷**　清刻本　一冊

330000－1798－0000531　普00868　類叢部/
類書類/通類之屬

**增補事類統編九十三卷首一卷**　（清）黃葆真
輯　清道光二十六年(1846)丹陽黃葆真粵東
敦好堂刻本　四十八冊

330000－1798－0000532　普00972　集部/別
集類/清別集

**盈川小草三卷**　（清）朱鄅撰　清嘉慶十四年
(1809)刻本　一冊

330000－1798－0000533　普00683　子部/宗
教類/道教之屬

**文昌宮群真著述七種七卷**　清刻本　一冊
存四種

330000－1798－0000534　普00996　集部/別
集類/清別集

**泲澱集一卷**　（清）葉名澧撰　清道光二十九
年(1849)刻本　一冊

330000－1798－0000535　普00894　類叢部/
叢書類/彙編之屬

**新陽趙氏叢刊(高齋叢刻)十四種**　（清）趙元
益編　清光緒十一年至二十八年(1885－
1902)新陽趙氏刻本　一冊　存一種

330000－1798－0000537　普00879、普00892－
00893、普00895－00900、普00941－普00943
子部/叢編

**子書百家**　（清）崇文書局編　清光緒元年
(1875)湖北崇文書局刻本　十五冊　存十

024

九種

330000－1798－0000542　普00888　子部/小說家類/異聞之屬

**山海經十八卷首一卷**　清光緒三年(1877)浙江書局校刻本　四冊

330000－1798－0000544　普00993－00994　集部/別集類/明別集

**震川先生集三十卷別集十卷附錄一卷補編一卷**　(明)歸有光撰　(清)歸莊校勘　(清)錢謙益選定　(清)歸玠編輯　清光緒六年(1880)常熟歸氏刻本　十六冊

330000－1798－0000548　普00889　類叢部/叢書類/彙編之屬

**武英殿聚珍版書一百三十八種**　清乾隆武英殿木活字印本　一冊　存一種

330000－1798－0000551　普00891　子部/小說家類/異聞之屬

**閱微草堂筆記擇要二卷**　(清)紀昀撰　(清)籜園居士選訂　清光緒十五年(1889)泉唐沈氏刻本　二冊

330000－1798－0000561　普00731　子部/藝術類/書畫之屬/總論

**清河書畫舫十二卷**　(明)張丑輯　清光緒二年(1876)有竹人家刻本　十二冊

330000－1798－0000563　普00733　子部/藝術類/書畫之屬/法帖

**草字彙十二卷**　(清)石梁輯　清道光五年(1825)刻本　六冊

330000－1798－0000564　普00768　史部/金石類/玉之屬

**古玉圖攷不分卷**　(清)吳大澂撰　清光緒十五年(1889)上海同文書局石印本　一冊

330000－1798－0000565　普00769　子部/農家農學類/畜牧之屬

**鐫京本賈公圖像水黃牛經合併大全二卷**　(明)喻本撰　清天德堂刻本　一冊

330000－1798－0000566　普00770　子部/農

家農學類/園藝之屬/花卉

**秘傳花鏡六卷**　(清)陳淏子撰　清刻本　四冊

330000－1798－0000568　普00873　集部/戲劇類/傳奇之屬

**繪像第七才子書六卷首一卷**　(元)高明撰　(清)毛聲山評　清光緒十八年(1892)上海五彩石印本　六冊

330000－1798－0000572　普00878　集部/小說類/長篇之屬

**草木春秋演義五卷三十二回**　(清)江洪撰　清刻本　一冊

330000－1798－0000573　普00881　子部/小說家類/異聞之屬

**音釋坐花誌果八卷**　(清)汪道鼎撰　(清)鷲峰樵者音釋　清光緒十七年(1891)武林竹簡齋石印本　四冊

330000－1798－0000574　普00874　子部/雜著類/雜說之屬

**冷廬雜識八卷**　(清)陸以湉撰　清咸豐六年(1856)刻本　八冊

330000－1798－0000576　普00902　子部/小說家類/諧謔之屬

**笑得好二卷**　(清)指迷道人撰　清光緒十二年(1886)刻本　一冊

330000－1798－0000578　普00903　集部/小說類/短篇之屬

**繪圖古今奇聞二十二卷**　(清)燕山逸史重訂　清光緒十七年(1891)燕山耕餘主人鉛印本　四冊

330000－1798－0000579　普00883　集部/小說類/短篇之屬

**詳註聊齋志異圖詠十六卷首一卷**　(清)蒲松齡撰　(清)呂湛恩注　(清)徐潤編　清光緒十二年(1886)上海同文書局石印本　八冊

330000－1798－0000581　普00886　子部/雜著類/雜纂之屬

**二十二史感應錄二卷**　(清)彭希涑輯　清刻

本　一冊

330000 - 1798 - 0000583　普00901　史部/雜
史類/斷代之屬

**唐語林八卷**　(宋)王讜撰　**附校勘記一卷**
(清)錢熙祚撰　清光緒十九年(1893)湖北官
書處刻本　四冊

330000 - 1798 - 0000585　普00870　集部/小
說類/長篇之屬

**水滸後傳十卷首一卷**　(明)陳忱撰　清刻本
十二冊

330000 - 1798 - 0000586　普00880　子部/小
說家類/雜事之屬

**世說新語八卷**　(南朝宋)劉義慶撰　清讀書
坊刻本　清三思居士題簽　一冊

330000 - 1798 - 0000587　普00925　子部/小
說家類/雜事之屬

**世說新語三卷**　(南朝宋)劉義慶撰　(南朝
梁)劉孝標注　明刻本　一冊　存一卷(卷下
之上、下)

330000 - 1798 - 0000589　普01003　集部/別
集類/清別集

**眠綠山房詩鈔五卷首一卷**　(清)朱寯撰　清
道光二十六年(1846)刻本　二冊

330000 - 1798 - 0000590　普01007　集部/別
集類/清別集

**虛白山房駢體文二卷**　(清)朱鳳毛撰　清光
緒十五年(1889)朱一新廣州刻本　二冊

330000 - 1798 - 0000593　普00924　子部/宗
教類/佛教之屬/經疏

**大佛頂首楞嚴經正脈疏四十卷**　(明)釋真鑑
撰　清光緒二十二年(1896)金陵刻經處刻本
十四冊

330000 - 1798 - 0000600　普00917　子部/宗
教類/佛教之屬

**真心直說一卷普照禪師修心訣節要一卷**
(朝鮮)釋知訥撰　**般若波羅蜜多心經直說一
卷**　(明)釋德清撰　**心經說一卷**　(明)釋真
可撰　清同治十三年(1874)杭州雲棲寺刻本

一冊

330000 - 1798 - 0000601　普00906　子部/宗
教類/佛教之屬/經

**金剛般若波羅蜜經一卷**　(後秦)釋鳩摩羅什
譯　(清)許半歊集解　清咸豐十一年(1861)
廣豐二十都滌淨軒刻本　一冊

330000 - 1798 - 0000602　普02198　經部/四
書類/總義之屬/傳說

**漱芳軒合纂四書體註十九卷**　(清)范翔參訂
清刻本　一冊　存四卷(孟子集註四至七)

330000 - 1798 - 0000613　普00907　子家/雜
著類/雜纂之屬

**海南一勺合編內函十卷首二卷外函三十二卷**
(清)徐謙編　清道光二十八年(1848)浙東
止水樓重刻本　九冊　缺四卷(外函二十九
至三十二)

330000 - 1798 - 0000617　普00919　子部/宗
教類/佛教之屬/大藏

**徑山藏**　明萬曆十七年(1589)至清乾隆五臺
山、嘉興、徑山等地刻本　一冊　存一種

330000 - 1798 - 0000620　普00921　子部/宗
教類/佛教之屬/經

**佛說無量壽經二卷**　(三國魏)釋康僧鎧譯
清刻本　一冊

330000 - 1798 - 0000627　普00939　子部/宗
教類/佛教之屬/經

**金剛般若波羅蜜經一卷**　(後秦)釋鳩摩羅什
譯　清杭城弼教坊瑪瑙經房刻本　一冊

330000 - 1798 - 0000628　普00946　子部/道
家類

**南華經四卷**　(清)徐廷槐輯注　清乾隆六年
(1741)碩儒堂刻本　三冊　存三卷(一至二、
四)

330000 - 1798 - 0000629　普00944　子部/道
家類

**南華真經解三卷**　(清)宣穎撰　清經綸堂刻
本　六冊

330000－1798－0000630　普00945　子部/道家類

**南華眞經解三卷**　（清）宣穎撰　清經綸堂刻本　六冊

330000－1798－0000631　普00947　子部/道家類

**老子道德經二卷**　（三國魏）王弼注　清刻本　一冊

330000－1798－0000632　普00932　子部/宗教類/道教之屬

**道書十二種**　（清）劉一明撰　清嘉慶二十四年(1819)湖南常郡護國庵刻本　一冊　存一種

330000－1798－0000633　普00997　集部/別集類/宋別集

**方泉先生詩集三卷**　（宋）周文璞撰　清宣統元年(1909)上海國光社據清朱竹垞寫本影印本　一冊

330000－1798－0000636　普00937　子部/宗教類/道教之屬

**道祖眞傳輯要十七種**　（明）陸興輯　清味腴齋刻本　一冊　存一種

330000－1798－0000637　普00934　子部/宗教類/佛教之屬

**皇極正道浣心功課一卷**　清刻本　一冊

330000－1798－0000638　普01000　集部/別集類/清別集

**適園詩錄一卷**　（清）阿林保撰　清嘉慶十一年(1806)守意龕刻本　一冊

330000－1798－0000639　普00938　子部/宗教類/道教之屬/經文

**赦罪免劫經一卷**　清光緒十一年(1885)刻本　一冊

330000－1798－0000640　普00933　子部/宗教類/道教之屬/經文

**道原警世經一卷**　清杭城瑪瑙寺經房刻本　一冊

330000－1798－0000642　普00775、普00780　類叢部/叢書類/郡邑之屬

**武林往哲遺箸五十六種後編十種**　（清）丁丙編　清光緒二十年至二十六年(1894－1900)錢塘丁氏嘉惠堂刻本（錢塘韋先生文集卷一至二原缺）　九十六冊

330000－1798－0000643　普02023　經部/易類/傳說之屬

**易經大全會解四卷**　（清）來爾繩纂輯　（清）朱采治　（清）朱之澄編訂　清康熙二十年(1681)朱采治刻本　一冊　存三卷(二至四)

330000－1798－0000644　普00950　類叢部/叢書類/彙編之屬

**古逸叢書二十六種**　（清）黎庶昌編　清光緒八年至十年(1882－1884)遵義黎氏日本東京使署影刻本　一冊　存一種

330000－1798－0000645　普00948　子部/道家類

**老子道德經攷異二卷**　（清）畢沅撰　清乾隆四十八年(1783)畢氏靈巖山館刻經訓堂叢書本　鼌竹山人題簽　一冊

330000－1798－0000646　普00935　子部/宗教類/道教之屬

**道藏古本三元妙經三卷首一卷**　清咸豐五年(1855)刻本　一冊

330000－1798－0000647　普00940　子部/宗教類/佛教之屬

**彌勒佛說天地寶懺二卷**　清習禮堂木活字印本　一冊

330000－1798－0000648　普00999　集部/別集類/清別集

**聽香室遺稿(聽香室詩鈔一卷簫紅詞一卷賦鈔一卷試帖二卷)**　（清）潘誠貴撰　清光緒五年(1879)潘氏刻本　一冊　缺二卷(試帖一至二)

330000－1798－0000649　普02024　經部/易類/傳說之屬

**周易本義四卷附圖說一卷卦歌一卷筮儀一卷**

（宋）朱熹撰　清末刻本　徐招壽題簽　一冊　存三卷（二至四）

330000－1798－0000651　普 02021　經部/叢編

**十三經注疏**　（明）□□輯　明崇禎元年至十二年（1628－1639）古虞毛氏汲古閣刻本　一冊　存一種

330000－1798－0000652　普 02022　經部/易類/傳說之屬

**易經增訂旁訓三卷**　（清）徐立綱撰　清刻本　二冊

330000－1798－0000653　普 00955－00956　集部/楚辭類

**楚辭集註八卷辯證二卷後語六卷**　（宋）朱熹集註　清同治十年（1871）刻本　二冊

330000－1798－0000654　普 00961－00963　集部/別集類/宋別集

**山谷內集詩注二十卷外集詩注十七卷別集詩注二卷**　（宋）黃庭堅撰　（宋）任淵等注　清光緒二十五年（1899）刻本　二十冊

330000－1798－0000655　普 02038　經部/易類/傳說之屬

**易經大全會解四卷**　（清）來爾繩纂輯　（清）朱采治　（清）朱之澄編訂　清光緒五年（1879）慈水古草堂刻本　三冊

330000－1798－0000656　普 00958　集部/別集類/宋別集

**山谷內集詩注二十卷外集詩注十七卷別集詩注二卷外集詩注補四卷別集詩注補一卷**　（宋）黃庭堅撰　（宋）任淵等注　（清）謝啟昆輯補　清乾隆武英殿木活字印本　十二冊

330000－1798－0000657　普 00953、普 00952　類叢部/叢書類/彙編之屬

**古逸叢書二十六種**　（清）黎庶昌編　清光緒八年至十年（1882－1884）黎庶昌日本東京使署影刻本　十五冊　存一種

330000－1798－0000658　普 02025　經部/易類/傳說之屬

**周易本義四卷附圖說一卷新增圖說一卷卦歌一卷**　（宋）朱熹撰　清光緒十一年（1885）會稽徐氏八杉齋融經館刻本　二冊

330000－1798－0000662　普 00789　子部/儒家類/儒學之屬/蒙學

**三字經訓詁一卷**　清咸豐上海大文堂刻本　一冊

330000－1798－0000663　普 00964　類叢部/叢書類/自著之屬

**顧亭林先生遺書十種補遺十一種**　（清）顧炎武撰　（清）席威　（清）朱記榮編　清蓬瀛閣刻吳縣朱記榮增刻光緒三十二年（1906）彙印本　二十四冊

330000－1798－0000664　善 00957　集部/楚辭類

**屈騷心印五卷首一卷**　（清）夏大霖撰　清乾隆三十九年（1774）一本堂刻本　一冊

330000－1798－0000665　普 00103－00108、普 00115、普 00139、普 00152、普 00196、普 00374、普 00966、普 00969－00970、普 01027、普 01046－1047、普 01142、普 01145、普 01157　類叢部/叢書類/彙編之屬

**武英殿聚珍版書一百三十八種**　清乾隆四十二年（1777）福建刻道光至同治遞修光緒二十一年（1895）增刻本　九十七冊　存二十一種

330000－1798－0000666　普 00790　子部/雜著類/雜考之屬

**校訂困學紀聞三箋二十卷**　（宋）王應麟撰（清）閻若璩等箋　（清）屠繼序校補　清鍊石山房刻本　八冊

330000－1798－0000667　普 00968　集部/別集類/宋別集

**蘇文忠公詩集五十卷目錄二卷**　（宋）蘇軾撰　（清）紀昀評點　清同治八年（1869）韞玉山房粵東省城刻翰墨園朱墨套印本　十二冊　缺二卷（目錄一至二）

330000－1798－0000668　普00967　集部/別集類/宋別集

**陸象山先生文集三十六卷附校勘畧一卷**
(宋)陸九淵撰　**象山先生年譜一卷**　(宋)李子願編　**少湖徐先生學則辯一卷**　(明)徐階撰　**陸梭山公家制一卷**　(宋)陸九韶撰　清同治十年(1871)大儒家廟刻光緒七年(1881)陸氏素位堂增刻本　十六冊

330000－1798－0000672　善00971　集部/別集類/宋別集

**東坡先生全集七十五卷**　(宋)蘇軾撰　明萬曆金閶寶翰樓刻本　三十五冊

330000－1798－0000673　普00979　類叢部/叢書類/彙編之屬

**正誼堂全書六十三種續刻五種**　(清)張伯行編　(清)楊浚重編　清同治五年(1866)福州正誼書院刻同治八年至光緒十三年(1869－1887)續刻本　二冊　存一種

330000－1798－0000675　普00973　集部/別集類/清別集

**榆西僊館初槀二卷**　(清)蔣詩撰　清嘉慶刻本　三冊

330000－1798－0000676　普00797　經部/詩類/三家詩之屬

**新刻韓詩外傳十卷**　(漢)韓嬰著　清刻本　二冊

330000－1798－0000677　普00784　子部/雜著類/雜說之屬

**仁學不分卷**　(清)譚嗣同撰　清光緒國民報社鉛印本　一冊

330000－1798－0000679　普00785　子部/雜著類/雜說之屬

**此木軒雜著八卷**　(清)焦袁熹撰　清光緒八年(1882)掃葉山房席氏刻本　四冊

330000－1798－0000680　普00788　史部/史評類/史論之屬

**十二論二卷**　(明)葉秉敬撰　清刻本　一冊　存一卷(一)

330000－1798－0000681　普02065　經部/書類/傳說之屬

**書經集傳六卷**　(宋)蔡沈撰　清刻本　一冊　存二卷(五至六)

330000－1798－0000682　普02089　經部/詩類/傳說之屬

**詩經瑯環體註大全八卷**　(清)范翔鑒定(清)沈世楷輯　清末刻本　二冊　存五卷(四至八)

330000－1798－0000683　普02064　經部/詩類/傳說之屬

**欽定詩經傳說彙纂二十一卷首二卷詩序二卷**　(清)聖祖玄燁定　(清)王鴻緒　(清)揆敘總裁　清刻本　二冊　存三卷(七、十三至十四)

330000－1798－0000684　普02057　經部/書類/傳說之屬

**書經增訂旁訓二卷**　(清)徐立綱旁訓　(清)□□增訂　清刻本　一冊

330000－1798－0000685　普02060　經部/書類/傳說之屬

**書經集註六卷**　(宋)蔡沈集註　**尚書大全纂序說約合參秘解**　(清)朱雲龍輯撰　清刻本　一冊　存一卷(四)

330000－1798－0000686　普01006　集部/別集類/宋別集

**蘇文忠公詩集五十卷目録二卷**　(宋)蘇軾撰　(清)紀昀評點　清同治八年(1869)韞玉山房粵東省城刻翰墨園朱墨套印本　一冊　存六卷(一至六)

330000－1798－0000688　普02063　經部/書類/傳說之屬

**書經精華六卷**　(清)薛嘉穎撰　清刻本　一冊　存二卷(二至三)

330000－1798－0000689　普02056－1、普02056－2　經部/書類/傳說之屬

**書經集傳六卷**　(宋)蔡沈撰　**書經體註□□卷**　(宋)蔡沈集傳　清刻本　二冊　存三卷

（書經集傳五至六、書經體註四）

330000－1798－0000691　普02058　經部/書
類/傳說之屬

**欽定書經傳說彙纂二十一卷首二卷書序一卷**
（清）王頊齡等纂　**欽定春秋傳說彙纂三十
八卷首二卷**　（清）王掞等撰　清同治七年
（1868）馬新貽、李瀚章刻本　三冊　存六卷
（欽定書經傳說彙纂首一至二、欽定春秋傳說
彙纂二十三至二十六）

330000－1798－0000692　普00807－00813
類叢部/叢書類/彙編之屬

**武英殿聚珍版書一百三十八種**　清乾隆武英
殿木活字印本　十八冊　存七種

330000－1798－0000693　普00814　類叢部/
叢書類/彙編之屬

**紀載彙編**　清都城琉璃廠鉛印本　四冊

330000－1798－0000694　普00805　子部/雜
著類/雜考之屬

**日知錄三十二卷**　（清）顧炎武撰　清刻本
十七冊　缺二卷（五至六）

330000－1798－0000695　普00816　子部/雜
著類/雜考之屬

**困學紀聞注二十卷**　（清）翁元圻撰　清道光
五年（1825）餘姚翁氏守福堂刻本　十四冊

330000－1798－0000696　普02055　經部/書
類/傳說之屬

**書經體註大全合參六卷**　（宋）蔡沈集傳
（清）錢希祥輯注　**書經集傳六卷**　（宋）蔡沈
集傳　清刻本　二冊　存二卷（書經集傳四
至五）

330000－1798－0000697　普02052　經部/書
類/傳說之屬

**書經集傳六卷**　（宋）蔡沈撰　清文星堂刻本
四冊

330000－1798－0000698　普00815　子部/雜
著類/雜說之屬

**論衡三十卷**　（漢）王充撰　清刻本　八冊

330000－1798－0000700　普02054　類叢部/
叢書類/彙編之屬

**武英殿聚珍版書一百三十八種**　清乾隆武英
殿木活字印本　五冊　存一種

330000－1798－0000701　普02066　經部/詩
類/傳說之屬

**御案詩經備旨八卷**　（清）鄒聖脈纂輯　（清）
鄒廷猷編次　清末石印本　一冊

330000－1798－0000702　普00849　類叢部/
類書類/專類之屬

**人鏡類纂四十六卷**　（清）程之楨輯　清同治
十二年（1873）江夏程氏确園刻本　十二冊

330000－1798－0000704　普02067　經部/
叢編

**五經體注大全五種**　（清）嚴氏家塾主人輯
清光緒五年（1879）慈水古草堂刻本　三冊
存一種

330000－1798－0000705　普00824　類叢部/
叢書類/自著之屬

**榕村全書三十二種附十種**　（清）李光地撰
清道光九年（1829）安溪李維迪刻本　一百十
七冊　存三十八種

330000－1798－0000706　普01001　集部/別
集類/清別集

**涼州剩草一卷**　（清）蔡廷衡撰　**瑤華仙館試
帖詩選一卷**　（清）蔡振武撰　清光緒五年
（1879）天風環珮山房刻本　一冊

330000－1798－0000707　普01002　集部/總
集/選集/斷代

**三文敬公集不分卷**　（清）李宗傳等撰　清刻
本　一冊

330000－1798－0000711　普02085　經部/周
禮類/傳說之屬

**周禮節訓六卷**　（清）黃叔琳輯　（清）姚培謙
重訂　**周禮集解節要六卷**　（清）鄧愷輯　清
乾隆四十三年（1778）刻本　二冊　存五卷
（周禮節訓一至二、周禮集解節要四至六）

330000－1798－0000713　普00845　子部/

叢編

**子書百家** （清）崇文書局編　清光緒元年（1875）湖北崇文書局刻本　一冊　存一種

330000－1798－0000714　善00120　經部/群經總義類/傳說之屬

**楊符蒼七種** （清）楊方達撰　清雍正至乾隆武進楊氏復初堂刻本　一冊　存一種

330000－1798－0000715　普02076　經部/叢編

**重刊宋本十三經注疏四百十六卷附十三經注疏校勘記四百十六卷** （清）阮元撰　（清）盧宣旬摘錄　**校勘記識語四卷** （清）汪文臺撰　清嘉慶二十年（1815）南昌府學刻本　二冊　存一種

330000－1798－0000716　普01015　類叢部/叢書類/自著之屬

**左文襄公全集** （清）左宗棠撰　清光緒刻本　一百二十八冊

330000－1798－0000717　普00846　子部/醫家類/針灸之屬/針法灸法

**鍼灸擇日編集一卷** （明）金循義　（明）金義孫輯　**附備急灸法一卷** （宋）聞人耆年撰　清光緒十六年（1890）上杭羅氏十瓣同心蘭室刻本　一冊　缺一卷（備急灸法）

330000－1798－0000718　普02074　經部/詩類/傳說之屬

**詩經集註四卷** （宋）朱熹撰　清刻本　三冊

330000－1798－0000719　善00119　經部/書類/傳說之屬

**古文尚書攷二卷** （清）焦循撰　清乾隆五十七年（1792）讀經楼刻本　一冊

330000－1798－0000720　普01016　類叢部/叢書類/郡邑之屬

**永嘉叢書十三種** （清）孫衣言編　清同治至光緒瑞安孫氏詒善祠墊刻本　十冊　存一種

330000－1798－0000721　普02073　經部/詩類/傳說之屬

**毛詩讀本四卷** （漢）毛亨撰　清光緒文奎堂刻本　四冊

330000－1798－0000722　普02075　經部/詩類/傳說之屬

**詩經增訂旁訓四卷** （清）徐立綱撰　（清）□□增訂　清刻本　三冊

330000－1798－0000723　善00118　經部/書類/傳說之屬

**尚書纂義四卷** （清）關涵輯　清乾隆五十三年（1788）濯秀書堂刻本　二冊

330000－1798－0000724　普02079－1、普02079－2　經部/詩類/傳說之屬

**詩經精華十一卷** （清）薛嘉穎輯　清同治八年（1869）京都善成堂刻本　二冊　存五卷（一至五）

330000－1798－0000725　普02081　經部/詩類/傳說之屬

**詩經集傳八卷** （宋）朱熹撰　清刻本　二冊

330000－1798－0000726　普00843　經部/易類/易占之屬

**焦氏易林四卷** （漢）焦贛撰　清刻本　吳子弓題簽　四冊

330000－1798－0000727　善00117　經部/書類/分篇之屬

**禹貢指南一卷** （清）關涵輯　清乾隆五十三年（1788）濯秀書堂刻本　一冊

330000－1798－0000729　善00113　經部/易類/傳說之屬

**總統易三卷首一卷** （清）毛異賓訂撰　清光緒十三年（1887）江山縣署刻本　一冊

330000－1798－0000730　普02092　經部/禮記類/傳說之屬

**禮記集說十卷** （元）陳澔撰　清沙村草堂刻本　二冊　存二卷（八至九）

330000－1798－0000731　普01028　集部/別集類/清別集

**集虛齋學古文十二卷附離騷經解畧一卷** （清）方棻如撰　清光緒十年（1884）李詩、竺

士彥淳安縣署刻本　四冊

330000－1798－0000733　普02078　經部/詩類/傳說之屬

**詩經旁訓辨體合訂四卷**　（清）徐立綱輯　清光緒永言堂刻本　一冊

330000－1798－0000734　普00835　子部/術數類/命書相書之屬

**新刻麻衣神機相法風鑑入門二卷首一卷**（清）青陽子輯　清五羊劉我潛刻本　一冊

330000－1798－0000738　普01029　子部/宗教類/佛教之屬/諸宗

**永嘉禪宗集註二卷**　（唐）釋玄覺撰　（明）釋傳燈重輯並注　清同治十年（1871）刻本　一冊

330000－1798－0000739　普02068　經部/叢編

**五經體注大全五種**　（清）嚴氏家塾主人輯清光緒二年（1876）刻本　一冊　存一種

330000－1798－0000740　普01036　集部/別集類/宋別集

**蘇學士文集十六卷**　（宋）蘇舜欽撰　清宣統三年（1911）北京龍文閣書局石印本　六冊

330000－1798－0000741　普00837　子部/術數類/占卜之屬

**新編玄機妙訣斷易黃金策三卷**　清刻本一冊

330000－1798－0000743　普02053　經部/書類/傳說之屬

**尚書離句六卷**　（清）錢在培輯解　清光緒十年（1884）立言堂刻本　二冊

330000－1798－0000744　普00823　經部/小學類/文字之屬/字書/字體

**名原二卷**　（清）孫詒讓撰　清光緒刻本一冊

330000－1798－0000746　善00111　經部/易類/傳說之屬

**田間易學不分卷**　（清）錢澄之撰　清康熙斟

雉堂刻本　四冊

330000－1798－0000748　普00838　子部/術數類/相宅相墓之屬

**地理真機十五卷**　清刻本　二冊

330000－1798－0000750　普00847　類叢部/叢書類/彙編之屬

**古諷籀齋策綜大成三十二卷**　（清）鄭霞逸輯清光緒五年（1879）古諷籀齋刻本　八冊

330000－1798－0000751　普00850　史部/政書類/通制之屬

**新刊校正策海十六卷**　（元）馬端臨著　（明）王洪州續　清光緒五年（1879）刻本　八冊

330000－1798－0000753　普01284　類叢部/叢書類/彙編之屬

**古逸叢書二十六種**　（清）黎庶昌編　清光緒八年至十年（1882－1884）黎庶昌日本東京使署影刻本（漢書食貨志卷下、玉燭寶典卷九原缺）　叔坦批　四十九冊

330000－1798－0000754　普02090　經部/禮記類/傳說之屬

**禮記四十九卷**　（漢）鄭玄注　（明）金蟠校清永懷堂刻本　四冊　存三十一卷（一至四、二十三至四十九）

330000－1798－0000755　普01220　史部/目錄類/總錄之屬/私撰

**宋元舊本書經眼錄三卷附錄二卷**　（清）莫友芝撰　清同治十二年（1873）獨山莫繩孫刻本二冊

330000－1798－0000756　普02086　經部/周禮類/傳說之屬

**周禮精華六卷**　（清）陳龍標輯　清嘉慶十八年（1813）刻本　五冊　缺一卷（二）

330000－1798－0000757　普02080　經部/詩類/傳說之屬

**詩經集傳八卷**　（宋）朱熹撰　清光緒二十三年（1897）松鶴廬刻本　四冊

330000－1798－0000758　普01218　史部/目

録類/書志之屬/提要

**直齋書録解題二十二卷** （宋）陳振孫撰　清刻本　九冊　缺五卷（四至六、二十一至二十二）

330000－1798－0000761　普01234　集部/別集類/清別集

**庸盦海外文編四卷** （清）薛福成撰　清光緒二十三年（1897）湖南新學書局刻本　三冊

330000－1798－0000762　普01233　類叢部/類書類/專類之屬

**新增詩句題解彙編二十二卷** （清）陳劍芝（清）葉湘秋（清）顧芷卿編　（清）朱春舫增輯　清同治海陵書屋刻本　二十一冊　缺一卷（十五）

330000－1798－0000763　善01041、善01050　集部/別集類/清別集

**小倉山房詩集三十六卷補遺二卷文集三十五卷外集八卷** （清）袁枚撰　清乾隆刻增修本　二十冊　存七十卷（詩集一至三十五、文集一至三十五）

330000－1798－0000764　普01273　集部/別集類/清別集

**管注秋水軒尺牘四卷續刻一卷** （清）許思湄撰　（清）婁世瑞注釋　（清）管斯駿補注　清光緒十二年（1886）吳縣管氏管可壽齋刻朱墨套印本　五冊

330000－1798－0000765　普01044　類叢部/叢書類/自著之屬

**顧亭林先生遺書十種補遺十一種** （清）顧炎武撰　（清）席威　（清）朱記榮編　清蓬瀛閣刻吳縣朱記榮增刻光緒三十二年（1906）彙印本　二十冊

330000－1798－0000767　普01045　類叢部/叢書/自著之屬

**廬陵周益國文忠公集十三種** （宋）周必大撰　清道光二十八年（1848）歐陽榮瀛塘別墅刻咸豐元年（1851）續刻本　三十一冊

330000－1798－0000768　普02095、普02160　經部/叢編

**重刊宋本十三經注疏四百十六卷附十三經注疏校勘記四百十六卷** （清）阮元撰　（清）盧宣旬摘録　**校勘記識語四卷** （清）汪文臺撰　清光緒十三年（1887）上海脈望仙館石印本　四冊　存二種

330000－1798－0000769　普02091　經部/周禮類/傳說之屬

**周官精義十二卷** （清）連斗山輯　清刻本　二冊　存三卷（四至六）

330000－1798－0000770　普01049　集部/別集類/唐五代別集

**杜詩鈔十卷** （明）梅鼎祚選　（明）鍾惺等評　清刻本　佚名過録"李白惜餘春賦"　二冊

330000－1798－0000771　普02096　經部/周禮類/傳說之屬

**周禮正義八十六卷** （清）孫詒讓撰　清光緒三十一年（1905）鉛印本　七冊

330000－1798－0000772　普01048　集部/別集類/清別集

**有正味齋駢體文二十四卷續集八卷詩集十六卷詩續集八卷詞集八卷詞續集二卷外集五卷外集續二卷** （清）吳錫麒撰　清嘉慶十三年（1808）刻本　八冊

330000－1798－0000773　普02097　經部/禮記類/傳說之屬

**禮記集說十卷** （元）陳澔撰　清光緒十一年（1885）融經館刻本　八冊　存八卷（一、四至十）

330000－1798－0000774　普02093　經部/叢編

**重刊宋本十三經注疏四百十六卷附十三經注疏校勘記四百十六卷** （清）阮元撰　（清）盧宣旬摘録　**校勘記識語四卷** （清）汪文臺撰　清嘉慶二十年（1815）南昌府學刻道光六年（1826）盱江朱華臨重校同治十二年（1873）江西書局重修本　九冊　存一種

330000－1798－0000775　普01201　史部/目

録類/書志之屬/提要

**善本書室藏書志四十卷附録一卷** （清）丁丙輯　清光緒二十七年（1901）錢塘丁氏刻本　蔡元康題記　十六冊

330000－1798－0000776　普00185－00186、普01051　類叢部/叢書類/自著之屬

**張宣公全集三種** （宋）張栻撰　清道光二十九年（1849）縣邑洗墨池刻咸豐四年（1854）縣邑南軒祠補刻本　十二冊

330000－1798－0000777　善01042　集部/別集類/清別集

**漁洋山人精華録箋注十二卷補一卷附年譜一卷** （清）王士禛撰　（清）金榮箋注　（清）徐准纂輯　清康熙五十一年（1712）鳳翽堂刻本　五冊　缺一卷（一）

330000－1798－0000778　普01069　集部/別集類/宋別集

**胡澹庵先生文集三十二卷補遺一卷** （宋）胡銓著　清道光十三年（1833）歷原胡氏讀書堂刻本　八冊

330000－1798－0000779　普01072　類叢部/叢書類/自著之屬

**紀慎齋先生全集十二種續集七種** （清）紀大奎撰　清嘉慶十三年至咸豐二年（1808－1852）刻本　十九冊　存續集七種

330000－1798－0000780　普02102　經部/周禮類/傳說之屬

**周禮精華六卷** （清）陳龍標輯　清嘉慶十三年（1808）刻本　六冊

330000－1798－0000781　普01075　集部/別集類/漢魏六朝別集

**庾子山集十六卷總釋一卷** （北周）庾信撰　（清）倪璠注　**年譜一卷** （清）倪璠撰　清光緒二十年（1894）粵東儒雅堂刻本　十二冊

330000－1798－0000782　普02105　經部/禮記類/傳說之屬

**禮記集說十卷** （元）陳澔撰　清刻本　一冊　存一卷（九）

330000－1798－0000783　普02104　經部/禮記類/傳說之屬

**禮記集說十卷** （元）陳澔撰　清刻本　一冊　存一卷（七）

330000－1798－0000784　普02100　經部/禮記類/傳說之屬

**禮記旁訓辨體合訂六卷** （清）徐立綱輯　清刻本　一冊　存一卷（四）

330000－1798－0000785　普02094　經部/周禮類/傳說之屬

**欽定周官義疏四十八卷首一卷** （清）鄂爾泰等編　清刻本　四冊　存四卷（二至四、二十一）

330000－1798－0000786　普01268　子部/宗教類/道教之屬

**救生船四卷** 清光緒六年（1880）刻本　四冊

330000－1798－0000787　普01276　集部/別集類/明別集

**陳文恭公手札節要三卷** （清）陳弘謀撰　清光緒十五年（1889）刻本　一冊

330000－1798－0000788　普02103、普02124　經部/叢編

**十三經註疏十三種** （明）□□輯　明崇禎元年至十二年（1628－1639）古虞毛氏汲古閣刻本　二十五冊　存二種

330000－1798－0000791　普01076　集部/別集類/清別集

**戴簡恪公遺集八卷** （清）戴敦元撰　清同治十一年（1872）刻本　二冊

330000－1798－0000792　普02115　經部/春秋左傳類/傳說之屬

**如酉所刻諸名家評點春秋綱目左傳句解彙雋六卷** （清）韓菼重訂　清刻本　一冊　存一卷（一）

330000－1798－0000794　普01068　集部/別集類/清別集

**湖唐林館駢體文二卷** （清）李慈銘撰　清光緒十年（1884）刻本　一冊

330000－1798－0000795　普 01071　集部/別集類/唐五代別集

**唐丞相曲江張文獻公集十二卷附錄一卷千秋金鑑錄五卷**　（唐）張九齡撰　清光緒十八年（1892）張曉如刻本　六冊

330000－1798－0000796　善 01077　集部/別集類/漢魏六朝別集

**陶靖節集八卷附錄一卷**　（晉）陶潛撰　明崇德堂刻本　一冊　存三卷（一至三）

330000－1798－0000797　普 01202　類叢部/叢書類/彙編之屬

**士禮居叢書二十種**　（清）黃丕烈編　清嘉慶至道光吳縣黃氏士禮居刻本　一冊　存三種

330000－1798－0000798　普 02110　經部/春秋左傳類/傳說之屬

**評點春秋左傳綱目句解彙雋四卷**　（清）韓菼重訂　清光緒三十四年（1908）寧波鈞和印刷所鉛印本　四冊

330000－1798－0000799　普 01078　集部/別集類/宋別集

**乖崖先生文集十二卷附錄一卷**　（宋）張詠撰　清光緒八年（1882）獨山莫祥芝刻本　二冊

330000－1798－0000804　普 02113　經部/春秋左傳類/傳說之屬

**春秋全經左傳句解八卷首一卷**　（宋）朱申撰　（明）孫鑛批點　清刻本　一冊　存二卷（三至四）

330000－1798－0000806　普 01073　集部/別集類/宋別集

**水心先生別集十六卷**　（宋）葉適撰　清同治九年（1870）刻本　四冊

330000－1798－0000807　普 01210　史部/金石類/總志之屬/圖像

**求古精舍金石圖四卷**　（清）陳經撰　清嘉慶二十三年（1818）烏程陳經說劍樓刻本　三冊

330000－1798－0000809　普 01208　史部/金石類/金之屬/文字

**積古齋鐘鼎彝器款識十卷**　（清）阮元　（清）

朱為弼撰　清光緒五年（1879）武昌刻本　六冊

330000－1798－0000810　普 02111、普 02119－02120、普 02162、普 02201　經部/叢編

**重刊宋本十三經注疏四百十六卷附十三經注疏校勘記四百十六卷**　（清）阮元撰　（清）盧宣旬摘錄　校勘記識語四卷　（清）汪文臺撰　清光緒十三年（1887）上海點石齋石印本　二十七冊　存十三種

330000－1798－0000811　普 01207　類叢部/叢書類/彙編之屬

**十萬卷樓叢書五十一種**　（清）陸心源輯　清光緒歸安陸氏刻本　一冊　存一種

330000－1798－0000812　普 01209　類叢部/叢書類/彙編之屬

**後知不足齋叢書四十七種**　（清）鮑廷爵編　清同治至光緒常熟鮑氏刻本　二冊　存一種

330000－1798－0000813　普 01269　史部/傳記類/別傳之屬/事狀

**惠文胡公輓言不分卷**　（清）胡鳳林等輯　清咸豐五年（1855）韞玉山房刻本　一冊

330000－1798－0000815　普 02117　經部/春秋左傳類/傳說之屬

**春秋左傳五十卷**　（晉）杜預　（宋）林堯叟註釋　（唐）陸德明音義　（明）鍾惺等評點　清刻本　五冊　存二十三卷（三至八、二十一至三十三、四十七至五十）

330000－1798－0000816　普 02112　經部/春秋左傳類/傳說之屬

**春秋左傳五十卷**　（晉）杜預　（宋）林堯叟註釋　（唐）陸德明音義　（明）鍾惺等評點　清三槐堂、三餘堂刻本　二冊　存五卷（十一至十二、十五至十七）

330000－1798－0000817　普 01265　子部/儒家類/儒學之屬/禮教/家訓

**楊忠愍公傳家寶訓一卷**　（明）楊繼盛撰　（明）陳君選輯　**鉼笙館修籙譜不分卷**　（清）舒位撰　清同治九年（1870）涉園刻本　一冊

330000－1798－0000818　普 02116　經部/春秋左傳類/傳說之屬

**批點春秋左傳綱目句解彙雋六卷**　（清）韓菼重訂　清刻本　四冊　存四卷(二至三、五至六)

330000－1798－0000819　普 02109　經部/春秋左傳類/傳說之屬

**左傳選□□卷**　（清）儲欣評選　清刻本　一冊　存三卷(七至九)

330000－1798－0000820　普 01270　史部/總傳類/家乘之屬

**何文安祭文一卷附輓聯一卷**　（清）□□輯　清刻本　佚名過錄　一冊

330000－1798－0000821　普 01271　子部/儒家類/儒學之屬/俗訓

**做人家法解說三卷**　（清）陳宏謀撰　清道光二年(1822)鳳和堂吳氏刻本　一冊

330000－1798－0000822　普 02126　經部/春秋左傳類/傳說之屬

**左繡三十卷首一卷**　（清）馮李驊　（清）陸浩評輯　**春秋經傳集解三十卷**　（晉）杜預撰（宋）林堯叟注　（唐）陸德明音釋　清乾隆三十六年(1771)華川書屋刻本　十六冊

330000－1798－0000823　普 01266　史部/雜史類/斷代之屬

**皇朝掌故二卷**　（清）張一鵬撰　（清）陳蔚文注　清光緒二十八年(1902)浙省貢院西橋杞廬刻本　一冊

330000－1798－0000824　普 01267　子部/儒家類/儒學之屬/勸學

**教諭語一卷**　（清）謝金鑾撰　清望三益齋刻本　一冊

330000－1798－0000825　普 01257　史部/政書類/律令之屬

**蜀僚問答二卷**　（清）劉衡纂輯　**漁洋山人手鏡一卷**　（清）王士禎撰　清同治六年(1867)退補齋刻本　一冊

330000－1798－0000827　普 02106　經部/春秋左傳類/傳說之屬

**御案春秋左傳經解備旨十二卷**　（清）鄒聖脈等輯　（清）鄒可庭編次　清刻本　四冊　存七卷(六至十二)

330000－1798－0000828　善 00126　經部/詩類/傳說之屬

**田間詩學不分卷**　（清）錢澄之撰　清刻本　八冊

330000－1798－0000829　普 02107　經部/春秋左傳類/傳說之屬

**御案春秋左傳經解□□卷**　（清）鄒聖脈輯　清刻本　一冊　存三卷(十至十二)

330000－1798－0000831　普 01254　子部/雜著類/雜纂之屬

**格言聯璧一卷附一卷**　（清）金纓輯　清同治十一年(1872)蘭邑西門徐氏刻本　一冊

330000－1798－0000832　普 01252　史部/政書類/邦交之屬

**籌洋芻議十四卷**　（清）薛福成撰　清光緒二十三年(1897)湖南新學書局刻本　一冊

330000－1798－0000833　普 02118　經部/書類/傳說之屬

**尚書離句六卷**　（清）錢在培輯解　清文富堂刻本　一冊　存三卷(四至六)

330000－1798－0000834　普 01272　集部/別集類/清別集

**闡真集一卷**　（清）朱珹録　清刻本　一冊

330000－1798－0000835　普 02123　經部/春秋左傳類/傳說之屬

**春秋旁訓辨體合訂四卷**　（清）徐立綱撰　清循陔堂刻本　二冊

330000－1798－0000838　普 01245　史部/職官類/官箴之屬

**在官法戒録四卷**　（清）陳宏謀撰　清同治十二年(1873)杭州刻本　二冊

330000－1798－0000840　普 01246－1　子部/雜著類/雜說之屬

秀才約語授趙雋堂同學一卷　（清）吳毓珍撰
　戊寅新增十二則授同學胡象華胡蘊華昆仲
一卷　清刻本　一冊

330000－1798－0000841　普02121　經部/春
秋總義類/傳說之屬

春秋胡傳三十卷　（宋）胡安國撰　（宋）林堯
叟音注　清萃雅堂刻本　六冊

330000－1798－0000842　普02136　經部/春
秋左傳類/傳說之屬

左繡三十卷首一卷　（清）馮李驊　（清）陸浩
評輯　春秋經傳集解三十卷　（晉）杜預撰
（宋）林堯叟注　（唐）陸德明音釋　清康熙玉
軸樓刻本　十冊　存三十五卷（左繡一、十至
十三、十五至十六、十八至二十五、二十九至
三十，首；春秋經傳集解一、十至十三、十五至
十六、十八至二十五、二十九至三十）

330000－1798－0000844　普01243　子部/儒
家類/儒學之屬/蒙學

讀書作文譜十二卷　（清）唐彪輯著　清刻本
　三冊

330000－1798－0000845　普02098　經部/
叢編

倣宋相臺五經九十七卷附考證　（清）□□輯
　清乾隆四十八年（1783）武英殿刻本　六冊
　存十二卷（禮記三至六、十一至十四、十七
　至二十）

330000－1798－0000846　普01239　子部/醫
家類/方書之屬/單方驗方

幾希錄一卷附集古方一卷　（清）瑞五堂主人
輯　清刻本　二冊

330000－1798－0000848　普02134　經部/春
秋左傳類/傳說之屬

春秋摘錄一卷　（清）□□撰　清抄本　一冊

330000－1798－0000849　普01192　史部/金
石類/總志之屬

金石萃編一百六十卷　（清）王昶撰　清嘉慶
十年（1805）刻本　六十一冊　缺六卷（一百
二十七至一百三十、一百五十至一百五十一）

330000－1798－0000850　普02139－2　經
部/春秋左傳類/傳說之屬

讀左補義五十卷首一卷　（清）姜炳璋輯　清
光緒三十年（1904）浙甯汲綆齋刻本　一冊
存四卷（四十七至五十）

330000－1798－0000853　普02133　經部/春
秋公羊傳類/傳說之屬

春秋公羊傳十一卷　（漢）何休注　（唐）陸德
明音義　清光緒三年（1877）永康胡氏退補齋
刻本　四冊　存八卷（一至三、七至十一）

330000－1798－0000854　普01197－01198
史部/金石類/總志之屬

金石索十二卷首一卷　（清）馮雲鵬　（清）馮
雲鵷輯　清道光元年（1821）紫琅馮氏邃古齋
滋陽刻本　四冊　存四卷（金索五、石索一至
三）

330000－1798－0000855　普02130　經部/春
秋左傳類/傳說之屬

春秋左傳杜注三十卷首一卷　（清）姚培謙撰
　清刻本　六冊　缺十卷（十二至十三、十七
至十九、二十七至三十，首）

330000－1798－0000856　普01196　史部/金
石類/郡邑之屬

荊南萃古編一卷　（清）周懋琦　（清）劉瀚輯
　清光緒二十年（1894）錢塘周氏鴻寶署齋刻
本　二冊

330000－1798－0000857　普02137　經部/春
秋左傳類/傳說之屬

春秋左傳註疏六十卷　（晉）杜預注　（唐）陸
德明音義　（唐）孔穎達疏　明汲古閣刻本
十七冊　缺九卷（四至七、二十至二十一、五
十八至六十）

330000－1798－0000859　普02132　經部/
叢編

重刊宋本十三經注疏四百十六卷附十三經注
疏校勘記四百十六卷　（清）阮元撰　（清）盧
宣旬摘錄　校勘記識語四卷　（清）汪文臺撰
　清光緒十八年（1892）湖南寶慶務本書局刻
本　十九冊　存一種

330000－1798－0000862　普01096　集部/總集類/選集之屬/斷代

**國朝駢體正宗評本十二卷補編一卷**　（清）曾燠輯　（清）姚燮評　（清）張壽榮參　清光緒十一年(1885)鎮海張氏花雨樓刻朱墨套印本　六冊　缺一卷(補編)

330000－1798－0000863　普01275　集部/別集類/清別集

**繡虎軒尺牘初集八卷二集八卷三集八卷**（清）曹煜撰　清康熙書林許氏傳萬堂刻本十一冊　缺二卷(三集七至八)

330000－1798－0000864　普02147　子部/儒家類/儒學之屬/蒙學

**小學六卷**　（清）高愈注　清乾隆十二年(1747)刻本　一冊　存四卷(一至四)

330000－1798－0000866　普02149　子部/儒家類/儒學之屬/蒙學

**小學集註六卷首一卷末一卷**　（明）陳選集注　**小學校語一卷**　（清）孫崇晉等撰　清嘉慶元年(1796)姜文奎刻本　一冊　存三卷(一至二、首)

330000－1798－0000868　普01277　經部/春秋公羊傳類/傳說之屬

**春秋公羊傳十一卷**　（漢）何休注　（唐）陸德明音義　清光緒十二年(1886)湖北官書處刻本　四冊

330000－1798－0000869　普02129、普02192　經部/叢編

**重刊宋本十三經注疏四百十六卷附十三經注疏校勘記四百十六卷**　（清）阮元撰　（清）盧宣旬摘録　**校勘記識語四卷**　（清）汪文臺撰　清嘉慶二十年(1815)南昌府學刻本　五冊　存二種

330000－1798－0000870　普01184　史部/史評類/史論之屬

**史論匯覽八卷**　（清）陳憲超輯並撰　清光緒三十二年(1906)刻本　六冊

330000－1798－0000871　普01100　集部/別

集類/清別集

**山城倡和集一卷扁舟集二卷**　（清）杜求煐等撰　清鉛印本　一冊

330000－1798－0000872　普02138　經部/春秋左傳類/傳說之屬

**春秋經傳集解三十卷**　（晉）杜預撰　清刻本二冊　存四卷(二十一至二十二、二十九至三十)

330000－1798－0000873　普01097　集部/總集類/課藝之屬

**正誼書院小課□□卷**　（清）朱蘭坡選定（清）歐陽泉編次　清刻本　一冊　存二卷(三至四)

330000－1798－0000874　普01102　集部/總集類/選集之屬/通代

**律賦必以集二卷**　（清）顧蒔輯　清道光十二年(1832)刻本　一冊

330000－1798－0000875　普02127　經部/春秋左傳類/傳說之屬

**春秋左傳三十卷**　（晉）杜預集解　（明）金蟠訂　清永懷堂刻本　七冊　存二十一卷(一至六、十至二十四)

330000－1798－0000876　普01098　集部/總集類/題詠之屬

**六如亭題詠鈔一卷**　（清）伊秉綬輯　清刻本一冊

330000－1798－0000878　普01101　集部/別集類/清別集

**蒙山仙館詩鈔一卷**　（清）掃花散人撰　清刻本　二冊

330000－1798－0000880　普02128　經部/春秋左傳類/傳說之屬

**春秋左傳五十卷**　（晉）杜預　（宋）林堯叟註釋　（明）韓范評閱　**春秋左傳異名考一卷**（明）閔光德輯　清光緒十一年(1885)融經館刻本　十二冊　存四十四卷(一至二十五、二十九至三十二、三十七至五十，異名考)

330000－1798－0000882　普02153　經部/

叢編

**五經合纂大成** （清）同文書局主人輯　清石印本　二冊　存二種

330000－1798－0000887　普01109　集部/總集類/課藝之屬

**詁經精舍三集經解二卷辭賦三卷戊辰己巳庚午年官師課合刻六卷** （清）俞樾編　清同治八年(1869)俞樾署檢刻本　一冊　存一卷(己巳年官師課合刻上)

330000－1798－0000888　善00189　經部/四書類/孟子之屬/傳說

**孟子辨似不分卷** （清）關涵輯　清濯秀書堂刻本　一冊

330000－1798－0000889　普01110　集部/總集類/選集之屬/斷代

**雲樣集八卷** （清）高陳謨編　清嘉慶元年(1796)刻本　四冊

330000－1798－0000890　普02142　經部/群經總義類/傳說之屬

**重校五經體註大全五種** （清）嚴氏家塾主人輯　清光緒十年(1884)上海點石齋石印本　七冊　存四種

330000－1798－0000891　普01113　集部/總集類/選集之屬/通代

**文選六十卷** （南朝梁）蕭統輯　（唐）李善注　（清）何焯評　清刻本　十二冊

330000－1798－0000892　善00148　經部/叢編

**萬充宗先生經學五書五種** （清）萬斯大撰　清乾隆二十四年至二十六年(1759－1761)辨志堂刻本　一冊　存一種

330000－1798－0000893　善00159　經部/春秋總義類/傳說之屬

**春秋通論四卷** （清）關涵輯　清乾隆濯秀書堂刻本　四冊

330000－1798－0000894　普01116　集部/總集類/選集之屬/斷代

**國朝文匯甲前集二十卷甲集六十卷乙集七十**

卷丙集三十卷丁集二十卷　（清）上海國學扶輪社輯　清宣統元年(1909)上海國學扶輪社石印本　一百一冊

330000－1798－0000896　普01104　集部/總集類/選集之屬/通代

**古唐詩合解古詩四卷唐詩十二卷** （清）王堯衢注　清光緒二十一年(1895)溧陽聚寶齋刻本　六冊

330000－1798－0000897　普01106　史部/地理類/遊記之屬

**滇行風雨圖不分卷** （清）李飛鳴等撰　清刻本　一冊

330000－1798－0000898　普02140　經部/春秋左傳類/傳說之屬

**讀左補義五十卷首一卷** （清）姜炳璋輯　清乾隆四十七年(1782)刻本　十二冊　存四十五卷(二至五、十至五十)

330000－1798－0000899　普01107　集部/總集類/選集之屬/通代

**律賦必以集二卷** （清）顧蒓輯　清道光十二年(1832)刻本　一冊

330000－1798－0000901　普02141　經部/春秋總義類/傳說之屬

**欽定春秋傳說彙纂三十八卷首二卷** （清）王掞等撰　清刻本　十冊　存十七卷(一至十六、首二)

330000－1798－0000903　善00145　經部/禮記類/傳說之屬

**全本禮記體註十卷** （清）徐瑄撰　清大文堂刻本　十冊

330000－1798－0000906　普02145　經部/叢編

**皇清經解一百九十卷首一卷正訛記一卷** （清）阮元輯　清光緒十七年(1891)上海鴻寶齋石印本　二冊　存十三卷(一至十二、首)

330000－1798－0000907　善00143　經部/禮記類/傳說之屬

**漱芳軒合纂禮記體註四卷** （清）范翔撰　清

文星堂刻本　四冊

330000－1798－0000909　普01127　集部/總集類/選集之屬/通代

駢體文鈔三十一卷　（清）李兆洛輯　清道光元年(1821)合河康氏家塾刻本　八冊

330000－1798－0000910　普01122　集部/總集類/選集之屬/通代

六朝唐賦讀本二卷　（清）馬傳庚選注　清光緒十三年(1887)點石齋石印本　一冊

330000－1798－0000911　普01124　類叢部/類書類/通類之屬

重訂事類賦三十卷　（宋）吳淑撰並注　清三讓堂刻本　二冊

330000－1798－0000916　普01115　集部/總集類/選集之屬/通代

六朝唐賦讀本二卷　（清）馬傳庚選注　清同治十三年(1874)京都馬氏玉燕書巢刻本　二冊

330000－1798－0000917　普02152　經部/孝經類/傳說之屬

孝經問業合纂輯註大全三卷　（明）呂維祺輯註　（清）張夏問　（清）傅謙牧參問　清光緒二年(1876)尊問堂刻本　一冊

330000－1798－0000918　普01114、普06348　集部/總集類/選集之屬/通代

古文淵鑒六十四卷　（清）徐乾學等輯注　清刻五色套印本　二十五冊　缺二十六卷(一至二、十五至二十二、二十六至二十七、三十一至四十、五十三至五十四、五十九至六十)

330000－1798－0000919　普02148　子部/儒家類/儒學之屬/蒙學

小學補註□□卷　（宋）朱熹撰　（明）陳選注　清刻本　一冊　存二卷(五至六)

330000－1798－0000920　善00187　經部/四書類/總義之屬/專著

南軒先生四書語錄二卷　（宋）張栻撰　（清）張嘉楨　（清）張道焜　（清）張德煜輯　清康熙刻本　二冊

330000－1798－0000921　普02150　經部/四書類/論語之屬/傳說

朱子論語集注訓詁攷二卷　（清）潘衍桐輯　清光緒十七年(1891)浙江書局刻本　一冊

330000－1798－0000922　普02154　類叢部/叢書類/彙編之屬

經策通纂二種　（清）吳潁炎　（清）陳通聲等纂　清光緒二十六年(1900)上海點石齋石印本　十一冊　存一種

330000－1798－0000923　普01141　集部/總集類/選集之屬/斷代

彤簽雙璧二卷　（清）王維翰輯　清同治八年(1869)黃巖王氏雙硯齋木活字印本　一冊

330000－1798－0000924　普02157　經部/叢編

五經合纂大成　清光緒十四年(1888)石印本　十三冊　缺十九卷(周易合纂大成一、三至四,首;書經合纂大成一至二、首;詩經合纂大成一至二、首;春秋合纂大成四至七;禮記合纂大成四至五、七至八,首)

330000－1798－0000925　普01140　集部/總集類/課藝之屬

浙江試帖一卷　（清）錢廷熊等撰　浙江試牘一卷　（清）章黼等撰　清刻本　一冊

330000－1798－0000926　普01133　類叢部/叢書類/彙編之屬

籑喜廬叢書五種　（清）傅雲龍編　清光緒十五年(1889)德清傅氏日本東京刻本　一冊　存一種

330000－1798－0000928　普02151　經部/小學類/訓詁之屬/爾雅

爾雅正郭三卷　（清）潘衍桐撰　清光緒十七年(1891)刻本　一冊

330000－1798－0000929　普02155　史部/目錄類/專錄之屬

經義考三百卷　（清）朱彝尊撰　經義考總目二卷　（清）盧見曾編　清光緒二十三年(1897)浙江書局刻本(卷二百八十六、二百九

十九至三百原缺） 四十冊 存二百三十七卷（一至二十一、二十九至五十六、六十三至七十九、八十七至一百四十四、一百五十一至一百六十八、一百八十一至一百九十九、二百七至二百五十五、二百六十二至二百八十八）

330000－1798－0000931 普02159 經部/群經總義類/傳說之屬

**皇朝五經彙解二百七十卷** （清）朱鏡清輯 清石印本 四冊 存三十三卷（九十三至九十七、一百五至一百十六、一百二十九至一百三十六、二百五至二百十二）

330000－1798－0000932 普02161 經部/四書類/總義之屬/傳說

**四書五經義策論初編不分卷** 韓葦編 清光緒二十七年(1901)文彙書局鉛印本 三冊

330000－1798－0000936 普02164 史部/史評類/史論之屬

**經義史論尋源四卷首一卷** （清）鄭文燿撰 清光緒二十七年(1901)刻本 三冊 缺一卷（二）

330000－1798－0000939 普02158 經部/叢編

**御纂七經五種** （清）李光地等撰 清光緒十七年(1891)上海鴻寶齋石印本 二十一冊 缺四十二卷（欽定禮記義疏一至十一、二十七至四十二，首；欽定周官義疏二十四至三十七）

330000－1798－0000940 普02461、普00326、普02434、普06389 類叢部/叢書類/彙編之屬

**邵武徐氏叢書二十三種** （清）徐幹編 清光緒邵武徐氏刻本 六冊 存四種

330000－1798－0000941 普02460、普00276、普00497 類叢部/叢書類/彙編之屬

**邵武徐氏叢書二十三種** （清）徐幹編 清光緒邵武徐氏刻本 四冊 存三種

330000－1798－0000942 普01123 類叢部/類書類/通類之屬

**廣廣事類賦三十二卷** （清）吳世㴱撰 清嘉慶二十二年(1817)山瀾堂刻本 二冊

330000－1798－0000943 普01139 集部/總集類/課藝之屬

**館課詩鈔三十卷** （清）林召棠 （清）翁心存 （清）龍瑛輯 清道光小蓬萊山館刻本 十五冊

330000－1798－0000944 普01136 集部/總集類/選集之屬/通代

**八代詩選二十卷** 王闓運輯 清光緒十六年(1890)江蘇書局刻本 八冊

330000－1798－0000946 善00191 經部/四書類/總義之屬/傳說

**四書講四十卷** （清）金松撰 清康熙三十一年(1692)刻乾隆五年(1740)朱氏修補本 十六冊

330000－1798－0000947 普01290 類叢部/叢書類/彙編之屬

**增訂漢魏叢書八十六種** （清）王謨編 清光緒二十年(1894)湖南藝文書局刻本 七十三冊 存七十二種

330000－1798－0000948 普01135 類叢部/叢書類/彙編之屬

**藕香零拾三十九種** 繆荃孫編 清光緒至宣統刻本 十二冊 存十七種

330000－1798－0000951 普01057 集部/別集類/金別集

**元遺山詩集箋注十四卷附錄一卷補載一卷** （金）元好問撰 （元）張德輝類次 （清）施國祁箋 清道光二年(1822)南潯蔣氏瑞松堂刻本 三冊

330000－1798－0000952 普01761 集部/總集類/課藝之屬

**興朝應試必讀書八卷** （清）詹熙評注 清光緒二十四年(1898)衢州益齋石印本 四冊

330000－1798－0000953 普01291 新學/雜著/叢編

**新學大叢書一百二十卷** 清光緒二十九年

（1903）上海積山喬記書局石印本　三十二冊

330000－1798－0000954　普 01292　史部/政
書類/邦交之屬

**洋務時事彙編八卷**　（清）葛子源輯　清光緒
二十四年（1898）上海書局石印本　十二冊

330000－1798－0000955　普 02166　經部/
叢編

**皇清經解一千四百八卷首一卷**　（清）阮元輯
　清道光九年（1829）廣東學海堂刻咸豐十一
年（1861）補刻本　一百七十六冊　存七百六
十三卷（一至三十一、三十四至五十四、六十
三至一百三十八、一百四十五至一百五十一、
一百五十九至二百一十九、二百二十四至二百
三十一、二百三十五至二百三十七、二百四十
二至二百八十九、二百九十三至二百九十五、
二百九十九至三百二十八、三百四十六至三
百五十二、四百六至四百十五、四百三十四至
五百四十六、五百五十二至五百五十四、五百
五十九至五百七十一、五百八十一至六百四
十、六百五十二至六百五十三、六百五十五至
六百六十、六百六十七至六百六十八、六百七
十九至六百八十四、七百三十五至七百五十
七、七百七十五至七百七十八、八百五十五至
八百五十九、九百五十五至九百七十二、一千
三十二至一千七十五、一千九十九至一千一
百二十、一千一百五十一至一千一百七十五、
一千一百九十五至一千二百二十二、一千二
百四十三至一千二百四十八、一千二百五十
二至一千二百五十六、一千二百五十九至一
千二百八十五、一千二百九十至一千二百九
十四、一千三百二十九至一千三百三十九、一
千三百七十一至一千四百）

330000－1798－0000957　普 01754　史部/傳
記類/別傳之屬/事狀

**忠孝錄一卷**　（清）陳塤輯　清道光二十七年
（1847）刻本　一冊

330000－1798－0000958　普 01772　子部/兵
家類/兵法之屬

**水陸攻守戰略秘書七種**　（清）獬狖道人編
清咸豐三年（1853）侯官林氏銅活字印本　一

冊　存一種

330000－1798－0000959　普 01061　集部/別
集類/清別集

**星隈詩草八卷**　（清）余華撰　清刻本　二冊

330000－1798－0000960　普 02182　經部/四
書類/論語之屬/傳說

**論語正義二十四卷**　（清）劉寶楠撰　（清）劉
恭冕述　清同治五年（1866）鉛印本　一冊
存八卷（十七至二十四）

330000－1798－0000963　普 01756　子部/醫
家類/方書之屬/單方驗方

**醫時六言六卷**　（清）翁傳照撰　清光緒刻本
二冊

330000－1798－0000964　普 02183　經部/四
書類/總義之屬/傳說

**論語集註本義匯參二十卷孟子集註本義匯參
□□卷**　（清）王步青輯　清刻本　四冊　存
九卷（論語集註本義匯參三至四、十三至十
四、十八至二十,孟子集註本義匯參四至五）

330000－1798－0000965　普 02174　經部/四
書類/總義之屬/傳說

**四書題鏡不分卷**　（清）汪鯉翔撰　清刻本
一冊

330000－1798－0000966　普 01755　史部/政
書類/邦計之屬/地政

**禁革征糧浮勒全案一卷**　肖魯甫　詹熙輯
清宣統二年（1910）木活字印本　一冊

330000－1798－0000967　普 01752　子部/
叢編

**二十二子彙函**　（清）浙江書局編　清光緒元
年至三年（1875－1877）浙江書局刻本　一冊
存一種

330000－1798－0000968　普 01052　集部/別
集類/宋別集

**東萊詩集二十卷**　（宋）呂本中撰　清咸豐九
年（1859）刻本　葉渭清批並跋　貞亮跋
二冊

330000－1798－0000969　普01750　經部/小學類/音韻之屬/韻書

**辨韻一隅歌二卷**　（清）陳德調編輯　清道光二十三年(1843)繩武堂刻本　二冊

330000－1798－0000970　普01063　集部/別集類/清別集

**風希堂文集四卷詩集六卷**　（清）戴殿泗撰　清道光八年(1828)九靈山房刻本　二冊　存四卷(文集一至四)

330000－1798－0000971　善00194　經部/群經總義類/圖說之屬

**六經圖二十四卷**　（清）鄭之僑編　清乾隆八年(1743)潮陽鄭之僑述堂刻本　五冊　存十卷(一至六、九至十二)

330000－1798－0000973　善01054　集部/別集類/清別集

**曝書亭集詩註二十四卷**　（清）朱彝尊撰（清）楊謙注　**年譜一卷**　（清）楊謙撰　清楊氏木山閣刻本(卷二十三至二十四原缺)六冊

330000－1798－0000974　普02179　經部/四書類/總義之屬/傳說

**四書味根錄三十七卷**　（清）金澂撰　清刻本　八冊　存二十卷(論語一至四、十一至十五,孟子一至二、四至六、九至十四)

330000－1798－0000975　普02186　經部/四書類/總義之屬/傳說

**四書朱子本義匯參四十三卷首四卷**　（清）王步青輯　清光緒十五年(1889)上海廣百宋齋石印本　三冊

330000－1798－0000976　普01065　集部/別集類/唐五代別集

**高密李氏孟詩評選一卷**　（唐）孟郊撰　（清）李憲喬注　**孟詩補遺一卷**　（唐）孟郊撰（清）董文渙輯　清同治七年(1868)洪洞董氏刻本　一冊

330000－1798－0000977　善00201　經部/群經總義類/傳說之屬

五經解讀五卷　（明）陳際泰著　（清）黃暹參訂　（清）夏枝芳校讎　清乾隆五十二年(1787)懷澄書屋刻本　四冊

330000－1798－0000978　普01067　類叢部/叢書類/彙編之屬

**天壤閣叢書二十種**　（清）王祖源（清）王懿榮編　清同治至光緒福山王氏刻彙印本　一冊　存一種

330000－1798－0000979　普01060　集部/別集類/清別集

**曝書亭集八十卷附錄一卷**　（清）朱彝尊撰**笛漁小稾十卷**　（清）朱昆田撰　清光緒十五年(1889)會稽陶氏寒梅館刻本　十六冊

330000－1798－0000980　普01749　類叢部/叢書類/彙編之屬

**武英殿聚珍版書(武英殿聚珍版叢書)一百三十八種**　清乾隆四十二年(1777)福建刻道光、同治遞修光緒二十一年(1895)增刻本　三冊　存一種

330000－1798－0000981　普02177　經部/四書類/總義之屬/傳說

**四書合纂大成不分卷**　（清）沈祖燕輯　清光緒二十九年(1903)上海鴻寶齋石印本　六冊

330000－1798－0000984　善00193　類叢部/類書類/專類之屬

**五經類編二十八卷**　（清）周世樟撰　清乾隆四十四年(1779)莆田書屋刻本　十二冊

330000－1798－0000987　普02176　經部/四書類/總義之屬/傳說

**四書體註合講十九卷**　（清）翁復編　清永言堂刻本　二冊　存二卷(孟子六至七)

330000－1798－0000988　普02175　經部/四書類/總義之屬/傳說

**四書考輯要二十卷**　（清）陳宏謀輯　（清）陳蘭森編校　清乾隆培遠堂刻本　三冊　存五卷(二至四、九至十)

330000－1798－0000989　普02170　經部/四書類/總義之屬/傳說

四書體註合講十九卷 （清）翁復編 清文奎堂刻本 四冊 存十卷（論語六至十、孟子一至五）

330000－1798－0000990 普01779 類叢部/類書類/通類之屬

策府統宗六十五卷目録一卷 （清）劉昌齡輯 清光緒十四年（1888）同文書局石印本 二十冊

330000－1798－0000991 普02169 經部/叢編

皇清經解續編一千四百三十卷 王先謙輯 清光緒十四年（1888）江陰南菁書院刻本（卷三十原缺） 二百十七冊 存九百三十五卷（一至九、十五至三十二、三十七至六十八、七十一至一百四、一百二十三至一百二十五、一百三十三至一百三十八、一百四十九至二百六、二百十一至二百十六、二百二十五至二百三十三、二百三十八至三百十二、三百十六至三百十七、三百二十一至四百三十九、四百四十二至四百六十九、四百七十二至四百七十七、四百九十六至五百、五百三十一至五百三十八、五百七十至五百八十四、五百八十九至五百九十二、六百三十二至六百五十四、六百六十三至六百六十六、六百七十三至六百七十九、六百八十一至七百二十六、七百三十六至七百四十六、七百五十五至七百八十一、七百八十七至八百二十二、八百四十至八百七十一、八百八十六至八百九十四、八百九十九至九百十五、九百三十至九百三十九、九百四十五至九百七十二、九百七十八至九百八十八、一千十九至一千二十七、一千三十九至一千四十一、一千五十至一千五十八、一千八十五至一千九十二、一千九十七至一千一百四十一、一千一百五十一至一千一百七十一、一千一百七十三至一千一百八十至一千一百八十二、一千二百二十四至一千二百三十一、一千二百三十七至一千二百五十八、一千二百六十八至一千二百六十九、一千二百七十六至一千三百八、一千三百四十五至一千三百六十五、一千三百七十三至一千四百一、一千四百八十至一千四百三十）

330000－1798－0000992 普01801 子部/小說家類/雜事之屬

今世說八卷 （清）王晫撰 清光緒二十九年（1903）蘇城怡文閣刻本 三冊 缺二卷（七至八）

330000－1798－0000996 普01154 集部/詩文評類/詩評之屬

陶詩彙評四卷東坡和陶合箋四卷 （晉）陶潛（宋）蘇軾撰 （清）溫汝能彙評 清宣統二年（1910）掃葉山房石印本 一冊 存四卷（陶詩彙評一至四）

330000－1798－0000997 普02172 經部/四書類/總義之屬/傳說

四書體註合講十九卷 （清）翁復編 清刻本 八冊 存十卷（大學、中庸、論語六至十、孟子一至三）

330000－1798－0001000 普02193 經部/四書類/總義之屬/傳說

金華四先生四書正學淵源十卷 （明）章一陽輯 清康熙三十三年（1694）膠西趙泰牲刻本 一冊 存一卷（論語四）

330000－1798－0001001 普01153 集部/詩文評類/詩評之屬

初白菴詩評三卷詞綜偶評一卷 （清）查慎行撰 （清）張載華輯 清末上海六藝書局石印本 六冊

330000－1798－0001003 普01158 集部/別集類/唐五代別集

杜詩詳註二十五卷首一卷附編二卷 （唐）杜甫撰 （清）仇兆鰲輯注 清康熙刻本 一冊 存二卷（附編一至二）

330000－1798－0001005 普01746 史部/傳記類/總傳之屬/姓名

三續尚友録二十卷 （清）婁東退思主人輯 清光緒二十八年（1902）滬北中西書會石印本 四冊

330000－1798－0001006 普01164－01165 史部/史評類/史論之屬

歷代史論十二卷宋史論三卷元史論一卷
（明）張溥撰　明史論四卷　（清）谷應泰
撰　左傳史論二卷　（清）高士奇撰　清光
　緒九年（1883）都城蒼松山房刻朱墨套印本
　十冊　缺三卷（明史論四、左傳史論一至
　二）

330000－1798－0001007　普01163　經部/春
秋左傳類/傳說之屬

東萊博議四卷　（宋）呂祖謙撰　（清）張文炳
評點　清刻本　四冊

330000－1798－0001008　普01802　類叢部/
叢書類/彙編之屬

武英殿聚珍版書一百三十八種　清刻本　八
　冊　存一種

330000－1798－0001009　普02189　經部/四
書類/總義之屬/傳說

四書味根錄三十七卷　（清）金澄撰　清刻本
　二冊　存五卷（論語八至十、孟子十一至十
　二）

330000－1798－0001010　普01156　集部/別
集類/唐五代別集

杜工部草堂詩話二卷　（宋）蔡夢弼集錄　杜
工部草堂詩年譜二卷　（宋）趙子櫟撰　（宋）
魯訔撰　清光緒十年（1884）黎庶昌日本東京
使署刻本　一冊

330000－1798－0001011　普01792　經部/
叢編

五經備旨四十五卷　（清）鄒聖脈纂輯　清光
緒十二年（1886）上海點石齋石印本　十冊
缺七卷（禮記五至十一）

330000－1798－0001012　普02190　類叢部/
叢書類/自著之屬

儆居遺書十一種　（清）黃式三撰　清同治至
光緒刻本　一冊　存一種

330000－1798－0001014　普01805　集部/別
集類/宋別集

趙清獻公集十卷目錄二卷　（宋）趙抃撰　清
刻本　四冊

330000－1798－0001015　普02197　經部/四
書類/總義之屬/傳說

酌雅齋四書遵註合講十九卷　（宋）朱熹集注
（清）翁復編　清刻本　一冊　存二卷（孟
子四至五）

330000－1798－0001016　普02196　經部/四
書類/總義之屬/傳說

四書體註合講十九卷　（清）翁復編　清刻本
　一冊　存五卷（論語六至十）

330000－1798－0001017　普01803　子部/醫
家類/類編之屬

醫統正脈全書　（明）王肯堂編　清江陰朱文
震刻光緒三十三年（1907）京師醫局補刻民國
十二年（1923）中醫學社重修印本　一冊　存
二種

330000－1798－0001019　普02194　經部/四
書類/總義之屬/傳說

漱芳軒合纂四書體註十九卷　（清）范翔參訂
　清刻本　二冊　存八卷（孟子集註一至三、
論語集註一至五）

330000－1798－0001026　普02213　經部/四
書類/四書總義/傳說之屬

四書朱子本義匯參四十三卷首四卷　（清）王
步青輯　清刻本　四冊　存七卷（中庸章句
本義匯參一至六、首一）

330000－1798－0001028　普01798－1　經
部/春秋左傳類/傳說之屬

如酉所刻諸名家評點春秋綱目左傳句解彙雋
六卷　（清）韓菼重訂　清刻本　六冊

330000－1798－0001029　普02188－1　經
部/四書類/總義之屬/傳說

新訂四書補註備旨十卷　（明）鄧林撰　（清）
杜定基增訂　清文奎堂刻本　一冊　存二卷
（論語三至四）

330000－1798－0001030　普01798－2　經
部/春秋左傳類/傳說之屬

如酉所刻諸名家評點春秋綱目左傳句解彙雋
六卷　（清）韓菼重訂　清刻本　一冊　存一

衢州市博物館古籍普查登記目錄

卷(四)

330000－1798－0001033　普 02188－2　經部/四書類/總義之屬/傳說

**新訂四書補註備旨十卷** （明）鄧林撰　（清）杜定基增訂　清刻本　一冊　存二卷（論語三至四）

330000－1798－0001034　普 02188－3　經部/四書類/總義之屬/傳說

**新訂四書補註備旨十卷** （明）鄧林撰　（清）杜定基增訂　清文奎堂刻本　一冊　存二卷（論語三至四）

330000－1798－0001036　普 02188－4　經部/四書類/總義之屬/傳說

**新訂四書補註備旨十卷** （明）鄧林撰　（清）杜定基增訂　清文奎堂刻本　一冊　存二卷（論語三至四）

330000－1798－0001037　普 01800　經部/春秋左傳類/傳說之屬

**讀左補義五十卷首二卷** （清）姜炳璋輯　清刻本　三冊　存十一卷（九至十二、二十至二十三、四十四至四十六）

330000－1798－0001038　普 02188－5　經部/四書類/總義之屬/傳說

**新訂四書補註備旨十卷** （明）鄧林撰　（清）杜定基增訂　清刻本　一冊　存二卷（論語三至四）

330000－1798－0001039　普 01799－1　經部/春秋總義類/傳說之屬

**春秋體註大全四卷** （清）徐寅賓撰　（清）解志元參訂　**春秋四卷** （宋）胡安國傳　金甌纂　清天祿齋刻本　三冊　缺二卷（春秋體註大全二、春秋二）

330000－1798－0001040　普 01799－2　經部/春秋總義類/傳說之屬

**春秋體註大全合參四卷** （清）周熾纂輯　**春秋經傳篆訂讀本四卷** （宋）胡安國傳　清刻本　一冊　存二卷（春秋體註大全合參四、春秋經傳篆訂讀本四）

330000－1798－0001042　普 00056　集部/別集類/清別集

**西朱村未刻詩一卷**　清稿本　一冊

330000－1798－0001043　普 00055　集部/別集類/清別集

**海村未刻詩一卷** （清）劉銳撰　稿本　一冊

330000－1798－0001044　普 01785　經部/禮記類/傳說之屬

**欽定禮記義疏八十二卷首一卷** （清）聖祖玄燁撰　清刻本　七冊　存十七卷（六十六至八十二）

330000－1798－0001045　普 01777　子部/法家類

**管子二十四卷** （唐）房玄齡注　（明）劉績補注　（明）張榜等評　明天啟五年（1625）朱養純花齋刻本　六冊　存十三卷（一、五至七、十一至十二、十八至二十四）

330000－1798－0001046　普 02171－1　經部/四書類/總義之屬/傳說

**永言堂四書遵註合講十九卷附圖考一卷** （清）翁復編　清雍正八年（1730）永言堂刻本　一冊　存二卷（大學、中庸）

330000－1798－0001047　普 02171－2　經部/四書類/總義之屬/傳說

**永言堂四書遵註合講十九卷附圖考一卷** （清）翁復編　清雍正八年（1730）永言堂刻本　二冊　存七卷（大學、中庸、論語六至十）

330000－1798－0001048　普 02171－3　經部/四書類/總義之屬/傳說

**學源堂四書體註合講十九卷** （清）翁復編　清刻本　二冊　存五卷（孟子一至五）

330000－1798－0001049　普 02173－1　經部/四書類/總義之屬/傳說

**漱芳軒合纂四書體註十九卷** （清）范翔參訂　清益智堂刻本　三冊　存十卷（論語集註六至十、孟子集註一至五）

330000－1798－0001051　普 01789　集部/戲劇類/傳奇之屬

義貞記二卷三十二齣　（清）吳恒宣撰　清光緒五年（1879）文奎堂刻本　二冊

330000－1798－0001052　普02173－2　經部/四書類/總義之屬/傳說

務本堂四書體註合講十九卷圖說一卷　（清）翁復編　清刻本　一冊　存二卷（大學、中庸）

330000－1798－0001053　普02173－3　經部/四書類/總義之屬/傳說

四書體註合講十九卷　（清）翁復編　清刻本　一冊　存三卷（孟子一至三）

330000－1798－0001054　普02173－4　經部/四書類/總義之屬/傳說

酌雅齋四書遵註合講十九卷　（宋）朱熹集注　（清）翁復編　清刻本　一冊　存二卷（孟子四至五）

330000－1798－0001055　普02173－5　經部/四書類/總義之屬/傳說

立言堂四書體註合講十九卷　（宋）朱熹集注　清立言堂刻本　一冊　存五卷（論語六至十）

330000－1798－0001056　普02173－6　經部/四書類/總義之屬/傳說

四書體註合講十九卷　（清）翁復編　清文富堂刻本　一冊　存二卷（大學、中庸）

330000－1798－0001057　普01791　經部/禮記類/正文之屬

禮記□□卷　（漢）鄭玄注　清刻本　一冊　存二卷（三至四）

330000－1798－0001058　普01778　子部/宗教類/佛教之屬/經

金剛般若波羅蜜經一卷　（後秦）釋鳩摩羅什譯　清同治七年（1868）釋慧愷刻本　一冊

330000－1798－0001060　普01796　經部/孝經類/傳說之屬

孝經一卷　（清）任文田集註　清道光三十年（1850）師德齋主人樞堂抄本　清師德齋主人題簽　一冊

330000－1798－0001062　普01797　經部/小學類/文字之屬/字書/訓蒙

二刻徽郡原板釋義經書雜字士民便用世事通考三卷　（清）徐三省編輯　清姑蘇丹山堂刻本　一冊

330000－1798－0001063　普02212　經部/四書類/總義之屬/傳說

新刻批點四書讀本十九卷　（宋）朱熹撰　（清）高玲批點　清道光七年（1827）高玲愷元堂刻朱墨套印本　一冊　存五卷（論語集註一至五）

330000－1798－0001064　普02716　史部/地理類/方志之屬/郡縣志

［乾隆］湯溪縣志十卷首一卷　（清）陳鍾炅修　（清）馮宗城等纂　清乾隆四十八年（1783）刻本　一冊　存二卷（九下至十）

330000－1798－0001065　普02202　子部/叢編

二十五子彙函　（清）鴻文書局編　清光緒十九年（1893）上海鴻文書局石印本　八冊　存十二種

330000－1798－0001066　普02715　史部/地理類/方志之屬/郡縣志

［光緒］蘭谿縣志八卷首一卷附補遺一卷　（清）秦簧　（清）邵秉經修　（清）唐壬森纂　清光緒刻本　四冊　存六卷（一至三、五上中、七至八）

330000－1798－0001068　普02712　史部/地理類/方志之屬/郡縣志

［光緒］遂昌縣志十二卷首一卷外編四卷　（清）胡壽海　（清）史恩緯修　（清）褚成允纂　清光緒二十二年（1896）尊經閣刻本　一冊　存二卷（外編二至三）

330000－1798－0001070　普02708、普06294　史部/地理類/方志之屬/郡縣志

［道光］金華縣志十二卷首一卷　（清）黃金聲修　（清）李林松纂　清道光三年（1823）刻本　二冊　存三卷（一、十，首）

330000－1798－0001072　普 02714　史部/地理類/專志之屬/寺觀

**天童寺志十卷首一卷** （清）德介 （清）聞性道撰　清康熙刻嘉慶增補本　一冊　存三卷（一至二、首）

330000－1798－0001074　普 02723　史部/地理類/雜志之屬

**揚州畫舫錄十八卷** （清）李斗撰　清石印本　四冊　存八卷（三至四、十三至十八）

330000－1798－0001075　普 02686　新學/史志/別國史

**東洋史要二卷** （日本）桑原隲藏著 （清）樊炳清譯　清光緒二十五年（1899）東文學社石印本　一冊

330000－1798－0001076　普 00102　經部/易類/傳說之屬

**周易本義四卷附圖說一卷卦歌一卷筮儀一卷** （宋）朱熹撰　清同治八年（1869）姑蘇埽葉山房刻本　二冊

330000－1798－0001077　普 02736、普 02738　史部/叢編

**九通** （清）□□輯　清光緒八年至二十二年（1882－1896）浙江書局刻本　一百七十六冊　存二種

330000－1798－0001078　普 00109　經部/易類/傳說之屬

**易經精華六卷首一卷末一卷** （清）薛嘉穎撰　清光緒二年（1876）寧郡簡香齋刻本（卷首原缺）　四冊

330000－1798－0001079　普 02200　經部/四書類/總義之屬/傳說

**四書題鏡不分卷** （清）汪鯉翔撰　清同治六年（1867）緯文堂刻本　十二冊

330000－1798－0001081　普 02203　經部/四書類/總義之屬/傳說

**四書集註十九卷** （宋）朱熹撰　清刻本　五冊　存十七卷（論語一至十、孟子一至七）

330000－1798－0001082　普 02735、普

02737、普 06174　史部/叢編

**九通** （清）□□輯　清光緒八年至二十二年（1882－1896）浙江書局刻本　二百二十冊　存三種

330000－1798－0001083　普 02204　經部/四書類/總義之屬/傳說

**四書集註十九卷** （宋）朱熹撰　清文奎堂刻本　六冊

330000－1798－0001084　普 00112　經部/叢編

**十三經讀本十六種** （清）□□編　清同治金陵書局刻本　二冊　存一種

330000－1798－0001085　普 02211　經部/四書類/總義之屬/傳說

**四書集註正蒙十九卷** （宋）朱熹撰　清光緒十四年（1888）八旗官學刻本　六冊

330000－1798－0001086　普 00101、普 00116、普 00124、普 00131－00132、普 00142、普 00151、普 00155、普 00157、普 00171、普 00177－00178、普 00223　經部/叢編

**重刊宋本十三經注疏四百十六卷附十三經注疏校勘記四百十六卷** （清）阮元撰 （清）盧宣旬摘錄　**校勘記識語四卷** （清）汪文臺撰　清嘉慶二十年（1815）南昌府學刻道光六年（1826）盱江朱華臨重校印本　一百六十冊　缺四卷（校勘記識語一至四）

330000－1798－0001087　普 00096　史部/地理類/總志之屬

**地圖綜要三卷** （明）吳學儼等編輯　清黃兆文刻本　二冊　存二卷（總卷、内卷）

330000－1798－0001089　普 02245　經部/小學類/文字之屬/字書/字典

**字匯□□卷** （清）董沛輯　清六一山房石印本　一冊　存一卷（上）

330000－1798－0001090　普 02704　史部/地理類/山川之屬/水志

**西湖志四十八卷** （清）李衛 （清）程元章修 （清）傅王露撰　清光緒四年（1878）浙江書

局刻本　五冊　存十二卷(三至四、七至十三、二十四至二十六)

330000－1798－0001091　普00122、普00174、普00190、普00192　經部/叢編
**讀書堂叢刻五十四卷**　簡朝亮撰　清光緒至民國刻本　三十八冊

330000－1798－0001092　普02705　史部/地理類/方志之屬/郡縣志
**[光緒]永康縣志十六卷首一卷**　(清)李汝為　(清)郭文魁修　(清)潘樹棠等纂　清光緒十八年(1892)刻本　六冊　存八卷(四、六至七、十二至十六)

330000－1798－0001094　普00128　經部/詩類/傳說之屬
**詩經集傳八卷**　(宋)朱熹撰　清末李光明莊刻本　六冊

330000－1798－0001095　普02709　史部/地理類/方志之屬/郡縣志
**[康熙]金華府志三十卷**　(清)張蓋修　(清)沈麟趾等纂　清宣統元年(1909)嵩連石印本　二冊　存三卷(十六至十八)

330000－1798－0001096　普00127　經部/詩類/傳說之屬
**詩經精義四卷首一卷末一卷**　(清)黃淦撰　清嘉慶七年(1802)尊德堂刻本　一冊

330000－1798－0001097　普02703　史部/地理類/方志之屬/郡縣志
**[嘉慶]西安縣志四十八卷首一卷**　(清)姚寶煃修　(清)范崇楷等纂　清嘉慶十六年(1811)刻本　九冊　存三十五卷(五至六、十四至十八、二十一至四十八)

330000－1798－0001098　普00121　經部/書類/傳說之屬
**書集傳六卷**　(宋)蔡沈撰　清光緒六年(1880)公善堂刻本　四冊

330000－1798－0001099　普02692－1　史部/地理類/山川之屬/水志
**湖山便覽十二卷**　(清)翟灝等撰　清光緒元

年(1875)杭州王維翰槐蔭堂刻本　二冊　存五卷(二至四、十一至十二)

330000－1798－0001100　普02692－2　史部/地理類/山川之屬/水志
**湖山便覽十二卷**　(清)翟灝等撰　清光緒元年(1875)杭州王維翰槐蔭堂刻本　一冊　存二卷(五至六)

330000－1798－0001101　普02241－1、普02241－2、普02241－3　經部/小學類/音韻之屬/韻書
**詩韻集成十卷**　(清)余照輯　清文奎堂刻本　三冊　存六卷(五至十)

330000－1798－0001102　普02238　經部/群經總義類/文字音義之屬
**經籍籑詁一百六卷補遺一百六卷首一卷**　(清)阮元撰　清嘉慶四年(1799)刻本　一冊　存二卷(六、補遺六)

330000－1798－0001103　普02720　新學/雜著/叢編
**西政叢書三十二種**　梁啓超編　清光緒二十三年(1897)上海慎記書莊石印本　二十五冊　存二十八種

330000－1798－0001104　普02234　類叢部/類書類/專類之屬
**詩學含英十四卷**　(清)劉文蔚輯　清刻本　一冊　存七卷(八至十四)

330000－1798－0001105　普02237　經部/小學類/音韻之屬
**韻字略二卷**　(清)毛謨撰　清道光二十五年(1845)刻本　二冊

330000－1798－0001106　普02248　類叢部/類書類/專類之屬
**佩文韻府一百六卷**　(清)張玉書　(清)蔡升元等輯　**佩文韻府拾遺一百六卷**　(清)汪灝　(清)何焯等輯　清光緒八年(1882)上海點石齋石印本　十冊

330000－1798－0001108　普02717　史部/地理類/方志之屬/郡縣志

[嘉慶]常山縣志十二卷首一卷　（清）陳珵修
　（清）徐始搏纂　清嘉慶十八年（1813）刻本
　一冊　存二卷（六至七）

330000－1798－0001109　普02243　史部/目
録類/專録之屬

小學考五十卷　（清）謝啟昆撰　清光緒十四
年（1888）浙江書局刻本　十六冊　存三十九
卷（四至十三、二十至二十二、二十五至五十）

330000－1798－0001110　普02694　史部/地
理類/雜志之屬

中外地輿圖說集成一百三十卷首三卷　（清）
同康盧輯　清光緒二十年（1894）石印本　一
冊　存五卷（二十一至二十五）

330000－1798－0001111　普02695　史部/地
理類/總志之屬/通代

讀史方輿紀要一百三十卷　（清）顧祖禹撰
清光緒二十七年（1901）石印本　十二冊　存
五十八卷（一至四、四十九至五十一、六十至
八十八、九十五至一百五、一百二十至一百三
十）

330000－1798－0001112　普02696　史部/地
理類/總志之屬/通代

讀史方輿紀要一百三十卷　（清）顧祖禹撰
清光緒二十九年（1903）上海益吾齋石印本
八冊　存五十九卷（一至四、三十至三十八、
四十六至五十九、七十至九十四、一百六至一
百十二）

330000－1798－0001113　普02726－1　史
部/地理類/總志之屬/通代

天下郡國利病書一百二十卷　（清）顧炎武撰
　清光緒二十七年（1901）上海圖書集成印書
局鉛印本　二冊　存十一卷（二十六至二十
九、三十七至四十三）

330000－1798－0001114　普02726－2　史
部/地理類/總志之屬/通代

天下郡國利病書一百二十卷　（清）顧炎武撰
　清光緒二十九年（1903）上海益吾齋石印本
五冊　存二十八卷（二十一至二十五、五十
至五十七、六十八至七十二、九十二至九十

六、一百五至一百九）

330000－1798－0001116　普02719　史部/地
理類/外紀之屬

中外輿地彙鈔七種　（清）馬冠群撰　清光緒
二十年（1894）石印本　一冊　存一種

330000－1798－0001117　普02691　史部/地
理類/山川之屬/水志

湖山便覽十二卷　（清）翟灝等撰　清刻本
四冊　存八卷（三至八、十一至十二）

330000－1798－0001118　普02721　史部/政
書類/公牘檔冊之屬

南洋勸業會審查得獎名冊不分卷　清宣統二
年（1910）上海商務印書館鉛印本　二冊

330000－1798－0001119　普02727　史部/地
理類/輿圖之屬/坤輿

輿圖記不分卷　清咸豐十年（1860）范崑山抄
本　一冊

330000－1798－0001120　普02718　史部/政
書類/儀制之屬/典禮

南巡盛典一百二十卷　（清）高晉等纂修　清
光緒八年（1882）上海點石齋影印本　一冊
存十五卷（五十一至六十五）

330000－1798－0001122　普02722　新學/史
志/諸國史

泰西新史攬要二十四卷　（英國）馬懇西撰
（英國）李提摩太釋　清光緒二十一年（1895）
上海美華書館鉛印本　八冊　缺四卷（十六
至十九）

330000－1798－0001123　普02236　經部/小
學類/音韻之屬/韻書

詩韻含英題解十卷　（清）甘蘭友輯　清刻本
　三冊　存七卷（一至七）

330000－1798－0001124　普02733　史部/地
理類/輿圖之屬/全國

大清中外壹統輿圖（皇朝中外壹統輿圖）三十
一卷首一卷　（清）鄒世詒　（清）晏啟鎮編
（清）李廷簫　（清）汪士鐸增訂　清末刻本
十七冊　存十七卷（南二、五至十,北一至二、

四至九、十一至十二)

330000－1798－0001125　普02222　經部/
叢編

**重刊宋本十三經注疏四百十六卷附十三經注
疏校勘記四百十六卷**　(清)阮元撰　(清)盧
宣旬摘錄　**校勘記識語四卷**　(清)汪文臺撰
　　清嘉慶二十年(1815)南昌府學刻本　二冊
　　存一種

330000－1798－0001126　普02732　史部/地
理類/輿圖之屬/坤輿

**大清中外一統輿圖(皇朝中外壹統輿圖)三十
卷首一卷**　(清)鄒世詒等編　(清)李廷簫增
訂　清末刻本　二十八冊　缺五卷(南二,北
八、十七、二十;首)

330000－1798－0001127　普02225　經部/小
學類/訓詁之屬/爾雅

**爾雅直音二卷**　(清)孫侃輯　清刻本　一冊
　　存一卷(下)

330000－1798－0001128　普02224　經部/小
學類/音韻之屬/韻書

**文字音義不分卷**　(清)□□撰　清范氏抄本
　　一冊

330000－1798－0001129　普02730　史部/地
理類/山川之屬/水志

**水經注釋四十卷首一卷附錄二卷水經注箋刊
誤十二卷**　(清)趙一清撰　清光緒六年
(1880)蛟川張氏華雨樓刻本　十六冊　缺十
三卷(水經注釋十一至二十三)

330000－1798－0001130　普02226　經部/小
學類/文字之屬/說文/傳說

**六書約言二卷**　(清)吳善述輯　清衢城張文
錦齋刻本　一冊

330000－1798－0001131　普02731　史部/地
理類/山川之屬/水志

**水經注四十卷**　(北魏)酈道元撰　清刻本
　　一冊　存三卷(十八至二十)

330000－1798－0001132　普02229　史部/目
錄類/專錄之屬

**小學考五十卷**　(清)謝啟昆撰　清光緒十四
年(1888)浙江書局刻本　二冊　存五卷(四
十三至四十五、四十九至五十)

330000－1798－0001133　普02227　經部/小
學類/訓詁之屬/爾雅

**爾雅三卷**　(晉)郭璞注　(唐)陸德明音釋
清刻本　一冊　存一卷(下)

330000－1798－0001134　普02729　史部/地
理類/雜志之屬

**增訂直省地名韻語一卷**　(清)陳樹鏞撰
(清)張景衡增訂　清衢州兩儀堂刻本　一冊

330000－1798－0001135　普02728　史部/地
理類/雜志之屬

**增訂直省地名韻語一卷**　(清)陳樹鏞撰
(清)張景衡增訂　清衢州兩儀堂刻本　一冊

330000－1798－0001136　普02228　經部/小
學類/文字之屬/說文/傳說

**說文廣義校訂三卷末一卷**　(清)吳善述撰
清同治十三年(1874)刻本　三冊

330000－1798－0001137　普02734　史部/政
書類/通制之屬

**九通**　(清)□□輯　清光緒八年至二十二年
(1882－1896)浙江書局刻本　一百三十九冊
　　存一種

330000－1798－0001138　普00144、普06298
　　經部/禮記類/傳說之屬

**欽定禮記義疏八十二卷首一卷**　(清)聖祖玄
燁撰　清刻本　三十二冊　缺二卷(一、首)

330000－1798－0001139　普02757　史部/傳
記類/職官錄之屬/總錄

**[清光緒三十年]大清搢紳全書四卷**　清光緒
三十年(1904)榮錄堂刻本　三冊　缺一卷
(二)

330000－1798－0001140　普00134　經部/總
類/傳說之屬

**御纂七經五種**　(清)李光地等纂修　清同治
六年至九年(1867－1870)浙江書局刻本　二
十四冊　存一種

330000－1798－0001141　普02758　史部/傳記類/職官錄之屬/總錄

[清光緒三年]大清搢紳全書四卷　清光緒三年(1877)榮錄堂刻本　二冊　存二卷(一、三)

330000－1798－0001142　普00136　經部/總類/傳說之屬

御纂七經五種　(清)李光地等纂修　清同治六年至九年(1867－1870)浙江書局刻本　二十二冊　存一種

330000－1798－0001143　普02763　史部/政書類/通制之屬

九通　(清)□□輯　清光緒八年至二十二年(1882－1896)浙江書局刻本　三十三冊　存一種

330000－1798－0001144　普02762　史部/政書類/通制之屬

九通　(清)□□輯　清光緒八年至二十二年(1882－1896)浙江書局刻本　三十五冊　存一種

330000－1798－0001145　善00130　經部/叢編

通志堂經解一百四十種　(清)納蘭成德輯　清康熙十九年(1680)納蘭成德刻本　一冊　存一種

330000－1798－0001146　普02747　史部/地理類/外紀之屬

地球韻言四卷　(清)張士瀛撰　清光緒三十一年(1905)刻本　二冊

330000－1798－0001147　普02759　史部/傳記類/職官錄之屬/歷朝

國朝浙江衢州府題名紀畧一卷　(清)靳邦慶輯　清光緒五年(1879)衢州府刻本　一冊

330000－1798－0001148　普02760　史部/政書類/通制之屬

九通　(清)□□輯　清光緒八年至二十二年(1882－1896)浙江書局刻本　三十冊　存一種

330000－1798－0001149　普02761　史部/叢編

九通　(清)□□輯　清光緒八年至二十二年(1882－1896)浙江書局刻本　十七冊　存一種

330000－1798－0001150　普00135　經部/周禮類/傳說之屬

周禮文物大全圖一卷　(清)王皞校錄　清刻本　一冊

330000－1798－0001151　普02748　史部/地理類/總志之屬/通代

天下郡國利病書一百二十卷　(清)顧炎武撰　清光緒二十九年(1903)上海益吾齋石印本　二十一冊　存一百四卷(一至七十八、九十五至一百二十)

330000－1798－0001152　普00133　經部/周禮類/傳說之屬

周禮讀本六卷　(漢)鄭玄注　清末抄本　一冊

330000－1798－0001153　普00141　經部/儀禮類/分篇之屬

天子肆獻祼饋食禮三卷　(清)任啟運撰　清光緒十一年(1885)浙江書局刻本　一冊

330000－1798－0001155　普00140　經部/禮記類/傳說之屬

禮記集說十卷　(元)陳澔撰　清光緒十九年(1893)浙江書局刻本　十冊

330000－1798－0001156　普02768　史部/政書類/通制之屬

九通　(清)□□輯　清光緒八年至二十二年(1882－1896)浙江書局刻本　六十四冊　存一種

330000－1798－0001157　普02767　史部/叢編

九通　(清)□□輯　清光緒八年至二十二年(1882－1896)浙江書局刻本　一百二十五冊　存一種

330000－1798－0001158　普00150　類叢部/

叢書類/彙編之屬

**廣雅書局叢書一百五十九種**　徐紹棨編　清光緒廣雅書局刻民國九年(1920)番禺徐紹棨彙編重印本　三冊　存一種

330000－1798－0001159　普00175　經部/孝經類/傳說之屬

**孝經一卷**　(唐)玄宗李隆基註　清光緒二十三年(1897)金陵書局刻本　一冊

330000－1798－0001160　普02766、普06037　史部/政書類/通制之屬

**九通**　(清)□□輯　清光緒八年至二十二年(1882－1896)浙江書局刻本　一百十七冊　存一種

330000－1798－0001161　普00146－00147　經部/叢編

**萬充宗先生經學五書五種**　(清)萬斯大撰　清乾隆二十四年至二十六年(1759－1761)辨志堂刻本　二冊　存二種

330000－1798－0001162　普02765　史部/叢編

**九通**　(清)□□輯　清光緒八年至二十二年(1882－1896)浙江書局刻本　一百十四冊　存一種

330000－1798－0001163　普02764　史部/政書類/通制之屬

**文獻通考三百四十八卷**　(元)馬端臨撰　清光緒浙江書局刻本　五十八冊　存一百四十九卷(五至六、十五至十六、三十一至三十八、五十五至五十六、六十九至七十、七十七至七十八、八十三至八十四、九十六至九十七、一百四至一百五、一百九至一百十一、一百十六至一百十七、一百二十二至一百三十四、一百二十八至一百四十、一百四十三至一百四十五、一百四十九至一百五十、一百五十六至一百五十七、一百六十二至一百六十五、一百六十八至一百七十、一百七十六至一百七十八、一百八十二至一百八十四、一百九十一至一百九十三、二百十至二百十一、二百十八至二百二十六、二百三十至二百四十、二百四十六至二百五十一、二百五十五至二百五十八、二百七十二至二百八十四、二百九十七至二百九十八、三百三至三百五、三百九至三百十三、三百十八至三百十九、三百二十二至三百二十三、三百二十六至三百三十二、三百三十五至三百三十七、三百四十四至三百四十五)

330000－1798－0001164　普02769　史部/叢編

**九通**　(清)□□輯　清光緒八年至二十二年(1882－1896)浙江書局刻本　十冊　存一種

330000－1798－0001165　普00165－00166　類叢部/叢書類/自著之屬

**郝氏遺書三十三種**　(清)郝懿行撰　清嘉慶至光緒刻彙印本　杜雲章題簽　四冊　存二種

330000－1798－0001166　普00173　經部/孝經類/傳說之屬

**孝經一卷**　(唐)玄宗李隆基註　清同治十二年(1873)裕源堂刻本　一冊

330000－1798－0001167　普02770　集部/總集類/選集之屬/斷代

**皇朝經世文編一百二十卷姓名總目二卷生存姓名一卷**　(清)賀長齡輯　清道光七年(1827)刻本　六冊　存十卷(十至十一、十八至二十、四十二至四十五、八十八)

330000－1798－0001168　普02808　類叢部/類書類/專類之屬

**經濟要畧四卷**　(明)應廷育撰　清嘉慶二年(1797)木活字印本　一冊　存一卷(三)

330000－1798－0001170　普02798　史部/政書類/通制之屬

**欽定大清會典事例一千二百二十卷目錄八卷**　(清)崑岡等撰　清光緒三十四年(1908)上海商務印書館石印本　一冊　存九卷(七百四十一至七百四十九)

330000－1798－0001171　普2797－1　史部/政書類/通制之屬

**欽定大清會典一百卷**　(清)張廷玉等撰　清

光緒十九年（1893）上海圖書集成印書局鉛印本　一冊　存八卷（一至八）

330000－1798－0001172　普02797－2　史部/政書類/通制之屬

**欽定大清會典一百卷**　（清）崑岡等撰　清宣統元年（1909）南洋官書局石印本　一冊　存八卷（三十四至四十一）

330000－1798－0001173　普00158　經部/叢編

**蜚雲閣凌氏叢書六種**　（清）凌曙撰　清嘉慶至道光江都凌氏蜚雲閣刻本　葉渭清題記　四冊　存一種

330000－1798－0001175　普00183　經部/四書類/孟子之屬/傳說

**瑞墨齋重訂蘇老泉評點孟子二卷**　（宋）蘇洵評點　清嘉慶八年（1803）瑞墨齋刻本　二冊

330000－1798－0001176　普00188　經部/四書類/論語之屬/專著

**鄉黨便蒙二卷**　（清）劉傳一撰　清道光五年（1825）劉氏錫類堂刻本　二冊

330000－1798－0001177　普02801　史部/政書類/軍政之屬/邊政

**朔方備乘六十八卷首十二卷**　（清）何秋濤撰　清光緒石印本　林夫氏題記　五冊　存六十卷（一至十三、十六至三十四、四十四至五十九，首一至十二）

330000－1798－0001178　普00195　經部/群經總義類/傳說之屬

**雪樵經解三十卷附錄三卷**　（清）馮世瀛輯　清光緒八年（1882）秋樹根齋刻本　三十二冊

330000－1798－0001179　普02800　集部/總集類/課藝之屬

**新選應試金鍼十卷首一卷**　（清）胡燨棻等撰　清光緒度駕樓石印本　一冊　存二卷（一、首）

330000－1798－0001180　普00176　經部/四書類/總義之屬/傳說

**增補四書人物聚考二十二卷圖考一卷**　（明）

鍾惺增訂　（明）黃澍參訂　清乾隆龍江書屋修文堂刻本　十六冊

330000－1798－0001181　普00197　經部/群經總義類/傳說之屬

**近科經解粹編四卷**　（清）陳元圻輯　清嘉慶十六年（1811）刻本　二冊

330000－1798－0001182　普02786　史部/政書類/通制之屬

**九通全書**　（清）□□輯　清光緒二十七年至二十八年（1901－1902）貫吾齋石印本　十四冊　存一種

330000－1798－0001183　普02791－1　史部/政書類/律令之屬/律例

**大清法規大全一百六十八卷**　清光緒二十七年至宣統元年（1901－1909）北京政學社石印本　三十二冊　存一百四十六卷（行政綱目一，外交部一至十三、首,憲政部三至七,民政部一至十五、首,財政部一至十四、首,吏政部六至二十三,實業部一至十五、首,教育部一至三十一、首,旗藩部一至二、首,禮制部一至九、首,交通部一至五、首,軍政部三至十二）

330000－1798－0001184　普00156　經部/叢編

**十三經古注十三種**　（明）金蟠　（明）葛鼐校　明崇禎十二年（1639）金蟠刻清同治八年（1869）浙江書局重修本　一冊　存一種

330000－1798－0001185　普02230　經部/小學類/文字之屬/字書/字典

**字彙十二集首一卷末一卷**　（明）梅膺祚撰　清康熙十年（1671）西泠怡堂刻本　十二冊　缺二集（未、酉）

330000－1798－0001186　普00160－00161、普00281、普00302、普00312、普00348、普00358－00359、普00373、普06230－06231　類叢部/叢書類/彙編之屬

**武英殿聚珍版書一百三十八種**　清刻本　六十冊　存十一種

330000－1798－0001187　普00163　經部/春

秋穀梁傳類/傳說之屬

**春秋穀梁經傳補注二十四卷首一卷末一卷**
（清）鍾文烝補注　清光緒二年（1876）嘉善鍾氏信美室刻本　八冊

330000－1798－0001188　普02791－2　史部/政書類/律令之屬/律例

**大清法規大全續編一百三十五卷**　清宣統北京政學社石印本　八冊　存六十二卷（民政部一至十一、首，財政部四至十三，外交部一至十，吏政部一至十七、首，教育部一至二，軍政部一至九、首）

330000－1798－0001189　普02235　類叢部/類書類/通類之屬

**御定駢字類編二百四十卷**　（清）吳士玉（清）沈宗敬等奉敕輯　清石印本　二十六冊　缺六卷（一至六）

330000－1798－0001190　普02790　史部/政書類/儀制之屬/專志/科舉校規

**奏定學堂章程不分卷**　（清）張百熙等編　清光緒浙江學務處刻本　二冊

330000－1798－0001192　普02799　史部/政書類/通制之屬

**廣治平畧三十六卷**　（清）蔡方炳撰　清刻本　一冊　存十卷（十八至二十七）

330000－1798－0001193　普02793　史部/政書類/邦計之屬/荒政

**欽定康濟錄四卷**　（清）陸曾禹撰　（清）倪國璉釐正　清同治三年（1864）浙江撫署刻本二冊　存二卷（三至四）

330000－1798－0001194　普02795　史部/政書類/儀制之屬/典禮

**皇朝祭器樂舞錄二卷附關帝文昌樂舞譜一卷**　（清）徐暢達輯　清同治十年（1871）楚北崇文書局刻本　一冊　存一卷（二）

330000－1798－0001195　普02794　新學/交涉/公法

**公法會通十卷**　（瑞典）步倫氏撰　（美國）丁韙良譯　清鉛印本　一冊　存二卷（九至十）

330000－1798－0001196　普00167　經部/春秋左傳類/傳說之屬

**春秋經傳集解三十卷**　（晉）杜預撰　**春秋年表一卷**　（宋）岳珂刊補　**春秋名號歸一圖二卷**　（五代）馮繼先撰　清光緒三年（1877）永康胡氏退補齋刻本　十二冊

330000－1798－0001197　普00169　經部/春秋公羊傳類/傳說之屬

**春秋公羊傳十一卷**　（漢）何休注　（唐）陸德明音義　清光緒三年（1877）永康胡氏退補齋刻本　四冊

330000－1798－0001198　普00170　經部/春秋穀梁傳類/傳說之屬

**春秋穀梁傳十二卷**　（晉）范甯集解　（唐）陸德明音義　清光緒三年（1877）永康胡氏退補齋刻本　四冊

330000－1798－0001199　普02802　新學/交涉/公法

**萬國公法會通十卷**　（瑞典）步倫撰　（美國）丁韙良譯　清光緒二十二年（1896）上海飛鴻閣石印本　一冊　存二卷（一至二）

330000－1798－0001200　普02803　史部/叢編

**自強學齋治平十議十種**　（清）□□編　清光緒十九年至二十三年（1893－1897）文瑞樓石印本　一冊　存一種

330000－1798－0001201　普02806　史部/政書類/通制之屬

**文獻通考詳節二十四卷**　（元）馬端臨撰（清）嚴虞惇輯　清光緒十五年（1889）上海珍藝書局鉛印本　四冊　缺四卷（十二至十三、十七至十八）

330000－1798－0001204　普00180　經部/四書類/總義之屬/傳說

**四書章句集註十九卷**　（宋）朱熹撰　清刻本　三冊　存七卷（孟子一至七）

330000－1798－0001205　普00184、普06373、普06378　經部/叢編

十三經註疏十三種　（明）□□輯　明崇禎元年至十二年（1628 – 1639）古虞毛氏汲古閣刻本　十九冊　存三種

330000 – 1798 – 0001206　普02277　類叢部/叢書類/彙編之屬

邵武徐氏叢書二十三種　（清）徐榦編　清光緒邵武徐氏刻本　二冊　存一種

330000 – 1798 – 0001207　普02804　史部/政書類/通制之屬

廣治平略正集三十六卷續集八卷　（清）蔡方炳撰　清光緒十六年（1890）上海廣百宋齋鉛印本　一冊　存十一卷（二十六至三十六）

330000 – 1798 – 0001208　善00182　經部/四書類/總義之屬/傳說

四書朱子本義匯參四十三卷首四卷　（清）王步青輯　清文富堂刻本　二十四冊

330000 – 1798 – 0001209　普02823　史部/目錄類/總錄之屬/官修

欽定四庫全書簡明目錄二十卷　（清）紀昀等撰　清光緒五年（1879）會稽徐友蘭墨潤堂鉛印本　十二冊

330000 – 1798 – 0001210　普02822　史部/政書類/通制之屬

文獻通考二十四卷首一卷　（元）馬端臨撰　清光緒十一年（1885）上海點石齋石印本　二十冊

330000 – 1798 – 0001211　普02282　經部/小學類/文字之屬/說文

澂園叢書二種十五卷　（清）楊廷瑞撰　清光緒十七年（1891）善化楊廷瑞澂園刻本　二冊

330000 – 1798 – 0001212　普02859　子部/兵家類

歷代史事論海三十二卷　（清）王以鎮輯　（清）知新子編　清光緒二十八年（1902）石印本　三十二冊

330000 – 1798 – 0001213　普02223　類叢部/叢書類/彙編之屬

邵武徐氏叢書二十三種　（清）徐榦編　清光

緒徐氏自刻本　一冊　存一種

330000 – 1798 – 0001214　普00208　經部/小學類/文字之屬/說文/傳說

說文解字斠詮十四卷　（清）錢坫撰　清光緒九年（1883）淮南書局刻本　六冊

330000 – 1798 – 0001216　普00221　經部/小學類/文字之屬/字書/訓蒙

文字蒙求四卷　（清）王筠撰　清光緒十三年（1887）梁谿浦氏刻本　一冊

330000 – 1798 – 0001217　普02303　經部/小學類/文字之屬/字書/訓蒙

急就篇四卷　（漢）史游撰　（唐）顏師古注　（宋）王應麟補注　清光緒九年（1883）浙江書局刻本　二冊

330000 – 1798 – 0001218　普02782　集部/總集類/選集之屬/斷代

皇朝經世文續編一百二十卷　（清）葛士濬輯　清光緒鉛印本　三冊　存十卷（九十四至九十七、一百二至一百四、一百七至一百九）

330000 – 1798 – 0001221　普02279　經部/小學類/訓詁之屬/爾雅

爾雅四卷　（晉）郭璞注　（唐）陸德明音義　清同治十三年（1874）湖南書局刻本　四冊

330000 – 1798 – 0001222　普02781　集部/總集類/選集之屬/斷代

皇朝經世文編一百二十卷姓名總目二卷　（清）賀長齡輯　清光緒二十二年（1896）上海掃葉山房鉛印本　二冊　存九卷（四十八至五十一、一百十一至一百十五）

330000 – 1798 – 0001223　普00211　經部/小學類/音韻之屬/韻書

詩韻辨字增註五卷　（清）張澐卿輯　清光緒七年（1881）張澐卿刻本　一冊

330000 – 1798 – 0001224　普00210　經部/小學類/音韻之屬/韻書

詩韻辨字略五卷　（清）秦端匡輯　清光緒四年（1878）刻本　一冊

330000－1798－0001225　普 00209　經部/小學類/音韻之屬/韻書

**詩韻辨字略五卷**　（清）秦端厓輯　清光緒四年(1878)刻本　一冊

330000－1798－0001227　普 02780　史部/政書類/通制之屬

**二十四史九通政典書類要合編三百二十卷**（清）黃書霖輯　清光緒二十八年(1902)約雅堂石印本　二冊　存十卷(一百二十九至一百三十二、二百五至二百十)

330000－1798－0001228　普 02784　新學/交涉/公法

**各國交涉公法論初集四卷二集四卷三集八卷**（英國）費利摩羅巴德撰　（英國）傅蘭雅口譯　（清）俞世爵筆述　清光緒鉛印本　五冊　存七卷(初集二至四、二集一至二、三集三至四)

330000－1798－0001229　普 02267　類叢部/叢書類/彙編之屬

**槐廬叢書四十六種**　（清）朱記榮編　清光緒吳縣朱氏槐廬家塾刻本　一冊　存一種

330000－1798－0001230　普 02785　集部/總集類/選集之屬/斷代

**皇朝經世文編一百二十卷姓名總目二卷**（清）賀長齡輯　清末石印本　二冊　存十九卷(五十至六十八)

330000－1798－0001231　普 02304　經部/小學類/文字之屬/字書/訓蒙

**養蒙針度五卷**　（清）潘子聲撰　清刻本　一冊　存二卷(一至二)

330000－1798－0001232　普 02266　經部/小學類/文字之屬/字書/訓蒙

**養蒙針度五卷**　（清）潘子聲撰　清同治六年(1867)蘇州綠潤堂刻本　二冊

330000－1798－0001233　普 02813　史部/政書類/通制之屬

**廣治平略四十四卷**　（清）蔡方炳撰　清刻本　一冊　存四卷(十八至二十一)

330000－1798－0001234　普 02278　類叢部/叢書類/彙編之屬

**邵武徐氏叢書二十三種**　（清）徐榦編　清光緒徐氏自刻本　二冊　存一種

330000－1798－0001236　普 00198　經部/群經總義類/傳說之屬

**五經備解六卷**　（清）周封魯輯　清道光二十六年(1846)六經堂刻本　十冊

330000－1798－0001237　普 00199　經部/群經總義類/傳說之屬

**經文集鈔五卷**　清抄本　五冊

330000－1798－0001238　普 02812　史部/政書類/律令之屬/刑制

**名法指掌增訂二卷附刊便覽二卷**　（清）沈辛田撰　（清）鈕大煒增訂　清同德堂刻本　一冊

330000－1798－0001239　普 02280　經部/小學類/訓詁之屬/爾雅

**爾雅三卷**　（晉）郭璞注　（唐）陸德明音義　清光緒二十六年(1900)新化三味堂刻本　三冊

330000－1798－0001240　普 00200　經部/群經總義類/文字音義之屬

**經籍籑詁五卷首一卷**　（清）阮元撰　清光緒九年(1883)上海點石齋石印本　五冊

330000－1798－0001241　普 02811　史部/政書類/律令之屬/律例

**大清律例新增統纂集成四十卷附督捕則例附纂二卷**　（清）沈之奇註　（清）姚潤纂輯（清）胡煦　（清）陳俊生增輯　清刻本　五冊　存八卷(四、二十六、二十九至三十、三十六至三十七,督捕則例附纂一至二)

330000－1798－0001242　普 00232　經部/小學類/訓詁之屬/爾雅

**爾雅註疏十一卷**　（晉）郭璞註　（宋）邢昺疏　清刻本　六冊

330000－1798－0001243　普 00238　類叢部/叢書類/彙編之屬

後知不足齋叢書四十七種　（清）鮑廷爵編
清同治至光緒常熟鮑氏刻本　三冊　存一種

330000－1798－0001244　普02283　經部/小
學類/音韻之屬/韻書
攷正增廣詩韻全璧五卷　（清）暢懷書屋主人
輯　初學檢韻一卷　（清）姚文登輯　清光緒
十八年(1892)上海鴻寶齋石印本　六冊

330000－1798－0001245　普02271　類叢部/
類書類/通類之屬
典匯十二卷　（清）蔾青閣主人輯　清光緒十
七年(1891)上海鴻寶齋石印本　六冊

330000－1798－0001247　普00181　經部/四
書類/總義之屬/傳說
四書詮義三十八卷　（清）汪紱撰　清道光六
年(1826)一經堂刻本　十四冊

330000－1798－0001248　普02809－1　史
部/政書類/通制之屬
文獻通考纂二十四卷　（元）馬端臨撰　（明）
胡震亨輯　明萬曆駱駸曾刻本　一冊　存三
卷(十四至十六)

330000－1798－0001249　普02809－2　史
部/政書類/通制之屬
文獻通考正續合纂四十四卷　（清）郎星等輯
　清刻本　一冊　存一卷(文獻通考纂一)

330000－1798－0001250　普02807　子部/雜
著類/雜考之屬
十科策畧箋釋十卷　（明）劉定之撰　（清）劉
作楳釋　（清）劉廷琨重注　清刻本　一冊
存三卷(八至十)

330000－1798－0001251　普02821　史/政
書類/邦計之屬/荒政
上海經募直豫秦晉賑捐徵信録四卷　（清）屠
繼善　（清）魏學韓編　清光緒五年(1879)刻
本　三冊　缺一卷(亨)

330000－1798－0001253　普02257　經部/小
學類/音韻之屬/韻書
增註字類標韻六卷　（清）華綱撰　（清）范多
玨重訂　清光緒石印本　一冊

330000－1798－0001254　普02255　經部/小
學類/文字之屬/字書
增訂臨文便覽不分卷　（清）龍光甸撰　（清）
怡雲僊館主人輯　清光緒二年(1876)怡雲僊
館刻本　一冊

330000－1798－0001256　普00218　經部/群
經總義類/文字音義之屬
經籍籑詁五卷首一卷　（清）阮元撰　清光緒
九年(1883)上海點石齋石印本　五冊

330000－1798－0001258　普00219　經部/小
學類/音韻之屬/韻書
詩韻合璧五卷　（清）湯祥瑟輯　論古韻通轉
一卷　（清）汪立名撰　虛字韻藪五卷　（清）
潘維城輯　清同治十二年(1873)文善堂刻本
　五冊

330000－1798－0001260　普02258　經部/小
學類/文字之屬/字書/字體
字學舉隅不分卷　（清）黃本驥　（清）龍啟瑞
撰　清光緒十二年(1886)上海同文書局石印
本　一冊

330000－1798－0001261　普02830　史部/目
錄類/通論之屬/考訂
欽定四庫全書考證一百卷　（清）王太岳
（清）曹錫寶等撰　清乾隆武英殿木活字印本
　十四冊　存十五卷(一、三十三至三十九、
九十二至九十七、一百)

330000－1798－0001262　普00217　類叢部/
類書類/專類之屬
詩韻聯珠五卷　清末石印本　二冊　存一卷
(上聲)

330000－1798－0001264　普02256　經部/小
學類/文字之屬/字書/字體
字學舉隅不分卷　（清）黃本驥　（清）龍啟瑞
撰　清同治十年(1871)北京懿文齋刻本
一冊

330000－1798－0001266　普02849　史部/史
評類/史論之屬
歷朝捷録二卷　（明）顧充撰　清尚友堂刻本

一冊　存一卷(下)

330000－1798－0001267　普 02850　史部/史評類/史論之屬

**歷朝捷錄二卷**　(明)顧充撰　清小峴山房刻本　一冊　存一卷(一)

330000－1798－0001269　普 02232　經部/小學類/文字之屬/字書/字典

**字彙十二集首一卷末一卷**　(明)梅膺祚撰　清刻本　七冊　存七集(丑、寅、卯、辰、巳、未、亥)

330000－1798－0001270　普 02233　經部/小學類/文字之屬/字書/字典

**字彙十二集首一卷末一卷**　(明)梅膺祚撰　清刻本　八冊　存八集(寅、辰、午、未、申、酉、戌、亥)

330000－1798－0001271　普 02856　史部/史評類/史論之屬

**歷代史論十二卷宋史論三卷元史論一卷**　(明)張溥撰　**明史論四卷**　(清)谷應泰撰　**左傳史論二卷**　(清)高士奇撰　清光緒九年(1883)都城蒼松山房刻朱墨套印本　八冊　缺二卷(歷代史論十一至十二)

330000－1798－0001272　普 02263　經部/小學類/音韻之屬/韻書

**韻法直圖一卷**　(明)梅膺祚撰　**韻法橫圖一卷**　(明)李世澤撰　清刻本　一冊

330000－1798－0001277　普 02265　類叢部/叢書類/彙編之屬

**函海一百五十二種**　(清)李調元編　清刻本　一冊　存二種

330000－1798－0001278　普 02831　類叢部/類書類/通類之屬

**群書考索前集六十六卷後集六十五卷續集五十六卷別集二十五卷**　(宋)章如愚輯　明正德三年至十三年(1508－1518)劉洪慎獨書齋刻十六年(1521)重修本　一冊　存一卷(前集一)

330000－1798－0001279　普 02270　經部/小

學類/音韻之屬/古今韻說

**音學五書五種**　(清)顧炎武撰　清光緒十六年(1890)思賢講舍刻本　十三冊　存四種

330000－1798－0001280　普 02857　經部/春秋左傳類/傳說之屬

**東萊博議不分卷**　(宋)呂祖謙撰　清光緒二十九年(1903)抄本　一冊

330000－1798－0001283　普 02220　史部/目錄類/專錄之屬

**小學考五十卷**　(清)謝啟昆撰　清光緒十四年(1888)浙江書局刻本　十冊　存二十三卷(四至十一、十四至十六、二十五至二十六、三十至三十九)

330000－1798－0001286　普 02231　經部/小學類/文字之屬/字書/字典

**字彙十二集首一卷末一卷韻法直圖一卷**　(明)梅膺祚撰　**韻法橫圖一卷**　(明)李世澤撰　清乾隆十六年(1751)武林三餘堂王氏刻本　十一冊　缺四集(寅、午、申、酉)

330000－1798－0001298　普 02847　經部/春秋左傳類/傳說之屬

**東萊博議四卷**　(宋)呂祖謙撰　**增補虛字註釋一卷**　(清)馮泰松點定　清光緒三十一年(1905)上海商務印書館鉛印本　二冊

330000－1798－0001300　普 02845　史部/史評類/史論之屬

**評選船山史論二卷**　(清)王夫之撰　林紓評選　清宣統三年(1911)上海商務印書館鉛印本　二冊

330000－1798－0001303　普 02863　史部/目錄類/總錄之屬/私撰

**書目答問五卷別錄一卷國朝著述諸家姓名略一卷**　(清)張之洞撰　清光緒十四年(1888)上海鴻文書局鉛印本　一冊

330000－1798－0001304　普 02299　經部/小學類/文字之屬/字書

**四書正字略不分卷**　清抄本　一冊

330000－1798－0001305　普 02844　史部/史

評類/史論之屬

**歷代史論十二卷宋史論三卷元史論一卷**
(明)張溥撰　**明史論四卷**　(清)谷應泰撰
**左傳史論二卷**　(清)高士奇撰　清光緒二十
四年(1898)上海博文書局石印本　五冊　缺
四卷(歷代史論九至十二)

330000－1798－0001306　普02288　類叢部/
類書類/專類之屬

**韻海大全角山樓類腋五卷末一卷**　(清)仁壽
室主人輯　清上海鴻章書局石印　六冊

330000－1798－0001308　普02842－1　史
部/史抄類

**二十四史論贊七十八卷**　(清)陳鬮輯　清光
緒二十八年(1902)文淵山房石印本　一冊
存五卷(四十七至五十一)

330000－1798－0001311　普02284　經部/小
學類/音韻之屬/韻書

**詩韻合璧五卷**　(清)湯祥瑟輯　**虛字韻藪一
卷**　(清)潘維城輯　清光緒四年(1878)上海
淞隱閣仿聚珍版石印本　五冊

330000－1798－0001312　普02285　經部/小
學類/音韻之屬/韻書

**詩韻合璧五卷**　(清)湯祥瑟輯　**虛字韻藪一
卷**　(清)潘維城輯　清文淵堂刻本　五冊

330000－1798－0001313　普02842－2　史
部/史抄類

**二十四史論贊二十四卷**　(清)張羅澄輯　清
光緒二十八年(1902)夢孔山房石印本　一冊
　存三卷(舊五代史、五代史、宋史)

330000－1798－0001314　普02261　經部/小
學類/文字之屬/字書/字體

**字學舉隅不分卷**　(清)黃本驥　(清)龍啟瑞
撰　清刻本　一冊

330000－1798－0001315　普02843　史部/史
評類/史論之屬

**史論觀止正集十卷**　(清)何秉誠選　清石印
本　林夫氏題記　一冊　存一卷(三)

330000－1798－0001316　普02296　經部/四

**書類/總義之屬/傳說**

**四書合纂大成不分卷**　(清)沈祖燕輯　清石
印本　六冊

330000－1798－0001317　普02260　經部/小
學類/文字之屬/字書/字體

**字學舉隅不分卷**　(清)黃本驥　(清)龍啟瑞
撰　清刻本　一冊

330000－1798－0001318　普02837　史部/史
評類/史論之屬

**新輯分類史論大成十九卷首一卷**　(清)孫廷
翰鑒定　題(清)海濱行素生輯　清光緒二十
八年(1902)滬濱醉六堂書林石印本　一冊
存一卷(十)

330000－1798－0001319　普02838　史部/史
評類/史論之屬

**歷朝史論彙編二十三卷**　(清)鮑雍輯　清光
緒二十八年(1902)志懷主人石印本　一冊
存三卷(一至三)

330000－1798－0001320　普02259　經部/小
學類/文字之屬/字書/字體

**字學舉隅不分卷**　(清)黃本驥　(清)龍啟瑞
撰　清道光二十六年(1846)刻本　一冊

330000－1798－0001321　普02841　史部/史
評類/史論之屬

**讀通鑑論十卷附宋論十五卷**　(清)王夫之撰
　清光緒二十八年(1902)上海慎記石印本
一冊　存二卷(讀通鑑論一至二)

330000－1798－0001322　普02302　經部/四
書類/總義之屬/文字音義

**四書五經解字不分卷**　清刻本　七冊

330000－1798－0001323　普02846　經部/春
秋左傳類/傳說之屬

**東萊博議四卷**　(宋)呂祖謙撰　**增補虛字註
釋一卷**　(清)馮泰松點定　清光緒漢口景慶
義記五彩石印書局石印本　二冊

330000－1798－0001324　普02839　史部/史
評類/史論之屬

**史論正鵠初集四卷二集四卷三集八卷**　(清)

王樹敏評點　清光緒二十七年（1901）上海久敬齋石印本　一冊　存二卷（三集一至二）

330000－1798－0001325　普02840　史部/傳記類/總傳之屬/通代

**增廣古今人物論三十六卷續編十二卷**　（明）鄭賢　（清）願學齋同人輯　清石印本　一冊　存四卷（三十三至三十六）

330000－1798－0001326　普01262　子部/儒家類/儒學之屬/性理

**儒門法語輯要不分卷**　（清）彭定求撰　（清）湯金釗輯　清光緒十六年（1890）浙江書局刻本　一冊

330000－1798－0001327　普01263　經部/小學類/文字之屬/字書/訓蒙

**新編精圖七千字文一卷**　（清）□□編　清石印本　一冊

330000－1798－0001328　普01261　史部/傳記類/科舉錄之屬

**光緒歷科朝元卷全函**　（清）鄐光典等撰　清石印本　二冊

330000－1798－0001329　普00212　經部/小學類/音韻之屬/韻書

**詩韻辨字增註五卷**　（清）張澐卿輯　清光緒七年（1881）張澐卿刻本　一冊

330000－1798－0001330　普02903　子部/儒家類/儒學之屬/性理

**御纂性理精義十二卷**　（清）李光地等纂修　清刻本　一冊　存三卷（二至四）

330000－1798－0001331　普01259－1　子部/儒家類/儒學之屬/蒙學

**㙇蒙必讀一卷**　清同治四年（1865）刻本　一冊

330000－1798－0001332　普01259－2　子部/儒家類/儒學之屬/蒙學

**㙇蒙必讀一卷**　清同治四年（1865）刻本　一冊

330000－1798－0001333　普01258　子部/儒家類/儒學之屬/蒙學

**家塾彙要一卷**　（清）□□撰　清同治九年（1870）刻本　一冊

330000－1798－0001334　普01253　子部/雜著類/雜纂之屬

**格言聯璧一卷附一卷**　（清）金纓輯　清同治十年（1871）須江同善局刻本　一冊

330000－1798－0001335　普02901－02902　子部/雜著類/雜纂之屬

**經餘必讀八卷續編八卷**　（清）雷琳　（清）錢樹棠　（清）錢樹立輯　清嘉慶十年（1805）刻本　二冊　存四卷（一至二、續編七至八）

330000－1798－0001337　普00930　子部/宗教類/道教之屬/經文

**太上三元寶經二卷**　清咸豐九年（1859）銅鹿山房刻本　一冊

330000－1798－0001338　普00929　子部/宗教類/道教之屬/經文

**太上勑演救刼消災賜福解厄保運證真同參經三卷**　（唐）呂純陽撰　清刻本　一冊

330000－1798－0001340　普02917　子部/儒家類/儒學之屬/禮教/鑑戒

**聖祖仁皇帝庭訓格言一卷**　（清）世宗胤禛述　清刻本　一冊

330000－1798－0001344　普02912　子部/儒家類/儒學之屬/性理

**儒門法語輯要一卷**　（清）彭定求撰　（清）湯金釗輯　清光緒十六年（1890）浙江書局刻本　一冊

330000－1798－0001345　普02913　子部/儒家類/儒學之屬/性理

**儒門法語輯要一卷**　（清）彭定求撰　（清）湯金釗輯　清光緒十六年（1890）浙江書局刻本　一冊

330000－1798－0001347　普00225　經部/小學類/音韻之屬/韻書

**辨韻一隅歌二卷**　（清）陳德調編輯　清道光二十三年（1843）繩武堂刻本　二冊

330000－1798－0001348　普02914　子部/儒家類/儒學之屬/俗訓

**訓俗遺規摘鈔四卷**　（清）陳宏謀撰輯　（清）劉肇紳輯　清刻本　一冊　存二卷（三至四）

330000－1798－0001350　普00226　經部/小學類/文字之屬/字書/字體

**字學舉隅不分卷**　（清）黃本驥　（清）龍啟瑞撰　清同治十年(1871)刻本　一冊

330000－1798－0001354　普02305　史部/紀傳類/正史之屬

**史記一百三十卷**　（漢）司馬遷撰　（南朝宋）裴駰集解　（唐）司馬貞索隱　（唐）張守節正義　清羊城駱氏翰墨園刻本　一冊　存二卷（一至二）

330000－1798－0001355　普00216　經部/小學類/音韻之屬/韻書

**佩文詩韻釋要五卷**　（清）周兆基輯　清光緒七年(1881)衢州府署刻本　二冊

330000－1798－0001356　普00230　經部/小學類/文字之屬/字書/字體

**字學舉隅續編不分卷**　（清）王維珍輯　清光緒秀文齋南紙店刻本　一冊

330000－1798－0001358　普02916　子部/儒家類/儒學之屬

**孔氏家語十卷**　（三國魏）王肅注　清道光三十年(1850)天祿齋刻本　一冊

330000－1798－0001359　普02918　子部/儒家類/儒學之屬/性理

**性理會通七十卷續編四十二卷**　（明）鍾人傑輯　明崇禎鍾人傑刻本　一冊　存八卷（續編三十五至四十二）

330000－1798－0001360　普02911　子部/雜著類/雜纂之屬

**經餘必讀八卷續編八卷**　（清）雷琳　（清）錢樹棠　（清）錢樹立輯　清刻本　二冊　存四卷（經餘必讀三至六）

330000－1798－0001361　普02910　子部/雜著類/雜纂之屬

**經餘必讀八卷續編八卷**　（清）雷琳　（清）錢樹棠　（清）錢樹立輯　清刻本　一冊　存二卷（經餘必讀三至四）

330000－1798－0001362　普02906－02909　子部/儒家類/儒學之屬/禮教

**五種遺規**　（清）陳弘謀輯並撰　清光緒二十一年(1895)浙江書局刻本　七冊　存四種

330000－1798－0001363　普00233　子部/儒家類/儒學之屬/性理

**北溪字義二卷補遺一卷附嚴陵講義一卷**　（宋）陳淳撰　清咸豐二年(1852)五華書院刻本　二冊

330000－1798－0001364　普00234　經部/小學類/文字之屬/字書/字體

**問奇典註六卷**　（清）唐英撰　清嘉慶二十三年(1818)張昞武昌雄楚樓刻本　六冊

330000－1798－0001365　普00236　經部/小學類/訓詁之屬/字詁

**增訂金壺字考一卷附古體假借字一卷**　（宋）適之原撰　（清）郝在田增訂　清刻本　一冊

330000－1798－0001366　普00239　經部/小學類/文字之屬

**卍齋璅録十卷**　（清）李調元撰　清刻本　二冊

330000－1798－0001367　普00235　經部/小學類/音韻之屬/韻書

**佩文詩韻釋要五卷**　（清）周兆基輯　清光緒十八年(1892)浙江書局刻本　一冊

330000－1798－0001368　普02888　子部/儒家類/儒學之屬/經濟

**大學衍義四十三卷**　（宋）真德秀撰　清刻本　四冊　存十八卷（二十四至四十一）

330000－1798－0001369　普00237　經部/四書類/總義之屬/文字音義

**四書正體校定字音一卷**　（清）呂世鏞校定　清道光二年(1822)榕蔭堂刻本　一冊

330000－1798－0001371　普00228　經部/小

學類/文字之屬/字書/字典

**字彙十二集首一卷末一卷韻法直圖一卷**
(明)梅膺祚撰 **韻法橫圖一卷** (明)李世澤
撰 清刻本 十三冊 缺二卷(首、末)

330000－1798－0001372 普00541、普00545
－1、普00545－2、普00544－1、普00544－2、
普00546－00548、普00562、普00777 子部/
叢編

**子書百家** (清)崇文書局編 清光緒元年
(1875)湖北崇文書局刻本 十六冊 存十
二種

330000－1798－0001373 普00240 經部/小
學類/文字之屬/說文/傳說

**六書約言二卷** (清)吳善述輯 清衢城張文
錦齋刻本 一冊

330000－1798－0001374 普02306 史部/紀
傳類/正史之屬

**史記一百三十卷** (漢)司馬遷撰 (唐)司馬
貞撰 (南朝宋)裴駰集解 (唐)司馬貞索隱
(唐)張守節正義 清羊城駱氏翰墨園刻本
十四冊 存五十五卷(一至五、九至四十、
一百十三至一百三十)

330000－1798－0001375 普02881 子部/儒
家類/儒學之屬/性理

**性理易讀一卷** (清)志遠堂主人輯 清咸豐
三年(1853)刻本 一冊

330000－1798－0001376 普00245 史部/紀
傳類/正史之屬

**二十四史** 清同治至光緒五省官書局據汲古
閣本等合刻光緒五年(1879)湖北書局彙印本
三十二冊 存一種

330000－1798－0001378 普00243、普00246
－00247、普00249、普00254、普06315 史部/
紀傳類/正史之屬

**二十四史** 清同治至光緒五省官書局據汲古
閣本等合刻光緒五年(1879)湖北書局彙印本
一百九十八冊 存五種

330000－1798－0001379 普00990 集部/別

集類/清別集

**角山樓賦鈔二卷** (清)趙克宜撰 清道光二
十三年(1843)集文堂書坊刻本 一冊

330000－1798－0001380 普00875 子部/小
說家類/異聞之屬

**桂山錄異八卷** (清)顧淰輯 清道光四年
(1824)學餘堂刻本 一冊

330000－1798－0001381 普00244 史部/紀
傳類/正史之屬

**後漢書一百卷** (南朝宋)范曄撰 (唐)李賢
注 **志三十卷** (晉)司馬彪撰 (南朝梁)劉
昭注補 清同治八年(1869)金谿三讓堂刻本
二十五冊 缺五十一卷(後漢書二至九、八
十八至一百,志一至三十)

330000－1798－0001383 普00876 子部/小
說家類/雜事之屬

**挑燈新錄六卷** (清)吳荊園撰 清同治二年
(1863)刻本 一冊

330000－1798－0001385 普02889 子部/儒
家類/儒學之屬/勸學

**程氏家塾讀書分年日程三卷綱領一卷** (元)
程端禮撰 清同治七年(1868)湖北崇文書局
刻本 二冊

330000－1798－0001386 普02887 子部/儒
家類/儒學之屬/蒙學

**小學集註六卷** (明)陳選集注 清刻本 一
冊 存四卷(一至四)

330000－1798－0001387 普02308 類叢部/
叢書類/彙編之屬

**古香齋袖珍十種** 清同治至光緒南海孔氏刻
本 二十冊 存一種

330000－1798－0001389 普02329 史部/紀
傳類/正史之屬

**四史** 清光緒十四年(1888)上海蜚英館石印
本 十四冊 存一種

330000－1798－0001390 普02900 類叢部/
叢書類/彙編之屬

**積學齋叢書二十種** 徐乃昌編 清光緒南陵

徐乃昌刻本　一冊　存二種

330000－1798－0001391　普02885　子部/雜著類/雜說之屬

**容齋隨筆十六卷續筆十六卷三筆十六卷四筆十六卷五筆十卷**　(宋)洪邁撰　明崇禎三年(1630)嘉定馬元調刻本　一冊　存六卷(三筆六至十一)

330000－1798－0001392　普02884　子部/儒家類/儒學之屬/性理

**儒門法語輯要一卷**　(清)彭定求撰　(清)湯金釗輯　清光緒十六年(1890)浙江書局刻本　一冊

330000－1798－0001393　普02883　子部/儒家類/儒學之屬/禮教

**五種遺規**　(清)陳弘謀輯並撰　清光緒二十一年(1895)浙江書局刻本　一冊　存一種

330000－1798－0001395　善00241　經部/小學類/文字之屬/說文/傳說

**說文解字十五卷標目一卷**　(漢)許慎撰　(宋)徐鉉等校定　清初海虞毛氏汲古閣刻本　怡雲書舍主人題簽　八冊

330000－1798－0001396　普02323　史部/紀傳類/正史之屬

**四史**　清光緒十四年(1888)上海蜚英館石印本　十六冊　存一種

330000－1798－0001397　普02882　子部/叢編

**二十二子(二十二子彙函)**　(清)浙江書局編　清光緒元年至三年(1875－1877)浙江書局刻本　一冊　存一種

330000－1798－0001399　普02890　子部/儒家類/儒學之屬/禮教/女範

**女四書四卷**　(清)王相箋注　清光緒六年(1880)李光明莊刻本　一冊　存一卷(宋若昭女論語)

330000－1798－0001400　普02322、普02326　史部/紀傳類/正史之屬

**二十四史附考證**　清光緒上海圖書集成印書

局鉛印本　三十六冊　存二種

330000－1798－0001402　普02320　史部/紀傳類/正史之屬

**四史**　清光緒十四年(1888)上海蜚英館石印本　十二冊　存一種

330000－1798－0001407　普02944　子部/醫家類/兒科之屬/通論

**鼎鍥幼幼集成六卷**　(清)陳復正輯　清刻本　六冊

330000－1798－0001408　普02307　史部/紀傳類/正史之屬

**二十四史附考證**　清光緒竹簡齋據武英殿本石印本　七冊　存一種

330000－1798－0001412　普00987　集部/別集類/宋別集

**林和靖詩集四卷拾遺一卷**　(宋)林逋撰　清同治十二年(1873)長洲朱氏抱經堂刻本　一冊

330000－1798－0001413　普00977　集部/別集類/明別集

**陽明先生詩集一卷**　(明)王守仁撰　(明)施邦曜編　清咸豐二年(1852)鳳山書院刻本　一冊

330000－1798－0001414　普02938　子部/農家農學類/園藝之屬/總志

**二如亭群芳譜三十卷首一卷**　(明)王象晉撰　清沙村草堂刻本　十三冊　缺七卷(果譜一至二、木譜一至二、花譜一至二、鶴魚譜)

330000－1798－0001415　普00985　集部/別集類/唐五代別集

**白香山詩長慶集二十卷後集十七卷別集一卷補遺二卷**　(唐)白居易撰　(清)汪立名編訂　清康熙四十一年至四十二年(1702－1703)汪立名一隅草堂刻本　一冊　存三卷(後集一至三)

330000－1798－0001416　普03952　集部/總集類/選集之屬/通代

**憑山閣增輯留青新集三十卷**　(清)陳枚選

(清)陳德裕增輯　清刻本　二十一冊　存二十五卷(二至十六、十八至二十一、二十四至二十七、二十九至三十)

330000－1798－0001417　普02963　子部/醫家類/兒科之屬/通論

**鼎鍥幼幼集成六卷**　(清)陳復正輯　清同治五年(1866)靈蘭堂刻本　六冊

330000－1798－0001418　普02962－1　子部/醫家類/兒科之屬/通論

**鼎鍥幼幼集成六卷**　(清)陳復正輯　清刻本　一冊　存一卷(二)

330000－1798－0001419　普02962－2　子部/醫家類/兒科之屬/通論

**鼎鍥幼幼集成六卷**　(清)陳復正輯　清刻本　一冊　存一卷(三)

330000－1798－0001420　普00989　類叢部/叢書類/彙編之屬

**武英殿聚珍版書一百三十八種**　清乾隆武英殿木活字印本　四冊　存一種

330000－1798－0001421　普00974　集部/別集類/宋別集

**修竹齋試帖輯註一卷**　(清)那清安著　(清)張熙輯評　(清)王植桂輯註　清刻本　一冊

330000－1798－0001422　普00978　集部/別集類/宋別集

**塗鴉詩學二卷**　(清)吳乃阜撰　清道光十年(1830)醉墨堂刻本　二冊

330000－1798－0001423　普00975　集部/別集類/唐五代別集

**香山詩選六卷**　(唐)白居易撰　(清)曹文埴選　清光緒十七年(1891)黟縣李宗煚金陵書局刻本　二冊

330000－1798－0001424　普00992　集部/別集類/清別集

**浮玉山房賦鈔不分卷浮玉山房試帖不分卷**　(清)丁紹周撰　清刻本　一冊

330000－1798－0001425　普002338　史部/

紀傳類/正史之屬

**欽定二十四史**　清光緒二十八年(1902)上海文瀾書局石印本　六冊　存一種

330000－1798－0001426　普02965　子部/醫家類/方書之屬/單方驗方

**驗方新編十六卷**　(清)鮑相璈輯　清光緒四年(1878)紹城鏡清寺前南首近文齋刻字店刻本　八冊

330000－1798－0001427　普02336　史部/紀傳類/正史之屬

**四史**　清光緒十四年(1888)上海蜚英館石印本　八冊　存一種

330000－1798－0001428　普02966－1　子部/醫家類/方書之屬/單方驗方

**驗方新編十六卷**　(清)鮑相璈輯　清光緒刻本　二冊　存四卷(二至四、十一)

330000－1798－0001429　普02966－2　子部/醫家類/方書之屬/單方驗方

**驗方新編十六卷**　(清)鮑相璈輯　清刻本　一冊　存一卷(十一)

330000－1798－0001430　普02966－3　子部/醫家類/方書之屬/單方驗方

**驗方新編二十四卷**　(清)鮑相璈輯　清同治四年(1865)刻本　二冊　存二卷(二十一至二十二)

330000－1798－0001431　普02966－4　子部/醫家類/方書之屬/單方驗方

**驗方新編二十四卷**　(清)鮑相璈輯　清同治三年(1864)刻本　一冊　存一卷(二十二)

330000－1798－0001432　普02964　子部/醫家類/醫經之屬/内經

**類經三十二卷**　(明)張介賓類注　**類經圖翼十一卷附翼四卷**　(明)張介賓撰　清崇讓堂刻本　十冊　存十五卷(類經四至五、十五、十八至十九、二十二,圖翼二、四至七,附翼一至四)

330000－1798－0001435　普00882　集部/小說類/短篇之屬

燕山外史註釋八卷 （清）陳球撰 （清）傅聲
谷注 清光緒五年(1879)刻本 四冊

330000－1798－0001436 普01008 集部/別
集類/清別集

淡永山窗詩集十一卷 （清）周世滋撰 清咸
豐十一年(1861)刻本 三冊

330000－1798－0001437 普02363 史部/編
年類/通代之屬

資治通鑑二百九十四卷 （宋）司馬光撰
（元）胡三省音注 清刻本 二十七冊 存八
十一卷(三十一至四十五、五十八至六十、六
十七至六十九、八十二至九十、九十七至一百
二十三、一百四十八至一百五十、一百八十一
至一百八十九、一百九十三至二百四)

330000－1798－0001438 普02362 史部/編
年類/斷代之屬

續資治通鑑長編五百二十卷 （宋）李燾撰
清刻本 四十四冊 存一百九十八卷(十八
至二十一、二十六至四十六、八十八至九十
一、九十七至一百一、一百六至一百十、一百
十五至一百二十三、一百二十八至一百三十
一、一百四十四至一百四十八、二百十六至二
百二十九、二百五十一至二百六十三、二百九
十一至三百、三百四十四至三百四十六、三百
六十四至三百七十五、三百八十三至三百八
十六、四百二十一至四百六十五、四百七十至
四百九十二、五百至五百十二、五百十七至五
百二十)

330000－1798－0001439 普02364 史部/編
年類/通代之屬

續資治通鑑二百二十卷 （清）畢沅撰 清乾
隆鎮洋畢氏刻嘉慶六年(1801)桐鄉馮氏德裕
堂續刻同治六年(1867)永康應氏補刻本 二
十四冊 存八十四卷(四十八至五十五、六十
三至七十一、一百七至一百四十二、一百七十
三至一百八十三、一百九十八至二百十三、二
百十七至二百二十)

330000－1798－0001440 普02375 史部/編
年類/通代之屬

御批歷代通鑑輯覽一百二十卷 （清）傅恒等
撰 清同治十年(1871)浙江書局刻本 一冊
存二卷(六十五至六十六)

330000－1798－0001441 普02370 史部/編
年類/通代之屬

尺木堂綱鑑易知錄九十二卷明鑑易知錄十五
卷 （清）吳乘權等輯 清康熙五十年(1711)
尺木堂刻本 三十九冊 缺十五卷(明鑑易
知錄一至十五)

330000－1798－0001442 普05763 集部/小
說類/長篇之屬

新出八劍七俠十六義平蠻演義前傳四卷六十
回後傳四卷六十回 清末石印本 一冊 存
一卷(後傳一)

330000－1798－0001444 普02941 子部/醫
家類/類編之屬

中西匯通醫書五種 （清）唐宗海撰 清光緒
三十二年(1906)上海千頃堂石印本 一冊
存一種

330000－1798－0001445 普02940 子部/醫
家類/醫案之屬

臨證指南醫案十卷 （清）葉桂撰 （清）徐大
椿評 清刻本 方雲嵐題記 二冊 存二卷
(二、八)

330000－1798－0001446 普02337 史部/紀
傳類/正史之屬

欽定二十四史 清光緒二十八年(1902)上海
文瀾書局石印本 四冊 存一種

330000－1798－0001447 普02950 子部/醫
家類/婦科之屬

傅青主女科二卷產後編二卷 （清）傅山撰
清刻本 一冊 存二卷(產後編上、下)

330000－1798－0001448 普01264 類叢部/
類書類/專類之屬

王先生十七史蒙求十六卷 （宋）王令撰 清
刻本 二冊

330000－1798－0001449 普02377 史部/編
年類/通代之屬

330000－1798－0001451 普02373 史部/編年類/通代之屬

御批歷代通鑑輯覽一百二十卷 （清）傅恒等撰 清光緒二十八年(1902)上海文林書局石印本 二十冊

330000－1798－0001452 普00251 史部/紀傳類/正史之屬

二十四史附考證 清光緒影印武英殿本 三十二冊 存一種

330000－1798－0001454 普02380 史部/編年類/通代之屬

御批歷代通鑑輯覽一百二十卷 （清）傅恒等撰 清光緒二十九年(1903)上海商務印書館鉛印本 十一冊 存三十四卷(二十二至二十四、三十三至四十一、四十八至五十一、七十六至八十七、九十七至九十九、一百十至一百十二)

330000－1798－0001455 普02366 史部/編年類/通代之屬

尺木堂綱鑑易知錄九十二卷明鑑易知錄十五卷 （清）吳乘權等輯 清光緒十四年(1888)上海廣百宋齋鉛印本 十四冊

330000－1798－0001456 普00252 史部/紀傳類/正史之屬

史記一百三十卷首一卷 （漢）司馬遷著 （南朝宋）裴駰集解 （唐）司馬貞索隱 （唐）張守節正義 （清）徐孚遠 （清）陳子龍測議 清道光十四年(1834)三元堂刻本 二十冊

330000－1798－0001457 普00248、普00250、普00255－00256 史部/紀傳類/正史之屬

二十四史 清同治至光緒五省官書局據汲古閣本等合刻光緒五年(1879)湖北書局彙印本 九十六冊 存四種

330000－1798－0001458 普02365 史部/編年類/通代之屬

尺木堂綱鑑易知錄九十二卷明鑑易知錄十五卷 （清）吳乘權等輯 清光緒三十一年(1905)上海商務印書館鉛印本 十五冊

330000－1798－0001461 普02369－1 史部/編年類/通代之屬

尺木堂綱鑑易知錄九十二卷明鑑易知錄十五卷 （清）吳乘權等輯 清刻本 三冊 存七卷(綱鑑易知錄十四至十五、四十五至四十七、八十二至八十三)

330000－1798－0001463 普02369－2 史部/編年類/通代之屬

大文堂綱鑑易知錄九十二卷 （清）吳乘權 （清）周之炯 （清）周之燦輯 清刻本 一冊 存二卷(三十一至三十二)

330000－1798－0001465 普02334 史部/紀傳類/正史之屬

二十四史附考證 清光緒上海圖書集成印書局鉛印本 二十冊 存一種

330000－1798－0001468 普02939 子部/醫家類/外科之屬/癰疽、疔瘡

洞天奧旨十六卷 （清）陳士鐸撰 （清）陶式玉評 清刻本 一冊 存四卷(十至十三)

330000－1798－0001469 普01009－1、普01010、普03439 類叢部/叢書類/彙編之屬

榆園叢刻十五種附一種 （清）許增編 清同治至光緒刻本 四冊 存七種

330000－1798－0001470 普02947 子部/醫家類/類編之屬

婦嬰至寶三種六卷 （清）徐尚慧編 催生符一卷 （清）蔡松汀撰 清同治三年(1864)刻本 一冊

330000－1798－0001471 普00257－1 史部/編年類/通代之屬

資治通鑑綱目五十九卷 （宋）朱熹撰 （明）陳仁錫評 資治通鑑綱目續編一卷 （明）陳桱撰 （明）陳仁錫評 資治通鑑綱目前編二

十五卷 （明）南軒撰 （明）陳仁錫評 **續資治通鑑綱目二十七卷** （明）商輅等撰 （明）陳仁錫評 清刻本 一百十二冊

330000－1798－0001473 普02946 子部/醫家類/醫經之屬/難經

**校正圖註八十一難經四卷** （明）張世賢注 清石印本 一冊 存二卷（三至四）

330000－1798－0001474 普02945 子部/醫家類/針灸之屬/針法灸法

**太乙拔亡證孝妙經一卷太乙神鍼方一卷附太乙神鍼灸法一卷** （清）范毓䶲輯 清咸豐十一年（1861）正誼堂刻本 一冊

330000－1798－0001475 普02943－1 子部/醫家類/綜合之屬/通論

**醫學心悟五卷附華陀外科十法一卷** （清）程國彭撰 清浙甌文奎堂刻本 二冊 存二卷（一、三）

330000－1798－0001476 普02943－2 子部/醫家類/綜合之屬/通論

**醫學心悟五卷附華陀外科十法一卷** （清）程國彭撰 清書粟軒刻本 一冊 存一卷（四）

330000－1798－0001477 普02943－3 子部/醫家類/綜合之屬/通論

**醫學心悟五卷附華陀外科十法一卷** （清）程國彭撰 清書粟軒刻本 一冊 存一卷（三）

330000－1798－0001478 普02943－4 子部/醫家類/綜合之屬/通論

**醫學心悟五卷附華陀外科十法一卷** （清）程國彭撰 清刻本 一冊 存一卷（一）

330000－1798－0001479 普02943－5 子部/醫家類/綜合之屬/通論

**醫學心悟五卷附華陀外科十法一卷** （清）程國彭撰 清光緒三十二年（1906）上海鑄記書局石印本 二冊 存四卷（一至四）

330000－1798－0001480 普02943－6 子部/醫家類/綜合之屬/通論

**醫學心悟五卷附華陀外科十法一卷** （清）程國彭撰 清石印本 一冊 存一卷（二）

330000－1798－0001482 普02943－7 子部/醫家類/綜合之屬/通論

**醫學心悟五卷附華陀外科十法一卷** （清）程國彭撰 清刻本 一冊 存二卷（四至五）

330000－1798－0001483 普00442 集部/詞類/類編之書

**美人千態詞二卷** 雷瑨輯 清石印本 一冊 存一卷（下）

330000－1798－0001485 普04143 子部/藝術類/音樂之屬/樂譜

**紅隱盦琴譜不分卷** 清程光典抄本 炬光、黔驢題記 一冊

330000－1798－0001486 普00257－2 史部/編年類/斷代之屬

**御撰資治通鑑綱目三編二十卷** （清）張廷玉等撰 清刻本 六冊

330000－1798－0001489 普02353 史部/紀傳類/正史之屬

**金史一百三十五卷** （元）脫脫等撰 清光緒二十八年（1902）上海文瀾書局石印 四冊

330000－1798－0001490 普02352 史部/紀傳類/正史之屬

**二十四史** 清光緒上海文瀾書局石印本 四冊 存一種

330000－1798－0001491 普02351 史部/紀傳類/正史之屬

**欽定二十四史** 清光緒二十八年（1902）上海文瀾書局石印本 一冊 存一種

330000－1798－0001492 普02350 史部/紀傳類/正史之屬

**遼史一百十六卷** （元）脫脫等撰 清光緒二十八年（1902）上海文瀾書局石印本 二冊

330000－1798－0001493 普00431 子部/藝術類/音樂之屬/樂譜

**瑟譜六卷** （元）熊朋來撰 清程光典抄本 一冊

330000－1798－0001494 普02347 史部/紀

傳類/正史之屬

**唐書二百二十五卷** （宋）歐陽修 （宋）宋祁等撰 **釋音二十五卷** （宋）董衝撰 清光緒二十八年(1902)上海文瀾書局石印本 八冊

330000－1798－0001495 普02349 史部/紀傳類/正史之屬

**欽定二十四史** 清光緒二十八年(1902)上海文瀾書局石印本 十四冊 存一種

330000－1798－0001499 普02354 史部/紀傳類/正史之屬

**二十四史附考證** 清光緒上海文瀾書局石印本 六冊 存一種

330000－1798－0001500 普02871、普02979、普03424、普03461、普03463－03466 子部/叢編

**子書二十八種** （清）育文書局編 清宣統三年(1911)育文書局石印本 十冊 存九種

330000－1798－0001504 普04144 子部/藝術類/音樂之屬/樂譜

**與古齋琴譜四卷** （清）祝鳳喈撰 清咸豐五年(1855)蒲城祝氏刻本 四冊

330000－1798－0001505 普02384 史部/編年類/通代之屬

**御批歷代通鑑輯覽一百二十卷** （清）傅恒等撰 清光緒石印本 二冊

330000－1798－0001506 普02382 史部/編年類/通代之屬

**御批歷代通鑑輯覽一百二十卷** （清）傅恒等撰 清光緒二十九年(1903)上海商務印書館鉛印本 十四冊 存四十三卷(四至七、十六至二十一、三十三至三十五、四十二至四十四、六十八至六十九、七十六至八十四、八十八至九十、九十七至九十九、一百八至一百十二、一百十六至一百二十)

330000－1798－0001507 普00435 子部/藝術類/音樂之屬/樂譜

**枯木禪琴譜八卷** （清）釋空塵撰 清光緒十九年(1893)刻本 四冊

330000－1798－0001508 普02383 史部/編年類/通代之屬

**御批歷代通鑑輯覽一百二十卷** （清）傅恒等撰 清光緒石印本 七冊 存四十三卷(十五至二十一、五十八至六十二、六十九至七十三、七十九至八十四、一百一至一百二十)

330000－1798－0001510 普02344－02346、普02357、普02359－02360 史部/紀傳類/正史之屬

**二十四史附考證** 清光緒武林竹簡齋石印本 四十四冊 存六種

330000－1798－0001511 普02340 史部/紀傳類/正史之屬

**二十四史附考證** 清光緒史學齋石印本 三十二冊 存一種

330000－1798－0001512 普02342 史部/紀傳類/正史之屬

**二十四史** 清同治至光緒五省官書局據汲古閣本等合刻光緒五年(1879)湖北書局彙印本 七十一冊 存一種

330000－1798－0001513 善00149 經部/周禮類/傳說之屬

**周官精義十二卷** （清）連斗山輯 清乾隆四十一年(1776)刻本 六冊

330000－1798－0001514 普02379 史部/編年類/通代之屬

**御批歷代通鑑輯覽一百二十卷** （清）傅恒等撰 清光緒二十九年(1903)上海商務印書館鉛印本 五冊 存十五卷(二十二至二十四、二十七至三十二、三十九至四十一、一百至一百二)

330000－1798－0001515 普02374 史部/編年類/通代之屬

**御批歷代通鑑輯覽一百二十卷** （清）傅恒等撰 清刻本 一冊 存二卷(二十至二十一)

330000－1798－0001517 普02376 史部/編年類/通代之屬

**御批歷代通鑑輯覽一百二十卷** （清）傅恒等

撰　清光緒石印本　一冊　存七卷(八十六至九十二)

330000－1798－0001518　普02378　史部/編年類/通代之屬

**御批歷代通鑑輯覽一百二十卷**　（清）傅恒等撰　清光緒石印本　六冊　存二十五卷(十二至十六、二十二至二十九、四十八至五十一、五十九至六十二、一百三至一百六)

330000－1798－0001519　普03446　集部/總集類/郡邑之屬

**兩浙輶軒續錄五十四卷**　（清）潘衍桐輯　清光緒十七年(1891)浙江書局刻本　二十四冊　存三十三卷(二十二至五十四)

330000－1798－0001521　普02533　史部/傳記類/總傳之屬/家乘

**[浙江蘭溪]鳳林姜氏宗譜□□卷**　清貽安堂木活字印本　一冊　存一卷(七)

330000－1798－0001522　普00261　史部/編年類/斷代之屬

**東華全錄九朝四百二十五卷**　王先謙編　清光緒十三年(1887)北京欽文書局刻本　一百六十四冊

330000－1798－0001523　普00263　史部/編年類/通代之屬

**資治通鑑後編一百八十四卷**　（清）徐乾學撰　清光緒二十四年(1898)富陽夏氏刻本　四十七冊

330000－1798－0001526　普02588　史部/傳記類/總傳之屬/家乘

**[浙江江山]邑前毛氏宗譜九十六卷**　（清）毛雲鵬等纂修　清宣統三年(1911)木活字印本　三冊　存系圖、志

330000－1798－0001527　普00259　史部/編年類/斷代之屬

**續資治通鑑長編拾補六十卷**　（清）秦緗業輯注　清光緒九年(1883)浙江書局刻本　十四冊

330000－1798－0001532　普02599　史部/傳

記類/總傳之屬/家乘

**王峯吳氏宗譜□□卷**　清刻本　一冊　存一卷(六)

330000－1798－0001533　普02978－1　子部/醫家類/方書之屬/單方驗方

**重訂驗方新編十八卷**　（清）鮑相璈等輯　清光緒石印本　三冊　存七卷(一至三、十一、十六至十八)

330000－1798－0001534　普02978－2　子部/醫家類/方書之屬/單方驗方

**重訂驗方新編十八卷**　（清）鮑相璈等輯　清光緒普新書局石印本　二冊　存十一卷(一至三、十一至十八)

330000－1798－0001535　普002587　史部/傳記類/總傳之屬/家乘

**[浙江金華]金華葛氏宗譜□□卷**　（清）葛良明等纂修　清道光二十二年(1842)木活字印本　一冊　存一卷(一)

330000－1798－0001536　普02978－3　子部/醫家類/方書之屬/單方驗方

**重訂驗方新編十八卷**　（清）鮑相璈等輯　清光緒石印本　五冊　存十卷(九至十八)

330000－1798－0001539　普02535　史部/傳記類/總傳之屬/家乘

**[浙江金華]雙溪毛氏宗譜□□卷**　清木活字印本　一冊　存一卷(三)

330000－1798－0001542　普02506　史部/傳記類/總傳之屬/家乘

**[浙江衢州]西河徐氏宗譜二十二卷首一卷**　（清）徐守恩等纂修　清光緒二十一年(1895)惇敘堂木活字印本　九冊　存十二卷(一、四至七、九、十二至十五、二十,首)

330000－1798－0001543　普02981　子部/醫家類/外科之屬/外科方

**外科正宗十二卷附錄一卷**　（明）陳實功撰　（清）徐大椿評　清光緒二十二年(1896)珍藝書局石印本　三冊　存九卷(一至六、十至十二)

330000－1798－0001544　普02514　史部/傳記類/總傳之屬/家乘

**[浙江衢州]潁川賴氏宗譜三卷**　(清)賴溶琛纂修　清光緒元年(1875)寶善堂木活字印本　二冊

330000－1798－0001546　普02976　子部/醫家類/婦科之屬/產科

**胎產秘書三卷附保嬰要訣一卷經驗各方一卷**　(清)錢□□撰　清宣統三年(1911)上海書局石印本　浉宇觀款　一冊　存二卷(一至二)

330000－1798－0001547　普02507　史部/傳記類/總傳之屬/家乘

**[安徽歙縣]歙新館著存堂鮑氏宗譜十六卷**　(清)鮑存良等纂修　清光緒元年(1875)木活字印本　十冊　缺一卷(十四)

330000－1798－0001549　普02594　史部/傳記類/總傳之屬/家乘

**[浙江金華]金華詹氏宗譜二卷**　(清)詹三德(清)詹金有修　清同治十一年(1872)木活字印本　一冊　存一卷(一)

330000－1798－0001552　普02593　史部/政書類/儀制之屬/典禮

**[浙江金華]蓮池張氏大宗祠春秋祭譜□□卷**　(清)張秉謙撰　清光緒三十年(1904)永思堂木活字印本　一冊　存一卷(一)

330000－1798－0001553　普02577　史部/傳記類/總傳之屬/家乘

**楮林鄧氏宗譜□□卷**　清嘉慶二年(1797)刻本　一冊　存二卷(三至四)

330000－1798－0001554　普02956　子部/醫家類/傷寒金匱之屬/金匱要略

**金匱要略淺註補正九卷**　(清)陳念祖注(清)唐宗海補注　清光緒三十二年(1906)上海千頃堂書局石印本　三冊

330000－1798－0001555　普02955　子部/醫家類/類編之屬

**中西匯通醫書五種**　(清)唐宗海撰　清光緒三十二年(1906)上海千頃堂書局石印本　三冊　存一種

330000－1798－0001556　普02570　史部/傳記類/總傳之屬/家乘

**[浙江金華]金華傅氏宗譜□□卷**　清同治七年(1868)報本堂木活字印本　一冊　存一卷(四)

330000－1798－0001557　普02586　史部/傳記類/總傳之屬/家乘

**[浙江武義]東湄王氏宗譜□□卷**　(清)王美如等纂修　清光緒九年(1883)敦本堂木活字印本　六冊　存五卷(一至三、七至八)

330000－1798－0001558　普02954　子部/醫家類/類編之屬

**中西匯通醫書五種**　(清)唐宗海撰　清光緒三十二年(1906)上海千頃堂石印本　四冊　存一種

330000－1798－0001559　普02544　史部/傳記類/總傳之屬/家乘

**[浙江武義]新宅傅氏宗譜三卷**　(清)傅明貴等纂修　清道光九年(1829)木活字印本　二冊　缺一卷(二)

330000－1798－0001560　普02551－1　史部/傳記類/總傳之屬/家乘

**[浙江義烏]酈氏宗譜七卷**　清同治六年(1867)木活字印本　二冊　存二卷(二、五)

330000－1798－0001561　普02551－2　史部/傳記類/總傳之屬/家乘

**[浙江義烏]酈氏宗譜七卷**　(清)酈茂才纂修　清光緒二十九年(1903)木活字印本　二冊　存三卷(一、六至七)

330000－1798－0001562　善02609　史部/傳記類/總傳之屬/家乘

**[安徽歙縣]汪氏世守譜十卷**　(清)汪國徘(清)汪度纂修　清乾隆三十七年(1772)刻本　四冊

330000－1798－0001564　普02583－1　史部/傳記類/總傳之屬/家乘

[浙江金華]金華履湖莊氏宗譜五卷　（清）莊思紀主修　清咸豐九年(1859)木活字印本　一冊　存一卷(一)

330000－1798－0001565　普02583－2　史部/傳記類/總傳之屬/家乘

[浙江金華]金華履湖莊氏宗譜五卷　（清）莊思芝主修　清光緒元年(1875)木活字印本　一冊　存一卷(一)

330000－1798－0001566　普02583－3　史部/傳記類/總傳之屬/家乘

[浙江金華]金華履湖莊氏宗譜五卷　（清）莊思芝主修　清光緒元年(1875)木活字印本　二冊　存二卷(一、四)

330000－1798－0001568　普02960　子部/醫家類/診法之屬/脈經脈訣

本草醫方脈訣考證不分卷　（清）汪昂撰　清文奎堂刻本　姜應銳題簽　一冊

330000－1798－0001569　普02549　史部/傳記類/總傳之屬/家乘

茶圩周氏宗譜□□卷　清光緒木活字印本　一冊　存一卷(七)

330000－1798－0001570　普02541　史部/傳記類/總傳之屬/家乘

[浙江衢州]銅峯杜族世譜不分卷　清光緒八年(1882)木活字印本　四冊

330000－1798－0001571　普02959　子部/醫家類/溫病之屬/瘧痢

痢疾論四卷　（清）孔毓禮輯　清刻本　一冊　缺一卷(一)

330000－1798－0001573　普02596　史部/傳記類/總傳之屬/家乘

[浙江蘭溪]關西楊氏宗譜□□卷　清光緒木活字印本　一冊　存二卷(二至三)

330000－1798－0001574　普02553　史部/傳記類/總傳之屬/家乘

[浙江金華]金華蓮池張氏宗譜□□卷　（清）□□纂修　清光緒二年(1876)木活字印本　二冊　存二卷(世系圖、三)

330000－1798－0001575　普02566　史部/傳記類/總傳之屬/家乘

[浙江衢州]銅峯吳氏宗譜四卷　（清）吳厚玕主修　清光緒二年(1876)木活字印本　一冊

330000－1798－0001576　普02584　史部/傳記類/總傳之屬/家乘

[浙江金華]金華履湖莊氏宗譜五卷　（清）□□纂修　清光緒三十四年(1908)木活字印本　二冊　存三卷(一至二、四)

330000－1798－0001577　普02552　史部/傳記類/總傳之屬/家乘

[浙江金華]鳳山洪氏宗譜□□卷　清光緒十四年(1888)木活字印本　一冊　存一卷(十一)

330000－1798－0001578　普02569　史部/傳記類/總傳之屬/家乘

[浙江龍游]貌頭童氏宗譜□□卷　清光緒三十二年(1906)木活字印本　一冊　存一卷(二)

330000－1798－0001579　普02602　史部/傳記類/總傳之屬/家乘

[浙江義烏]義烏山盤紫陽宗譜□□卷　清道光十年(1830)木活字印本　三冊　存三卷(四、九、十九)

330000－1798－0001580　普02572　史部/傳記類/總傳之屬/家乘

[浙江江山]梧峰吳氏重修宗譜□□卷　（清）吳可權纂修　清道光二十四年(1844)木活字印本　三冊　存三卷(一至三)

330000－1798－0001581　普02595　史部/傳記類/總傳之屬/家乘

望西何氏宗譜□□卷　清道光九年(1829)懷德堂木活字印本　一冊　存二卷(一至二)

330000－1798－0001583　普02573　史部/傳記類/總傳之屬/家乘

[浙江衢州]联豸徐氏宗譜□□卷　清光緒木活字印本　一冊　存一卷(五)

330000－1798－0001584　普02545　史部/傳

記類/總傳之屬/家乘

[浙江金華]東山傅氏十七修宗譜□□卷
(清)傅洵淖等纂修　清光緒二十六年(1900)
木活字印本　二冊　存二卷(二、十三)

330000－1798－0001585　普02952　子部/醫
家類/綜合之屬/通論
醫方捷徑一卷　清刻本　一冊

330000－1798－0001586　普02951　子部/醫
家類/綜合之屬/通論
醫方捷徑一卷　清刻本　一冊

330000－1798－0001587　普02574　史部/傳
記類/總傳之屬/家乘
[福建漳浦]錢氏族譜□□卷　清光緒三十二
年(1906)木活字印本　一冊　存一卷(二)

330000－1798－0001589　普02575　史部/傳
記類/總傳之屬/家乘
[湖南益陽]梅城林氏風節家乘□□卷　清咸
豐二年(1852)木活字印本　一冊　存一卷
(八)

330000－1798－0001593　普02472　史部/傳
記類/總傳之屬/仕宦
歷代名臣言行錄二十四卷　(清)朱桓輯　清
光緒鉛印本　十一冊　缺二卷(一至二)

330000－1798－0001594　普02927　史部/政
書類/律令之屬/法驗
檢驗秘錄一卷　清抄本　一冊

330000－1798－0001595　普02928－02929
史部/政書類/律令之屬/法驗
重刊補註洗冤錄集證六卷　(清)王又槐輯
(清)李觀瀾補輯　(清)阮其新補註　(清)
張錫蕃重訂　(清)文晟續輯　清光緒三十二
年(1906)上海通時書局石印本　二冊　存二
卷(一、五)

330000－1798－0001596　普02930　史部/政
書類/律令之屬/法驗
洗冤錄義證四卷經驗方一卷洗冤錄歌訣一卷
(清)剛毅輯　(清)諸可賓校　清光緒二十
五年(1899)浙江藩署刻本　一冊　存一卷

(義證一)

330000－1798－0001597　普02536　史部/傳
記類/總傳之屬/家乘
華氏族譜□□卷　清木活字印本　一冊　存
二卷(五至六)

330000－1798－0001598　普02921　子部/
叢編
武備新書十種　(清)廖壽豐輯　清光緒二十
三年(1897)浙江書局刻本　三冊　存六種

330000－1798－0001599　普02924　史部/政
書類/律令之屬/法驗
補註洗冤錄集證五卷附檢骨圖格一卷寶鑑編
一卷　(清)王又槐輯　(清)李觀瀾補輯
(清)阮其新補注　清道光刻本　祝華題記
一冊　存一卷(一)

330000－1798－0001600　普02925　子部/
叢編
子書百家　(清)崇文書局編　清光緒元年
(1875)湖北崇文書局刻本　一冊　存一種

330000－1798－0001602　普03433　子部/道
家類
諸子擇善錄一卷　(清)王紹祖撰　清刻本
一冊

330000－1798－0001603　普03430　子部/
叢編
二十二子彙函　(清)浙江書局編　清光緒元
年至三年(1875－1877)浙江書局刻本　六冊
存一種

330000－1798－0001605　普03422　子部/雜
著類/雜說之屬
浮邱子十二卷　(清)湯鵬撰　(清)湯俶昭等
輯　清宣統二年(1910)上海掃葉山房石印本
四冊

330000－1798－0001606　普02934、普03426－
03427　子部/叢編
子書百家　(清)崇文書局編　清光緒元年
(1875)湖北崇文書局刻本　三冊　存六種

330000－1798－0001609　善00264　史部/編年類/通代之屬

**尺木堂綱鑑易知録九十二卷明鑑易知録十五卷**　(清)吳乘權等輯　清文奎堂刻本　四十一冊　存八十五卷(綱鑑易知録一至五十七、六十一至六十三、六十八至九十二)

330000－1798－0001610　善00227　經部/小學類/文字之屬/字書/字典

**字彙十二集首一卷末一卷**　(明)梅膺祚撰　清乾隆七年(1742)刻本　十三冊　缺一卷(末)

330000－1798－0001611　普02538　史部/傳記類/總傳之屬/家乘

**[□□□□]潘氏族譜□□卷**　清木活字印本　二冊　存二卷(十七至十八)

330000－1798－0001612　普02519　史部/傳記類/總傳之屬/家乘

**巷山劉氏智房譜□□卷首一卷**　清同治九年(1870)木活字印本　一冊　存四卷(一至三、首)

330000－1798－0001621　普02505　史部/傳記類/總傳之屬/家乘

**[浙江龍游]河南邱氏宗譜四卷**　(清)邱德騫等纂修　清光緒五年(1879)承啓堂木活字印本　三冊

330000－1798－0001622　普02534　史部/傳記類/總傳之屬/家乘

**[浙江遂昌]奕山朱氏宗譜十六卷首一卷**　清木活字印本　一冊　存一卷(八)

330000－1798－0001624　普02531　史部/傳記類/總傳之屬/家乘

**雙溪王氏宗譜□□卷**　(清)王尊五主修　清光緒十六年(1890)餘慶堂木活字印本　一冊　存二卷(二至三)

330000－1798－0001625　普02532　史部/傳記類/總傳之屬/家乘

**[浙江金華]龍門倪氏六修族譜□□卷**　清木活字印本　二冊　存四卷(二、三十五至三十七)

330000－1798－0001627　普02459　史部/傳記類/職官録之屬

**八旗奉直宦浙同鄉録一卷**　(清)德馨輯　清光緒七年(1881)刻本　一冊

330000－1798－0001629　普02465　經部/四書類/總義之屬/傳說

**增補四書人物聚考二十二卷**　(明)鍾惺增訂　(明)黄澍參訂　清乾隆龍江書屋修文堂刻本　一冊　存一卷(十一)

330000－1798－0001630　普02476　類叢部/叢書類/彙編之屬

**邵武徐氏叢書二十三種**　(清)徐榦編　清光緒邵武徐氏刻本　一冊　存一種

330000－1798－0001632　普02473、普02474　史部/傳記類/總傳之屬/仕宦

**貳臣傳十二卷逆臣傳四卷**　(清)國史館撰　清都城琉璃廠半松居士刻本　八冊

330000－1798－0001634　普02464　史部/政書類/儀制之屬/典禮

**文廟通考六卷首一卷**　(清)牛樹梅撰　清同治十一年(1872)浙江書局刻本　一冊　存四卷(一至三、首)

330000－1798－0001635　普02475　子部/叢編

**二十二子彙函**　(清)浙江書局編　清光緒元年至三年(1875－1877)浙江書局刻本　四冊　存一種

330000－1798－0001638　普02456　史部/傳記類/別傳之屬/事狀

**劉坤一傳記一卷**　清光緒二十九年(1903)石印本　一冊

330000－1798－0001639　普02470　史部/傳記類/總傳之屬/斷代

**國朝先正事略六十卷首一卷**　(清)李元度纂　清光緒二十五年(1899)石印本　八冊

330000－1798－0001640　普02467　史部/紀

傳類/別史之屬

**明書一百七十一卷目錄二卷** （清）傅維鱗撰
清抄本　二冊　存六卷（一百十八至一百
二十、一百三十九至一百四十一）

330000－1798－0001641　普02471　史部/傳
記類/總傳之屬/仕宦

**中興名臣事略八卷**　朱孔彰撰　清光緒二十
五年（1899）上海圖書集成印書局鉛印本　一
冊　存二卷（一至二）

330000－1798－0001644　普02477　史部/傳
記類/總傳之屬/通代

**安危注四卷**　（明）吳甡輯　清康熙吳氏刻本
三冊　缺一卷（二）

330000－1798－0001645　普02458　史部/傳
記類/別傳之屬/年譜

**朱子年譜四卷考異四卷附錄朱子論學切要語
二卷附校勘記三卷**　（清）王懋竑撰并輯
（清）王炳校勘　清同治九年（1870）永康應氏
刻本　二冊　存六卷（年譜一至二、考異一至
四）

330000－1798－0001646　普02454　史部/傳
記類/總傳之屬/通代

**尚友錄二十二卷補遺一卷**　（明）廖用賢輯
（清）張伯琮補輯　清刻本　二冊　存三卷
（九、二十二，補遺）

330000－1798－0001648　普02463　史部/紀
傳類/別史之屬

**春秋紀傳五十一卷**　（清）李鳳雛撰　清刻本
一冊　存十卷（三十四至四十三）

330000－1798－0001649　普02457　史部/傳
記類/別傳之屬/事狀

**呂祖全傳一卷**　（唐）呂洞賓撰　（清）汪象旭
輯　清還讀齋刻本　一冊

330000－1798－0001650　普02466　經部/四
書類/總義之屬/傳說

**四書人物考四十卷**　（明）薛應旂撰　清刻本
一冊　存七卷（十五至二十一）

330000－1798－0001657　普02485　史部/傳

記類/總傳之屬/仕宦

**中興名臣事略八卷**　朱孔彰撰　清光緒二十
九年（1903）上海務本山房印書局石印本　一
冊　存四卷（一至四）

330000－1798－0001658　普02482　史部/傳
記類/總傳之屬/通代

**校正尚友錄統編二十四卷**　（清）潘遵祁輯
清光緒二十九年（1903）通文書局石印本　三
冊　存五卷（一至二、四、十一至十二）

330000－1798－0001660　普02478　史部/目
錄類/專錄之屬

**韻編朝代姓名總目不分卷**　清抄本　一冊

330000－1798－0001662　普02481　史部/傳
記類/總傳之屬/通代

**校正尚友錄二十二卷**　（明）廖用賢編纂
（清）張伯琮補輯　清光緒十九年（1893）上海
蜚英館石印本　二冊　存六卷（一至二、十九
至二十二）

330000－1798－0001663　普02480　史部/傳
記類/總傳之屬/通代

**校正尚友錄續集二十二卷**　（清）張亮基輯
清光緒二十八年（1902）上海掃葉山房石印本
二冊　存二卷（一、四）

330000－1798－0001669　普02550－1　史
部/傳記類/總傳之屬/家乘

**[浙江金華]赤松方氏宗譜□□卷**　（清）□□
纂修　清光緒二十九年（1903）木活字印本
三冊　存三卷（三、十一至十二）

330000－1798－0001676　普02540　史部/傳
記類/總傳之屬/家乘

**[浙江衢州]銅峯杜族世譜不分卷**　清光緒八
年（1882）木活字印本　二十二冊

330000－1798－0001679　普02580　史部/傳
記類/總傳之屬/家乘

**[福建上杭]閩杭白砂白蓮塘劉氏族譜十一卷
首一卷**　（清）劉青藜總纂　清宣統二年
（1910）木活字印本　九冊

330000－1798－0001698　普02600－1　史

部/傳記類/總傳之屬/家乘

[浙江金華]莙溪曹氏宗譜四卷 （清）曹廷晃主修 （清）曹文彪等編纂 清光緒二十九年（1903）木活字印本 二冊 存二卷（二至三）

330000－1798－0001699 普02600－2 史部/傳記類/總傳之屬/家乘

[浙江金華]莙溪曹氏宗譜四卷 （清）曹廷晃主修 （清）曹文彪等編纂 清光緒二十九年（1903）木活字印本 一冊 存一卷（二）

330000－1798－0001707 普02633 史部/地理類/外紀之屬

日本國志四十卷首一卷 （清）黃遵憲輯 清光緒二十七年（1901）上海書局石印本 三冊 存十五卷（三至十二、二十五至二十九）

330000－1798－0001710 普02606 史部/傳記類/總傳之屬/家乘

[浙江江山]周氏宗譜四卷 （清）周達衢纂修 清宣統元年（1909）木活字印本 一冊 存一卷（一）

330000－1798－0001712 普02634 新學/史志/別國史

希臘獨立史一卷 （日本）柳井絅齋撰 （清）秦嗣宗譯 清光緒二十八年（1902）上海廣智書局鉛印本 一冊

330000－1798－0001715 普02683 新學/史志/別國史

萬國通史三編十卷附校勘記一卷 （英國）李思倫白輯譯 （清）曹曾涵編 清光緒三十一年（1905）上海廣學會鉛印本 九冊 缺一卷（九）

330000－1798－0001716 普02635 新學/史志/帝王傳

歐洲八大帝王傳 （英國）李提摩太撰 清光緒二十九年（1903）上海廣學會鉛印本 一冊

330000－1798－0001717 普02672－2 新學/地學/地理學

英國第三冊藍皮書一卷 （英國）李敦撰 （清）黃文浩譯 清光緒二十九年（1903）湖北

洋務譯書局刻本 一冊

330000－1798－0001718 普02672－1 新學/交涉/案牘

英國藍皮書上海撤兵冊一卷 （英國）英駐九江領事撰 （清）鄭貞來譯 清光緒湖北洋務譯書局刻本 一冊

330000－1798－0001719 普02672－3 新學/地學/地理學

英國藍皮書二卷 （英國）英駐九江領事撰 （清）鄭貞來譯 清光緒二十九年（1903）湖北洋務譯書局鉛印本 一冊 存一卷（下）

330000－1798－0001721 普02673 新學/學校

法國商務學堂章程三種 羅懋勳譯 清光緒湖北洋務譯書局刻本 一冊 存一種

330000－1798－0001722 普02674 新學/學校

法國商務學堂章程三種 羅懋勳譯 清光緒湖北洋務譯書局刻本 一冊 存一種

330000－1798－0001723 普02681 新學/格致總

格物課程不分卷 （法國）亨利華百爾著 （清）陳籙編譯 清光緒二十九年（1903）新書局石印本 一冊

330000－1798－0001724 普02614 史部/史抄類

明史肇要八卷 （清）姚培謙 （清）張景星輯 清寶寧堂刻本 三冊

330000－1798－0001725 普02685 新學/學校

法國工藝學堂章程一卷 林學英譯 清光緒三十年（1904）湖北洋務局編譯科鉛印本 一冊

330000－1798－0001726 普02676 新學/學校

法國沙丹公學章程一卷 林蟀迻譯 清光緒湖北洋務譯書局刻本 一冊

330000 – 1798 – 0001728　普 02618 – 2　史部/史抄類

**史記菁華錄六卷**　（清）姚祖恩輯　清石印本　二冊　存二卷(三至四)

330000 – 1798 – 0001729　普 02684　史部/雜史類/斷代之屬

**湘軍志十六卷**　王闓運撰　清光緒刻本　三冊　存十三卷(四至十六)

330000 – 1798 – 0001730　普 02619　史部/史抄類

**山曉閣國策選四卷**　（清）孫琭論定　清刻本　三冊　缺一卷(三)

330000 – 1798 – 0001731　普 02682　新學/史志/別國史

**萬國通史續編十卷附校勘記一卷**　（英國）李思倫白輯譯　（清）曹曾涵編　清光緒三十年(1904)上海廣學會鉛印本　七冊　存八卷(一、四至六、八至十,校勘記)

330000 – 1798 – 0001732　普 02670　史部/政書類/邦交之屬

**美國稅則條款一卷附照會一卷**　清咸豐八年(1858)刻本　一冊

330000 – 1798 – 0001733　普 02624　新學/史志/諸國史

**萬國史記二十卷**　（日本）岡本監輔撰　清末石印本　二冊　存四卷(十三至十六)

330000 – 1798 – 0001734　普 02639　新學/史志/政記

**大英治理印度新政考六卷**　（英國）亨德偉良撰　（清）任保羅譯　清光緒三十年(1904)上海廣學會鉛印本　三冊　存三卷(一至二、六)

330000 – 1798 – 0001735　普 02677　新學/學校

**法國礦隊工程隊武弁學堂章程一卷**　李孟實譯　清光緒湖北洋務局編譯科鉛印本　一冊

330000 – 1798 – 0001736　普 02622　類叢部/叢書類/彙編之屬

**申報館叢書正集五十七種附錄三種**　（清）尊聞閣主編　**續集一百四十二種**　蔡爾康編　清同治至光緒申報館鉛印本　一冊　存一種

330000 – 1798 – 0001737　普 02678　新學/學校

**法國建造學堂指南一卷**　李孟實譯　清光緒湖北洋務譯書局刻本　一冊

330000 – 1798 – 0001738　普 02625　新學/史志/諸國史

**萬國史記二十卷**　（日本）岡本監輔撰　清光緒石印本　一冊　存三卷(五至七)

330000 – 1798 – 0001739　普 02675　新學/交涉/案牘

**法國黃皮書上海撤兵冊一卷**　（清）曾仰東譯　清光緒湖北洋務譯書局刻本　一冊

330000 – 1798 – 0001740　普 02671　史部/地理類/外紀之屬

**日本國志四十卷首一卷**　（清）黃遵憲輯　清光緒二十四年(1898)浙江書局刻本　一冊　存五卷(三十二至三十六)

330000 – 1798 – 0001741　普 02636　新學/史志/帝王傳

**俄國歷皇紀略二卷附錄一卷**　（美國）林樂知譯　清光緒二十九年(1903)上海廣學會鉛印本　一冊

330000 – 1798 – 0001742　普 02621　史部/史評類/考訂之屬

**廿二史劄記三十六卷補遺一卷**　（清）趙翼撰　清光緒二十六年(1900)上海書局石印本　八冊

330000 – 1798 – 0001743　普 02679　新學/報章

**法國外交報摘要一卷**　林學英譯　清光緒湖北洋務譯書局刻本　一冊

330000 – 1798 – 0001744　普 02620　史部/史抄類

**史記菁華錄六卷**　（清）姚祖恩輯　清光緒十

三年(1887)上海蜚英館石印本　二冊

330000－1798－0001745　普02626　新學/交涉/公法

**萬國公法四卷**　(美國)惠頓撰　(美國)丁韙良譯　清鉛印本　一冊　存一卷(二)

330000－1798－0001746　普02615　史部/史抄類

**鑑撮四卷**　(清)曠敏本撰　**使奉紀勝一卷**　(清)陳階平撰　**讀史論略一卷**　(清)杜詔撰　清刻本　七冊　存四卷(鑑撮一至四)

330000－1798－0001748　普02640　新學/政治法律/律例

**美國治法要略三卷附錄一卷**　(美國)林樂知譯　清光緒二十九年(1903)上海廣學會鉛印本　一冊

330000－1798－0001749　普02637、普06033　新學/史志/諸國史

**泰西十八周史攬要十八卷**　(英國)雅各偉德撰　(加拿大)季理斐譯　(清)李鼎星述稿　清光緒二十七年(1901)上海廣學會鉛印本　三冊　存九卷(四至六、十至十二、十六至十八)

330000－1798－0001750　普02680　新學/學校

**法國礮臺課書摘要初編一卷**　(法國)吉禮豐授　(清)曾仰東譯　(清)王瑩修校　清光緒二十八年(1902)武昌洋務譯書局刻本　一冊

330000－1798－0001751　普02628　史部/地理類/外紀之屬

**西史綱目二十卷**　(清)周維翰撰　清光緒二十八年(1902)經世文社石印本　二冊　存四卷(一至四)

330000－1798－0001752　普02632　史部/編年類/通代之屬

**萬國綱鑑易知錄二十卷**　(日本)岡本監輔撰　清石印本　二冊　存七卷(十至十六)

330000－1798－0001753　普02638　新學/史志/別國史

**印度史攬要三卷**　(英國)亨德偉良撰　(清)任廷旭譯　清光緒上海廣學會鉛印本　二冊　存二卷(二至三)

330000－1798－0001754　普02657　新學/交涉

**郵政攷不分卷**　(清)羅國植譯　清光緒三十年(1904)湖北洋務書局鉛印本　一冊

330000－1798－0001755　普02655　新學/農政/畜牧

**漁業攷畧一卷**　(清)鄭貞來　清光緒三十年(1904)湖北洋務局編譯科鉛印本　一冊

330000－1798－0001756　普02646　新學/政治法律/律例

**美國駐華領事署條例一卷**　(清)陳肇章譯　清光緒二十九年(1903)湖北洋務譯書局刻本　一冊

330000－1798－0001757　普02667　史部/政書類/通制之屬

**東漢會要四十卷**　(宋)徐天麟撰　清刻本　二冊　存十一卷(二十五至二十八、三十四至四十)

330000－1798－0001758　普02658　新學/農政/農務

**農學攷一卷**　(清)黃文浩譯　清光緒三十年(1904)湖北洋務編譯科鉛印本　一冊

330000－1798－0001759　普02669　新學/史志/臣民傳記

**美國名君言行錄二卷**　(美國)貝德禮撰　清光緒三十年(1904)上海廣學會鉛印本　一冊

330000－1798－0001760　普02659　新學/農政/農務

**棉業考一卷**　(清)陳秉濂譯　清光緒三十年(1904)湖北洋務局編譯科鉛印本　一冊

330000－1798－0001761　普02654　新學/交涉/案牘

**英國第七冊藍皮書四卷**　(清)鄭貞來譯　清光緒二十九年(1903)湖北洋務譯書局鉛印本　三冊　存三卷(二至四)

330000－1798－0001762　普 02631　新學／史志／戰記

**法國革命戰史**　（日本）澀江保著　（清）中國國民叢書社譯　清光緒二十九年(1903)上海商務印書館鉛印本　一冊

330000－1798－0001763　普 02656　新學／工藝

**製紙攷一卷**　姚於仁譯　**製玻璃攷一卷**（清）陳秉濂譯　清光緒二十八年(1902)湖北洋務局編譯科鉛印本　一冊

330000－1798－0001765　普 02629　新學／史志／別國史

**節本泰西新史攬要八卷**　（英國）李提摩太譯　周慶雲節錄　清末石印本　一冊　存四卷（五至八）

330000－1798－0001767　普 02647　新學／史志／諸國史

**亞東各國約章一卷**　（清）陳鈺輯　清光緒二十九年(1903)湖北洋務譯書局刻本　一冊

330000－1798－0001768　普 02660　新學／兵制／陸軍

**各國陸軍源流考一卷**　（清）羅國楨譯　清光緒湖北洋務譯書局刻本　一冊

330000－1798－0001769　普 02648　新學／地學／地志學

**亞東各國屬地志畧□□卷**　（清）劉維賢譯　清光緒湖北洋務譯書局刻本　一冊　存一卷（上編上）

330000－1798－0001770　普 02630　新學／議論／通論

**俄國政俗通考三卷**　（美國）林樂知　（清）任廷旭譯　清光緒二十六年(1900)上海廣學會鉛印本　一冊　存一卷（上）

330000－1798－0001771　普 02653　新學／學校

**歐西學校規制紀畧二卷**　（清）陳鈺輯　清光緒二十九年(1903)一新書局鉛印本　二冊

330000－1798－0001772　普 02663　史部／載記類

**時事問答一卷**　（清）陳鈺輯　（清）王瑩修編次　清光緒二十九年(1903)刻本　一冊

330000－1798－0001773　普 02649　新學／兵制

**全球兵力攷一卷**　（清）施恩孚譯　清光緒三十一年(1905)湖北翻譯學堂鉛印本　一冊

330000－1798－0001774　普 02661　新學／兵制／海軍

**各國水師源流攷一卷**　（清）陳秉濂譯　清光緒湖北洋務譯書局刻本　一冊

330000－1798－0001775　普 02662　新學／學校

**英國依丁堡大學校攷要一卷**　（清）陳肇章譯　清光緒湖北洋務譯書局刻本　一冊

330000－1798－0001776　普 02650　新學／學校

**倫敦魁盈斯女大學堂章程一卷**　（清）陳秉濂譯　清光緒湖北洋務譯書局刻本　一冊

330000－1798－0001777　普 02651　新學／學校

**倫敦欽格斯書院章程一卷**　（清）鄭貞來譯　清光緒湖北洋務譯書局刻本　一冊

330000－1798－0001778　普 02652　新學／學校

**倫敦大學校章程二卷**　姚於仁譯　清光緒三十年(1904)湖北洋務局編譯科鉛印本　一冊

330000－1798－0001779　普 00412　類叢部／叢書／自著之屬

**補餘堂集五種附一種**　（清）戴大昌撰　清嘉慶至道光婺源戴氏刻本　二冊　存一種

330000－1798－0001780　普 02664　史部／地理類／專志之屬／書院

**西龍試館覆實錄一卷**　清刻本　一冊

330000－1798－0001781　普 02668　新學／史志／別國史

**大美國史畧八卷附中美約章撮要一卷**　（美

國)蔚利高撰並譯　黃乃裳屬文　清光緒二十五年(1899)鉛印本　二冊

330000－1798－0001782　普02666　史部/雜史類/斷代之屬

平浙紀略十六卷　(清)秦緗業　(清)陳鍾英撰　清刻本　一冊　存三卷(九至十一)

330000－1798－0001786　普00550　子部/叢編

子書百家　(清)崇文書局編　清光緒元年(1875)湖北崇文書局刻本　二冊　存一種

330000－1798－0001787　普00413　子部/藝術類/音樂之屬/樂譜

琴譜諧聲六卷　(清)周顯祖撰　清嘉慶二十五年至道光元年(1820－1821)聽真軒刻本　五冊　存五卷(二至六)

330000－1798－0001789　普00597　子部/醫家類/傷寒金匱之屬/傷寒論

尚論張仲景傷寒論重編三百九十七法二卷首一卷　(清)喻昌撰　清同文堂刻本　二冊

330000－1798－0001790　普02386　史部/編年類/通代之屬

御批歷代通鑑輯覽一百二十卷　(清)傅恒等撰　清光緒三十年(1904)上海錦章書局石印本　二十八冊

330000－1798－0001791　普02399　史部/編年類/通代之屬

綱鑑正史約三十六卷　(明)顧錫疇撰　(清)陳弘謀增訂　甲子紀元一卷　(清)陳弘謀撰　清同治八年(1869)浙江書局刻本　十一冊　存二十二卷(一至十二、十四至十八、二十一至二十二、三十至三十二)

330000－1798－0001792　普02400　史部/編年類/通代之屬

重訂王鳳洲先生綱鑑會纂四十六卷續宋元紀二十三卷　(明)王世貞撰　(明)陳仁錫訂　清光緒九年(1883)汝東寶仁堂刻本　十八冊　存三十二卷(綱鑑會纂一、四至五、十一至十二、十四至十八、二十七至二十九,續宋元

紀四至十二、十五至十八、二十一至二十三、三十一至三十二、四十一)

330000－1798－0001793　普00598　子部/醫家類/方書之屬/單方驗方

新刊良朋彙集八卷　(清)孫偉輯　清刻本　二冊

330000－1798－0001794　普02398　史部/編年類/通代之屬

御批增補了凡綱鑑十卷首一卷外紀　(元)金履祥前編　(明)袁黃編纂　御撰資治通鑑綱目三編二卷　清光緒二十九年(1903)上海書局石印本　十二冊

330000－1798－0001795　普02409　史部/編年類/通代之屬

御批歷代通鑑輯覽一百二十卷　(清)傅恒等撰　清光緒二十九年(1903)中西書局石印本　二十冊

330000－1798－0001796　普00599　子部/醫家類/方書之屬

丹溪先生金匱鉤玄三卷重訂丹溪先生心法五卷附錄一卷醫學發明一卷　(元)朱震亨撰　清刻本　八冊　存七卷(丹溪先生金匱鉤玄一,丹溪先生心法二至五、附錄,醫學發明)

330000－1798－0001797　普02401　史部/編年類/通代之屬

鼎鍥趙田了凡袁先生編纂古本歷史大方綱鑑三十九卷　(明)袁黃纂　清刻本　七冊　存十二卷(九至十一、十四至十五、二十至二十三、二十八、三十至三十一)

330000－1798－0001798　普02388－02389　史部/編年類/通代之屬

通鑑擘要前編二卷正編十九卷續編八卷附錄一卷明史擘要八卷　(清)姚培謙　(清)張景星輯錄　清嘉慶二十三年(1818)寶寧堂刻本　十三冊　存二十四卷(前編一至二,正編一至八、十至十五,續編一至八)

330000－1798－0001799　普00424　子部/藝術類/音樂之屬/樂譜

琴譜新聲六卷　（清）曹尚絅等撰　（清）祝鳳喈評　清光緒三十年（1904）刻本　二冊

330000－1798－0001801　普02387　史部/編年類/通代之屬

通鑑輯要前編二卷正編十九卷續編八卷附錄一卷明史輯要八卷　（清）姚培謙　（清）張景星輯錄　清刻本　五冊　存八卷（正編五至十一、十五）

330000－1798－0001804　普02395　史部/編年類/通代之屬

資治通鑑二百九十四卷　（宋）司馬光撰　（元）胡三省音注　清石印本　四冊　存三十九卷（五十一至六十、九十一至一百、一百三十一至一百四十、一百六十八至一百七十六）

330000－1798－0001805　普02392　史部/編年類/通代之屬

袁王綱鑑合編三十九卷　（明）袁黃輯　（明）王世貞編　御撰明紀綱目二十卷　（清）張廷玉等編次　清光緒三十年（1904）上海商務印書館鉛印本　七冊　存二十三卷（二至四、十一至十三、十七至二十五、二十九至三十、三十四至三十九）

330000－1798－0001806　普02393　類叢部/叢書類/彙編之屬

文選樓叢書三十三種　（清）阮亨編　清嘉慶至道光阮元刻道光二十二年（1842）阮亨彙印本　四冊　存一種

330000－1798－0001808　普02394　史部/編年類/通代之屬

竹書紀年注箋十二卷　（清）徐文靖撰　清刻本　一冊　存四卷（四至七）

330000－1798－0001809　普00429　子部/藝術類/音樂之屬/樂譜

天聞閣琴譜十六卷首三卷　（清）唐彝銘輯　清光緒二年（1876）成都葉氏刻本　三冊　缺二卷（十三、十五）

330000－1798－0001810　普02397　史部/編年類/通代之屬

御批資治通鑑綱目五十九卷前編十八卷舉要三卷外紀一卷續資治通鑑綱目二十七卷　（清）聖祖玄燁撰　清刻本　一冊　存二卷（四十四至四十五）

330000－1798－0001811　普02358　史部/紀傳類/正史之屬

二十四史附考證　清石印本　一冊　存一種

330000－1798－0001812　普02402　史部/編年類/通代之屬

王鳳洲先生綱鑑正史全編二十四卷　（明）王世貞撰　（明）陳仁錫評　（明）張睿卿輯　清刻本　一冊　存序、目錄、附記、歷代輿地圖、世系、官制

330000－1798－0001813　普02405　史部/編年類/通代之屬

綱鑑正史約三十六卷　（明）顧錫疇撰　（清）陳弘謀增訂　甲子紀元一卷　（清）陳弘謀撰　清同治八年（1869）浙江書局刻本　清莫昭題籤　一冊　存二卷（二十一至二十二）

330000－1798－0001814　普02396　史部/編年類/通代之屬

資治通鑑綱目五十九卷　（宋）朱熹撰　（明）陳仁錫評　資治通鑑綱目續編一卷　（明）陳桱撰　（明）陳仁錫評　資治通鑑綱目前編二十五卷　（明）南軒撰　（明）陳仁錫評　續資治通鑑綱目二十七卷　（明）商輅等撰　（明）陳仁錫評　清刻本　一冊　存一卷（資治通鑑綱目五十九）

330000－1798－0001815　普02433　史部/史抄類

史鑑節要六卷　（清）鮑東里撰　清光緒二十七年（1901）湖北書局刻本　一冊　存二卷（三至四）

330000－1798－0001817　普00285　史部/紀事本末類/斷代之屬

聖武記十四卷　（清）魏源撰　清道光二十二年（1842）魏源古微堂刻二十六年（1846）重修本　十二冊

330000－1798－0001818　普02436　類叢部/
叢書類/彙編之屬

**士禮居叢書二十種**　（清）黃丕烈編　清嘉慶
至道光黃氏士禮居刻本　四冊　存一種

330000－1798－0001819　普00428　類叢部/
叢書類/自著之屬

**汪雙池先生叢書二十種**　（清）汪紱撰　清道
光至光緒刻光緒二十三年（1897）長安趙舒翹
等彙印本　一冊　存一種

330000－1798－0001820　普00280　史部/紀
事本末類/通代之屬

**繹史一百六十卷世系圖一卷年表一卷**　（清）
馬驌撰　清光緒三十年（1904）浙江書局刻本
五十冊　缺一卷（年表）

330000－1798－0001821　普00279　史部/雜
史類/斷代之屬

**晉畧六十六卷**　（清）周濟撰　清光緒二年
（1876）味雋齋刻本　十冊

330000－1798－0001823　普02432　子部/雜
著類

**桯史十五卷**　（宋）岳珂撰　清刻本　三冊
存十四卷（一至十四）

330000－1798－0001824　普02361　史部/紀
傳類/正史之屬

**二十四史**　清同治至光緒五省官書局據汲古
閣本等合刻光緒五年（1879）湖北書局彙印本
二冊　存一種

330000－1798－0001825　普02438　類叢部/
叢書類/彙編之屬

**廣雅書局叢書一百五十九種**　徐紹棨編　清
光緒廣雅書局刻民國九年（1920）番禺徐紹棨
彙編重印本　一冊　存一種

330000－1798－0001826　普02356　史部/史
抄類

**廿一史約編八卷首一卷**　（清）鄭元慶撰　清
刻本　一冊　存一卷（匏）

330000－1798－0001827　普02435　史部/史
抄類

**文光堂增定課兒鑑畧妥註善本五卷**　（明）李
廷機撰　清刻本　一冊　存一卷（三）

330000－1798－0001829　普00273　史部/編
年類/斷代之屬

**皇朝大事紀年二卷**　（清）黃壽袞定　（清）黃
之焱編　清光緒二十八年（1902）石印本
二冊

330000－1798－0001830　普00275　史部/編
年類/斷代之屬

**皇朝政典輯要八卷**　（日本）增田貢撰　（清）
毛淦補編　清光緒二十八年（1902）五彩公司
朱墨石印本　四冊

330000－1798－0001831　普00423　類叢部/
叢書類/自著之屬

**一經廬叢書五種**　（清）姚配中撰　清道光一
經廬木活字印本　二冊　存一種

330000－1798－0001832　普02451　史部/詔
令奏議類/奏議之屬

**唐陸宣公奏議讀本四卷首一卷**　（唐）陸贄撰
　（清）汪銘謙輯　（清）馬傳庚評點　清道光
九年（1829）貽安堂刻本　一冊　存一卷（四）

330000－1798－0001837　普00266　史部/編
年類/斷代之屬

**御撰資治通鑑綱目三編二十卷**　（清）張廷玉
等撰　清刻本　四冊

330000－1798－0001839　普02431　新學/史
志/別國史

**亞美利加洲通史十編**　（清）戴斌任編譯　清
光緒二十八年（1902）上海商務印書館鉛印本
二冊

330000－1798－0001841　普00569　子部/醫
家類/喉科口齒之屬

**重樓玉鑰一卷**　（清）鄭宏綱撰　**洞主仙師白
喉治法忌表抉微一卷**　（清）徐鄂輯並注　清
光緒二十六年（1900）杭州刻本　一冊

330000－1798－0001842　普00584　子部/醫
家類/喉科口齒之屬

**重樓玉鑰二卷**　（清）鄭宏綱撰　清刻本

一冊

330000－1798－0001843　普02411　史部/紀事本末類
**川楚善後籌備事例不分卷**　清嘉慶刻本　一冊

330000－1798－0001844　普02421　史部/雜史類/通代之屬
**戰國策三十三卷**　（漢）高誘注　**重刻剡川姚氏本戰國策札記三卷**　（清）黃丕烈撰　清刻本　二冊　存十一卷(一至五、十二至十七)

330000－1798－0001846　普02420　新學/報章
**時務報不分卷附書八種**　梁啟超等撰　清光緒二十二年至二十四年(1896－1898)上海時務報館石印暨鉛印本　五冊

330000－1798－0001847　普02423　類叢部/叢書類/自著之屬
**儆居遺書十一種**　（清）黃式三撰　清同治至光緒刻本　二冊　存一種

330000－1798－0001848　普00588　子部/醫家類/綜合之屬/通論
**醫宗必讀五卷**　（明）李中梓撰　清尚友堂刻本　五冊

330000－1798－0001849　普02426　史部/政書類/律令之屬/律例
**審看擬式四卷首一卷末一卷**　（清）剛毅輯　清光緒十八年(1892)浙江書局刻本　一冊　存三卷(一至二、首)

330000－1798－0001850　普00551　子部/叢編
**子書百家**　（清）崇文書局編　清光緒元年(1875)湖北崇文書局刻本　一冊　存一種

330000－1798－0001851　普00549　子部/儒家類/儒家之屬
**胡子知言六卷**　（宋）胡宏撰　**薛子道論三卷**　（明）薛瑄撰　**海樵子一卷**　（明）王崇慶撰　清光緒元年(1875)湖北崇文書局刻本　一冊

330000－1798－0001852　普02404　史部/編年類/通代之屬
**御批續資治通鑑綱目二十七卷**　（明）商輅等撰　（清）聖祖玄燁批　清刻本　二十一冊　存二十一卷(一至十八、二十一至二十二、二十六)

330000－1798－0001853　普00575　子部/醫家類/醫經之屬/難經
**難經本義二卷**　（元）滑壽撰　清刻本　二冊

330000－1798－0001855　普02403　史部/編年類/通代之屬
**資治通鑑綱目五十九卷**　（宋）朱熹撰　（明）陳仁錫評　**資治通鑑綱目續編一卷**　（明）陳桱撰　（明）陳仁錫評　**資治通鑑綱目前編二十五卷**　（明）南軒撰　（明）陳仁錫評　**續資治通鑑綱目二十七卷**　（明）商輅等撰　（明）陳仁錫評　清嘉慶八年(1803)敬書堂刻本　三十六冊　存四十九卷(資治通鑑綱目一至五、十九至三十八、續資治通鑑綱目三至十一、十三至二十七)

330000－1798－0001856　普00283　史部/雜史類/通代之屬
**戰國策三十三卷**　（漢）高誘注　**重刻剡川姚氏本戰國策札記三卷**　（清）黃丕烈撰　清同治八年(1869)湖北崇文書局刻本　杜雲章題記　一冊　存三卷(札記一至三)

330000－1798－0001857　普02343　史部/紀傳類/正史之屬
**二十四史附考證**　清光緒石印本　二十六冊　存一種

330000－1798－0001858　普02439　史部/史表類/通代之屬
**歷代帝王年表一卷紀元同異攷略一卷**　黃大華撰　清光緒二十六年(1900)夢紅豆村刻本　一冊

330000－1798－0001859　普00573　子部/醫家類/醫話醫論之屬
**片石居瘍科治法輯要二卷**　（清）沈志裕纂　清光緒十九年(1893)平湖刻本　一冊

330000 – 1798 – 0001860　普 00268　類叢部/
叢書類/彙編之屬

**十萬卷樓叢書五十一種**　（清）陸心源編　清
光緒歸安陸氏刻本　四冊　存一種

330000 – 1798 – 0001861　普 02452　類叢部/
叢書類/自著之屬

**曾忠襄公全集四種附二種**　（清）曾國荃撰
清光緒二十九年（1903）零陵許寅軒刻本　一
冊　存一種

330000 – 1798 – 0001862　普 02437　史部/雜
史類/斷代之屬

**國語二十一卷**　（三國吳）韋昭注　**校刊明道
本韋氏解國語札記一卷**　（清）黃丕烈撰　**明
道本考異四卷**　（清）汪遠孫撰　清同治八年
（1869）湖北崇文書局刻本　一冊　存三卷
（國語一至三）

330000 – 1798 – 0001863　普 00543　子部/儒
家類/儒學之屬

**呻吟語六卷**　（明）呂坤撰　清道光十七年
（1837）雅雨堂刻本　二冊　存二卷（一至二）

330000 – 1798 – 0001864　普 02420　子部/
叢編

**徐氏三種（重刻徐氏三種）**　（清）徐士業編
清刻本　一冊　存一種

330000 – 1798 – 0001865　普 00289　史部/雜
史類/斷代之屬

**國語讀本不分卷國策讀本二卷**　（清）鮑蘅編
輯　清康熙十八年（1679）萬卷樓刻本　二冊
缺二卷（國策讀本一至二）

330000 – 1798 – 0001866　普 00287　史部/編
年類/斷代之屬

**皇朝政典挈要八卷**　（日本）增田貢撰　（清）
毛淦補編　清光緒二十八年（1902）知新書局
朱墨石印本　四冊

330000 – 1798 – 0001867　普 00291　史部/史
評類/史論之屬

**史通削繁四卷**　（清）紀昀撰　清道光十三年
（1833）涿州盧坤兩廣節署刻朱墨套印本

三冊

330000 – 1798 – 0001872　普 00464 – 00465
類叢部/叢書類/彙編之屬

**誦芬室叢刊二十二種**　董康編　清光緒三十
四年至民國十四年（1908 – 1925）武進董氏刻
本　四冊　存二種

330000 – 1798 – 0001874　普 00295　史部/雜
史類/通代之屬

**戰國策三十三卷**　（漢）高誘注　**重刻剡川姚
氏本戰國策札記三卷**　（清）黃丕烈撰　清同
治八年（1869）湖北崇文書局刻本　五冊

330000 – 1798 – 0001875　普 00286　史部/紀
事本末類/斷代之屬

**三朝北盟會編二百五十卷**　（宋）徐夢莘撰
**校勘記二卷補遺一卷**　（清）袁祖安校勘並補
遺　清光緒四年（1878）如皋袁氏鉛印本　四
十冊

330000 – 1798 – 0001877　普 00298　史部/史
抄類

**史緯（二十一史緯）三百三十卷首一卷**　（清）
陳允錫輯　清同治九年（1870）刻本　一百二
十冊

330000 – 1798 – 0001878　普 02448　史部/詔
令奏議類/奏議之屬

**彭剛直公奏稿八卷**　（清）彭玉麟撰　（清）俞
樾輯　清末鉛印本　一冊　存二卷（一至二）

330000 – 1798 – 0001879　普 02447　史部/詔
令奏議類/奏議之屬

**林文忠公政書三集三十七卷**　（清）林則徐撰
清光緒二年（1876）鉛印本　二冊　存九卷
（甲集東河奏稿一、江蘇奏稿一至八）

330000 – 1798 – 0001881　普 02427　史部/史
評類/詠史之屬

**歷代史畧歌論註十二卷**　（清）裘日和輯　清
石印本　三冊　存四卷（二至三、八、十二）

330000 – 1798 – 0001882　普 00565　子部/醫
家類/眼科之屬

**傅氏眼科審視瑤函六卷首一卷**　（明）傅仁宇

撰 （明）林長生校補　清刻本　六冊

330000－1798－0001883　普00299　史部/傳記類/總傳之屬/儒林

**明儒學案六十二卷師說一卷**　（清）黃宗羲撰　清光緒十四年(1888)南昌縣學刻本　三十二冊

330000－1798－0001884　普02440　類叢部/類書類/通類之屬

**鑄史駢言十二卷**　（清）孫玉田編　清光緒十八年(1892)上海鴻寶齋石印本　二冊

330000－1798－0001886　普00315　史部/傳記類/總傳之屬/仕宦

**五朝名臣言行錄前集十卷後集十四卷**　（宋）朱熹輯　**續集八卷別集十三卷外集十七卷**（宋）李幼武輯　清刻本　十二冊

330000－1798－0001887　普03477　類叢部/叢書類/彙編之屬

**藝海珠塵二百六種**　（清）吳省蘭輯　清嘉慶南匯吳氏聽彝堂刻本　三十三冊　存八十一種

330000－1798－0001888　普00314　史部/傳記類/總傳之屬/儒林

**儒林宗派十六卷**　（清）萬斯同撰　清宣統三年(1911)浙江圖書館刻本　二冊

330000－1798－0001889　普00574　子部/醫家類/診法之屬/脈經脈訣

**瀕湖脈學一卷奇經八脈攷一卷脈訣攷證一卷**（明）李時珍撰　清道光二十三年(1843)刻本　一冊

330000－1798－0001890　普00561　類叢部/叢書類/彙編之屬

**平津館叢書八集三十八種**　（清）孫星衍編　清嘉慶蘭陵孫氏刻本　一冊　存三種

330000－1798－0001891　普00596　子部/醫家類/溫病之屬/瘧痢

**痢疾論四卷**　（清）孔毓禮輯　清刻本　一冊

330000－1798－0001894　普00563　子部/法

家類

**管子二十四卷**　（唐）房玄齡注　清光緒二十三年(1897)新化三味書局刻本　六冊

330000－1798－0001896　普04319　子部/雜著類/雜纂之屬

**雷札記二卷**　（清）雷琳撰　清光緒二十一年(1895)上海鴻文書局石印本　二冊

330000－1798－0001897　普00308　史部/傳記類/總傳之屬/儒林

**國朝漢學師承記八卷國朝經師經義目錄一卷國朝宋學淵源記二卷附記一卷**　（清）江藩撰　清光緒十一年(1885)掃葉山房刻本　四冊

330000－1798－0001898　普04318　史部/政書類/邦計之屬

**自強齋保富興國論初編□□卷**　（清）焦東遯叟輯　清石印本　一冊　存一卷(二)

330000－1798－0001899　普04317　子部/雜著類/雜說之屬

**比喻策論采新□□卷**　清石印本　一冊　存一卷(下)

330000－1798－0001900　普03478　類叢部/叢書類/彙編之屬

**經訓堂叢書二十一種**　（清）畢沅編　清光緒十三年(1887)上海大同書局石印本　七冊　存九種

330000－1798－0001901　普04316、普05313　類叢部/類書類/專類之屬

**經濟學溉集成四十卷**　清末石印本　四冊　存七卷(二至四、二十四、二十七至二十八、四十)

330000－1798－0001902　普04315　類叢部/類書類/通類之屬

**增補事類統編九十三卷首一卷**　（清）黃葆真輯　清石印本　一冊　存九卷(六十七至七十五)

330000－1798－0001904　普00307　史部/傳記類/總傳之屬/通代

**尚友錄二十二卷補遺一卷**　（明）廖用賢輯

（清）張伯琮補輯　清光緒十二年（1886）暢懷書屋銅版印本　六冊

330000－1798－0001905　普04314　史部/傳記類/別傳之屬/事狀

**曾文正公榮哀錄一卷**　清光緒三十一年（1905）上海商務印書館鉛印本　四冊

330000－1798－0001907　普04313　類叢部/類書類/通類之屬

**重訂廣事類賦四十卷**　（清）華希閔撰　清刻本　二冊　存十一卷（八至十二、二十九至三十四）

330000－1798－0001909　普04312　類叢部/類書類/通類之屬

**續廣事類賦三十卷**　（清）王鳳喈撰並注　清刻本　一冊　存二卷（六至七）

330000－1798－0001910　普04311　類叢部/類書類/通類之屬

**廣事類賦四十卷**　（清）華希閔撰　清刻本　二冊

330000－1798－0001912　普04310　類叢部/類書類/專類之屬

**文選四種**　（清）徐叔蓓輯　清刻本　一冊　存一種

330000－1798－0001913　普04309　類叢部/類書類/專類之屬

**四書典裁□□卷**　（清）鄧思渺輯　清刻本　二冊　存七卷（四至十）

330000－1798－0001915　普04308　子部/宗教類/道教之屬/雜著

**玉歷鈔傳警世不分卷**　清咸豐九年（1859）周氏銅鹿山房刻本　一冊

330000－1798－0001916　普04307　類叢部/類書類/通類之屬

**廣廣事類賦三十二卷**　（清）吳世旃撰　清刻本　一冊　存六卷（二十二至二十七）

330000－1798－0001917　普04320－1　類叢部/類書類/專類之屬

**應酬帖式一卷**　（清）王相輯　清萬卷堂刻本　一冊

330000－1798－0001918　普04320－2　類叢部/類書類/專類之屬

**應酬彙選□□卷**　清刻本　一冊　存二卷（五至六）

330000－1798－0001920　普04321－1　新學/報章

**癸卯新民叢報彙編二編**　梁啓超編　清光緒二十九年（1903）鉛印本　一冊　存一編（上）

330000－1798－0001921　普04321－2　新學/報章

**新民叢報彙編不分卷**　（清）新民叢報社編　清光緒石印本　二冊

330000－1798－0001922　普00304　史部/詔令奏議類/奏議之屬

**船政奏議彙編五十四卷**　（清）左宗棠等撰　清光緒十四年（1888）刻本　十四冊　缺十八卷（七至十二、四十三至五十四）

330000－1798－0001923　普04322－1　經部/小學類/文字之屬/字書/訓蒙

**新鎸六言雜字一卷**　（清）杜廣友　（清）金子合校　清慎言堂刻本　一冊

330000－1798－0001924　普00305　史部/詔令奏議類/奏議之屬

**孝肅奏議十卷**　（宋）包拯撰　清同治二年（1863）合肥李瀚章刻本　四冊

330000－1798－0001925　普04322－2　經部/小學類/文字之屬/字書/訓蒙

**新鎸六言雜字一卷**　（清）杜廣友　（清）金子合校　清文華堂刻本　一冊

330000－1798－0001926　普00303　史部/傳記類/別傳之屬/事狀

**誥授光祿大夫太子少保兩廣總督祁恭恪公名臣錄一卷**　（清）葉名琛撰　清刻本　一冊

330000－1798－0001927　普04323　經部/小學類/文字之屬/字書/訓蒙

**千字文一卷** （南朝梁）周興嗣撰　清光緒十三年（1887）蘭邑裕源堂刻本　一冊

330000－1798－0001928　普00306　史部/詔令奏議類/奏議之屬

**石林奏議十五卷** （宋）葉夢得撰　清光緒十一年（1885）吳興陸氏皕宋樓影宋刻本　四冊

330000－1798－0001929　普04324　子部/藝術類/書畫之屬/法帖

**四體字帖一卷**　清刻本　一冊

330000－1798－0001932　普04326　子部/宗教類/佛教之屬/經

**金剛經因果實錄一卷** （清）何澹菴撰　清光緒二年（1876）桃花嶺樊正修堂刻本　一冊

330000－1798－0001933　普04327　子部/雜著類/雜纂之屬

**藥榜捷報錄四卷** （清）四香居士輯　清同治七年（1868）刻本　一冊　存二卷（三至四）

330000－1798－0001934　善00327　史部/傳記類/別傳之屬/年譜

**朱子年譜四卷考異四卷** （清）王懋竑撰　**朱子論學切要語二卷** （清）王懋竑輯　清乾隆十七年（1752）寶應王氏白田草堂刻清末浙江書局補刻本　四冊

330000－1798－0001935　普00317　史部/傳記類/別傳之屬/年譜

**朱子年譜四卷考異四卷** （清）王懋竑撰　**朱子論學切要語二卷** （清）王懋竑輯　清乾隆十七年（1752）寶應王氏白田草堂刻本　三冊　缺二卷（朱子論學切要語一至二）

330000－1798－0001936　善00318　史部/傳記類/別傳之屬/年譜

**朱子年譜四卷考異四卷** （清）王懋竑撰　**朱子論學切要語二卷** （清）王懋竑輯　清乾隆十七年（1752）寶應王氏白田草堂刻清末浙江書局補刻本　四冊

330000－1798－0001937　普04166　集部/總集類/郡邑之屬

**西安真父母記一卷** （清）陳塤輯　清道光二

十七年（1847）刻本　一冊

330000－1798－0001938　普00342　史部/傳記類/別傳之屬/事狀

**皇清誥授中議大夫鹽運使銜浙江金華府知府顯考嗇庵府君年狀一卷** （清）趙徹等撰　清木活字印本　一冊

330000－1798－0001940　普04169　子部/宗教類/其他宗教之屬/其他

**衆喜粗言五卷** （清）陳衆喜撰　清刻本　二冊　存二卷（一至二）

330000－1798－0001941　普00338　史部/傳記類/別傳之屬/事狀

**皇清賜進士及第誥授光祿大夫經筵講官吏部尚書管理順天府府尹事務紀錄十五次贈太子太保諭賜祭葬予謚文定顯考文定公[朱士彥]行述一卷** （清）朱百順等撰　清高郵王茂林刻字店木活字印本　一冊

330000－1798－0001943　普04167　史部/傳記類/科舉錄之屬

**嘉慶二十五年庚辰科進士題名錄不分卷**　清刻本　一冊

330000－1798－0001945　普00343　史部/傳記類/別傳之屬/事狀

**張宜人行略一卷** （清）□□撰　清刻本　一冊

330000－1798－0001946　普00344　史部/傳記類/別傳之屬/事狀

**顯考寶公松溪府君顯妣趙恭人行述一卷** （清）寶垿等撰　清刻本　一冊

330000－1798－0001947　普00339　史部/傳記類/別傳之屬/事狀

**引之府君[吳繩武]行述一卷** （清）吳恩慶等撰　清木活字印本　一冊

330000－1798－0001948　普03483　子部/叢編

**子書百家** （清）崇文書局編　清光緒元年（1875）湖北崇文書局刻本　一冊　存四種

330000－1798－0001949　普00340　史部/傳記類/別傳之屬/事狀

**皇清誥封夫人元配徐夫人行畧一卷**　（清）韓克撰　清刻本　一冊

330000－1798－0001950　普04174　子部/宗教類/道教之屬

**文昌孝經一卷**　清刻本　一冊

330000－1798－0001951　普04173　子部/宗教類/佛教之屬

**慈航普渡冊不分卷**　（清）徐白舫纂　清光緒三十一年(1905)蘭西渡瀆章友蘭刻本　一冊

330000－1798－0001952　普00345　史部/傳記類/總傳之屬/斷代

**伊洛淵源錄新增十四卷附錄一卷**　（宋）朱熹撰　清成都志古堂刻本　四冊

330000－1798－0001953　普04172　子部/儒家類/儒學之屬/蒙學

**果報錄輯要二卷**　（清）楊家賢撰　清光緒二十二年(1896)永康育嬰堂刻本　二冊

330000－1798－0001954　普03485　子部/雜著類/雜說之屬

**隨園隨筆二十八卷**　（清）袁枚撰　清刻本　一冊　存一卷(三)

330000－1798－0001955　普00351　史部/雜史類/通代之屬

**僭偽參輯一卷外番備考一卷**　（清）張承恩輯　清刻本　一冊

330000－1798－0001956　普04165　集部/曲類/寶卷之屬

**真修寶卷不分卷**　□□撰　清咸豐十年(1860)刻本　一冊

330000－1798－0001957　普00341　史部/傳記類/別傳之屬/事狀

**皇清誥封通議大夫顯考魯臣府君誥封淑人顯妣丁太淑人行述一卷**　（清）魯衣言　（清）魯鏘鳴　（清）魯嘉言述　清刻本　一冊

330000－1798－0001958　普04171　子部/儒家類/儒學之屬/勸學

**勸學芻言一卷**　（清）張景衡撰　清光緒二十九年(1903)刻本　一冊

330000－1798－0001959　普03459　史部/政書類

**自強學齋治平十議十種**　（清）□□編　清光緒十九年至二十三年(1893－1897)文瑞樓石印本　一冊　存一種

330000－1798－0001960　普00346　史部/傳記類/總傳之屬/儒林

**儒林宗派十六卷**　（清）萬斯同撰　清宣統三年(1911)浙江圖書館刻本　二冊

330000－1798－0001961　普00350　新學/交涉/交涉

**交涉要覽類編四卷二集二卷**　（清）陳鈺選（清）鄭貞來譯　清光緒二十八年(1902)湖北洋務譯書局鉛印本　六冊

330000－1798－0001962　普00349　史部/傳記類/總傳之屬/仕宦

**五朝名臣言行錄前集十卷三朝名臣言行錄十四卷**　（宋）朱熹輯　**續集八卷別集二十六卷外集十七卷**　（宋）李幼武輯　清同治七年(1868)臨川桂氏刻本　十二冊

330000－1798－0001963　普03458　集部/總集類/課藝之屬

**格致書院課藝不分卷**　（清）王韜輯　清光緒弢園鉛印本　六冊　存戊子、己丑、庚寅、壬辰、癸巳年

330000－1798－0001964　普04170　子部/宗教類/道教之屬/雜著

**玉歷鈔傳警世文不分卷**　清宣統三年(1911)刻本　一冊

330000－1798－0001966　普03474　經部/小學類/文字之屬/字書/訓蒙

**千字文一卷**　（南朝梁）周興嗣撰　清金華慎言堂刻本　清陳德通題記　一冊

330000－1798－0001969　普04175　集部/別集類/清別集

甘棠遺愛集二卷　（清）李煥若輯　清光緒四年(1878)刻本　一冊

330000－1798－0001970　普04251　集部/總集類/課藝之屬

明文才調集不分卷國朝文才調集不分卷（清）許振褘輯　清上海文海昌記書局石印本　八冊

330000－1798－0001972　普04241　集部/別集類/清別集

音註小倉山房尺牘八卷補遺一卷　（清）袁枚撰　（清）胡光斗箋釋　清光緒十一年(1885)著易堂鉛印本　四冊

330000－1798－0001973　普00623　子部/醫家類/方書之屬

仙方註釋二卷　（清）程曦註釋　清光緒稿本二冊

330000－1798－0001974　普03467　新學/理學/理學

哲學要領前編一卷後編一卷　（日本）井上圓了撰　羅伯雅譯　清光緒二十八年(1902)上海廣智書局鉛印本　一冊　存一卷(前編)

330000－1798－0001975　普00624　子部/醫家類/方書之屬

方案遺稿四卷　（清）雷煥然著　稿本　一冊存二卷(秋集、冬集)

330000－1798－0001976　普04176　子部/儒家類/儒學之屬/禮教/家訓

家庭講話三卷　（清）陸一亭撰　清刻本一冊

330000－1798－0001977　普00662　子部/醫家類/醫案之屬

杏軒醫案不分卷　（清）程文囿撰　雷氏醫案不分卷　（清）雷豐撰　清稿本　一冊

330000－1798－0001979　普04178　史部/傳記類/雜傳之屬

朱一貴之亂不分卷　（清）藍鼎元撰　清抄本一冊

330000－1798－0001981　普04183－1　子部/雜著類/雜說之屬

敬信錄不分卷　（清）周鼎臣輯　清光緒五年(1879)刻本　一冊

330000－1798－0001983　普04183－2　子部/雜家類/雜說之屬

增訂敬信錄不分卷　（清）周鼎臣輯　清乾隆五十一年(1786)刻本　一冊

330000－1798－0001985　普04182　子部/宗教類/佛教之屬

重訂敬信錄不分卷　（清）周鼎臣輯　清道光六年(1826)刻本　一冊

330000－1798－0001991　普04179　子部/儒家類/儒學之屬

明心寶鑑二卷　清光緒二十五年(1899)文華堂刻本　一冊

330000－1798－0001992　普02998　子部/醫家類/針灸之屬/通論

鍼灸大成十卷　（明）楊繼洲撰　清末紫文閣刻本　八冊

330000－1798－0001993　普05001　子部/醫家類/針灸之屬/通論

鍼灸大成十卷　（明）楊繼洲撰　清刻本十冊

330000－1798－0001995　普04163－1　子部/宗教類/道教之屬/戒律

太上感應篇直講二卷　（清）柴紹炳撰　清光緒十年(1884)刻本　一冊

330000－1798－0001996　普04163－2　子部/宗教類/道教之屬/戒律

太上感應篇直講一卷　清光緒十八年(1892)刻本　一冊

330000－1798－0001997　普04162　子部/宗教類/道教之屬

文昌帝君天戒錄一卷　（清）蓮池大師注　清光緒十二年(1886)刻本　一冊

330000－1798－0001999　普04161　子部/雜

著類/雜說之屬

**勸善歌一卷** （清）□□輯　清光緒二十四年(1898)浙江藩署刻本　一冊

330000－1798－0002004　普04157　子部/宗教類/道教之屬/戒律

**陰騭文詩箋一卷** （清）王岱東撰　清刻本　一冊

330000－1798－0002006　普04156　子部/宗教類/道教之屬

**重訂暗室燈二卷** （清）深山居士輯　清同治五年(1866)刻本　一冊

330000－1798－0002007　普04155　子部/道家類

**覺世格言二卷** 清光緒十五年(1889)刻本　一冊

330000－1798－0002008　普00352　新學/雜著

**全地五大洲女俗通考十集二十一卷首一卷** (美國)林樂知輯　（清）任保羅譯　清光緒二十九年(1903)上海華美書局鉛印本　二十一冊

330000－1798－0002010　普04186　新學/議論/通論

**中西時務類攷九卷首一卷** （清）資敬書屋輯　清光緒二十三年(1897)上海書局石印本　八冊

330000－1798－0002011　普04153　子部/雜著類/雜說之屬

**奉聖回劫顯化錄二卷首一卷後一卷** （清）徐謙編　清光緒十四年(1888)刻本　一冊　存二卷(上、首)

330000－1798－0002012　普00356　史部/史抄類

**廿一史約編八卷首一卷** （清）鄭元慶撰　清光緒席氏掃葉山房刻本　八冊

330000－1798－0002013　普04154　子部/宗教類/佛教之屬

**新鑴佛法入門百善同歸一卷** （清）還湻子撰

清光緒三十一年(1905)刻本　一冊

330000－1798－0002015　普04239　集部/總集類/選集之屬/斷代

**面目留真不分卷** 清抄本　一冊

330000－1798－0002016　普04238　類叢部/類書類/通類之屬

**龍文鞭影二卷** （明）蕭良有纂輯　（清）楊臣諍增訂　（清）來集之音注　清刻本　一冊　存一卷(下)

330000－1798－0002017　普04237　類叢部/類書類/專類之屬

**李氏蒙求補注六卷** （唐）李瀚撰　（清）金三俊補注　清刻本　一冊　存三卷(一至三)

330000－1798－0002019　普04234　史部/政書類/律令之屬/判牘

**樊山判牘四卷** 樊增祥撰　清法政學社石印本　二冊　存二卷(一至二)

330000－1798－0002021　普04185　史部/職官類/官箴之屬

**官鄉要則八卷首一卷** 陸潤庠撰　清光緒十八年(1892)鉛印本　二冊

330000－1798－0002022　普04189　子部/儒家類/儒學之屬/禮教/家訓

**曾文正公家訓二卷** （清）曾國藩撰　清光緒三十二年(1906)上海商務印書館鉛印本　一冊

330000－1798－0002023　普04188　子部/儒家類/儒學之屬/禮教/家訓

**曾文正公家訓二卷** （清）曾國藩撰　清鉛印本　一冊

330000－1798－0002024　普04190　子部/儒家類/儒學之屬/禮教/家訓

**曾文正公家訓二卷** （清）曾國藩撰　清刻本　二冊

330000－1798－0002025　普04211－1　史部/政書類/公牘檔冊之屬

**樊山公牘四卷** 樊增祥撰　清宣統三年

（1911）上海廣益書局石印本　三冊　存三卷
（一至三）

330000－1798－0002026　普04211－2　史
部/政書類/公牘檔冊之屬

**樊山公牘四卷**　樊增祥撰　清宣統三年
（1911）上海廣益書局石印本　一冊　存一卷
（一）

330000－1798－0002028　普03448　子部/雜
著類/雜說之屬

**浮邱子十二卷**　（清）湯鵬撰　（清）湯俶昭等
輯　清宣統二年（1910）上海掃葉山房石印本
五冊

330000－1798－0002029　普04210　子部/宗
教類/道教之屬/戒律

**太上寶筏圖說八卷首一卷**　（清）黃正元纂
（清）毛金蘭補　清光緒石印本　二冊　存二
卷（二、□）

330000－1798－0002030　普03449　子部/雜
家類

**淮南子二十一卷**　（漢）劉安撰　（漢）高誘注
（清）莊逵吉校　清光緒二十三年（1897）圖
書集成局石印本　三冊

330000－1798－0002031　普03450　類叢部/
叢書類/自著之屬

**隨園三十八種**　（清）袁枚撰　清宣統二年
（1910）上海鴻文書局石印本　三十一冊　缺九
卷（小倉山房詩集三十一至三十七、補遺一至二）

330000－1798－0002032　普04295　集部/總
集類/選集之屬/通代

**分類賦學雞跖集三十卷附錄一卷**　（清）張維
城輯　清道光二十四年（1844）京都琉璃廠刻
本　九冊　存二十二卷（一至十七、二十一至
二十四, 附錄）

330000－1798－0002033　普00332　史部/傳
記類/別傳之屬/事狀

**皇清例封孺人覃恩貤封太安人覃恩晉封一品
太夫人顯妣王太夫人行述一卷**　（清）張蒂撰
清刻本　一冊

330000－1798－0002034　普00333　史部/傳
記類/別傳之屬/事狀

**皇清誥授光祿大夫太子少保刑部尚書兩廣總
督賜謚恭恪顯考竹軒府君[祁埴]行述一卷**
（清）祁之鈴等撰　清刻本　一冊

330000－1798－0002036　普00353　類叢部/
叢書類/彙編之屬

**古逸叢書二十六種**　（清）黎庶昌編　清光緒
八年至十年（1882－1884）黎庶昌日本東京使
署影刻本　一冊　存一種

330000－1798－0002037　普03451　子部/
叢編

**子書二十八種**　（清）育文書局編　清宣統元
年（1909）上海育文書局石印本　三十二冊

330000－1798－0002039　普00329　子部/儒
家類/儒學之屬/性理

**勵志錄二卷**　（清）沈近思撰　**沈端恪公[近
思]年譜二卷**　（清）沈曰富編　清同治十二
年（1873）浙江書局刻本　二冊

330000－1798－0002041　普00328　史部/傳
記類/別傳之屬/年譜

**傅青主先生[山]年譜一卷**　丁寶銓輯　清宣
統三年（1911）山陽丁氏刻本　一冊

330000－1798－0002043　普04205　史部/傳
記類/總傳之屬/姓名

**百家姓一卷**　清立言堂刻本　一冊

330000－1798－0002045　普04203　子部/宗
教類/道教之屬/戒律

**陰騭果報圖注不分卷**　（明）顏正注　（清）黃
正元集證　（清）吳友如繪　清光緒十七年
（1891）宏大善書局石印本　一冊

330000－1798－0002049　普00330　史部/傳
記類/別傳之屬/事狀

**皇清誥授光祿大夫經筵講官戶部尚書晉贈太
子太保予謚文安先府君[何凌漢]行述一卷**
（清）何紹基等撰　清刻本　一冊

330000－1798－0002051　普00331　史部/傳
記類/別傳之屬/事狀

皇清誥授光祿大夫經筵講官戶部尚書晉贈太子太保予諡文安先府君［何淩汉］行述一卷 （清）何紹基等撰　清刻本　一冊

330000－1798－0002052　普04199　子部/宗教類/佛教之屬

看破世界一卷　（清）周祖道輯　清石印本　一冊

330000－1798－0002053　普00334　史部/傳記類/別傳之屬/事狀

皇清敕授文林郎署江蘇川沙撫民同知前知高淳新陽縣事誥封奉政大夫內閣中書協辦侍讀顯考硯雲府君［李鴻瑞］行狀一卷　（清）李彥彬等撰　清刻本　一冊

330000－1798－0002054　普04198　子部/宗教類/道教之屬

感應篇圖說不分卷　清石印本　一冊

330000－1798－0002055　普00335　史部/傳記類/別傳之屬/事狀

誥授光祿大夫大理寺卿前經筵講官工部尚書加二級顯考小山府君行狀一卷　（清）白維清等撰　清刻本　一冊

330000－1798－0002056　普00336　史部/傳記類/別傳之屬/事狀

皇清誥授朝議大夫晉封中憲大夫翰林院編修吏科給事中署浙江寧紹台海防兵備道紹興府知府先考菊人府君繼配誥封恭人顯妣劉太恭人行述一卷　（清）馮樾等撰　清刻本　一冊

330000－1798－0002058　普00337　史部/傳記類/別傳之屬/事狀

皇清誥授光祿大夫贈太子太保經筵講官刑部尚書顯考望之府君行述一卷　（清）史丙榮等撰　清刻本　一冊

330000－1798－0002059　普04196　子部/儒家類/儒學之屬/蒙學

疆園課蒙草初編一卷二編一卷三編一卷 （清）童琮編訂　清光緒三十年（1904）上海同文社石印本　一冊　存一卷（初編）

330000－1798－0002060　普00324　類叢部/叢書類/彙編之屬

崇文書局彙刻書三十一種　（清）崇文書局編　清光緒元年至三年（1875－1877）湖北崇文書局刻本　二冊　存一種

330000－1798－0002062　普00322　類叢部/叢書類/彙編之屬

崇文書局彙刻書三十一種　（清）崇文書局編　清光緒元年至三年（1875－1877）湖北崇文書局刻本　四冊　存一種

330000－1798－0002065　普04192　子部/儒家類/儒學之屬/蒙學

韻對一卷　清抄本　一冊

330000－1798－0002066　普04191　子部/儒家類/儒學之屬/蒙學

新編五言訓蒙纂輯一卷　清同文堂刻本　一冊

330000－1798－0002069　普03435　子部/雜著類/雜考之屬

傅莫菴先生猶賢錄十二卷　（清）傅學沆撰　清刻本　一冊　存三卷（一至三）

330000－1798－0002071　普03436　子部/雜著類/雜考之屬

校訂困學紀聞三箋二十卷　（宋）王應麟撰　（清）閻若璩等箋　（清）屠繼序校補　清刻本　一冊　存五卷（五至九）

330000－1798－0002073　普03437　類叢部/叢書類/彙編之屬

槐廬叢書四十六種　（清）朱記榮編　清光緒三年至十五年（1877－1889）吳縣朱氏槐廬家塾刻本　一冊　存一種

330000－1798－0002074　普04249　集部/總集類/尺牘之屬

原本八賢手札不分卷　（清）左宗棠　（清）胡林翼撰　清岵瞻堂刻本　一冊

330000－1798－0002075　普04250　集部/總集類/尺牘之屬

增廣尺牘句解初集二卷　清刻本　二冊

330000－1798－0002076　普03445　集部/別
集類/明別集

**王文成公全書三十八卷**　（明）王守仁撰　清
刻本　八冊　存九卷(三、六至十一、十六至
十七）

330000－1798－0002077　普00371　史部/地
理類/山川之屬/水志

**水道提綱二十八卷**　（清）齊召南撰　清光緒
四年(1878)津門徐士鑾霞城精舍刻本　八冊

330000－1798－0002078　普03438　子部/儒
家類/儒學之屬/經濟

**袁易齋先生圖民錄四卷**　（清）袁守定撰　清
道光十九年(1839)湘鄉楊昌濬刻本　一冊
存二卷(一至二）

330000－1798－0002086　普00375　經部/書
類/分篇之屬

**禹貢集註一卷**　（明）劉崇慶撰　**禹貢山水清
音一卷**　（宋）劉椿撰　清咸豐十年(1860)霞
里文閣刻本　一冊

330000－1798－0002088　普03444　子部/雜
家類

**淮南子二十一卷**　（漢）劉安撰　（漢）高誘注
　（清）莊逵吉校　清光緒二年(1876)浙江書
局校刻武進莊逵吉本　四冊　存十四卷(八
至二十一）

330000－1798－0002092　普00369　史部/地
理類/山川之屬/水志

**南湖考一卷**　（明）陳紉學撰　**節錄餘杭縣南
湖事略一卷南湖誌考一卷**　（清）陳善撰　清
光緒五年(1879)浙江官書局刻本　一冊

330000－1798－0002093　普03441　子部/儒
家類/儒學之屬/性理

**慈溪黃氏日抄分類九十七卷**　（宋）黃震撰
清乾隆三十二年(1767)新安汪佩鍔刻本(卷
八十一、八十九、九十二原缺）　一冊　存五
卷(一至五）

330000－1798－0002096　普03443　子部/雜
著類/雜說之屬

**輟耕錄三十卷**　（明）陶宗儀撰　清刻本　二
冊　存八卷(七至十四）

330000－1798－0002098　普00361　史部/編
年類/通代之屬

**通鑑地理通釋十四卷**　（宋）王應麟撰　清光
緒浙江書局刻本　三冊

330000－1798－0002099　普00357　史部/史
抄類

**史記菁華錄六卷**　（清）姚祖恩輯　清道光四
年(1824)吳興姚氏扶荔山房刻朱墨套印本
六冊

330000－1798－0002100　普03442　子部/雜
家類

**淮南子二十一卷**　（漢）劉安撰　（漢）高誘注
　（清）莊逵吉校　清乾隆五十三年(1788)莊
逵吉刻本　三冊　存十卷(一至十）

330000－1798－0002101　普04292　經部/易
類/傳說之屬

**易經文捷訣一卷易漢學八卷易例大全一卷**
（清）□□輯　清光緒十五年(1889)石印本
一冊　存一卷(文捷訣）

330000－1798－0002102　普00370　史部/地
理類/專志之屬/寺觀

**支提寺志六卷**　（明）陳希拯等撰　（清）釋照
徽增補　清刻本　二冊

330000－1798－0002103　普04294　類叢部/
類書類/通類之屬

**文料觸機二卷**　（清）西圃主人撰　清刻本
一冊　存一卷(下）

330000－1798－0002104　普00364　史部/地
理類/專志之屬/祠墓

**吳山伍公廟志六卷首一卷附一卷**　（清）金文
淳纂修　（清）沈永青增輯　清光緒二年
(1876)刻本　一冊

330000－1798－0002105　普04293　類叢部/
類書類/通類之屬

**鑄史駢言十二卷**　（清）孫玉田編　清光緒元
年(1875)鑄記書局石印本　一冊　存六卷

（一至六）

330000－1798－0002106　普00360　史部/地理類/專志之屬/祠墓

**岳廟志略十卷首一卷**　（清）馮培輯　清光緒五年(1879)浙江書局刻本　三冊　缺二卷（九至十）

330000－1798－0002107　普00363　史部/地理類/雜志之屬

**直省地名韻語一卷**　（清）陳樹鏞編纂　（清）張景衡增訂　清光緒二十九年(1903)松鶴廬刻本　二冊

330000－1798－0002108　普04233　子部/儒家類/儒學之屬/禮教

**新刻處世必用六字格言一卷**　清光緒朱金忙抄本　一冊

330000－1798－0002114　普04219　經部/四書類/總義之屬/傳說

**四書典故辨正二十卷附錄一卷**　（清）周柄中撰　清刻本　一冊　存六卷（十六至二十、附錄）

330000－1798－0002115　普04218　子部/儒家類/儒學之屬/蒙學

**正蒙必讀初二三編十二卷**　（清）鮑東里撰　清光緒二十九年(1903)三魚書社石印本　一冊

330000－1798－0002116　普03408　史部/金石類/總志之屬/通考

**重定金石契不分卷**　（清）張燕昌撰　清光緒二十二年(1896)貴池劉氏聚學軒刻本　汪展題記　三冊

330000－1798－0002119　普04216　子部/小說家類/異聞之屬

**音釋坐花誌果八卷**　（清）汪道鼎撰　（清）鷥峰樵者音釋　清光緒十四年(1888)上海宏大善書局石印本　一冊　存四卷（一至四）

330000－1798－0002120　普04215　史部/傳記類/日記之屬

**曾文正公日記二卷**　（清）曾國藩撰　（清）王

啟輯　清石印本　一冊　存一卷（下）

330000－1798－0002122　善00323　經部/四書類/總義之屬/傳說

**陳明卿先生訂正四書人物備考四十八卷**　（明）薛應旂輯　（明）朱焯注　（明）薛寀增補　清康熙五十四年(1715)吳郡大來堂刻本　十冊

330000－1798－0002123　普03405　類叢部/叢書類/彙編之屬

**武英殿聚珍版書一百三十八種**　清刻本　八冊　存一種

330000－1798－0002125　普00383　史部/地理類/方志之屬/郡縣志

**[同治]江山縣志十二卷首一卷末一卷**　（清）王彬　（清）孫晉梓修　（清）朱寶慈等纂　清同治十二年(1873)文溪書院刻本　八冊

330000－1798－0002127　善00347　史部/傳記類/總傳之屬/仕宦

**漢名臣言行錄十二卷**　（清）夏之芳輯　清乾隆十七年(1752)積翠軒刻本　十冊

330000－1798－0002128　普03406、普04695　類叢部/叢書類/彙編之屬

**武英殿聚珍版書一百三十八種**　清刻本　三冊　存二種

330000－1798－0002129　普04212　類叢部/叢書類/彙編之屬

**湘學報類編西政叢鈔**　（清）養春堂主人編　清光緒二十八年(1902)石印本　一冊　存一種

330000－1798－0002130　普04296、普05902　集部/總集類/選集之屬/斷代

**欽定國朝詩別裁集三十二卷**　（清）沈德潛纂評　清刻本　三冊　存六卷（一至二、九至十二）

330000－1798－0002131　善00319　史部/傳記類/別傳之屬/年譜

**朱子年譜四卷考異四卷**　（清）王懋竑撰　**朱子論學切要語二卷**　（清）王懋竑輯　清乾隆

十七年(1752)寶應王氏白田草堂刻本　四冊

330000－1798－0002132　普03407　史部/金石類/金之屬/文字

**積古齋鐘鼎彝器款識十卷**　（清）阮元　（清）朱爲弼撰　清刻本　二冊　存六卷(五至十)

330000－1798－0002133　普03392　子部/藝術類/書畫之屬/法帖

**漢碑範八卷**　張祖翼選臨　清宣統三年(1911)上海文明書局石印本　一冊　存四卷(一至四)

330000－1798－0002134　普04299　子部/藝術類/遊藝之屬/聯語

**臨池一助集聯四卷**　（清）花隱居士選輯　清刻本　二冊

330000－1798－0002135　普04301　子部/宗教類/道教之屬/雜著

**玉歷鈔傳警世不分卷**　清咸豐九年(1859)周氏銅鹿山房刻本　二冊

330000－1798－0002136　善00316　史部/傳記類/總傳之屬

**聖賢像贊四卷**　（明）王守仁集　清康熙五十三年(1714)刻本　杜寶光題簽　一冊

330000－1798－0002138　善00320　子部/藝術類/書畫之屬/畫譜

**無雙譜一卷**　（清）金古良撰並繪　清康熙刻本　一冊

330000－1798－0002139　普04302　子部/儒家類/儒學之屬

**同善錄十卷首一卷末一卷**　（清）李承福輯　清刻本　一冊　存二卷(七至八)

330000－1798－0002140　普04303　子部/雜著類

**明善最樂不分卷**　（清）汪午林撰　清光緒十五年(1889)刻本　一冊

330000－1798－0002141　普03404　史部/金石類/郡邑之屬/文字

**粵東金石略九卷首一卷附二卷**　（清）翁方綱

撰　清光緒十七年(1891)廣州石經堂書局影印本　二冊　存六卷(六至九、附一至二)

330000－1798－0002142　普04304　經部/三禮總義類/通禮雜禮之屬

**文公家禮二卷**　（清）潘文光輯　（清）姚時勉注　清刻本　一冊

330000－1798－0002144　普04305　類叢部/類書類/專類之屬

**書啟合編初集□□卷詩文集成二集□□卷**　（清）鄒景揚輯　**雲林別墅新輯酬世錦囊不分卷**　清刻本　二冊　存五卷(書啟合編初集一至二、詩文集成二集六至七,酬世錦囊)

330000－1798－0002145　普03402　史部/金石類/總志之屬

**金石萃編補正四卷**　（清）方履籛撰　清光緒二十年(1894)上海醉六堂石印本　汪乃恕題記　二冊　存二卷(一、四)

330000－1798－0002146　普04297　類叢部/類書類/專類之屬

**類類聯珠初編三十二卷二編十二卷**　（清）李堃編　（清）李椿林增補　清同治九年(1870)刻本　二冊　存二十四卷(初編十二至三十二、二編一至三)

330000－1798－0002147　普04328　子部/藝術類/遊藝之屬/聯語

**聯譜便用一卷**　清張來壽抄本　一冊

330000－1798－0002148　普03401　史部/金石類/總志之屬

**金石萃編一百六十卷**　（清）王昶撰　清末石印本　三冊　存三十二卷(四十七至六十六、八十七至九十八)

330000－1798－0002149　普04306　集部/總集類

**碎墨零香不分卷**　清雲炎抄本　一冊

330000－1798－0002150　普00362　史部/地理類/雜志之屬

**直省地名韻語一卷**　（清）陳樹鏞編纂　（清）

張景衡增訂　清光緒二十九年（1903）松鶴廬刻本　二冊

330000－1798－0002151　普00321　史部/傳記類/別傳之屬/年譜

朱竹垞先生年譜一卷　（清）楊謙纂　清嘉慶木山閣刻民國十年（1921）補修本　一冊

330000－1798－0002153　普04290－1　子部/雜著類/雜纂之屬

雲林別墅新輯酬世錦囊全集十九卷　（清）鄒景揚輯　清石印本　二冊　存九卷（初集一至八、二集一）

330000－1798－0002154　普04290－2　子部/雜著類/雜纂之屬

雲林別墅新輯酬世錦囊全集十九卷　（清）鄒景揚輯　清石印本　二冊　存十一卷（初集一至二、二集一至七、三集一至二）

330000－1798－0002155　普00265　史部/編年類/斷代之屬

御撰資治通鑑綱目三編二十卷　（清）張廷玉等撰　清刻本　四冊

330000－1798－0002157　普03389　子部/藝術類/篆刻之屬/印譜

琴鶴堂印譜不分卷　（清）繼良輯　清光緒二十七年（1901）刻鈐印本　一冊

330000－1798－0002158　善00292　史部/雜史類/斷代之屬

國語二十一卷　（三國吳）韋昭注　補音三卷（宋）宋庠補音　清乾隆二十二年（1757）文盛堂刻本　六冊　缺三卷（補音一至三）

330000－1798－0002159　普04290－3　子部/雜著類/雜纂之屬

雲林別墅纂輯酬世錦囊天下路程續編二卷（清）謝梅林　（清）鄒可庭輯　清刻本　一冊

330000－1798－0002160　普04290－4　子部/雜著類/雜纂之屬

雲林別墅新輯酬世錦囊書啟合編初集八卷（清）鄒景揚輯　清刻本　一冊　存二卷（七至八）

330000－1798－0002161　善00296　史部/史抄類

廿一史約編八卷首一卷　（清）鄭元慶撰　清愛日堂刻本　八冊

330000－1798－0002162　普04289－1　集部/別集類/清別集

曾文正公家書十卷大事記四卷家訓二卷榮哀錄一卷　（清）曾國藩撰　清光緒二十九年（1903）上海山左書林石印本　二冊　存四卷（家書一至四）

330000－1798－0002164　普04289－2　集部/別集類/清別集

曾文正公家書十卷大事記四卷家訓二卷榮哀錄一卷　（清）曾國藩撰　（清）王定安編　清鑄記書局石印本　四冊　存七卷（家書七至十、大事記一至三）

330000－1798－0002165　普04289－3　集部/別集類/清別集

曾文正公家書十卷大事記四卷家訓二卷榮哀錄一卷　（清）曾國藩撰　清上海錦章圖書局石印本　一冊　存四卷（大事記一至四）

330000－1798－0002168　善00224　經部/小學類/文字之屬/字書/字體

隸辨八卷　（清）顧藹吉撰　清乾隆八年（1743）天都黃晟刻本　六冊　缺二卷（七至八）

330000－1798－0002171　普04358　集部/別集類/清別集

曾文正公家書十卷大事記四卷家訓二卷榮哀錄一卷　（清）曾國藩撰　清光緒三十一年（1905）上海商務印書館鉛印本　四冊　存六卷（家書一至二、五至六、九至十）

330000－1798－0002172　普00504　集部/詞類/別集之屬

曝書亭集詞註七卷　（清）朱彝尊撰　（清）李富孫注　清嘉慶十九年（1814）嘉興李氏校經廎刻本　四冊

330000－1798－0002173　普03414　史部/政

書類/儀制之屬/典禮

**奏摺譜一卷** （清）饒旬宣撰　清光緒十三年（1887）京都松古齋刻本　一冊

330000－1798－0002177　普03411　子部/農家農學類/農藝之屬/烹調

**隨園食單一卷** （清）袁枚撰　清刻本　一冊

330000－1798－0002180　普004357　集部/別集類/清別集

**曾文正公家書十卷** （清）曾國藩撰　清刻本　三冊　存三卷（一、五、九）

330000－1798－0002186　普04291　史部/傳記類/科舉錄之屬/歷科鄉試錄

**[道光辛巳恩科]鄉試硃卷不分卷**　清刻本　五冊

330000－1798－0002187　普04300　史部/地理類/遊記之屬/紀行

**出使英法義比四國日記六卷[清光緒十六年正月十一日至十七年二月三十日]** （清）薛福成撰　清石印本　二冊　存四卷（一至四）

330000－1798－0002191　普04282　類叢部/叢書類/自著之屬

**春在堂全書三十六種** （清）俞樾撰　清同治至光緒刻光緒末彙印本　一冊　存一種

330000－1798－0002192　普04336　集部/別集類/清別集

**知味軒啟事四卷稟言四卷** （清）陳毓靈撰　清道光十三年（1833）刻本　一冊　存一卷（啟事一）

330000－1798－0002193　普03375　子部/藝術類/書畫之屬

**書畫所見錄三卷** （清）謝堃撰　清刻本　一冊　存一卷（一）

330000－1798－0002196　普04335　集部/別集類/清別集

**知味軒啟事四卷稟言四卷** （清）陳毓靈撰　清道光十三年（1833）謙益堂刻本　二冊　存二卷（啟事一、三）

330000－1798－0002197　普04334－1　集部/別集類/清別集

**五色瓜廬尺牘叢殘四卷** （清）邵慶辰撰（清）尊聞閣主輯　清刻本　一冊　存一卷（二）

330000－1798－0002198　普04334－2　集部/別集類/清別集

**五色瓜廬尺牘叢殘四卷** （清）邵慶辰撰（清）尊聞閣主輯　清刻本　二冊　存二卷（二至三）

330000－1798－0002200　普03377　經部/孝經類/傳說之屬

**大孝圖說一卷　神聖訓孝彙編一卷** （清）玉京真人改本　清務本堂刻本　一冊

330000－1798－0002201　普04330　集部/別集類/清別集

**管注秋水軒尺牘四卷續刻一卷** （清）許思湄撰　（清）婁世瑞注釋　（清）管斯駿補注　清光緒二十年（1894）吳縣管氏管可壽齋刻朱墨套印本　二冊　存二卷（一至二）

330000－1798－0002202　普04330　集部/別集類/清別集

**管注秋水軒尺牘四卷續刻一卷** （清）許思湄撰　（清）婁世瑞注釋　（清）管斯駿補注　清光緒十二年（1886）吳縣管氏管可壽齋刻朱墨套印本　二冊　存四卷（一至四）

330000－1798－0002203　普03378　子部/藝術類/書畫之屬/畫譜

**神仙鑑像一卷** （清）戴峻繪　清刻本　一冊

330000－1798－0002206　普03379　子部/藝術類/書畫之屬/畫譜

**竹譜一卷** （清）諸昇撰　清稿本　一冊

330000－1798－0002207　新學/學校

**最新繪圖小學尺牘課本三集** （清）陸子棠撰　清光緒三十三年（1907）普通教育社石印本　一冊　存一卷（初集上）

330000－1798－0002211　普03324　子部/術

數類/相宅相墓之屬

**地理㭊贊玄機仙婆集十三卷** (明)張鳴鳳編集 (明)呂元 (明)杜詩評選 (明)張希堯參補 清刻本 一冊 存二卷(十二至十三)

330000－1798－0002213 普03323 子部/術數類/陰陽五行之屬

**欽定協紀辨方書三十六卷** (清)允祿 (清)張照等纂修 清刻本 七冊 存七卷(一、三、十一至十二、十八、二十至二十一)

330000－1798－0002215 普03325 子部/術數類/相宅相墓之屬

**重刊人子須知資孝地理心學統宗三十九卷** (明)徐善繼 (明)徐善述撰 清刻本 一冊 存一卷(九)

330000－1798－0002217 普03326 子部/術數類/相宅相墓之屬

**入宅明鏡二卷** 清文奎堂刻本 一冊 存一卷(下)

330000－1798－0002218 普04341 集部/總集類/尺牘之屬

**紅藕山莊尺牘十二卷首一卷** (清)冶坦散人撰 清嘉慶十八年(1813)刻本 一冊 存二卷(一、首)

330000－1798－0002219 普03281 子部/術數類/命書相書之屬

**多福通書不分卷** 清刻本 一冊

330000－1798－0002220 普04340 集部/總集類/尺牘之屬

**霏屑軒尺牘類選十六卷** (清)孫焜輯 (清)陳世熙選 清刻本 二冊 存四卷(三下、四、十一至十二)

330000－1798－0002221 普04339 集部/總集類/尺牘之屬

**最新商學兩界容易信□□卷** 清宣統元年(1909)上海鴻才書莊石印本 一冊 存一卷(三)

330000－1798－0002223 普04337 類叢部/

叢書類/彙編之屬

**申報館叢書正集五十七種附錄三種** (清)尊聞閣主編 **續集一百四十二種** 蔡爾康編 清同治至光緒上海申報館鉛印本 七冊 存一種

330000－1798－0002225 普03341 子部/藝術類/書畫之屬/總論

**佩文齋書畫譜一百卷** (清)孫岳頒等輯 清康熙內府刻本 二十五冊 存五十二卷(二十四至三十三、三十九至四十二、五十二至五十五、六十一至七十六、七十九至八十二、八十六至九十一、九十三至一百)

330000－1798－0002226 普04365 類叢部/類書類/專類之屬

**胭脂牡丹六卷** (清)韓鄂撰 清刻本 一冊 存一卷(三)

330000－1798－0002231 普03277 子部/天文曆算類/曆法之屬

**羅傳烈通書不分卷** 清光緒十年(1884)崇道堂刻本 一冊

330000－1798－0002232 普03276 子部/術數類/命書相書之屬

**星平要訣一卷百年經一卷** 清刻本 一冊

330000－1798－0002234 普03340 經部/小學類/文字之屬/字書/字體

**玉堂楷則一卷** (清)□□輯 清同治十三年(1874)鄞西陳氏刻本 一冊

330000－1798－0002242 普04366 集部/別集類/清別集

**雪鴻軒尺牘四卷** (清)龔萼撰 清刻本 二冊 存二卷(二、四)

330000－1798－0002246 普03304 子部/術數類/相宅相墓之屬

**地理五訣八卷** (清)趙廷棟撰 清刻本 二冊 存四卷(三至六)

330000－1798－0002248 普03303 子部/術數類/陰陽五行之屬

**新刊註釋通玄先生張果星宗大全十卷** (明)

陸位著　清刻本　一冊　存一卷(六)

330000－1798－0002250　普03306　子部/術數類/占卜之屬

**四字經新鐫鬼谷前定數一卷**　清刻本　一冊

330000－1798－0002251　普04367　集部/總集類/尺牘之屬

**八大功臣手札十卷**　（清）郭慶藩輯　清刻本　一冊　存四卷(七至十)

330000－1798－0002252　普03307　子部/術數類/命書相書之屬

**重鐫神峯通考命理正宗六卷**　（明）張楠撰　清刻本　四冊　存四卷(三至六)

330000－1798－0002254　普03305　子部/術數類/占卜之屬

**增刪卜易六卷**　（清）野鶴老人撰　（清）李文輝增刪　清石印本　一冊　存一卷(二)

330000－1798－0002256　普04333　集部/總集類/尺牘之屬

**蓬萊仙館尺牘六卷**　（清）瞿國棟輯　清光緒十三年(1887)涇川半舫草堂刻本　二冊　存二卷(五至六)

330000－1798－0002257　普04331　集部/總集類/尺牘之屬

**尺牘初桄二卷**　（清）子虛氏輯　清光緒九年(1883)鉛印本　一冊

330000－1798－0002269　普04350　類叢部/類書類/通類之屬

**分類緘腋四卷**　（清）涂謙撰　清道光二十九年(1849)經綸堂刻本　一冊　存一卷(一)

330000－1798－0002272　普03314　子部/術數類/相宅相墓之屬

**入地眼全書十卷**　（宋）釋靜道撰　清光緒三十二年(1906)上海校經山房石印本　一冊　存二卷(一至二)

330000－1798－0002273　普04362　集部/別集類/清別集

**曾文正公家書十卷**　（清）曾國藩撰　清刻本

一冊　存一卷(三)

330000－1798－0002285　普04381　類叢部/類書類/專類之屬

**新刻通用尺素見心集四卷**　（清）汪文芳輯　清文林堂刻本　一冊　存一卷(二)

330000－1798－0002290　普04375　集部/總集類/尺牘之屬

**尺牘稱呼合解不分卷**　清刻本　一冊

330000－1798－0002291　普03301　子部/天文曆算類/曆法之屬

**新鐫曆法便覽象吉備要通書大全三十二卷**　（清）魏鑑撰　清同治五年(1866)潑水碧梧齋刻本　十六冊　存十八卷(一至十一、十五至二十、二十三)

330000－1798－0002294　普03268　子部/術數類/占候之屬

**大唐開元占經一百二十卷**　（唐）瞿曇悉達等撰　清光緒恆德堂刻本　十八冊　存一百十卷(一至八十四、九十五至一百二十)

330000－1798－0002296　普04389　集部/別集類/明別集

**歸震川先生尺牘二卷**　（明）歸有光撰　清刻本　一冊　存一卷(一)

330000－1798－0002300　普04369　集部/總集類/尺牘之屬

**名賢書札不分卷**　（清）李鴻章等撰　清光緒二十年(1894)石印本　一冊

330000－1798－0002301　普04370　集部/總集類/尺牘之屬

**名賢書札不分卷**　（清）李鴻章等撰　清光緒二十年(1894)上海復古齋石印本　二冊

330000－1798－0002302　普03270　新學/算學/數學

**筆算數學三卷**　（美國）狄考文輯　（清）鄒立文述　清光緒三十二年(1906)上海美華書館鉛印本　三冊

330000－1798－0002303　普03265　子部/天

文曆算類/算書之屬

**御製數理精蘊上編五卷下編四十卷表八卷**
清刻本　二冊　存二卷(表四、七)

330000－1798－0002304　普03266　子部/天文曆算類/天文之屬

**御製曆象考成上編十六卷下編十卷**　(清)允祿撰　清刻本　一冊　存一卷(八)

330000－1798－0002305　普04390　集部/總集類/尺牘之屬

**新鍥尺牘蒐奇名家辭選□□卷**　(清)姚士奇撰　清刻本　一冊　存二卷(五至六)

330000－1798－0002306　普03273　子部/天文曆算類/算書之屬

**幾何原本十五卷**　(意大利)利瑪竇　(英國)偉烈亞力口譯　(明)徐光啟　(清)李善蘭筆受　清同治四年(1865)金陵刻本　六冊　存十四卷(二至十五)

330000－1798－0002307　普04279　史部/地理類/外紀之屬

**地球韻言四卷**　(清)張士瀛撰　清光緒二十七年(1901)杞廬杭州刻本　一冊　存二卷(一至二)

330000－1798－0002308　普04280　子部/宗教類/道教之屬/雜著

**悟真篇四註三卷**　(宋)薛道光　(宋)陸墅　(元)陳致虛撰　(清)傅金銓批　清刻本　二冊　存二卷(中、下)

330000－1798－0002309　普04285　子部/宗教類/道教之屬

**執中蘊義四卷末一卷**　(清)湯壽名等輯　清刻本　一冊　存三卷(三至四、末)

330000－1798－0002311　普04284　子部/宗教類/道教之屬

**聖化錄一卷**　(清)李古山撰　清光緒二十四年(1898)刻本　一冊

330000－1798－0002312　普04283　子部/儒家類/儒學之屬/蒙學

**童蒙須知韻語一卷**　(清)萬斛泉撰　清刻本

一冊

330000－1798－0002313　普03289　經部/易類/易占之屬

**焦氏易林十六卷**　(漢)焦贛撰　**易林元籥十測一卷**　(明)盛如林撰　清嘉慶十三年(1808)刻本　六冊

330000－1798－0002315　普04281　子部/儒家類/儒學之屬/性理

**潛室陳先生木鍾集十一卷**　(宋)陳埴撰　清刻本　二冊　存五卷(二至四、十至十一)

330000－1798－0002316　普03294　子部/術數類/相宅相墓之屬

**重鐫官板地理天機會元續篇雜錄備覽三十五卷**　(宋)廖瑀撰　清刻本　一冊　存三卷(二十一至二十三)

330000－1798－0002317　普03291　子部/術數類/命書相書之屬

**增補星平會海命學大成八卷**　(清)水中龍撰　清刻本　一冊　存四卷(五至八)

330000－1798－0002318　普03292　子部/術數類/相宅相墓之屬

**增補地理直指原真三卷首一卷**　(清)釋徹瑩撰　清刻本　一冊　存一卷(二下)

330000－1798－0002319　普03293　子部/術數類/相宅相墓之屬

**歷代地理正義秘書二十四種**　(清)張受祺編　清乾隆刻本　二冊　存十種

330000－1798－0002320　普04286　類叢部/類書類/通類之屬

**廣事類賦四十卷**　(清)華希閔撰　清刻本　四冊　存三十二卷(九至四十)

330000－1798－0002324　普03299　子部/天文曆算類/曆法之屬

**大清光緒二十七年歲次辛丑時憲書一卷**　清光緒刻本　一冊

330000－1798－0002325　普04277　子部/儒家類/儒學之屬/性理

思辨録輯要前集二十二卷後集十三卷 （清）陸世儀撰 清刻本 一冊 存六卷（十七至二十二）

330000－1798－0002326 普03298 子部/術數類/陰陽五行之屬

通德類情十三卷 （清）沈重華輯 清刻本 五冊 存五卷（二、五、八至十）

330000－1798－0002327 普03297 子部/術數類/命書相書之屬

增補星平會海命學全書十卷首一卷 （清）水中龍撰 清刻本 一冊 存二卷（四至五）

330000－1798－0002330 普03296 子部/術數類/相宅相墓之屬

陽宅三要四卷 （清）趙廷棟撰 清刻本 一冊 存二卷（一至二）

330000－1798－0002333 普03286 子部/術數類/陰陽五行之屬

寶鏡圖一卷 （三國蜀）諸葛亮著 清嘉慶八年（1803）刻本 一冊

330000－1798－0002334 普03284 子部/術數類/相宅相墓之屬

雪心賦正解四卷 （唐）卜應天撰 （清）孟浩注 辯論三十篇一卷 （清）孟浩撰 清刻本 一冊 存一卷（一）

330000－1798－0002336 普03283 子部/術數類/相宅相墓之屬

雪心賦正解四卷 （唐）卜應天撰 （清）孟浩注 辯論三十篇一卷 （清）孟浩撰 清刻本 一冊 存一卷（辯論三十篇）

330000－1798－0002339 普04273 子部/雜著類/雜考之屬

義門讀書記五十八卷 （清）何焯撰 （清）蔣維鈞輯 清刻本 一冊 存三卷（二至四）

330000－1798－0002340 普00498 集部/詞類/別集之屬

草窗詞二卷補二卷 （宋）周密撰 朱祖謀輯 清光緒二十六年（1900）歸安朱氏無著盦刻本 一冊

330000－1798－0002341 普04272 史部/政書類/軍政之屬

團練守鄉備要 （清）沈衍慶輯 清刻本 一冊 存三種

330000－1798－0002342 普00472－00473、普00478－00479、普00481 類叢部/叢書類/彙編之屬

榆園叢刻十五種附一種 （清）許增編 清同治至光緒刻本 七冊 存五種

330000－1798－0002344 普04270 集部/總集類/課藝之屬

近科試策法程一卷補編一卷 清刻本 一冊 存一卷（法程）

330000－1798－0002345 普04269 子部/雜著類/雜說之屬

身心切要録二卷 清刻本 一冊 存一卷（下）

330000－1798－0002346 普04268 經部/孝經類/傳說之屬

桂宮孝經廣義五卷首一卷 清四香草堂刻本 一冊 存三卷（一至二、首）

330000－1798－0002348 普04266 子部/雜著類/雜纂之屬

桂香殿校士録初編□□卷 （清）榮夢霞輯 清刻本 一冊 存二卷（五至六）

330000－1798－0002349 普00409 史部/政書類/通制之屬

三通序不分卷 （清）吳巖輯 （清）康緒筠校 清道光十年（1830）刻本 三冊

330000－1798－0002350 普04265 集部/別集類/清別集

四此堂稿十卷 （清）魏際瑞撰 清刻本 三冊 存四卷（一至三、十）

330000－1798－0002351 普00407 史部/政書類/邦計之屬/荒政

欽定康濟録四卷 （清）陸曾禹撰 （清）倪國璉釐正 清同治三年（1864）浙江撫署刻本 三冊

330000－1798－0002352　普 04082　集部/詩文評類/詩評之屬

**詩法入門十卷首一卷**　（清）游藝輯　清刻本　一冊　存二卷（一、首）

330000－1798－0002357　普 03322　子部/術數類/陰陽五行之屬

**新訂崇正闢謬通書十四卷**　（清）李奉來編輯　清刻本　五冊　存十二卷（一至七、九至十三）

330000－1798－0002362　普 03261　子部/醫家類/本草之屬/歷代綜合本草

**本草綱目五十二卷圖三卷**　（明）李時珍撰
**本草藥品總目一卷**　（清）蔡烈先輯　清順治刻漁古山房印本　四十五冊　缺三卷（本草綱目十二、十五至十六）

330000－1798－0002364　普 03262　子部/醫家類/綜合之屬/合刻、合抄

**景岳全書六十四卷**　（明）張介賓撰　清刻本　二十四冊

330000－1798－0002366　普 04086　類叢部/類書類/專類之屬

**新刊校正增補圓機活法詩學全書二十四卷新刊校正增補圓機詩韻活法全書十四卷**　（明）王世貞校　清刻本　一冊　存二卷（詩學全書九至十）

330000－1798－0002367　普 03267　子部/術數類/數學之屬

**九歸算學啟蒙一卷**　（清）施友醒輯　清光緒三十二年（1906）施友醒抄本　一冊

330000－1798－0002368　普 04057　史部/傳記類/科舉錄之屬

**[光緒二十八年補行庚子辛丑恩正併科]浙江闈墨不分卷**　（清）劉焜等撰　清光緒聚奎堂刻本　三冊

330000－1798－0002370　普 04085　子部/儒家類/儒學之屬/蒙學

**讀書作文譜十二卷**　（清）唐彪輯著　清刻本　一冊　存四卷（五至八）

330000－1798－0002371　普 04150　集部/總集類/選集之屬/通代

**歷朝詩約選九十二卷**　（清）劉大櫆輯　**海峯先生詩集十卷**　（清）劉大櫆撰　**附札記一卷**　清光緒二十一年至二十五年（1895－1899）文徵閣刻本　十六冊　存六十四卷（一至十四、十八至四十七、五十七至六十五、七十八至八十三、八十八至九十二）

330000－1798－0002373　普 00536、普 06347　類叢部/叢書類/彙編之屬

**函海一百六十種**　（清）李調元編　清光緒七年至八年（1881－1882）廣漢鍾登甲樂道齋刻本　二冊　存四種

330000－1798－0002374　普 00537　子部/儒家類/儒學之屬/性理

**湔嗌存愚二卷**　（清）李清植撰　清光緒十八年（1892）浙江書局刻本　一冊

330000－1798－0002375　普 00535　類叢部/叢書類/彙編之屬

**正誼堂全書六十三種續刻五種**　（清）張伯行編　（清）楊浚重編　清同治五年（1866）福州正誼書院刻同治八年至光緒十三年（1869－1887）續刻本　二冊　存一種

330000－1798－0002376　普 03335　子部/藝術類/書畫之屬/畫譜

**芥子園畫傳初集六卷二集九卷三集六卷**　（清）王槩　（清）王蓍　（清）王臬輯　清光緒石印本　四冊　存六卷（二集四至六、八至九，三集四）

330000－1798－0002377　普 00534　類叢部/叢書類/家集之屬

**長洲彭氏家集九種**　（清）彭祖賢編　清同治至光緒刻本　一冊　存一種

330000－1798－0002378　普 00518　類叢部/叢書類/彙編之屬

**誦芬室叢刊二十二種**　董康編　清光緒三十四年至民國十四年（1908－1925）武進董氏刻本　一冊　存一種

330000－1798－0002379　普01228、普01231
類叢部/叢書類/自著之屬

**西堂全集四種附一種**　（清）尤侗撰　清刻本
二冊　存一種

330000－1798－0002380　普01227　集部/戲
劇類/傳奇之屬

**還魂記二卷**　（明）湯顯祖撰　清刻本　一冊

330000－1798－0002381　普03339　新學/圖
學/測繪

**刻圖學課程一卷**　（清）王肇鋐筆　清光緒二
十七年（1901）湖北洋務局編譯科鉛印本
一冊

330000 － 1798 － 0002382　普01225、普
01229、普01226、普01230、普01232　集部/戲
劇類/總集之屬/傳奇

**玉獅堂後五種傳奇**　（清）陳烺撰　清光緒十
七年（1891）徐光鑾等刻本　五冊

330000－1798－0002385　普03331－03332
集部/曲類/曲韻曲譜曲律之屬

**遏雲閣曲譜不分卷**　（清）王錫純輯　（清）李
秀雲拍正　清末鉛印本　二冊

330000－1798－0002387　普03327　子部/術
數類/陰陽五行之屬

**許真君玉匣記二卷**　題（晉）許真君撰　清光
緒十年（1884）浙蘭裕源堂刻本　二冊

330000－1798－0002388　普04046　集部/總
集類/選集之屬/斷代之屬

**皇朝經世文續編一百二十卷**　（清）葛士濬輯
清光緒二十四年（1898）上海宏文閣鉛印本
十六冊　存八十卷（一至八十）

330000－1798－0002389　普04052　集部/總
集類/課藝之屬

**浙江試牘立誠編詩四卷**　（清）汪廷珍輯　清
嘉慶九年（1804）刻本　一冊

330000－1798－0002392　普04708　子部/儒
家類/儒學之屬/性理

**榕村語錄三十卷**　（清）李光地撰　清刻本
一冊　存二卷（二十九至三十）

330000－1798－0002393　普04706　經部/春
秋左傳類/傳說之屬

**新訂左傳快讀十八卷首一卷**　（清）李紹崧輯
清刻本　一冊　存一卷（十五）

330000－1798－0002395　普04703　集部/別
集類/清別集

**船山詩草二十卷**　（清）張問陶撰　清刻本
一冊　存四卷（五至八）

330000－1798－0002396　普06167　經部/小
學類/文字之屬/字書/字典

**康熙字典十二集三十六卷總目一卷檢字一卷
辨似一卷等韻一卷補遺一卷備考一卷**　（清）
張玉書等纂修　清道光七年（1827）刻本　十
四冊　存七卷（巳集中下、檢字、辨似、等韻、
補遺、備考）

330000－1798－0002397　普06168　經部/小
學類/訓詁之屬/爾雅

**爾雅註疏十一卷**　（晉）郭璞註　（宋）邢昺疏
清光緒八年（1882）崇德書院刻本　三冊
存六卷（一至六）

330000－1798－0002398　普04702　子部/儒
家類/儒家之屬

**荀子二十卷校勘補遺一卷**　（唐）楊倞注
（清）盧文弨　（清）謝墉輯校並補遺　清刻本
一冊　存三卷（十九至二十、校勘補遺）

330000－1798－0002400　普05658、普06029
史部/政書類/公牘檔冊之屬

**樊山公牘四卷**　樊增祥撰　清宣統三年
（1911）上海廣益書局石印本　二冊　存二卷
（二、四）

330000－1798－0002403　普05673　子部/宗
教類/佛教之屬/諸宗

**肇論略注六卷**　（明）釋德清撰　清光緒十四
年（1888）金陵刻經處刻本　二冊

330000－1798－0002404　普05705　集部/別
集類/宋別集

**趙清獻公集十卷目錄二卷**　（宋）趙抃撰　清
刻本　一冊　存四卷（五至八）

330000－1798－0002405　普04700　子部/宗教類/佛教之屬/經

**金剛般若波羅蜜經二卷**　(後秦)釋鳩摩羅什譯　(清)金天基集注　**般若波羅蜜多心經一卷**　(唐)釋玄奘譯　**佛說高王觀世音經一卷**　(清)葉廷相箋釋　**金剛經鳩異一卷**　(唐)段成式撰　清咸豐九年(1859)淡永山窻刻本　二冊

330000－1798－0002407　普06182　經部/四書類/總義之屬

**四書精義正宗不分卷**　(清)徐璇編　清光緒二十四年(1898)京都翰寶齋刻本　二冊

330000－1798－0002408　普06184　子部/術數類/陰陽五行之屬

**新訂崇正闢謬通書十四卷**　(清)李奉來編輯　清刻本　二冊　存六卷(六至十一)

330000－1798－0002412　普04146　集部/詩文評類/詩評之屬

**隨園詩話十六卷補遺十卷**　(清)袁枚撰　清刻本　二冊　存四卷(隨園詩話三至四、九至十)

330000－1798－0002413　普06183　經部/小學類/文字之屬/字書/字典

**字彙四集**　(清)陳洟子撰　清刻本　一冊

330000－1798－0002414　普04058　集部/總集類/酬唱之屬

**擊缽吟集十二卷**　(清)何大經等撰　清道光二十年(1840)郭柏蔭刻道光二十五年(1845)重刻本　十冊

330000－1798－0002416　普04056　集部/總集類/選集之屬/通代

**歷代古文國瑋集一百四十一卷**　(明)方岳貢輯　清刻本　一冊　存三卷(五十五至五十七)

330000－1798－0002417　普04698－04699　集部/總集類/彙編之屬

**漢魏六朝一百三家集(漢魏六朝百三名家集)**　(明)張溥編　清光緒刻本　二冊　存二種

330000－1798－0002418　普04055　集部/總集類/選集之屬/通代

**斯文精萃不分卷**　(清)尹繼善輯　清刻本　一冊

330000－1798－0002419　普06194　集部/小說類/短篇之屬

**聊齋志異十六卷**　(清)蒲松齡撰　(清)王士禎評　清刻本　一冊　存一卷(三)

330000－1798－0002421　普04053　集部/總集類/選集之屬/斷代

**七家詩選七卷**　(清)張熙宇輯評　(清)張昶注釋　清刻朱墨套印本　三冊　存五卷(三至七)

330000－1798－0002422　普04697　集部/總集類/選集之屬/通代

**駢體文鈔三十一卷**　(清)李兆洛輯　清光緒八年(1882)上海刻本　八冊

330000－1798－0002423　普06190　集部/總集類/選集之屬/斷代

**明文鈔不分卷**　(清)高塘輯　清刻本　一冊

330000－1798－0002424　普04073　經部/四書類/總義之屬/傳說

**四書五經義策論初編不分卷**　韓韋編　清光緒二十七年(1901)文彙書局鉛印本　四冊

330000－1798－0002425　普04072　集部/詩文評類/詩評之屬

**司空詩品註釋一卷**　(唐)司空圖撰　清刻本　一冊

330000－1798－0002426　普04071　集部/詩文評類/詩評之屬

**北江詩話六卷**　(清)洪亮吉撰　清宣統元年(1909)上海掃葉山房石印本　一冊　存三卷(一至三)

330000－1798－0002427　普06169　集部/總集類/課藝之屬

**墨選觀止一卷**　(清)梁葆慶輯　清刻本　一冊

330000－1798－0002428　普 04070　集部/詩文評類/詩評之屬

**詩法入門二卷首一卷**　（清）游藝輯　清刻本　一冊

330000－1798－0002430　普 04069　集部/總集類/選集之屬/通代

**古唐詩合解古詩四卷唐詩十二卷**　（清）王堯衢注　清刻本　四冊　存八卷（古詩一至四、唐詩九至十二）

330000－1798－0002431　普 04068　集部/總集類/選集之屬/斷代

**唐詩三百首註疏六卷**　（清）蘅塘退士（孫洙）編　（清）章燮注　清永言堂刻本　五冊

330000－1798－0002432　普 06177　子部/天文曆算類/曆法之屬

**象吉通書十二卷**　（清）魏鑑撰　清刻本　六冊　存六卷（一至六）

330000－1798－0002435　普 06173　經部/易類/傳說之屬

**易經增訂旁訓三卷**　（清）徐立綱撰　清文奎堂刻本　一冊　存一卷（一）

330000－1798－0002436　普 06186　經部/易類/傳說之屬

**周易本義四卷附圖說一卷卦歌一卷筮儀一卷**　（宋）朱熹撰　清存心齋刻本　一冊　缺三卷（二至四）

330000－1798－0002437　普 06185、普 06055－6　經部/四書類/總義之屬/傳說

**四書章句集註十九卷**　（宋）朱熹撰　清文星堂刻本　三冊　存四卷（孟子一至二、六至七）

330000－1798－0002438　普 06188　經部/春秋左傳類/傳說之屬

**評點春秋左傳綱目句解彙雋六卷**　（清）韓菼重訂　清琴川閣刻本　四冊

330000－1798－0002440　普 04097　集部/詞類/詞話之屬

**金梁夢月詞二卷懷夢詞一卷**　（清）周之琦撰

清光緒三年（1877）上海印書局鉛印本　一冊

330000－1798－0002446　普 04105　集部/別集類/清別集

**樊榭山房集外詞四卷集外曲二卷**　（清）厲鶚撰　清光緒十一年（1885）刻本　一冊

330000－1798－0002451　普 04142　集部/曲類/曲韻曲譜曲律之屬

**新定九宮大成南詞宮譜八十一卷**　（清）周祥鈺　（清）鄒金生等輯　清石印本　二十一冊　存三十四卷（一至十八、二十二至三十一、六十六至六十七、七十一至七十二、七十八至七十九）

330000－1798－0002459　普 04114　史部/史評類/詠史之屬

**十國宮詞一卷**　（清）吳省蘭撰　清上海掃葉山房石印本　一冊

330000－1798－0002462　普 04112　集部/詞類/別集之屬

**有正味齋詞集八卷**　（清）吳錫麒撰　清刻本　二冊　存四卷（一至二、五至六）

330000－1798－0002463　普 06506　史部/傳記類/總傳之屬/家乘

**[江西撫州]南豐裴氏族譜五卷首一卷**　（清）裴光晉等纂修　清光緒四年（1878）木活字印本　三冊　缺三卷（三至五）

330000－1798－0002468　普 04140　集部/曲類/曲韻曲譜曲律之屬

**遏雲閣曲譜不分卷**　（清）王錫純輯　（清）李秀雲拍正　清末鉛印本　四冊

330000－1798－0002470　普 04707　經部/禮記類/傳說之屬

**欽定禮記義疏八十二卷首一卷**　（清）聖祖玄燁撰　清刻本　十七冊　存四十八卷（五至六、十五至六十）

330000－1798－0002472　普 03823　經部/春秋左傳類/傳說之屬

**東萊博議四卷**　（宋）呂祖謙撰　**增補虛字註**

釋一卷　（清）馮泰松點定　清光緒三十一年（1905）上海商務印書館鉛印本　二冊

330000－1798－0002474　普03223　子部/醫家類/本草之屬/歷代綜合本草

**本草問答二卷**　（清）唐宗海撰　清光緒三十二年（1906）上海千頃堂書局石印本　一冊

330000－1798－0002475　普04705　史部/紀傳類/正史之屬

**後漢書九十卷**　（南朝宋）范曄撰　（唐）李賢注　**志三十卷**　（晉）司馬彪撰　（南朝梁）劉昭注　清刻本　三冊　存十一卷（二至九、八十八至九十）

330000－1798－0002478　普04704　新學/雜著

**全地五大洲女俗通考十集二十一卷首一卷**（美國）林樂知輯　（清）任保羅譯　清光緒二十九年（1903）上海華美書局鉛印本　二冊　存二卷（一集下十至十六章、三集上一至七章）

330000－1798－0002480　普02037　經部/易類/專著之屬

**易學源流二卷**　（清）鄒師謙撰　清光緒石印本　一冊

330000－1798－0002482　普02247　經部/小學類/文字之屬/字書/字典

**康熙字典十二集三十六卷總目一卷檢字一卷辨似一卷等韻一卷補遺一卷備考一卷**　（清）張玉書等纂修　清末上海鴻寶書局石印本　六冊

330000－1798－0002486　普04689　集部/小說類/長篇之屬

**增評補圖石頭記一百二十卷一百二十回首一卷**　（清）曹霑　（清）高鶚撰　（清）王希廉　（清）姚燮評　清光緒二十六年（1900）鉛印本　一冊　存一卷（首）

330000－1798－0002489　普04691　子部/術數類/陰陽五行之屬

**諏吉便覽不分卷**　（清）俞榮寬輯　清嘉慶四年（1799）錢唐費淳刻朱墨套印本　一冊

330000－1798－0002491　普04687　子部/醫家類/綜合之屬/雜著

**筆花醫鏡四卷**　（清）江涵暾撰　清刻本　一冊

330000－1798－0002494　普04015　集部/總集類/選集之屬/通代

**籍古齋古文觀止十二卷**　（清）吳乘權　（清）吳大職輯　清光緒七年（1881）浙蘭籍古齋刻本　六冊　存十卷（一至十）

330000－1798－0002498　普04002　集部/總集類/選集之屬/斷代

**唐詩諧律二卷**　（清）沈寶青選　清光緒十六年（1890）溧陽沈氏石印本　二冊

330000－1798－0002500　普04001　集部/別集類/清別集

**岸舫文鈔二卷**　（清）宋俊撰　清刻本　二冊

330000－1798－0002503　普04000　集部/總集類/選集之屬/通代

**御選唐宋詩醇四十七卷目錄二卷**　（清）高宗弘曆輯　清乾隆刻四色套印本　一冊　存二卷（三十八至三十九）

330000－1798－0002504　普03999　集部/別集類/清別集

**養雲山館試帖二卷**　（清）許球撰　清刻本　一冊　存一卷（下）

330000－1798－0002505　普03998　集部/別集類/清別集

**紅豆村人詩稿□□卷**　（清）袁樹撰　清刻本　一冊　存五卷（一至五）

330000－1798－0002506　普04016　集部/總集類/選集之屬/通代

**古文淵鑒六十四卷**　（清）徐乾學等輯注　清刻五色套印本　一冊　存一卷（二十五）

330000－1798－0002507　善00167　經部/春秋左傳類/傳說之屬

**增補春秋經傳左繡滙叅三十卷首一卷**　（清）

馮李驊　（清）陸浩評輯　清乾隆三十六年
(1771)華川書屋刻友益齋印本　十二冊

330000－1798－0002508　普04017　集部/總
集類/選集之屬/斷代

茂林詩編六卷　（清）吳沐訂　清道光二十二
年(1842)刻本　三冊

330000－1798－0002509　普04019　類叢部/
類書類/專類之屬

雞跖賦續刻三十卷　（清）應泰泉輯　清刻本
　一冊　存五卷(二十至二十四)

330000－1798－0002510　普04014　集部/總
集類/選集之屬/斷代

唐詩三百首續選六卷　（清）于慶元編　清道
光二十三年(1843)漁古堂刻本　一冊　存一
卷(五言古詩)

330000－1798－0002511　普04012　集部/總
集類/選集之屬/通代

增補重訂千家詩註解二卷　（宋）謝枋得選
（清）王相注　清光緒十五年(1889)姜文奎堂
刻本　一冊

330000－1798－0002512　普02216　經部/四
書類/孟子之屬/傳說

孟子集註本義匯參十四卷首一卷　（清）王步
青輯　清敦復堂刻本　十一冊

330000－1798－0002513　普04011　集部/總
集類/選集之屬/通代

新鐫五言千家詩箋註二卷　（清）王相選注
清刻本　一冊

330000－1798－0002515　普04010　集部/總
集類/選集之屬/通代

合刻註釋張子房解學士千家詩講讀二卷
(清)湯海若校釋　清光緒二十五年(1899)慎
言堂刻本　一冊

330000－1798－0002517　普02936　子部/農
家農學類/蠶桑之屬

蠶桑萃編十五卷首一卷　（清）衛杰編　清光
緒二十五年(1899)刻本　四冊　存六卷(一
至五、首)

330000－1798－0002518　普04009　子部/儒
家類/儒學之屬/蒙學

小學千家詩人生必讀二卷　（清）余晦齋輯
清咸豐二年(1852)刻本　一冊

330000－1798－0002519　普02937　類叢部/
叢書類/彙編之屬

漸西村舍彙刊(漸西村舍叢刻)四十四種
（清）袁昶編　清光緒十六年至二十四年
(1890－1898)桐廬袁氏刻本　三冊　存三種

330000－1798－0002520　普04008　集部/總
集類/選集之屬/通代

古文觀止十二卷　（清）吳乘權　（清）吳大職
輯　清咸豐三年(1853)文奎堂刻本　六冊

330000－1798－0002521　普02771　子部/雜
著類/雜說之屬

盛世危言五卷　（清）鄭觀應輯撰　清光緒二
十一年(1895)上海古香閣鉛印本　五冊

330000－1798－0002523　普00610　子部/醫
家類/本草之屬/歷代綜合本草

本草綱目五十二卷附圖三卷　（明）李時珍撰
　清光緒十一年(1885)合肥張紹棠味古齋刻
本　四十冊

330000－1798－0002524　普04023　集部/總
集類/氏族之屬

重鐫清河五先生詩選八卷　（清）朱為弼選録
　續補清河一先生詩選二卷　（清）徐申錫選
録　清刻本　一冊　缺四卷(一至四)

330000－1798－0002525　普03017　子部/醫
家類/兒科之屬/痘疹

痘科輯録一卷　清刻本　一冊

330000－1798－0002528　普04007　集部/總
集類/選集之屬/通代

古唐詩合解古詩四卷唐詩十二卷　（清）王堯
衢注　清刻本　五冊　存九卷(古詩一至四、
唐詩八至十二)

330000－1798－0002529　普04127　集部/曲
類/曲韻曲譜曲律之屬

納書楹曲譜正集四卷續集四卷補遺四卷外集

二卷納書楹玉茗堂四夢曲譜八卷 （清）葉堂撰 清乾隆五十七年至五十九年（1792－1794）納書楹刻本 一冊 存一卷（正集二）

330000－1798－0002530 普04128 史部/傳記類/科舉錄之屬

詞科餘話五卷 （清）杭世駿輯 清刻本 二冊

330000－1798－0002534 普06493 子部/儒家類/儒學之屬/蒙學

父師善誘法二卷讀書作文譜十二卷 （清）唐彪撰 清大文堂刻本 四冊

330000－1798－0002537 普03007 子部/醫家類/類編之屬

柳選四家醫案四種 （清）柳寶詒編 清光緒上海文瑞樓石印本 一冊

330000－1798－0002539 普06497 子部/宗教類/道教之屬/戒律

陰騭果報圖注一卷 （清）彭啟豐編 （清）吳友如繪 清宏大善書局石印本 一冊

330000－1798－0002540 普00391 經部/書類/分篇之屬

禹貢會箋十二卷山水總目一卷圖一卷 （清）徐文靖撰 （清）趙弁訂 清同治十三年（1874）慈溪何氏常惺惺齋刻本 四冊

330000－1798－0002543 普03004－03005 子部/醫家類/類編之屬

沈氏尊生書五種 （清）沈金鰲撰輯 清宣統元年（1909）石印本 十六冊 存二種

330000－1798－0002549 普03977 集部/總集類/郡邑之屬

兩浙輶軒續錄補遺六卷 （清）潘衍桐輯 清光緒十七年（1891）浙江書局刻本 四冊

330000－1798－0002550 普04013 集部/總集類/選集之屬/斷代

唐詩三百首六卷 （清）蘅塘退士（孫洙）編 清三餘堂刻本 三冊

330000－1798－0002551 普02139－1 經

部/春秋左傳類/傳說之屬

讀左補義五十卷首一卷 （清）姜炳璋輯 清光緒三十年（1904）浙甯汲綆齋刻本 十五冊 存四十七卷（一至四十六、首）

330000－1798－0002553 普03869、普06346 集部/別集類/清別集

建陵山房詩鈔十卷續集七卷 （清）王詡撰 清光緒二十二年（1896）刻本 三冊 存十一卷（詩鈔一至四、續集一至七）

330000－1798－0002554 普03981 集部/總集類/選集之屬

近科館閣詩鈔□□卷 （清）蔣立鏞撰 清刻本 一冊 存三卷（三至五）

330000－1798－0002555 普03985 經部/小學類/音韻之屬/韻書

七家詩分韻六卷 清抄本 一冊

330000－1798－0002556 普06494 類叢部/叢書類/彙編之屬

津河廣仁堂叢書八十四種 （清）□□編 清光緒津河廣仁堂刻本 一冊 存一種

330000－1798－0002557 普06500 集部/總集類/選集之屬

國朝律賦偶箋四卷 （清）沈豐岐撰 清刻本 一冊 存二卷（二至三）

330000－1798－0002561 普06485 史部/編年類/通代之屬

尺木堂綱鑑易知錄九十二卷明鑑易知錄十五卷 （清）吳乘權等輯 清光緒十七年（1891）廣百宋齋鉛印本 十五冊 缺七卷（明鑑易知錄一至七）

330000－1798－0002563 普03982 集部/總集類/課藝之屬

歷科後場文喈鳳一卷 （明）王世貞等撰 清三多齋刻本 一冊

330000－1798－0002565 普06486－06487 類叢部/叢書類/自著之屬

歸查叢刻十一種 （清）謝希傅撰 清光緒二十四年（1898）東山草堂鉛印本 二冊 存

六種

330000－1798－0002567　普 03988－3　集部/總集類/選集之屬/通代

**唐宋八家文讀本三十卷**　（清）沈德潛輯　清石印本　一冊　存四卷（二十七至三十）

330000－1798－0002568　普 06489　史部/編年類/通代之屬

**尺木堂綱鑑易知錄九十二卷明鑑易知錄十五卷**　（清）吳乘權等輯　清刻本　五冊　存十二卷（綱鑑易知錄四至六、十五至十七、二十二至二十三、三十三至三十四、六十三至六十四）

330000－1798－0002569　普 06490　經部/春秋左傳類/傳說之屬

**評點春秋左傳綱目句解彙雋六卷**　（清）韓菼重訂　清刻本　一冊　存一卷（二）

330000－1798－0002570　普 06508　史部/政書類/邦計之屬/荒政

**江山同善錄彙編二卷**　余乾耀編　清光緒二十五年（1899）江山廣川與善軒木活字印本　二冊

330000－1798－0002571　普 06038、普 06491　史部/編年類/斷代之屬

**御撰資治通鑑綱目三編二十卷**　（清）張廷玉等撰　清刻本　三冊　存七卷（七至九、十一至十四）

330000－1798－0002572　普 01126　集部/總集類/選集之屬/通代

**古唐詩合解古詩四卷唐詩十二卷**　（清）王堯衢注　清刻本　四冊　存八卷（唐詩一至八）

330000－1798－0002573　普 03937　集部/詩文評類/詩評之屬

**古學磚樣□□卷**　（清）周道遵輯　清刻本　一冊　存四卷（五至八）

330000－1798－0002574　普 02029　經部/易類/傳說之屬

**周易本義四卷附圖說一卷新增圖說一卷卦歌一卷**　（宋）朱熹撰　清光緒十一年（1885）會

稽徐氏八杉齋融經館刻本　二冊

330000－1798－0002575　普 03942　集部/詩文評類/詩評之屬

**分韻詩鈔不分卷**　清范氏抄本　四冊

330000－1798－0002577　普 02215　經部/四書類/論語之屬/傳說

**論語集註本義匯叅二十卷首一卷**　（清）王步青輯　清敦復堂刻本　十一冊

330000－1798－0002578　普 04031　集部/總集類/選集之屬/通代

**古文辭類纂十五卷**　（清）姚鼐輯　**續古文辭類纂十卷**　王先謙輯　清宣統元年（1909）上海文瑞樓石印本　四冊　存十卷（續古文辭類纂一至十）

330000－1798－0002579　普 03022　子部/醫家類/類編之屬

**徐靈胎醫畧六書六種**　（清）徐大椿撰　清光緒二十九年（1903）上海趙翰香居鉛印本　十八冊　存三種

330000－1798－0002583　普 06476　子部/醫家類/方書之屬

**時方妙用四卷**　（清）陳念祖撰　清光緒二十九年（1903）益元書局刻本　一冊　存二卷（一至二）

330000－1798－0002585　普 00860、普 03431　子部/叢編

**二十二子**　（清）浙江書局編　清光緒元年至三年（1875－1877）浙江書局刻本　二冊　存一種

330000－1798－0002586　普 04028　集部/總集類/選集之屬/通代

**文選六十卷**　（南朝梁）蕭統輯　（唐）李善注　（清）何焯評　清光緒二十四年（1898）上海古香閣石印本　六冊

330000－1798－0002587　普 00542　子部/儒家類/儒學之屬/性理

**御纂性理精義十二卷**　（清）李光地等纂修　清刻本　四冊

330000－1798－0002588　普04034　集部/詞類/總集之屬

**庚子秋詞二卷**　（清）王鵬運等撰　清石印本　一冊

330000－1798－0002589　普02191　經部/四書類/論語之屬/傳說

**論語十卷**　（宋）朱熹集注　清刻本　二冊

330000－1798－0002590　普04036　類叢部/叢書類/彙編之屬

**函海一百六十種**　（清）李調元編　清光緒七年至八年(1881－1882)廣漢鍾登甲樂道齋刻本　一冊　存一種

330000－1798－0002597　普04041　集部/總集類/選集之屬/斷代

**李氏倡隨集四卷**　（清）李嶽生撰　清光緒三十一年(1905)邵陽魏氏石印本　四冊

330000－1798－0002599　普02999　子部/醫家類/兒科之屬/痘疹

**引痘略一卷**　（清）邱熺輯　清同治三年(1864)刻本　二冊

330000－1798－0002600　普03000　子部/醫家類/兒科之屬/痘疹

**痘科類編釋意便讀二卷附方一卷**　（清）翟良原本　（清）金長林重編　（清）任松辨正　清刻本　一冊

330000－1798－0002601　普03001　子部/醫家類/方書之屬/單方驗方

**靜觀堂較正家傳幼科發揮秘方二卷**　（明）萬全撰　**湯方一卷**　清刻本　一冊

330000－1798－0002604　普02990　子部/醫家類/喉科口齒之屬/白喉

**時疫白喉捷要一卷附各種經驗良方一卷**　（清）張紹修撰　清光緒二十七年(1901)鉛印本　一冊

330000－1798－0002605　普02991　子部/醫家類/類編之屬

**邵氏醫書三種**　（清）邵登瀛編　清宣統元年(1909)江南醫學公會石印本　一冊

330000－1798－0002606　普02992　子部/醫家類/婦科之屬

**竹林女科證治四卷**　（清）竹林寺僧撰　清刻本　一冊　存頁二十至四十二

330000－1798－0002608　普02994　子部/醫家類/婦科之屬/通論

**女科要旨四卷**　（清）陳念祖撰　清刻本　一冊

330000－1798－0002609　普02995　子部/醫家類/醫話醫論之屬

**醫法心傳一卷**　（清）程鑒撰　清光緒十三年(1887)養鶴山房刻本　一冊

330000－1798－0002610　普03053　子部/醫家類/類編之屬

**張氏醫書七種**　（清）張璐等撰　清刻本　五冊　存二種

330000－1798－0002611　普03048　子部/醫家類/本草之屬/歷代綜合本草

**本草從新十八卷**　（清）吳儀洛輯　清刻本　四冊　存十四卷(五至十八)

330000－1798－0002612　普03051　子部/醫家類/婦科之屬/產科

**濟陰綱目十四卷**　（清）金德生輯著　（清）江淇箋釋　清刻本　七冊　存十三卷(二至十四)

330000－1798－0002613　普03049　子部/醫家類/類編之屬

**吳氏醫學述第五種傷寒分經十卷**　（清）吳儀洛輯　清乾隆三十一年(1766)硤川利濟堂刻本　四冊　存九卷(二至十)

330000－1798－0002614　普03959　類叢部/類書類/通類之屬

**試帖連珠六卷**　（清）楊菘圃編　清刻本　一冊　存一卷(五)

330000－1798－0002615　普03963－1　集部/總集類/選集之屬/通代

**紫雲仙琯二集□□卷**　（清）高敏輯　清刻本　一冊　存二卷(一至二)

330000－1798－0002616　普03963－2　集部/總集類/彙編之屬

**試帖紫雲仙琯八卷**　(清)高敏輯　清刻本　一冊　存四卷(五至八)

330000－1798－0002617　普03046　子部/醫家類/醫經之屬/內經

**黃帝內經素問集注九卷**　(清)張志聰撰　清光緒十六年(1890)浙江書局刻本　五冊　存七卷(三至九)

330000－1798－0002618　普03962　集部/總集類/選集之屬/通代

**標季試律鸎音四卷首一卷**　(清)倪一擎箋釋　清刻本　一冊　存三卷(一至二、首)

330000－1798－0002619　普03024　子部/醫家類/兒科之屬/痘疹

**痘疹會通五卷**　(清)曾鼎撰　清乾隆五十一年(1786)旴江曾鼎忠恕堂刻本　三冊　缺一卷(三)

330000－1798－0002620　普03961　子部/叢編

**經史百家序錄六種**　邵章輯　清光緒二十八年(1902)會文學社石印本　一冊　存一種

330000－1798－0002621　普03960　集部/總集類/課藝之屬

**試律青雲集四卷**　(清)楊逢春輯　(清)沈品華等注　清同治十三年(1874)刻本　一冊　存一卷(一)

330000－1798－0002622　普03958　集部/總集類/課藝之屬

**館律萃珍三十二卷**　(清)謝祖源編次　清刻本　一冊　存一卷(二十七)

330000－1798－0002623　普03023　子部/醫家類/綜合之屬/通論

**醫學金鍼八卷**　(清)潘霨輯　清刻本　三冊　存六卷(三至八)

330000－1798－0002624　普03040　子部/醫家類/傷寒金匱之屬/傷寒論

**張仲景傷寒論貫珠集八卷**　(清)尤怡輯注

清刻本　三冊　存七卷(二至八)

330000－1798－0002625　普03957　集部/總集類/選集之屬/通代

**新註得月樓甲編不分卷乙編不分卷丙編不分卷丁編不分卷**　(清)張元灝選評　(清)耿覲文　(清)茅謙箋註　清刻本　一冊　存一編(甲)

330000－1798－0002626　普03956　集部/總集類/選集之屬/通代

**賦海大觀三十二卷**　(清)沈祖燕編輯　清石印本　一冊　存二卷(十九至二十)

330000－1798－0002627　普03955　類叢部/類書類/專類之屬

**試律大觀三十二卷目錄一卷**　(清)竹屏居士輯　(清)王家相定本　清刻本　一冊　存六卷(八至十三)

330000－1798－0002628　普03954　史部/傳記類/總傳之屬/通代

**增廣古今人物論三十六卷續編十二卷**　(明)鄭賢　(清)願學齋同人輯　清石印本　二冊　存五卷(十四至十八)

330000－1798－0002629　普06278　經部/春秋左傳類/傳說之屬

**曲江書屋新訂批註左傳快讀十八卷首一卷**　(清)李紹崧輯　清同治七年(1868)緯文堂刻本　二冊　存三卷(一、十五,首)

330000－1798－0002630　普06280　集部/總集類/選集之屬/斷代

**欽定全唐文一千卷首四卷**　(清)董誥等輯　清刻本　一冊　存三卷(四百三十四至四百三十六)

330000－1798－0002631　普06279　史部/紀傳類/正史之屬

**四史**　清刻本　三冊　存一種

330000－1798－0002632　普03953　類叢部/類書類/專類之屬

**試律大觀三十二卷目錄一卷**　(清)竹屏居士輯　(清)王家相定本　清同治十二年(1873)

海陵軒刻本　二十四冊

330000－1798－0002633　普03964　集部/總集類/選集之屬/斷代

**宋四六選二十四卷**　（清）彭元瑞　（清）曹振鏞輯　清刻本　三冊　存十二卷（五至十六）

330000－1798－0002635　普06273　類叢部/叢書類/自著之屬

**孫夏峰全集十二種附一種**　（清）孫奇逢撰　清康熙刻道光至光緒遞刻重印本　九冊　存一種

330000－1798－0002636　普06239、普06284、普06290、普06343　史部/叢編

**九通**　（清）□□輯　清光緒二十八年（1902）上海鴻寶書局齋石印本　二十三冊　存一種

330000－1798－0002637　普03025　子部/醫家類/類編之屬

**薛氏醫按二十四種**　（明）吳琯編　清嘉慶十四年（1809）書業堂刻本　二十五冊　存十七種

330000－1798－0002638　普03979　集部/總集類/彙編之屬

**漢魏六朝一百三家集（漢魏六朝百三名家集）**　（明）張溥編　清光緒五年（1879）彭懋謙信述堂刻本　二十六冊　存九十二種

330000－1798－0002639　普03038　子部/醫家類/本草之屬/神農本草經

**本經疏證十二卷續疏六卷本經序疏要八卷**（清）鄒澍撰　清道光二十九年（1849）常州長年醫局刻本　三冊　存九卷（本經疏證一至六、十至十二）

330000－1798－0002640　普04027　集部/總集類/選集之屬/通代

**文選五卷首一卷**　（南朝梁）蕭統輯　（唐）李善注　**文選考異一卷**　（清）胡克家撰　清光緒十四年（1888）同文書局石印本　六冊

330000－1798－0002641　普04018　類叢部/類書類/專類之屬

**分類詩腋八卷**　（清）李禎編　清刻本　一冊

存四卷（五至八）

330000－1798－0002643　普03037　子部/醫家類/綜合之屬/通論

**醫學入門七卷首一卷**　（明）李梴撰　清刻本　四冊　存四卷（一、五至七）

330000－1798－0002644　普03986　集部/總集類/選集之屬/斷代

**排律初津四卷**　（清）金鳳沼編並注　清光緒七年（1881）文華堂刻本　二冊　存二卷（一、四）

330000－1798－0002646　普03035　子部/醫家類/綜合之屬/通論

**醫宗必讀五卷首一卷**　（明）李中梓撰　清刻本　四冊　存四卷（一、三至四，首）

330000－1798－0002647　普03028　子部/醫家類/方書之屬/單方驗方

**絳雪園古方選註不分卷得宜本草一卷**　（清）王子接輯　清掃葉山房刻本　二冊

330000－1798－0002648　普06240　史部/地理類/總志之屬/斷代

**大清一統志四百二十四卷**　（清）和珅等纂修　清末石印本　二十八冊　缺二百二十卷（十七至七十四、一百一至一百八十八、一百九十七至二百二、二百三十七至二百四十八、二百六十五至三百四、三百六十至三百六十七、三百九十六至四百三）

330000－1798－0002649　普06238、普06292、普06344　類叢部/類書類/專類之屬

**佩文韻府一百六卷**　（清）張玉書　（清）蔡升元等輯　**佩文韻府拾遺一百六卷**　（清）汪灝　（清）何焯等輯　清光緒二十一年（1895）上海點石齋石印本　十五冊

330000－1798－0002650　普03027　子部/醫家類/本草之屬/神農本草經

**本草三家合註六卷**　（清）郭汝聰撰　**神農本草經百種錄一卷**　（清）徐大椿撰　清兩儀堂刻本　四冊　存四卷（一至二、四、六）

330000－1798－0002651　普03055　子部/醫

家類/方書之屬/單方驗方

四科簡效方四卷 （清）王士雄撰 清光緒十一年(1885)越州徐氏刻本 三冊 存三卷（一、三至四）

330000－1798－0002654 普03991 集部/總集類/課藝之屬

近科鄉會詩鈔□□卷 （清）楊逢春抄 清刻本 一冊 存二卷（四至五）

330000－1798－0002656 普06245 經部/易類/傳說之屬

周易象義辨例二十卷 （清）鄒師謙撰 清光緒二十五年(1899)石印本 四冊 存七卷（十至十六）

330000－1798－0002657 普03036 子部/醫家類/類編之屬

南雅堂醫書全集十六種 （清）陳念祖撰 清善成堂刻本 一冊 存一種

330000－1798－0002658 普03994 集部/別集類/清別集

春雲詩鈔六卷 （清）張襄編輯 （清）張維城編次 （清）繆有本箋注 清刻本 一冊 存一卷（四）

330000－1798－0002660 普03993 集部/別集類/清別集

註釋成均課士詩□□卷 （清）國學司成編 清嘉慶六年(1801)刻本 一冊 存二卷（一至二）

330000－1798－0002661 普06256 經部/四書類/總義之屬/傳說

四書五經義策論續編不分卷 （清）崇實齋輯 清光緒二十八年(1902)崇實齋鉛印本 三冊

330000－1798－0002662 普03056 子部/醫家類/類編之屬

醫林指月十二種 （清）王琦編 清刻本 一冊 存二種

330000－1798－0002664 普06244 經部/禮記類/傳說之屬

全本禮記體註十卷 （清）徐瓊撰 清石印本 一冊 存一卷（十）

330000－1798－0002666 普03995 集部/總集類/選集之屬/通代

古文快筆貫通解三卷 （清）杭永年輯並評 清世順堂刻本 二冊 存二卷（二至三）

330000－1798－0002667 普03996 集部/總集類/選集之屬/通代

山曉閣選古文全集三十二卷 （清）孫琮輯並評 清刻本 二冊 存四卷（十五至十六、二十一至二十二）

330000－1798－0002668 普03029 子部/醫家類/本草之屬/歷代綜合本草

本草匯十八卷附補遺一卷 （清）郭佩蘭撰 清康熙五年(1666)吳門郭氏梅花嶼刻本 一冊 存二卷（五至六）

330000－1798－0002669 普03980 集部/總集類/選集之屬/通代

古文淵鑒六十四卷 （清）徐乾學等輯注 清刻本 十三冊 存二十七卷（三至四、十四至十六、十九至二十、二十三至二十四、二十七至二十八、四十七至五十六、五十九至六十四）

330000－1798－0002670 普03997－1 集部/總集類/選集之屬/通代

古文析義六卷二編八卷 （清）林雲銘輯注 清經元堂刻本 二冊 存二卷（古文析義一、五）

330000－1798－0002671 普03997－2 集部/總集類/選集之屬/通代

古文析義十六卷 （清）林雲銘輯並注 清寶文堂刻本 三冊 存四卷（一、六至七、九）

330000－1798－0002672 普03997－3 集部/總集類/選集之屬/通代

古文析義（精校古文析義）六卷二編八卷 （清）林雲銘輯注 清宣統元年(1909)石印本 九冊 存八卷（二編一至八）

330000－1798－0002673 普03026 子部/醫

家類/傷寒金匱之屬/金匱要略

**金匱心典三卷** （清）尤怡撰　清刻本　一冊
存一卷（中）

330000－1798－0002674　普03031　子部/醫
家類/方書之屬/單方驗方

**孫真人千金方衍義三十卷** （唐）孫思邈撰
（清）張璐衍義　清嘉慶六年（1801）掃葉山房
刻本　二十三冊　存二十一卷（一至八、十至
十六、二十三至二十五、二十八至三十）

330000－1798－0002675　普03044　子部/醫
家類/溫病之屬/瘟疫

**溫病條辨醫方撮要二卷** （清）楊璿撰　（清）
黃惺溪輯　**遂生編一卷** （清）莊一夔撰　清
刻本　一冊　缺一卷（撮要一）

330000－1798－0002676　普03042　子部/醫
家類/方書之屬/單方驗方

**醫方論四卷** （清）費伯雄撰　清刻本　一冊
存二卷（三至四）

330000－1798－0002677　普03054　子部/醫
家類/類編之屬

**增註醫宗己任編八卷** （清）楊乘六編　（清）
王汝謙補注　清光緒十七年（1891）南京李光
明莊刻本　一冊　存二卷（一至二）

330000－1798－0002678　普06254　史部/地
理類/山川之屬/山志

**爛柯山志十三卷** （清）鄭永禧輯　清光緒三
十三年（1907）不其山館刻本　二冊　存七卷
（五至十一）

330000－1798－0002680　普06252　史部/金
石類/總志之屬

**金石存十五卷** （清）吳玉搢撰　清光緒七年
（1881）刻本　一冊　存三卷（一至三）

330000－1798－0002682　普03933　集部/總
集類/選集之屬/斷代

**六經五言詩不分卷** 清范氏抄本　三冊

330000－1798－0002684　普03106　子部/醫
家類/類編之屬

**婦嬰至寶三種六卷** （清）徐尚慧編　清刻本

一冊

330000－1798－0002685　普03951　集部/總
集類/選集之屬/通代

**五朝詩別裁集五種** （清）□□輯　清刻本
九冊　存三種

330000－1798－0002687　普03103　子部/醫
家類/綜合之屬/合刻、合抄

**景岳全書六十四卷** （明）張介賓撰　清刻本
一冊　存二卷（三十八至三十九）

330000－1798－0002689　普03104　子部/醫
家類/傷寒金匱之屬/傷寒論

**張仲景傷寒論原文淺註六卷** （清）陳念祖集
注　清光緒十五年（1889）古吳光裕書屋刻本
四冊　缺一卷（三）

330000－1798－0002690　普06258　史部/史
抄類

**廿一史約編八卷首一卷** （清）鄭元慶撰　清
末石印本　二冊　存二卷（土、革）

330000－1798－0002691　普06257　經部/小
學類/音韻之屬/韻書

**詩韻合璧五卷** （清）湯祥瑟輯　清光緒十五
年（1889）上海螢英館石印本　一冊　存一卷
（一）

330000－1798－0002692　普06259、普06325
新學/格致總

**西學時務總纂大成九十一卷** （清）求志齋主
人纂輯　清光緒二十三年（1897）上海鴻文書
局石印本　二十冊　缺四卷（五十五至五十
八）

330000－1798－0002693　普03950　類叢部/
類書類/通類之屬

**增廣試帖玉芙蓉五卷韻目一卷類目一卷續集
二卷韻目一卷類目一卷** （清）同文書局主人
輯　清光緒十九年（1893）上海鴻寶齋石印本
四冊　存三卷（四至五、續一）

330000－1798－0002694　普06260　史部/編
年類/斷代之屬

**清史攬要六卷** （日本）增田貢撰　清光緒石

印本　三冊　存三卷(二、四至五)

330000－1798－0002695　普06261　經部/易類/傳說之屬

**周易象義辨例二十卷**　(清)鄒師謙撰　清光緒石印本　二冊　存四卷(十七至二十)

330000－1798－0002696　普03945　集部/總集類/選集之屬

**近科館課分韻詩鈔三十卷目錄二卷**　王先謙編　(清)范多玨重編　陳漢章增注　清光緒三年(1877)四明茹古齋石印本　二十冊

330000－1798－0002697　普06268、普06270　經部/叢編

**五經備旨四十五卷**　(清)鄒聖脈纂輯　清石印本　二冊　存八卷(禮記五至八、詩經五至八)

330000－1798－0002698　普06269　經部/小學類/音韻之屬/韻書

**詩韻全璧五卷**　(清)暢懷書屋主人編輯　清光緒二十一年(1895)四明暢懷書屋石印本　二冊　存二卷(一、三)

330000－1798－0002699　普03109　子部/醫家類/婦科之屬/產科

**達生編一卷附錄一卷**　(清)亟齋居士撰　清光緒二十四年(1898)龍城勸輔壇刻本　一冊

330000－1798－0002700　普03944　集部/總集類/選集之屬/斷代

**集韻詩成不分卷**　清范氏抄本　五冊

330000－1798－0002701　普05418、普05892、普06241　經部/叢編

**五經合纂大成**　(清)同文書局主人輯　清石印本　十冊　存二十六卷(周易三至四,書經一至二,首,詩經三至四,禮記一至十,首,春秋一至四、八至十一)

330000－1798－0002702　普03934　集部/總集類/選集之屬/斷代

**賦類十三卷**　清范氏抄本　十二冊

330000－1798－0002703　普03098　子部/醫

家類/婦科之屬/產科

**達生編一卷附錄一卷補方一卷**　(清)亟齋居士撰　清光緒十八年(1892)刻本　一冊

330000－1798－0002704　普06242　集部/總集類/課藝之屬

**五經文府不二題五卷**　清石印本　四冊　存一卷(春秋)

330000－1798－0002706　普03943　集部/總集類/選集之屬/斷代

**味餘集不分卷**　清范氏抄本　七冊

330000－1798－0002707　普03101　子部/醫家類/綜合之屬/通論

**御纂醫宗金鑑九十卷首一卷**　(清)吳謙等撰　清刻本　一冊　存二卷(七十六至七十七)

330000－1798－0002708　普03946　集部/總集類/選集之屬/斷代

**欽定國朝詩別裁集三十二卷**　(清)沈德潛纂評　清刻本　五冊　存十卷(七至八、十三至十四、二十一至二十四、三十一至三十二)

330000－1798－0002709　普03041　子部/醫家類/傷寒金匱之屬/傷寒論

**重訂傷寒集註十五卷**　(清)舒詔撰　清渝城宏道堂刻本　二冊　存二卷(一、三)

330000－1798－0002710　普03947　集部/總集類/氏族之屬

**三蘇策論十二卷**　(宋)蘇洵　(宋)蘇軾(宋)蘇轍撰　(清)張紹齡編　清光緒二十七年(1901)祥記書莊石印本　六冊　存十卷(一至十)

330000－1798－0002711　普03039　子部/醫家類/婦科之屬/產科

**達生保嬰彙編一卷**　(清)亟齋居士撰　清光緒十六年(1890)刻本　一冊

330000－1798－0002713　普03974　集部/總集類/選集之屬/斷代

**皇朝經世文編一百二十卷姓名總目二卷**　(清)賀長齡輯　清末鉛印本　十五冊　存七十三卷(四十六至六十六、六十八至九十二、

九十四至一百二十)

330000－1798－0002714　普04042　史部/傳記類/總傳之屬/仕宦

**歷代名臣言行録二十四卷**　（清）朱桓輯　清光緒十七年(1891)上海廣百宋齋石印本　十二冊

330000－1798－0002715　普03052　子部/醫家類/傷寒金匱之屬/金匱要略

**金匱要畧淺註十卷**　（清）陳念祖輯注　清咸豐五年(1855)重慶閏書業堂刻本　二冊　存五卷(三至五、九至十)

330000－1798－0002716　普03067　子部/醫家類/方書之屬/單方驗方

**葉種德堂丸散膏丹全録一卷**　（清）葉種德堂主人輯　清光緒十三年(1887)葉種德堂刻本　一冊

330000－1798－0002718　普04021　集部/總集類/選集之屬/斷代

**昭代名人論策讀本□□卷**　（清）屠仁守等撰　清石印本　四冊　存四卷(八、十一至十三)

330000－1798－0002720　普04020　集部/總集類/選集之屬/通代

**古文辭類纂十五卷**　（清）姚鼐輯　**續古文辭類纂十卷**　王先謙輯　清上海著易堂石印本　八冊

330000－1798－0002721　普03975　集部/總集類/選集之屬/通代

**憑山閣增輯留青新集二十八卷**　（清）陳枚輯　（清）陳德裕增輯　清刻本　十八冊　存二十三卷(一至三、七至二十六)

330000－1798－0002722　普03065　子部/醫家類/方書之屬/單方驗方

**葉種德堂丸散膏丹全録一卷**　（清）葉種德堂主人輯　清光緒十三年(1887)葉種德堂刻本　一冊

330000－1798－0002723　普03900　集部/別集類/清別集

**織雲樓詩草不分卷**　（清）王慶棣撰　清木活字印本　一冊

330000－1798－0002724　普03941　集部/總集類/選集之屬/斷代

**時樣揣摩不分卷**　清范氏抄本　一冊

330000－1798－0002725　普03940　集部/總集類/選集之屬/通代

**唐宋八家文讀本不分卷**　清范氏抄本　一冊

330000－1798－0002726　普06212－15　史部/編年類/通代之屬

**重訂王鳳洲先生綱鑑會纂四十六卷續宋元紀二十三卷**　（明）王世貞撰　（明）陳仁錫訂　**御撰資治通鑑綱目三編二十卷**　（清）張廷玉等奉敕撰　清世德堂刻本　二十六冊　存四十四卷(綱鑑會纂一至二、九至十四、十七至二十三、二十六至二十七、三十三至三十四、三十九至四十四,續宋元紀四至七、九至十五、十八、二十一,三編四至九)

330000－1798－0002727　普03939　集部/總集類/選集之屬/斷代

**近九科同館賦鈔四卷**　（清）孫欽昂編輯　清光緒六年(1880)上海精一閣鉛印本　二冊

330000－1798－0002730　普03938　集部/總集類/選集之屬/斷代

**重訂唐詩別裁集二十卷**　（清）沈德潛輯　清刻本　六冊　存十三卷(六至七、十至二十)

330000－1798－0002731　普03936　集部/總集類/選集之屬/通代

**古文選讀四卷**　清范氏抄本　二冊　存二卷(亨、利)

330000－1798－0002732　普03935　集部/總集類/選集之屬/通代

**古文選讀四卷**　清范氏抄本　四冊

330000－1798－0002733　普06198　經部/詩類/傳說之屬

**詩經集傳八卷**　（宋）朱熹撰　清立言堂刻本　三冊　存五卷(一至五)

330000－1798－0002735　普 03066　子部/醫家類/方書之屬/單方驗方

**葉種德堂丸散膏丹全錄一卷**　（清）葉種德堂主人輯　清光緒十三年(1887)葉種德堂刻本　一冊

330000－1798－0002736　普 06211　子部/雜著類/雜說之屬

**冷廬雜識八卷**　（清）陸以湉撰　清咸豐六年(1856)刻本　二冊　存二卷(七至八)

330000－1798－0002737　普 03888　集部/小說類/短篇之屬

**燕山外史註釋八卷**　（清）陳球撰　（清）傅聲谷注　清刻本　一冊　存二卷(三至四)

330000－1798－0002738　普 06210　經部/四書類/論語之屬/專著

**鄉黨圖考十卷**　（清）江永撰　清三讓堂刻本　二冊　存四卷(四至七)

330000－1798－0002739　普 03880　集部/別集類/清別集

**東山草堂詩集十八卷**　（清）傅文光著　清刻本　一冊　存九卷(一至九)

330000－1798－0002740　普 06209　子部/雜著類/雜纂之屬

**兩般秋雨盦隨筆八卷**　（清）梁紹壬撰　清刻本　一冊　存一卷(一)

330000－1798－0002743　普 06233、普 06359　史部/編年類/通代之屬

**尺木堂綱鑑易知錄九十二卷明鑑易知錄十五卷**　（清）吳乘權等輯　清光緒二十七年(1901)上海商務印書館鉛印本　八冊　缺六十卷(綱鑑易知錄十二至四十六、五十四至五十九、七十四至九十二)

330000－1798－0002744　普 06237　史部/編年類/通代之屬

**玉山樓明鑑易知錄十五卷**　（清）吳乘權（清）周之炯　（清）周之燦輯　清文奎堂刻本　六冊

330000－1798－0002745　普 06235　經部/易類/傳說之屬

**周易觀象大指二卷**　（清）李光地撰　清刻本　一冊

330000－1798－0002747　普 06223　史部/編年類/通代之屬

**尺木堂綱鑑易知錄九十二卷明鑑易知錄十五卷**　（清）吳乘權等輯　清刻本　二十七冊　存八十六卷(綱鑑易知錄七至九十二)

330000－1798－0002748　普 06218－06221　經部/叢編

**五經備旨四十五卷**　（清）鄒聖脈纂輯　清光緒十二年(1886)上海點石齋石印本　七冊　存二十六卷(易經一至三、詩經五至八、春秋一至十二、禮記一至七)

330000－1798－0002749　普 03097　子部/醫家類/綜合之屬/合刻、合抄

**增訂本草備要四卷醫方集解六卷附醫方湯頭歌括一卷經絡歌訣一卷續增日食菜物一卷**　（清）汪昂撰　清乾隆五年(1740)胡宗文刻本　六冊

330000－1798－0002751　普 03883　集部/別集類/清別集

**疑雨集二卷**　（明）王彥泓撰　清宣統元年(1909)上海著易堂石印本　一冊

330000－1798－0002752　普 06217　經部/詩類/傳說之屬

**詩經詳解□□卷**　清刻本　二冊　存二卷(一、三)

330000－1798－0002754　普 06222　經部/群經總義類/文字音義之屬

**經籍籑詁一百六卷首一卷**　（清）阮元撰　新輯經籍籑詁檢韻檢字一卷　清光緒二十年(1894)上海點石齋石印本　二冊　存十一卷(七至十五、首,檢韻檢字)

330000－1798－0002755　普 03091　子部/醫家類/醫案之屬

**古今醫案按十卷**　（清）俞震輯　清宣統元年(1909)上海會文堂書局石印本　九冊　缺一

117

卷（四）

330000-1798-0002758 普06205 經部/小學類

**校正馬氏文通十卷** （清）馬建忠撰 清光緒二十八年（1902）上海文林石印本 二冊 存六卷（一至六）

330000-1798-0002759 普06203 史部/紀傳類/正史之屬

**三國志六十五卷** 清光緒二十五年（1899）慎記書莊石印本 三冊 存四十五卷（魏書一至三十、蜀書一至十五）

330000-1798-0002763 普03894 集部/別集類/清別集

**板橋集六卷** （清）鄭燮撰 清末石印本 一冊 存一卷（板橋詩鈔二）

330000-1798-0002765 普03893 集部/別集類/清別集

**板橋集六卷** （清）鄭燮撰 清末石印本 一冊 存一卷（板橋詩鈔二）

330000-1798-0002766 普06202、普06405 子部/醫家類/綜合之屬/通論

**辨證奇聞十卷** （清）陳士鐸撰 （清）錢松刪定 清廣益書局石印本 二冊 存八卷（一至六、九至十）

330000-1798-0002768 普06201 子部/藝術類/書畫之屬/畫譜

**芥子園畫傳四集四卷** （清）丁臯等撰輯 **芥子園圖章會纂一卷** （清）李漁撰 清末石印本 七冊

330000-1798-0002769 普03891 集部/別集類/清別集

**詩稿一卷** 清王啟發抄本 一冊

330000-1798-0002770 普06229 史部/傳記類/總傳之屬/通代

**尚友錄二十二卷** （明）廖用賢輯 清刻本 四冊 存七卷（六至七、十四至十五、十八至二十）

330000-1798-0002771 普06228 經部/小學類/音韻之屬/韻書

**佩文詩韻釋要五卷** （清）周兆基輯 清宣統三年（1911）商務印書館影印本 一冊 存二卷（一至二）

330000-1798-0002773 普06226 史部/傳記類/總傳之屬/姓名

**古今萬姓統譜一百四十卷歷代帝王姓系統譜六卷氏族博攷十四卷** （明）凌迪知輯 清刻本 二冊 存十八卷（五十七至六十、一百二十七至一百四十）

330000-1798-0002774 普06225 史部/史抄類

**峋嶁鑑撮四卷** （清）曠敏本撰 **歷朝割據諸國一卷 歷代紀年便覽一卷** （清）陳鍾珂輯 **讀史論略一卷** （清）杜詔撰 清同治八年（1869）刻本 三冊 缺二卷（一、三）

330000-1798-0002775 普03890 集部/總集類/選集之屬/斷代

**國朝八家四六文鈔（八家四六文鈔）八種** （清）吳鼒編 清較經堂刻本 一冊 存二種

330000-1798-0002777 普06277 集部/別集類/唐五代別集

**唐陸宣公集二十二卷** （唐）陸贄撰 清同治五年（1866）楊氏問竹軒家塾刻本 二冊 存五卷（十八至二十二）

330000-1798-0002778 普03899 集部/別集類/清別集

**抱經室詩文初編八卷** （清）呂傳愷撰 清光緒三十一年（1905）永康呂氏刻本 一冊 存三卷（歲寒草一至三）

330000-1798-0002779 普06276 類叢部/叢書類/自著之屬

**楊園先生全集（張楊園先生集）十七種** （清）張履祥撰 清乾隆二十一年（1756）刻四十七年（1782）修補印本 四冊 存七種

330000-1798-0002780 普06275 經部/春秋左傳類/傳說之屬

東萊博議四卷　（宋）呂祖謙撰　清刻本　一冊　存一卷（二）

330000 – 1798 – 0002782　普06274　子部/儒家類/儒學之屬/蒙學

寄傲山房塾課新增幼學故事瓊林四卷首一卷　（明）程登吉撰　（清）鄒聖脈增補　清刻本　三冊　存三卷（二至四）

330000 – 1798 – 0002783　普06272　子部/醫家類/方書之屬/單方驗方

串雅内編四卷　（清）趙學敏輯　清光緒十四年（1888）榆園刻本　一冊　存二卷（三至四）

330000 – 1798 – 0002785　普03087　子部/醫家類/綜合之屬/通論

醫學實在易八卷　（清）陳念祖撰　清光緒三十一年（1905）上海文盛堂書局石印本　一冊

330000 – 1798 – 0002786　普03897　集部/別集類/漢魏六朝別集

靖節先生集十卷　（晉）陶潛撰　（清）陶澍注　靖節先生集諸本序錄一卷　（清）陶澍編輯　靖節先生年譜攷異二卷　（清）陶澍撰　清道光二十年（1840）刻本　一冊　存三卷（一至二、序錄）

330000 – 1798 – 0002788　普03896　集部/別集類/唐五代別集

杜工部集二十卷附錄一卷年譜一卷諸家詩話一卷唱酬題詠附錄一卷　（唐）杜甫撰　（清）錢謙益箋註　清宣統二年（1910）上海集成圖書公司鉛印本　二冊　缺十三卷（九至二十、年譜）

330000 – 1798 – 0002790　普03903　集部/別集類/清別集

夢月巖詩集二十卷詩餘一卷　（清）呂履恒撰　清雍正三年（1725）呂憲曾、呂宣曾昆山刻本　二冊　存七卷（四至七、十三至十五）

330000 – 1798 – 0002794　普03904　集部/別集類/清別集

錦官堂賦鈔不分卷　（清）延清撰　清范氏抄本　一冊

330000 – 1798 – 0002796　普03968　集部/總集類/選集之屬/斷代

欽定國朝詩別裁集三十二卷　（清）沈德潛纂評　清乾隆二十六年（1761）刻本　一冊　存一卷（一）

330000 – 1798 – 0002797　普03967　集部/總集類/選集之屬/斷代

明詩別裁集十二卷　（清）沈德潛　（清）周準輯　清乾隆刻本　六冊　存九卷（一至五、七至八、十一至十二）

330000 – 1798 – 0002798　普03965　集部/總集類/選集之屬/斷代

重訂唐詩別裁集二十卷　（清）沈德潛輯　清刻本　十二冊　存十四卷（一至二、四至八、十至十二、十五至十六、十九至二十）

330000 – 1798 – 0002800　普03966　集部/總集類/選集之屬/斷代

重訂唐詩別裁集二十卷　（清）沈德潛輯　清務本堂刻本　四冊　存七卷（一、七至八、十一至十二、十七至十八）

330000 – 1798 – 0002801　普03970　類叢部/類書類/專類之屬

詩學含英十四卷　（清）劉文蔚輯　清文奎堂刻本　二冊

330000 – 1798 – 0002802　普03969　類叢部/類書類/專類之屬

分類詩腋八卷　（清）李槙編　清道光十年（1830）刻本　一冊　存四卷（一至四）

330000 – 1798 – 0002807　普04065　集部/別集類/明別集

商文毅公集六卷　（明）商輅撰　（清）張一魁輯　清順治刻本　一冊　存三卷（四至六）

330000 – 1798 – 0002808　普04064　集部/別集類/元別集

重刻柳待制文集二十卷標目二卷　（元）柳貫撰　外編附錄一卷　（元）黄溍　（明）宋濂等撰　清嘉慶十三年（1808）柳氏愛竹居木活字印本　六冊　缺五卷（十四至十五、十九至二

十,附錄)

330000－1798－0002809　普03095　子部/醫
家類/婦科之屬/產科

**達生編二卷附各門良方一卷果報圖一卷**
(清)亟齋居士撰　清同治十三年(1874)蘭邑
同善會刻本　一冊

330000－1798－0002810　普04063　集部/別
集類/清別集

**可自怡齋試帖詩注釋二卷**　(清)顧文彬撰
清同治十三年(1874)刻本　二冊

330000－1798－0002811　普03064　子部/醫
家類/方書之屬/單方驗方

**急救編□□卷**　清刻本　一冊　存二卷(二
至三)

330000－1798－0002812　普04062　集部/別
集類/明別集

**太師誠意伯劉文成公集二十卷首一卷**　(明)
劉基撰　清光緒元年(1875)刻本　一冊　存
二卷(三至四)

330000－1798－0002813　普04061　集部/別
集類/清別集

**集虛齋學古文十二卷附離騷經解畧一卷**
(清)方楘如撰　清光緒十年(1884)李詩、竺
士彥淳安縣署刻本　二冊　缺六卷(一至六)

330000－1798－0002815　普04060　集部/別
集類/宋別集

**山曉閣選宋大家蘇東坡全集六卷**　(宋)蘇軾
撰　(清)孫琮評　清山曉閣刻本　二冊　存
四卷(一至四)

330000－1798－0002816　普04151　集部/別
集類/清別集

**海峰先生詩集五卷**　(清)劉大櫆撰　清刻本
一冊

330000－1798－0002817　普03901　集部/別
集類/明別集

**陸忠定公文集一卷**　(明)陸震撰　(清)李佾
輯錄　清光緒二十二年(1896)刻本　一冊

330000－1798－0002819　普03917　集部/別
集類/清別集

**小倉山房文集三十五卷**　(清)袁枚撰　清刻
本　八冊　存二十九卷(七至三十五)

330000－1798－0002820　普03916　類叢部/
叢書類/自著之屬

**李文恭公遺集三種**　(清)李星沅撰　清同治
四年(1865)芋香山館刻本　二冊　存一種

330000－1798－0002821　普03061　子部/醫
家類/傷寒金匱之屬/金匱要略

**金匱要略淺註十卷**　(清)陳念祖輯注　清光
緒十八年(1892)上海圖書集成印書局鉛印本
二冊

330000－1798－0002824　普03059　子部/醫
家類/眼科之屬

**眼科秘旨二卷**　清紅杏山房刻本　葉蔭祥題
簽　二冊

330000－1798－0002825　普03913　集部/別
集類/清別集

**西堂小草一卷論語詩一卷右北平集一卷**
(清)尤侗撰　清康熙二十三年(1684)刻本
一冊

330000－1798－0002826　普03058　子部/醫
家類/診法之屬/脈經脈訣

**瀕湖脈學一卷奇經八脈玫一卷**　(明)李時珍
撰　清刻本　一冊

330000－1798－0002827　普06271　子部/醫
家類/本草之屬/歷代綜合本草

**本草從新十八卷**　(清)吳儀洛輯　清刻本
二冊　存六卷(二至四、十至十二)

330000－1798－0002829　普03912　集部/別
集類/清別集

**蘇盦文錄二卷駢文錄五卷詩錄八卷詞錄一卷**
(清)楊葆光撰　清光緒九年(1883)杭州刻
本　一冊　存三卷(詩錄七至八、詞錄)

330000－1798－0002830　普03911　集部/別
集類/清別集

**浣仙詩草一卷焚餘草存一卷**　(清)范薇撰

清光緒十八年(1892)刻本　一冊

330000－1798－0002831　普 03910　集部/別集類/清別集

**樂在堂詩集一卷**　（清）陳悅旦撰　清刻本
一冊

330000－1798－0002832　普 03909　集部/別集類/清別集

**孚佑帝君功過格試帖詩一卷**　（清）崔世霖著
清光緒五年(1879)刻本　一冊

330000－1798－0002833　普 06236、普 06291
類叢部/叢書類/自著之屬

**榕村全書三十二種附十種**　（清）李光地撰
清道光九年(1829)安溪李維迪刻本　十五冊
存十種

330000－1798－0002834　普 03908　集部/別集類/清別集

**養源山房詩鈔六卷**　（清）徐士霖撰　清刻本
一冊　存二卷(三至四)

330000－1798－0002835　普 03907　集部/別集類/宋別集

**安陽集五十卷**　（宋）韓琦撰　清刻本　一冊
存五卷(三十五至三十九)

330000－1798－0002836　普 03906　集部/別集類/宋別集

**宋大家歐陽文忠公文抄三十二卷**　（宋）歐陽
修撰　（明）茅坤評　清刻本　一冊　存三卷
(六至八)

330000－1798－0002837　普 03069　子部/醫家類/方書之屬/成方藥目

**同仁堂藥目不分卷**　（清）同仁堂編　清宣統
二年(1910)京都同仁堂刻本　一冊

330000－1798－0002838　普 06224　類叢部/叢書類/郡邑之屬

**永嘉叢書十三種**　（清）孫衣言編　清同治至
光緒瑞安孫氏詒善祠塾刻本　十六冊　存
八種

330000－1798－0002839　普 03070　子部/醫

家類/喉科口齒之屬/白喉

**白喉全生集一卷**　（清）李紀方撰　清宣統元
年(1909)金陵惜善堂刻本　一冊

330000－1798－0002841　普 03034　子部/醫家類/傷寒金匱之屬/傷寒論

**注解傷寒論十卷圖解運氣圖一卷**　（漢）張機
撰　（晉）王叔和輯　（金）成無己注　清刻本
二冊　存七卷(四至十)

330000－1798－0002842　普 03780　集部/總集類/選集之屬/斷代

**唐四家詩集二十八卷**　清光緒十年(1884)上
海同文書局石印本　四冊　存一種

330000－1798－0002843　普 03032　子部/醫家類/溫病之屬/瘟疫

**明吳又可先生瘟疫論二卷**　（明）吳有性撰
清光緒三十四年(1908)森記書局刻本　一冊
存一卷(上)

330000－1798－0002844　普 03976　集部/總集類/郡邑之屬

**兩浙輶軒續錄五十四卷補遺六卷姓氏韻編二
卷**　（清）潘衍桐輯　清光緒十七年(1891)浙
江書局刻本　十冊　存十八卷(一至九、十二
至十三、十六至二十一,姓氏韻編二)

330000－1798－0002845　普 03033　子部/醫家類/婦科之屬/產科

**催生符不分卷**　清咸豐十一年(1861)抄本
一冊

330000－1798－0002846　普 03073　子部/醫家類/婦科之屬/產科

**達生編二卷附錄各門良方一卷**　（清）亟齋居
士撰　清同治十三年(1874)蘭邑同善會刻本
一冊

330000－1798－0002848　普 03074　子部/醫家類/婦科之屬/產科

**胎產集要三卷附幼科摘要一卷**　（清）黃惕齋
輯　清嘉慶十六年(1811)刻本　一冊

330000－1798－0002850　普 06331　經部/小學類/文字之屬/字書/字典

康熙字典十二集三十六卷總目一卷檢字一卷
辨似一卷等韻一卷補遺一卷備考一卷 （清）
張玉書等纂修 清道光七年(1827)刻本 三
十九冊 缺一卷（丑集下）

330000－1798－0002851 普03096 子部/醫
家類/綜合之屬/通論

醫家四要四卷 （清）程曦等撰 清光緒十二
年(1886)養鶴山房刻本 一冊 存一卷（一）

330000－1798－0002852 普03108 子部/醫
家類/傷寒金匱之屬/傷寒論

醫效秘傳三卷 （清）葉桂撰 溫熱贅言一卷
（清）寄瓢子撰 清道光十一年(1831)吳氏
貯春仙館刻本 三冊

330000－1798－0002853 普06341 經部/
叢編

十三經讀本十六種 （清）□□編 清同治金
陵書局刻本 五冊 存一種

330000－1798－0002854 普03779 集部/別
集類/清別集

定盦文集三卷續集四卷補四卷補編四卷
（清）龔自珍撰 清宣統二年(1910)上海掃葉
山房石印本 六冊

330000－1798－0002855 普06342 類叢部/
叢書類/彙編之屬

孫氏山淵閣叢刊十種 （清）孫葆田編 清光
緒榮成孫氏問經精舍刻本 八冊 存一種

330000－1798－0002856 普03050 子部/醫
家類/類編之屬

吳氏醫學述第三種本草從新六卷 （清）吳儀
洛輯 清刻本 一冊 存一卷（一）

330000－1798－0002859 普03770 集部/別
集類/清別集

環翠山莊試帖詩鈔二卷 （清）姚丙禧撰
（清）姚柟敬編 清光緒五年(1879)上海張善
善堂石印本 一冊

330000－1798－0002862 普03786 集部/別
集類/唐五代別集

昌黎先生集四十卷外集十卷遺文一卷 （唐）

韓愈撰 （宋）廖瑩中校正 朱子校昌黎先生
集傳一卷 （宋）朱熹撰 韓集點勘四卷
（清）陳景雲撰 清宣統二年(1910)掃葉山房
石印本 十二冊

330000－1798－0002863 普06349 史部/政
書類/通制之屬

通志略五十二卷 （宋）鄭樵撰 清刻本 三
冊 存五卷（樂略一至二，職官略一、四，食貨
略二）

330000－1798－0002865 普03122 子部/醫
家類/本草之屬/歷代綜合本草

增訂本草備要四卷 （清）汪昂撰 清刻本
四冊

330000－1798－0002867 普06350 史部/金
石類/郡邑之屬/文字

海東金石苑四卷 （清）劉喜海撰 清光緒七
年(1881)衢州張德容二銘草堂刻本 一冊
存一卷（四）

330000－1798－0002869 普06351 史部/金
石類/金之屬/圖像

三古圖三種 （清）黃晟輯 明萬曆二十八年
至三十年(1600－1602)吳萬化刻清乾隆十七
年(1752)天都黃氏亦政堂重印本 一冊 存
一種

330000－1798－0002870 普06340 子部/醫
家類/本草之屬/本草藥性

重鐫京板太醫院分類青囊藥性賦二卷 （明）
羅必煒訂 清道光元年(1821)五車樓刻本
一冊 存一卷（一）

330000－1798－0002871 普06337 集部/別
集類/清別集

舊雨草堂時文一卷 （清）陳康祺撰 清同治
九年(1870)寧郡蔣文照刻本 一冊

330000－1798－0002873 普06334 史部/紀
傳類/正史之屬

四史 清光緒二十八年(1902)竢實齋石印本
二冊 存一種

330000－1798－0002874 普06333 史部/紀

傳類/正史之屬

**前漢書一百卷** （漢）班固撰　（唐）顏師古注　清末石印本　五冊　存三十三卷(二十七至三十、六十三至八十一、九十一至一百)

330000－1798－0002876　普03773　集部/別集類/清別集

**紅芙苑小草一卷**　（清）嚴麗正撰　清刻本　一冊

330000－1798－0002877　普06339　集部/詞類/總集之屬

**絕妙好詞箋七卷**　（宋）周密輯　（清）查爲仁　（清）厲鶚箋　清刻本　一冊　存二卷(一至二)

330000－1798－0002879　普03117　子部/醫家類/方書之屬/單方驗方

**救急備用經驗彙方十卷**　（清）葉廷薦輯　清刻本　一冊　存一卷(三)

330000－1798－0002880　普03116　子部/醫家類/綜合之屬

**秘傳證治要訣十二卷**　（明）戴元禮撰　清刻本　四冊

330000－1798－0002881　普06308、普06338　經部/四書類/大學之屬/傳說

**四書朱子本義匯參四十三卷首四卷**　（清）王步青輯　清敦復堂刻本　三冊　存四卷(大學一至三、首一)

330000－1798－0002884　普06336　子部/小說家類/瑣語之屬

**淞隱漫錄十二卷**　（清）王韜撰　清光緒十年(1884)上海點石齋石印本　二冊　存四卷(一至四)

330000－1798－0002885　普03208　子部/醫家類/溫病之屬/其他溫疫病證

**溫熱經緯五卷**　（清）王士雄撰　清光緒三十年(1904)石印本　二冊

330000－1798－0002887　普3978　集部/總集類/郡邑之屬

**湖南文徵一百九十卷首一卷目錄六卷姓氏傳**

四卷　（清）羅汝懷輯　清刻本　三十二冊　存六十二卷(一至十四、十六至三十六、四十一至四十二、四十八至五十四、九十至九十九、一百五至一百六、一百九至一百十、一百十七至一百十八、一百二十四至一百二十五)

330000－1798－0002897　普06326　子部/醫家類/類編之屬

**吳氏醫學述第三種本草從新六卷**　（清）吳儀洛輯　清文奎堂刻本　五冊　缺一卷(五)

330000－1798－0002902　普03792　集部/別集類/清別集

**飲冰室文集十八卷**　梁啟超撰　清光緒二十九年(1903)上海廣智書局鉛印本　十八冊

330000－1798－0002908　普03201　子部/醫家類/方書之屬/單方驗方

**葉種德堂丸散膏丹全錄一卷**　（清）葉種德堂主人輯　清光緒十三年(1887)葉種德堂刻本　一冊

330000－1798－0002909　普03789　集部/別集類/唐五代別集

**李長吉集四卷外卷一卷**　（唐）李賀撰　（明）黃淳耀評點　（清）黎簡批點　清宣統元年(1909)上海埽葉山房朱墨套印石印本　二冊

330000－1798－0002910　普03198　子部/醫家類/綜合之屬/通論

**醫學三字經四卷**　（清）陳念祖撰　清刻本　一冊　存二卷(三至四)

330000－1798－0002911　普03222　子部/醫家類/醫理之屬/臟象骨度

**醫林改錯一卷**　（清）王清任撰　清光緒三十四年(1908)上海理文軒石印本　一冊

330000－1798－0002913　普03221　子部/醫家類/溫病之屬/瘟疫

**隨息居重訂霍亂論四卷**　（清）王士雄撰　清光緒三十年(1904)石印本　一冊

330000－1798－0002914　普03220　子部/醫家類/傷寒金匱之屬/金匱要略

**金匱方歌括六卷**　（清）陳念祖撰　清末石印

本　一冊

330000－1798－0002915　普03219　子部/醫家類/本草之屬/歷代綜合本草

本經逢原四卷　(清)張璐撰　清上海錦章書局石印本　四冊

330000－1798－0002922　普06327、普06409子部/醫家類/本草之屬/歷代綜合本草

本草綱目五十二卷　(明)李時珍撰　清刻本　八冊　存八卷(三、八、十五至十六、二十二、二十七至二十八、三十六)

330000－1798－0002923　普06329　子部/叢編

二十二子彙函　(清)浙江書局編　清光緒元年至三年(1875－1877)浙江書局刻本　二冊　存一種

330000－1798－0002924　普03782　集部/別集類/唐五代別集

杜律通解四卷　(唐)杜甫撰　(清)李文煒箋釋　清刻本　三冊

330000－1798－0002925　普06330　類叢部/叢書類/自著之屬

西河合集一百十九種　(清)毛奇齡撰　清蕭山陸氏凝瑞堂刻本　六冊　存七種

330000－1798－0002926　普06328　經部/書類/傳說之屬

尚書古文疏證八卷　(清)閻若璩撰　朱子古文書疑一卷　(清)閻詠輯　清眷西堂刻本(卷三原缺)　一冊　存一卷(二)

330000－1798－0002927　普03810　類叢部/叢書類/自著之屬

曾文正公四種　(清)曾國藩撰　清光緒三十一年(1905)上海商務印書館鉛印本　七冊　存三種

330000－1798－0002928　普03808　集部/別集類/清別集

傲霜吟後集不分卷　(清)梁純素撰　清乾隆五十七年(1792)刻本　一冊

330000－1798－0002929　普03807　集部/別集類/唐五代別集

溫飛卿詩集七卷別集一卷集外詩一卷附錄諸家詩評一卷　(唐)溫庭筠撰　(明)曾益注(清)顧予咸補注　(清)顧嗣立續注　清宣統二年(1910)上海廣益書局石印本　四冊　缺一卷(諸家詩評)

330000－1798－0002931　普06306　史部/目錄類/專錄之屬

經義考三百卷　(清)朱彝尊撰　經義考總目二卷　(清)盧見曾編　清刻本　十五冊　存二十八卷(十二至二十、五十四至六十二、二百三十四至二百四十三)

330000－1798－0002932　普06300　類叢部/類書類/專類之屬

淵鑑類函四百五十卷目錄四卷　(清)張英(清)王士禎等輯　清末石印本　三冊　存一百二十四卷(珍寶部一至四、布帛部一至二、儀飾部一至三、服飾部一至十二、器物部一至四、舟部一、車部一、食物部一至六、五穀部一至二、藥部一至二、蔬菜部一、文學部一至十四、武功部一至二十四、邊塞部一至十二、封爵部一至四、政術部一至三十二)

330000－1798－0002935　普06302　子部/儒家類/儒家之屬

荀子二十卷　(唐)楊倞注　清刻本　四冊存十五卷(四至十八)

330000－1798－0002936　普06305　集部/別集類/唐五代別集

樊川詩集四卷　(唐)杜牧撰　(清)馮集梧注清刻本　一冊　存一卷(二)

330000－1798－0002938　普06304　史部/政書類/通制之屬

文獻通考三百四十八卷　(元)馬端臨撰　清刻本　一冊　存四卷(二百六至二百九)

330000－1798－0002940　普03801　集部/別集類/宋別集

王臨川文集四卷　(宋)王安石撰　清宣統二年(1910)上海會文堂書局石印本　二冊　存

二卷(二、四)

330000－1798－0002942　普06303　集部/別集類/唐五代別集

**韓子文鈔十卷**　（唐）韓愈撰　清刻本　二冊　存六卷(三至八)

330000－1798－0002944　普06317　集部/別集類/宋別集

**水心文集二十九卷**　（宋）葉適撰　清刻本　雲章題記　六冊　存十三卷(二至六、十一、十六、二十四至二十九)

330000－1798－0002946　普06310　集部/別集類/清別集

**春在堂隨筆十卷**　（清）俞樾撰　清刻本　一冊　存二卷(一至二)

330000－1798－0002947　普05883、普06309　經部/書類/傳說之屬

**尚書離句六卷**　（清）錢在培輯解　清光緒十年(1884)立言堂刻本　二冊

330000－1798－0002950　普06307　經部/易類/圖說之屬

**易學啟蒙通釋二卷附圖一卷**　（宋）胡方平通釋　清嘉慶十七年(1812)慶餘堂刻本　一冊　存一卷(二)

330000－1798－0002951　普06316　經部/書類/傳說之屬

**欽定書經傳說彙纂二十一卷首二卷書序一卷**　（清）王頊齡等纂　清同治七年(1868)馬新貽、李瀚章刻本　二冊　存四卷(十至十一、二十一，書序)

330000－1798－0002954　普06313　史部/紀傳類/正史之屬

**明史三百三十二卷**　（清）張廷玉等撰　清石印本　一冊　存十三卷(一百九十二至二百四)

330000－1798－0002955　普03813　類叢部/叢書類/自著之屬

**隨園三十八種**　（清）袁枚撰　清光緒十八年(1892)勤裕堂鉛印本　八冊　存六種

330000－1798－0002956　普06312　史部/紀傳類/正史之屬

**二十四史附考證**　（元）脫脫等纂修　清光緒石印本　一冊　存一種

330000－1798－0002958　普06311　類叢部/叢書類/自著之屬

**章氏遺書二種**　（清）章學誠撰　清道光十二年至十三年(1832－1833)章華紱刻本　三冊　存一種

330000－1798－0002959　普03811　集部/別集類/清別集

**曾文正公詩集三卷**　（清）曾國藩撰　清宣統元年(1909)上海著易堂書局鉛印本　一冊

330000－1798－0002960　普03819　集部/別集類/宋別集

**趙清獻公集十卷目錄二卷**　（宋）趙抃撰　清刻本　三冊　缺二卷(九至十)

330000－1798－0002961　普03217　子部/醫家類/方書之屬/單方驗方

**本草萬方鍼綫八卷**　（清）蔡烈先輯　**瀕湖脈學一卷奇經八脈攷一卷脈訣攷證一卷**　（明）李時珍撰　清光緒三十年(1904)上海經香閣書莊石印本　一冊

330000－1798－0002962　普03216　子部/醫家類/本草之屬/歷代綜合本草

**本草綱目拾遺十卷首一卷**　（清）趙學敏輯　清光緒三十年(1904)上海經香閣書莊石印本　一冊

330000－1798－0002969　普03821　集部/別集類/清別集

**榕風樓詩存二卷**　（清）楊漢皋撰　清光緒十年(1884)刻本　二冊

330000－1798－0002970　普03832　集部/別集類/清別集

**願學堂詩鈔二十八卷**　（清）王宗燿撰　清咸豐十年(1860)鄞縣王氏刻本　五冊　存二十四卷(一至三、八至二十八)

330000－1798－0002971　普03831　集部/別

集類/清別集

**半舫草堂賦略一卷** （清）翟立方撰 （清）翟蘭溪 （清）翟黼臣編 清光緒八年(1882)刻本 二冊

330000－1798－0002972 普 03830 集部/別集類/清別集

**尚絅堂試帖輯註一卷** （清）劉嗣綰著 （清）張熙宇輯評 清刻本 二冊

330000－1798－0002975 普 03827 集部/別集類/清別集

**桐雲閣試帖輯註二卷** （清）楊庚撰 （清）張熙宇輯評 （清）王植輯注 清刻本 一冊 存一卷(上)

330000－1798－0002976 普 03826 集部/別集類/清別集

**七十二硯齋集不分卷** （清）吳步韓撰 清抄本 一冊

330000－1798－0002977 普 03242 子部/醫家類/類編之屬

**吳氏醫學述第三種本草從新六卷** （清）吳儀洛輯 清同治七年(1868)富春堂刻本 四冊

330000－1798－0002978 普 03833 集部/別集類/清別集

**釋園詩鈔四卷** （清）翁傳照撰 清光緒二十三年(1897)刻本 一冊

330000－1798－0002979 普 03120 子部/醫家類/傷寒金匱之屬/金匱要略

**金匱要略淺注十卷** （清）陳念祖輯注 清末石印本 一冊

330000－1798－0002985 普 03118 子部/醫家類/類編之屬

**陳修園醫書四十種** （清）陳念祖等撰 清光緒三十二年(1906)吳閶醫學會石印本 五冊 存六種

330000－1798－0002986 普 03855 子部/儒家類/儒學之屬/性理

**王陽明先生傳習錄一卷** （明）王守仁撰 清光緒三十一年(1905)邵陽魏允恭石印本

一冊

330000－1798－0002988 普 03853 集部/別集類/清別集

**樊榭山房文集八卷** （清）厲鶚撰 清刻本 二冊

330000－1798－0002994 普 03189 子部/醫家類/綜合之屬/合刻、合抄

**景岳全書六十四卷** （明）張介賓撰 清光緒二十年(1894)上海圖書集成印書局鉛印本 十六冊

330000－1798－0002996 普 03258 子部/醫家類/婦科之屬/產科

**胎產心法三卷** （清）閻純璽撰 清光緒六年(1880)江右袁心志堂刻本 六冊

330000－1798－0002997 普 03847 集部/別集類/清別集

**存我軒偶錄不分卷** （清）陸鍾渭撰 清光緒二十七年(1901)文彙書局鉛印本 一冊

330000－1798－0002999 普 03243 子部/醫家類/溫病之屬/瘟疫

**鼠疫彙編一卷** （清）吳宣崇撰 （清）羅汝蘭增輯 清光緒二十七年(1901)蓉園刻本 一冊

330000－1798－0003000 普 03870 集部/別集類/清別集

**存悔草堂二卷** （清）陳德調撰 清道光十三年(1833)刻本 一冊

330000－1798－0003001 普 03871 集部/別集類/唐五代別集

**稡擷堂集放翁詩一卷** （清）楊世英輯 清嘉慶十八年(1813)刻本 二冊

330000－1798－0003002 普 03839 類叢部/叢書類/彙編之屬

**榆園叢刻十五種附一種** （清）許增編 清同治至光緒刻本 一冊 存一種

330000－1798－0003003 普 03842 集部/別集類/清別集

袁文合箋十六卷　（清）袁枚撰　（清）王廣業合箋　清光緒八年(1882)青箱塾刻本　七冊存十四卷(一至十、十三至十六)

330000－1798－0003005　普03244　子部/醫家類/本草之屬/歷代綜合本草
本草問答二卷　（清）唐宗海撰　清光緒三十四年(1908)上海千頃堂書局石印本　一冊

330000－1798－0003006　普03249　子部/醫家類/婦科之屬/產科
產科心法二卷　（清）汪喆撰　清嘉慶九年(1804)李超恒等秀水刻本　一冊

330000－1798－0003007　普03840　集部/別集類/清別集
抱璞亭文集十卷　（清）張湘任撰　清光緒元年(1875)刻本　二冊

330000－1798－0003009　普03844　集部/總集類/選集之屬/通代
古文淵鑒六十四卷　（清）徐乾學等輯注　清同治十二年(1873)浙江書局刻本　二冊　存四卷(二十五至二十八)

330000－1798－0003010　普03246、普03253－03256　子部/醫家類/類編之屬
南雅堂醫書全集十六種　（清）陳念祖撰　清光緒元年(1875)刻本　十七冊　存五種

330000－1798－0003012　普03837　集部/別集類/漢魏六朝別集
徐孝穆全集六卷　（南朝陳）徐陵撰　（清）吳兆宜箋注　備考一卷　（清）徐文炳撰　清善化經濟書堂刻本　六冊　缺一卷(備考)

330000－1798－0003013　普03252　子部/醫家類/醫經之屬
靈素提要淺註十二卷　（清）陳念祖集註（清）陳元犀參訂　清光緒十八年(1892)上海圖書集成印書局鉛印本　一冊　存三卷(一至三)

330000－1798－0003014　普03845　集部/別集類/唐五代別集
唐陸宣公集二十二卷　（唐）陸贄撰　清刻本

四冊　存十五卷(八至二十二)

330000－1798－0003015　普03260　子部/醫家類/醫案之屬/溫病之屬
種福堂公選溫熱論醫案四卷　（清）葉桂撰清文盛堂刻本　四冊

330000－1798－0003016　普03259　子部/醫家類/醫案之屬
臨證指南醫案十卷　（清）葉桂撰　（清）徐大椿評　清同治三年(1864)刻本　十冊

330000－1798－0003017　普03862　集部/別集類/唐五代別集
昌黎先生集四十卷外集十卷遺文一卷　（唐）韓愈撰　（宋）廖瑩中校正　朱子校昌黎先生集傳一卷　（宋）朱熹撰　韓集點勘四卷（清）陳景雲撰　清宣統二年(1910)掃葉山房石印本　十二冊

330000－1798－0003021　普03148　子部/醫家類/醫案之屬
臨證指南醫案十卷　（清）葉桂撰　（清）徐大椿評　清刻本　一冊　存一卷(七)

330000－1798－0003022　普03147　子部/叢編
二十二子(二十二子彙函)　（清）浙江書局編清刻本　三冊　存一種

330000－1798－0003023　普03865　集部/別集類/唐五代別集
重刊五百家註音辯昌黎先生文集四十卷（唐）韓愈撰　（宋）魏仲舉輯注　清乾隆四十九年(1784)刻本　十一冊　缺十七卷(六至七、十至十一、十九至二十八、三十二至三十四)

330000－1798－0003024　普03835　經部/春秋左傳類/傳說之屬
東萊博議四卷　（宋）呂祖謙撰　清刻本四冊

330000－1798－0003026　普03251　子部/醫家類/外科之屬/外科方
外科症治全生集五卷　（清）王維德撰　清乾

隆五年(1740)敬藝堂刻本　一冊

330000－1798－0003027　普03863　經部/春
秋左傳類/傳說之屬

**列國地形一卷五禮源流一卷**　（清）顧復初
（清）汪韶舉輯　清同治九年(1870)刻本
一冊

330000－1798－0003028　普03180　子部/醫
家類/本草之屬/本草雜著

**本草詩三百首一卷**　（清）雙琴軒藏　清抄本
一冊

330000－1798－0003030　普03177　子部/醫
家類/方書之屬/單方驗方

**歌方集論四卷人身譜一卷**　（清）祝源纂述
清光緒十七年(1891)棱香館刻本　一冊　存
一卷(一)

330000－1798－0003031　普03176－1　子
部/醫家類/本草之屬/歷代綜合本草

**珍珠囊指掌補遺藥性賦四卷**　（金）李杲輯
**雷公炮製藥性解六卷**　（明）李中梓輯　清文
盛堂刻本　四冊　存四卷(珍珠囊指掌補遺
藥性賦一至四)

330000－1798－0003032　普03176－2　子
部/醫家類/本草之屬/歷代綜合本草

**珍珠囊指掌補遺藥性賦四卷**　（金）李杲輯
**雷公炮製藥性解六卷**　（明）李中梓輯　清文
盛堂刻本　一冊　存二卷(珍珠囊指掌補遺
藥性賦一至二)

330000－1798－0003038　普03867－03868
集部/別集類/清別集

**抱璞亭詩集十六卷初錄五卷文集十卷**　（清）
張湘任撰　**能閒草堂藁一卷**　（清）沈鑫撰
清光緒元年(1875)刻本　四冊

330000－1798－0003039　普03175　子部/醫
家類/溫病之屬/其他溫疫病證

**溫熱贅言一卷**　（清）寄瓢子撰　清吳氏靈鶴
山房刻本　一冊

330000－1798－0003040　普03174　子部/醫
家類/推拿按摩外治之屬

**理瀹駢文摘要不分卷附錄應驗諸方一卷**
（清）吳師機撰　清光緒三年(1877)吳縣潘敏
德堂刻本　四冊

330000－1798－0003042　普03178　子部/醫
家類/本草之屬/歷代綜合本草

**本草綱目拾遺十卷**　（清）趙學敏輯　清同治
十年(1871)張應昌吉心堂刻本　四冊　存五
卷(一至二、五、八至九)

330000－1798－0003043　普03878　集部/別
集類/清別集

**虛白山房詩集四卷**　（清）朱鳳毛撰　清刻本
一冊

330000－1798－0003044　普03879　集部/別
集類/唐五代別集

**昌黎先生詩集注十一卷年譜一卷**　（唐）韓愈
撰　（清）顧嗣立刪補　清道光十六年(1836)
膚德堂刻三色套印本　三冊　存十卷(二至
十一)

330000－1798－0003045　普03861　集部/總
集類/選集之屬/通代

**文選六十卷**　（南朝梁）蕭統輯　（唐）李善注
清乾隆十一年(1746)懷德堂刻本　十二冊
存四十五卷(一至二十、二十四至二十六、
三十至三十三、三十九至四十一、四十六至六
十)

330000－1798－0003046　普03179　子部/醫
家類/傷寒金匱之屬/傷寒論

**傷寒醫驗六卷**　（清）盧雲乘撰　清刻本　一
冊　存一卷(用集上)

330000－1798－0003047　普03860　集部/別
集類/清別集

**半舫草堂賦略一卷**　（清）翟立方撰　（清）翟
蘭溪　（清）翟黼臣編　清道光二十六年
(1846)刻本　一冊

330000－1798－0003048　普03181　子部/醫
家類/本草之屬/歷代綜合本草

**本草綱目五十二卷**　（明）李時珍撰　清刻本
二冊　存四卷(三十一至三十三、三十六)

330000－1798－0003049　普03182　子部/醫家類/綜合之屬/通論

**新刊醫林狀元壽世保元十集十卷**　（明）龔廷賢撰　清刻本　一冊　存一卷(二)

330000－1798－0003051　普03859　集部/別集類/清別集

**半舫草堂賦略一卷**　（清）翟立方撰　（清）翟蘭溪　（清）翟黼臣編　清光緒八年(1882)刻本　一冊

330000－1798－0003052　普03857　集部/別集類/唐五代別集

**樊南文集詳註八卷**　（唐）李商隱撰　（清）馮浩編訂　清同治七年(1868)馮寶圻刻本　三冊　存六卷(一至四、七至八)

330000－1798－0003053　普03166　子部/醫家類/類編之屬

**陳修園醫書二十一種**　（清）陳念祖撰　清光緒十八年(1892)上海圖書集成印書局鉛印本　二冊　存二種

330000－1798－0003056　普03185　子部/醫家類/方書之屬

**傳心錄九卷**　（清）純陽同居士輯　清刻本　一冊　存三卷(七至九)

330000－1798－0003057　普03173　子部/醫家類/兒科之屬/痘疹

**救偏瑣言五卷備用良方一卷**　（清）費啟泰撰　清道光二十一年(1841)大文堂刻本　一冊　存一卷(三)

330000－1798－0003058　普03752　新學/雜著/叢編

**西學大成五十六種**　（清）王西清　（清）盧梯青編　清光緒十四年(1888)上海大同書局石印本　二冊　存二種

330000－1798－0003059　普03172　子部/醫家類/傷寒金匱之屬/傷寒論

**傷寒第一書四卷附餘二卷**　（清）車宗輅　（清）胡憲豐輯　清刻本　一冊　存一卷(三)

330000－1798－0003060　普03171　子部/醫

家類/綜合之屬/通論

**蘭室秘藏三卷**　（金）李杲撰　清刻本　二冊　存二卷(一至二)

330000－1798－0003061　普03751　新學/算學/數學

**數學啟蒙二卷**　（英國）偉烈亞力撰　清石印本　一冊　存一卷(二)

330000－1798－0003062　普03170　子部/醫家類/溫病之屬/瘟疫

**溫病條辨醫方撮要二卷**　（清）楊璿撰　（清）黃惺溪輯　清道光二十一年(1841)刻本　一冊　存一卷(一)

330000－1798－0003063　普03750　新學/格致總

**格物入門七卷**　（美國）丁韙良撰　清石印本　二冊　存二卷(三、六)

330000－1798－0003065　普03169　子部/醫家類/診法之屬/脈經脈訣

**四言舉要一卷**　（宋）崔嘉彥撰　**浮脈詩一卷**　清刻本　一冊

330000－1798－0003066　普03168　子部/醫家類/本草之屬/歷代綜合本草

**脈學攷證一卷瀕湖脈學一卷奇經八脈考一卷**　（明）李時珍撰　清刻本　二冊

330000－1798－0003068　普03167　子部/醫家類/類編之屬

**古今醫統正脈全書四十五種**　（明）王肯堂編　清刻本　二冊　存二種

330000－1798－0003069　普03754　新學/電學

**電學十卷首一卷**　（英國）瑙挨德撰　（英國）傅蘭雅口譯　（清）徐建寅筆述　清石印本　一冊　存五卷(一下、二至五)

330000－1798－0003071　普00774　史部/金石類/金之屬

**西清古鑑四十卷錢錄十六卷**　（清）梁詩正（清）蔣溥等纂修　清石印本　二十四冊

129

330000－1798－0003073　普03696　子部/宗教類/道教之屬/戒律

**陰十方懺一卷**　（清）鄭啟文　（清）陳清霄參訂　清刻本　一冊

330000－1798－0003074　普03695　子部/宗教類/道教之屬/戒律

**陰自然朝一卷**　（清）鄭啟文　（清）陳清霄參訂　清刻本　一冊

330000－1798－0003075　普03165　子部/醫家類/方書之屬/單方驗方

**急救良方一卷**　清光緒十二年(1886)刻本　一冊

330000－1798－0003076　普03164　子部/醫家類/方書之屬/單方驗方

**校正增廣驗方新編十八卷**　（清）鮑相璈等輯　清石印本　三冊　存十二卷(三至八、十一至十六)

330000－1798－0003085　普03690　子部/道家類

**禁壇科一卷**　清刻本　一冊

330000－1798－0003086　普03689　子部/宗教類/道教之屬/威儀

**祈雨科儀一卷**　（清）陳虛元輯　清道光二十七年(1847)刻本　一冊

330000－1798－0003087　普03688　子部/宗教類/道家之屬

**通用清醮科儀一卷**　（清）敦倫堂鑒定　清同治十一年(1872)刻本　一冊

330000－1798－0003088　普03687　子部/宗教類/道家之屬/經文

**雲廚斛一卷**　清刻本　一冊

330000－1798－0003089　普03159　子部/醫家類/類編之屬

**陳修園醫書二十一種**　（清）陳念祖等撰　清光緒十八年(1892)上海圖書集成印書局鉛印本　一冊　存一種

330000－1798－0003090　普03686　子部/宗

教類/道家之屬

**五斗延生燈一卷**　（清）陳清霄參訂　清道光五年(1825)刻本　一冊

330000－1798－0003091　普03685　子部/宗教類/道教之屬

**炎靈醮科一卷**　清刻本　一冊

330000－1798－0003092　普03715　子部/宗教類/道教之屬

**感應篇補註三勸一卷**　清光緒二十四年(1898)刻本　一冊

330000－1798－0003093　普03156－03157　子部/醫家類/方書之屬/單方驗方

**增廣驗方新編十六卷**　（清）鮑相璈輯　**痧症全書三卷**　（清）王凱輯　**咽喉秘集二卷**　（清）海山仙館輯　清光緒石印本　六冊　缺三卷(增廣驗方新編一、十一至十二)

330000－1798－0003096　普03718　子部/雜著類/雜纂之屬

**桂香殿校士録初編□□卷**　（清）榮夢霞輯　清刻本　二冊　存四卷(三至四、七至八)

330000－1798－0003097　普03155　子部/醫家類/方書之屬/單方驗方

**增評童氏醫方集解二十三卷**　（清）汪昂撰　清光緒二十二年(1896)上海圖書集成印書局鉛印本　五冊　存十八卷(一至九、十五至二十三)

330000－1798－0003099　普00841　子部/術數類/相宅相墓之屬

**四秘全書十三種**　（清）尹有本編　清嘉慶兩儀堂刻本　十一冊　存十二種

330000－1798－0003100　普03153　子部/醫家類/兒科之屬/通論

**鼎鍥幼幼集成六卷**　（清）陳復正輯　清石印本　一冊

330000－1798－0003101　普03151　子部/醫家類/醫經之屬/內經

**靈素節要淺註十二卷**　（清）陳念祖撰　清石印本　一冊　存八卷(五至十二)

330000－1798－0003102　普03717　子部/宗教類/道教之屬/經文

**太上黃庭内景玉經一卷**　清瑪瑙經房刻本　一冊

330000－1798－0003103　普03150　子部/醫家類/傷寒金匱之屬/傷寒論

**張仲景傷寒論原文淺註六卷**　(清)陳念祖集注　清刻本　一冊　存一卷(二)

330000－1798－0003104　普03713　子部/宗教類/道教之屬/戒律

**太上感應篇一卷**　清刻本　一冊

330000－1798－0003105　普03714　子部/宗教類/道教之屬/戒律

**太上感應篇一卷文昌帝君陰隲文一卷關聖帝君覺世真經一卷蓮池大師戒殺俚言一卷**　清同治元年(1862)刻本　一冊

330000－1798－0003106　普03144　子部/醫家類/本草之屬/歷代綜合本草

**本草綱目五十二卷圖三卷**　(明)李時珍撰
**本草綱目拾遺十卷**　(清)趙學敏輯　清光緒三十四年(1908)上海上海商務印書館石印本　十四冊　存五十三卷(四至十、十四至五十二,圖一至二,拾遺六至十)

330000－1798－0003107　普03712　子部/儒家類/儒學之屬/禮教

**元宰必讀書不分卷**　(清)彭定求撰　清光緒十二年(1886)刻本　一冊

330000－1798－0003109　普03711　子部/宗教類/道教之屬

**全性集福不分卷**　(清)王文山撰　清光緒六年(1880)海昌同善壇刻本　一冊

330000－1798－0003111　普03709　子部/宗教類/道教之屬

**靈寶度人啟經表文二卷**　(清)湯望雲輯　清刻本　一冊

330000－1798－0003112　普03127　子部/醫家類/綜合之屬/通論

**醫學從眾錄八卷**　(清)陳念祖撰　清石印本　一冊　存四卷(五至八)

330000－1798－0003113　普00832　子部/術數類/雜術之屬

**新刻萬法歸宗五卷**　(唐)李淳風撰　(唐)袁天罡補　清刻本　五冊

330000－1798－0003116　普03708　子部/宗教類/道教之屬

**靈寶黃籙金鐘一卷靈寶陰左班一卷**　(清)湯望雲輯　清刻本　一冊

330000－1798－0003117　普03707　子部/宗教類/道教之屬

**黃籙血湖燈一卷**　(清)陳清霄參　(清)湯望雲輯　清木活字印本　一冊

330000－1798－0003119　普03706　子部/宗教類/道教之屬

**黃籙捲簾起師一卷**　(清)陳清霄參　(清)湯望雲輯　清木活字印本　一冊

330000－1798－0003121　普03705　子部/宗教類/道教之屬

**靈寶黃籙午朝一卷**　(清)湯望雲印　清道光二十年(1840)刻本　一冊

330000－1798－0003122　普00822　類叢部/叢書類/彙編之屬

**積學齋叢書二十種**　徐乃昌編　清光緒南陵徐乃昌刻本　十冊　存十三種

330000－1798－0003123　普03704　子部/宗教類/道教之屬

**靈寶黃籙晚朝一卷**　(清)湯望雲印　清道光二十年(1840)刻本　三冊

330000－1798－0003124　普03703　子部/宗教類/道教之屬/威儀

**太上慈悲九幽拔罪法懺十卷**　(清)湯望雲印　清道光十九年(1839)春暉堂刻本　三冊　存六卷(一至四、九至十)

330000－1798－0003126　普00818　子部/儒家類/儒學之屬

**二程子遺書纂二卷外書纂一卷**　(宋)程顥

（宋）程頤撰　（清）李光地輯　清刻本　二冊

330000－1798－0003129　普03139　子部/醫家類/傷寒金匱之屬/傷寒論

**增注類證活人書二十二卷釋音一卷藥性一卷**　（宋）朱肱撰　清光緒十年（1884）江南機器製造局刻本　二冊　存十二卷（五至十六）

330000－1798－0003130　普03142　子部/醫家類/醫經之屬/内經

**内經知要二卷**　（清）李中梓輯並注　清乾隆二十九年（1764）薛雪掃葉山房刻本　一冊　存一卷（二）

330000－1798－0003131　普03141　子部/醫家類/傷寒金匱之屬/傷寒論

**余註傷寒論翼四卷**　（清）柯琴撰　清石印本　一冊　存三卷（二至四）

330000－1798－0003132　普03136　子部/醫家類/綜合之屬/通論

**纂修醫學入門六卷**　（明）系屯子撰　（明）盧拱辰輯　清刻本　一冊　存一卷（四）

330000－1798－0003133　普03135　子部/醫家類/傷寒金匱之屬/傷寒論

**傷寒論註四卷**　（清）柯琴撰　清刻本　二冊　存二卷（一、三）

330000－1798－0003134　普03138　子部/醫家類/外科之屬/外科方

**新刊外科正宗四卷**　（明）陳實功撰　清刻本　二冊　存二卷（一至二）

330000－1798－0003135　普03137　子部/醫家類/醫案之屬

**三家醫案合刻**　（清）吳金壽編　清刻本　一冊　存二種

330000－1798－0003136　普03134　子部/醫家類/傷寒金匱之屬/傷寒論

**傷寒六書**　（明）陶華撰　明萬曆刻本　一冊　存三種

330000－1798－0003137　普03133　子部/醫家類/綜合之屬/通論

**訂補明醫指掌十卷**　（明）皇甫中撰　（明）王肯堂等訂補　明天啟二年（1622）蔚溪邵達刻本　一冊　存二卷（一至二）

330000－1798－0003140　普03700　子部/宗教類/道教之屬

**度亡科一卷**　（清）戴湧淇撰　清光緒七年（1881）徐炳基抄本　一冊

330000－1798－0003141　普03132　子部/醫家類/方書之屬/單方驗方

**普濟應驗良方十一卷**　（清）德軒氏輯　清咸豐七年（1857）浙甯主人刻本　二冊　存五卷（一至二、九至十一）

330000－1798－0003143　普03698　子部/宗教類/道教之屬

**香花燈水食一卷**　清光緒十五年（1889）葉守成抄本　一冊

330000－1798－0003144　普03131　子部/醫家類/兒科之屬/痘疹

**麻科□□卷**　清刻本　一冊　存一卷（二）

330000－1798－0003145　普00831　子部/術數類/陰陽五行之屬

**諏吉便覽不分卷**　（清）俞榮寬輯　清嘉慶二年（1797）錢唐費淳刻朱墨套印本　一冊

330000－1798－0003147　普00827　子部/術數類/命書相書之屬

**水鏡集四卷**　（清）范騋撰　清大興堂刻本　一冊

330000－1798－0003149　普00829　子部/術數類/相宅相墓之屬

**陽宅三要四卷**　（清）趙廷棟撰　清刻本　二冊

330000－1798－0003150　普03721　子部/宗教類/其他宗教之屬/基督教

**創世紀五十章**　清光緒十七年（1891）上海著易堂書局鉛印本　一冊

330000－1798－0003153　普03739　子部/宗教類/其他宗教之屬/基督教

新約全書二十二章　清宣統三年（1911）聖書公會鉛印本　一冊

330000－1798－0003154　普00842　子部/藝術類/遊藝之屬

牙牌靈數不分卷　清光緒三年（1877）敦古堂三色套印本　一冊

330000－1798－0003156　普03737　子部/宗教類/其他宗教之屬/基督教

馬太傳福音書　清光緒三十一年（1905）美國聖經會鉛印本　一冊

330000－1798－0003158　普03734　子部/宗教類/其他宗教之屬/基督教

十誡條問答一卷　清光緒二十九年（1903）上海美華書館鉛印本　一冊

330000－1798－0003160　普04394　集部/總集類/課藝之屬

大題文府不分卷　（清）退菴居士輯　清末石印本　十一冊

330000－1798－0003161　普03764　新學/氣學/水學

水學圖說二卷　（英國）傅蘭雅譯　清光緒十六年（1890）益智書會刻本　一冊

330000－1798－0003163　普04393　集部/總集類/課藝之屬

大題文府二集不分卷　（清）同文書局輯　清光緒十三年（1887）同文書局石印本　九冊

330000－1798－0003164　普03762　新學/化學/化學

化學源流論四卷　（清）方尼司輯　（清）王汝騌譯　清光緒二十六年（1900）江南製造總局刻本　二冊

330000－1798－0003165　普04395　集部/總集類/課藝之屬

窗課清本不分卷　清抄本　十冊

330000－1798－0003166　普04396　集部/總集類/課藝之屬

窗稿不分卷　清抄本　七冊

330000－1798－0003167　普04402　史部/傳記類/科舉錄之屬

[同治庚午科]浙江闈墨不分卷　清同治九年（1870）聚奎堂刻本　一冊

330000－1798－0003168　普03761　新學/全體學

進化論十六章　（英國）泰勒撰　（清）任保羅譯　清光緒二十九年（1903）上海廣學會鉛印本　一冊　存三章（一至三）

330000－1798－0003169　普03760　新學/工藝/汽機總

汽機初級一卷　（英國）哲密生撰　（清）陳秉濂譯　清光緒二十九年（1903）湖北洋務譯書局刻本　一冊

330000－1798－0003170　普04417　集部/別集類/明別集

項太史全稿一卷　（明）項煜撰　清刻本　一冊

330000－1798－0003171　普03759　新學/算學/形學

形學備旨十卷開端一卷　（美國）狄考文選譯　（清）鄒立文筆述　清光緒二十三年（1897）上海美華書館鉛印本　一冊　存五卷（一至四、開端）

330000－1798－0003172　普03758　新學/算學/形學

形學備旨十卷開端一卷　（美國）狄考文選譯　（清）鄒立文筆述　清光緒二十三年（1897）上海美華書館鉛印本　一冊　存五卷（一至四、開端）

330000－1798－0003173　普03757　新學/算學/形學

形學備旨十卷開端一卷　（美國）狄考文選譯　（清）鄒立文筆述　清光緒二十三年（1897）上海美華書館鉛印本　二冊

330000－1798－0003174　普03756　新學/算學/形學

形學備旨十卷開端一卷　（美國）狄考文選譯

（清）鄒立文筆述　清光緒二十三年（1897）
上海美華書館鉛印本　二冊

330000－1798－0003175　普03755　新學/算
學/形學

形學備旨十卷開端一卷　（美國）狄考文選譯
（清）鄒立文筆述　清光緒二十三年（1897）
上海美華書館鉛印本　二冊

330000－1798－0003176　普04398　集部/別
集類/清別集

啟悟集不分卷　清抄本　二冊

330000－1798－0003177　普04399　史部/傳
記類/科舉録之屬

[光緒戊子科]貴州闈墨不分卷　清光緒衡鑒
堂刻本　一冊

330000－1798－0003178　普03656　子部/宗
教類/佛教之屬/經

摩訶般若波羅蜜多心經二卷　（清）玉山老人
解　清光緒二十一年（1895）衢州會賢堂刻本
一冊　存一卷（下）

330000－1798－0003179　普03658　子部/宗
教類/佛教之屬

燕巢靈現般若波羅蜜多心經全卷一卷　（清）
鶴洞子校　清道光二十四年（1844）鵝湖書院
刻本　一冊

330000－1798－0003180　普04401　集部/總
集類/課藝之屬

小題五集精詣不分卷　清刻本　一冊

330000－1798－0003182　普04400　集部/總
集類/課藝之屬

今文大小題商不分卷　（明）黃越　（明）汪壇
編　清刻本　一冊

330000－1798－0003183　普04473　集部/別
集類/清別集

觀摩集不分卷　清光緒范氏抄本　十二冊

330000－1798－0003184　普04474　子部/儒
家類/儒學之屬

制藝新新不分卷　（清）佐鱸氏輯　清同治九

年（1870）刻本　二十冊

330000－1798－0003185　普04411　史部/傳
記類/科舉録之屬

[道光甲辰科]兩浙校士録不分卷　（清）吳鍾
駿輯　清道光二十六年（1846）刻本　五冊

330000－1798－0003186　普04418　集部/別
集類/清別集

集虛齋全稿合刻六卷　（清）方檠如撰　（清）
朱桓　（清）何忠相編　清光緒二十年（1894）
浙江書局刻本　八冊

330000－1798－0003187　普04397　集部/總
集類/課藝之屬

八銘堂塾鈔初集不分卷二集不分卷　（清）吳
懋政編　清刻本　二冊

330000－1798－0003189　普03563　類叢部/
類書類/專類之屬

子史精華三十卷　（清）吳士玉　（清）吳襄等
輯　清光緒九年（1883）上海點石齋石印本
二冊

330000－1798－0003190　普03564　類叢部/
類書類/通類之屬

事類賦三十卷　（宋）吳淑撰並注　清刻本
五冊　存二十四卷（一至二十四）

330000－1798－0003191　普03666　子部/
叢編

子書二十八種　（清）育文書局編　清育文書
局石印本　一冊　存一種

330000－1798－0003197　普03672　子部/
叢編

子書二十八種　（清）育文書局編　清宣統三
年（1911）育文書局石印本　一冊　存三種

330000－1798－0003201　普03679　子部/
叢編

二十二子彙函　（清）浙江書局編　清光緒元
年至三年（1875－1877）浙江書局刻本　一冊
存一種

330000－1798－0003202　普03678　子部/道

家類

**文子纘義十二卷** （宋）杜道堅撰　清刻本
一冊　存六卷（七至十二）

330000－1798－0003203　普03680　子部/宗
教類/道教之屬

**文昌化書四卷首一卷補編一卷** 清同治六年
（1867）繼善堂刻本　一冊　存二卷（一至二）

330000－1798－0003204　普03681　子部/宗
教類/道教之屬/經文

**陰符經一卷** （漢）張良注　**關尹子一卷**
（西周）關尹喜撰　清光緒元年（1875）湖北崇
文書局刻本　一冊

330000－1798－0003206　普03684　子部/儒
家類/儒學之屬/禮教

**海南訓男四十條解註一卷** （清）王佩鎏撰
清同治二年（1863）刻本　一冊

330000－1798－0003207　普03683　子部/宗
教類/道教之屬

**感應篇圖說不分卷** 清刻本　一冊

330000－1798－0003208　普03665　子部/宗
教類/佛教之屬/經

**大寶積經一百二十卷** （唐）釋菩提流志等譯
清刻本　一冊　存五卷（六十六至七十）

330000－1798－0003209　普03664　子部/宗
教類/佛教之屬/諸宗

**淨土聖賢錄九卷** （清）彭希涑撰　**淨土聖賢
錄續編四卷** （清）胡珽撰　**種蓮集一卷**
（清）陳本仁輯　清光緒元年（1875）錢塘許靈
虛刻本　一冊　存二卷（八至九）

330000－1798－0003210　普03663　子部/宗
教類/佛教之屬/諸宗

**廬山蓮宗寶鑑念佛正願□□卷** 清刻本　一
冊　存四卷（七至十）

330000－1798－0003211　普03662　子部/宗
教類/道教之屬/戒律

**太上感應篇說穎四卷** （清）柯汝霖撰　清光
緒五年（1879）拜善堂柯氏刻本　二冊

330000－1798－0003212　普03559　類叢部/
類書類/通類之屬

**角山樓增補類腋六十七卷** （清）姚培謙輯
（清）趙克宜增輯　清光緒六年（1880）鎔鑄樓
鉛印本　二十一冊　存二十一卷（天部一、
五,地部一、六、九、十一、十三、十九,人部一、
四、六、九、十一、十三,物部一、七、十、十二、
十四、十六、十八）

330000－1798－0003213　普03560　史部/政
書類/邦交之屬

**中外時務策府統宗四十四卷** （清）文盛堂編
纂　清石印本　十四冊　存三十三卷（三、七
至二十六、三十二至四十三）

330000－1798－0003215　普03562　類叢部/
類書類/通類之屬

**增補事類統編九十三卷首一卷** （清）黃葆真
輯　清石印本　四冊　存十四卷（四下、十至
十七、二十八至三十二）

330000－1798－0003216　普04403　史部/傳
記類/科舉錄之屬

**考卷彙抄不分卷** （清）張琅等撰　清抄本
一冊

330000－1798－0003217　普04410　集部/別
集類/清別集

**管緘若時文續集不分卷** （清）管世銘撰　清
韞山堂刻本　一冊

330000－1798－0003218　普04409　子部/儒
家類/儒家之屬

**清獻堂稿不分卷** （清）趙佑撰　清刻本
一冊

330000－1798－0003219　普03561　類叢部/
類書類/通類之屬

**增補事類統編三十五卷** （清）黃葆真輯　清
光緒十四年（1888）上海點石齋石印本　十
一冊

330000－1798－0003220　普04404　集部/總
集類/課藝之屬

**成均課士錄□□卷** 清光緒十三年（1887）刻

本 一冊 存三卷(七集十二至十四)

330000－1798－0003221 普04407 史部/傳記類/科舉録之屬

[道光丁酉科]浙江闈墨不分卷 清道光十七年(1837)聚奎堂刻本 一冊

330000－1798－0003223 普03657 子部/宗教類/佛教之屬/經

摩訶般若波羅蜜多心經一卷 (清)玉山老人解 清道光二年(1822)刻本 一冊

330000－1798－0003224 普04406 集部/總集類/選集之屬/斷代

舉業要言三卷 (清)梁葆慶輯 墨選觀止一卷 (清)梁葆慶選評 清道光十七年(1837)刻本 一冊

330000－1798－0003226 普03651 子部/宗教類/佛教之屬/經

大佛頂如來密因修證了義諸菩薩萬行首楞嚴經十卷 題(唐)釋般刺密帝 (唐)釋彌伽釋迦譯 清刻本 二冊 存七卷(四至十)

330000－1798－0003227 普03650 子部/宗教類/佛教之屬/經

妙法蓮華經七卷 (後秦)釋鳩摩羅什譯 清刻本 一冊 存三卷(五至七)

330000－1798－0003228 普03652 子部/宗教類/佛教之屬

淨土晨鐘十卷 (清)周克復撰 清刻本 一冊 存四卷(七至十)

330000－1798－0003229 普06288 史部/地理類/方志之屬/郡縣志

[康熙]西安縣志十二卷首一卷 (清)陳鵬年修 (清)徐之凱等纂 清康熙三十八年(1699)刻本 一冊 存二卷(八至九)

330000－1798－0003230 普03649 子部/宗教類/佛教之屬/經

大方廣佛華嚴經八十卷 (唐)釋實叉難陀譯 清刻本 三冊 存十卷(九至十一、四十四至四十七、六十九至七十一)

330000－1798－0003233 普04405 集部/總集類/選集之屬/斷代

國朝文選□□卷 (清)張江等撰 清刻本 一冊 存一卷(三下)

330000－1798－0003234 普06286 子部/醫家類/方書之屬/單方驗方

新編救急奇方二卷 (清)徐文弼輯 清刻本 一冊

330000－1798－0003236 普04408 史部/傳記類/科舉録之屬

[光緒辛卯科]浙江闈墨不分卷 清光緒聚奎堂刻本 一冊

330000－1798－0003237 普04416 史部/傳記類/科舉録之屬/諸貢録

考卷從風不分卷 (清)黃昺焀等撰 清刻本 一冊

330000－1798－0003238 普03645 子部/宗教類/佛教之屬

新出仙傳立願寶卷不分卷 (清)冰華生輯 清光緒二十三年(1897)上海鴻文書局石印本 一冊

330000－1798－0003239 普06287 子部/醫家類/綜合之屬/通論

醫門法律六卷寓意草一卷 (清)喻昌撰 清三讓堂刻本 八冊

330000－1798－0003241 普04415 集部/總集類/課藝之屬

考卷雋快二編不分卷 (清)丁鍾藻等撰 清刻本 一冊

330000－1798－0003242 普03643 子部/宗教類/佛教之屬/經

南無蓮池海會佛菩薩佛說阿彌陀經一卷 (後秦)釋鳩摩羅什譯 清光緒元年(1875)浙省昭慶寺經房刻本 一冊

330000－1798－0003243 普04414 集部/總集類/課藝之屬

新墨正軌不分卷 (清)黃淦選 清嘉慶二十四年(1819)有文堂刻本 一冊

330000－1798－0003245　普 06289　史部/政書類/公牘檔冊之屬

**撫吳公牘五十卷**　（清）丁日昌撰　（清）沈葆楨評選　清光緒三年(1877)鉛印本　一冊　存八卷(四十三至五十)

330000－1798－0003246　普 06293　子部/醫家類/方書之屬/歷代方書

**醫方集解一卷**　（清）汪昂撰　清刻本　一冊

330000－1798－0003247　普 03641　子部/宗教類/佛教之屬/諸宗

**脩習瑜伽集要施食壇儀二卷**　（明）釋袾宏輯　清光緒二年(1876)刻本　一冊

330000－1798－0003248　普 06295　經部/春秋左傳類/傳說之屬

**左繡三十卷首一卷**　（清）馮李驊　（清）陸浩評輯　**春秋經傳集解三十卷**　（晉）杜預撰（宋）林堯叟注　（唐）陸德明音釋　清刻本一冊　存四卷(左繡二十七至二十八、春秋經傳集解二十七至二十八)

330000－1798－0003249　普 03567　經部/小學類/訓詁之屬/字詁

**普通百科新大詞典十二卷總目錄一卷分類目錄一卷異名一卷補遺一卷表一卷**　（清）黃人編輯　清宣統三年(1911)上海國學扶輪社鉛印本　十五冊　存十六卷(子、丑、寅、卯、辰、巳、午、未、申、酉、戌、亥、總目錄,分類目錄,補遺,表)

330000－1798－0003250　普 06296　史部/傳記類/總傳之屬/斷代

**國朝先正事略六十卷**　（清）李元度撰　清同治五年至八年(1866－1869)循陔草堂刻本十六冊

330000－1798－0003251　普 06299　子部/雜著類/雜考之屬

**通雅五十二卷首三卷**　（清）方以智撰　清康熙五年(1666)龍眠姚文燮浮山此藏軒刻本九冊　缺九卷(二至六、三十一至三十四)

330000－1798－0003253　普 03660　子部/宗

教類/佛教之屬/經

**觀音經一卷**　（後秦）釋鳩摩羅什譯　清刻本一冊

330000－1798－0003254　普 04413　集部/總集類/課藝之屬

**搭題文鈔不分卷**　（清）毛印辰等撰　清刻本一冊

330000－1798－0003255　普 04412　經部/四書類/總義之屬

**制義約選不分卷**　（清）姚天成等撰　清刻本三冊

330000－1798－0003256　普 04436　集部/總集類/選集之屬

**國朝典題訂註不分卷**　（清）張若潭等撰　清刻本　六冊

330000－1798－0003257　普 04422　集部/總集類/課藝之屬

**大題文表不分卷**　（清）張玉書等撰　清刻本三冊

330000－1798－0003258　普 04434、普 04464子部/儒家類/儒學之屬/蒙學

**天崇百篇不分卷**　（清）吳懋政評選　清刻本四冊

330000－1798－0003259　普 04423　子部/儒家類/儒學之屬/蒙學

**國朝歷科發蒙小品二集一卷**　（清）唐惟懋評選　（清）吳鳳儀注釋　清刻本　一冊

330000－1798－0003260　普 03732　子部/宗教類/其他宗教之屬/基督教

**頌主聖歌不分卷頌主聖歌附篇不分卷**　清宣統二年(1910)鉛印本　三冊

330000－1798－0003261　普 03731　子部/宗教類/其他宗教之屬/基督教

**天道溯原三卷**　（美國）丁韙良撰　清同治八年(1869)上海美華書館鉛印本　一冊

330000－1798－0003266　普 03726　子部/宗教類/其他宗教之屬/基督教

路加福音　清光緒十一年(1885)福州美華書局鉛印本　一冊

330000－1798－0003268　普03724　子部/宗教類/其他宗教之屬/基督教

馬太福音不分卷　清宣統二年(1910)聖書公會鉛印本　一冊

330000－1798－0003269　普03723　子部/宗教類/其他宗教之屬/基督教

路加傳福音書　清光緒二十四年(1898)美國聖經會鉛印本　一冊

330000－1798－0003270　普03741　子部/宗教類/其他宗教之屬/基督教

聖教切要一卷　(西班牙)白多瑪撰　清道光二十二年(1842)上海慈母堂刻本　一冊

330000－1798－0003271　普03742　子部/宗教類/其他宗教之屬/基督教

四福音註釋二十一章　(清)慕雅德撰　(清)陳書紳述　清宣統二年(1910)中國聖教書會鉛印本　一冊

330000－1798－0003272　普04424　集部/總集類/選集之屬

四名家合選不分卷　(清)熊伯龍等撰　清刻本　一冊

330000－1798－0003273　普04435　集部/總集類/課藝之屬

小題二集式法□□卷　(清)王步青評　(清)王士黿編　清刻本　一冊　存一卷(下)

330000－1798－0003274　普04433　集部/總集類/課藝之屬

搭題文粹初集一卷　(清)許也秋鑒定　清刻本　一冊

330000－1798－0003276　普03566　類叢部/類書類/通類之屬

增補事類統編九十三卷首一卷　(清)黃葆真輯　清光緒十四年(1888)上海積山書局石印本　十二冊

330000－1798－0003277　普04432　集部/總

集類/課藝之屬

房書大題文憲不分卷　(清)王植等撰　清刻本　一冊

330000－1798－0003278　普04431　集部/總集類/課藝之屬

二徐合稿不分卷　(清)徐友基　(清)徐琮撰　清刻本　一冊

330000－1798－0003279　普03534　史部/政書類

時務經濟策論統宗二十四卷　(清)秀湖漁隱編輯　清石印本　四冊　存八卷(三至四、七至十、十九至二十)

330000－1798－0003280　普03594　集部/小說類/短篇之屬

虞初近志二卷　(清)涇川農夫編　清宣統二年(1910)舊學社石印本　一冊

330000－1798－0003281　普04430　集部/總集類/課藝之屬

濯錦軒制藝一卷　(清)李錫瓚訂　清道光十二年(1832)濯錦軒刻本　一冊

330000－1798－0003282　普03595　子部/雜著類/雜纂之屬

增智囊補二十八卷　(明)馮夢龍輯　清同文堂刻本　二冊　存五卷(一至二、五至七)

330000－1798－0003283　普04429　子部/儒家類/儒學之屬/蒙學

發蒙小品不分卷　(清)黃與堅等撰　清刻本　一冊

330000－1798－0003284　普04428　史部/傳記類/科舉錄之屬

[咸豐庚申科]會試闈墨不分卷　清咸豐十年(1860)聚奎堂刻本　一冊

330000－1798－0003285　普03591　集部/小說類/長篇之屬

新刻天花藏批評平山冷燕四卷二十回　(清)荻岸散人編次　清刻本　二冊　存二卷(一至二)

330000－1798－0003286　普04427　集部/詩文評類/文法之屬/文法

**帖括津梁通論一卷**　（清）田壘編　（清）張柱訂　清凌雲閣刻本　一冊

330000－1798－0003287　普03747　類叢部/類書類/通類之屬

**增補事類統編九十三卷首一卷**　（清）黃葆真輯　清道光二十九年（1849）丹陽黃葆真粵東敦好堂刻本　一冊　存三卷（十二至十四）

330000－1798－0003289　普04426　史部/傳記類/科舉錄之屬

**墨卷同風錄不分卷**　（清）李傳燮等撰　清刻本　一冊

330000－1798－0003290　普04425　集部/總集類/課藝之屬

**日耕齋小題偶編不分卷**　（清）王元梅等撰　清刻本　一冊

330000－1798－0003291　普04421　集部/別集類/清別集

**曲園課孫草二卷**　（清）俞樾撰　清光緒八年（1882）金陵刻本　二冊

330000－1798－0003292　普03746　經部/四書類/總義之屬/傳說

**四書典林三十卷四書古人典林十二卷**　（清）江永輯　清刻本　三冊　存七卷（十九至二十一、二十三至二十四，古人典林十一至十二）

330000－1798－0003294　普03743　子部/小說家類/異聞之屬

**新齊諧二十四卷**　（清）袁枚撰　清石印本　一冊　存十二卷（一至十二）

330000－1798－0003295　普04420　集部/總集類/課藝之屬

**小題鴻裁不分卷**　（清）洪肇懋等撰　清刻本　一冊

330000－1798－0003298　普03607－1　集部/小說類/短篇之屬

**繪圖今古奇觀六卷四十回**　（明）抱甕老人輯　清石印本　一冊　存一卷（五）

330000－1798－0003299　普03607－2　集部/小說類/短篇之屬

**今古奇觀四十卷**　（明）抱甕老人輯　清刻本　二冊　存七卷（三十二至三十四、三十六至三十九）

330000－1798－0003301　普04437　類叢部/叢書類/彙編之屬

**四十家文稿不分卷**　清光緒八年（1882）四明茹古齋石印本　二十四冊

330000－1798－0003303　普03604　子部/小說家類/異聞之屬

**閱微草堂筆記二十四卷**　（清）紀昀撰　清末鉛印本　一冊　存五卷（一至五）

330000－1798－0003310　普03598　子部/小說家類/異聞之屬

**音釋坐花誌果八卷**　（清）汪道鼎撰　（清）鷲峰樵者音釋　清光緒十四年（1888）廣百宋齋石印本　一冊　存四卷（一至四）

330000－1798－0003312　普03596　子部/宗教類/道教之屬

**丹桂籍□□卷**　（明）顏正註釋　清刻本　一冊　存一卷（二）

330000－1798－0003313　普03592　子部/小說家類/異聞之屬

**莊子奇文四卷**　（清）陳琰編輯　清宣統三年（1911）上海六藝書局石印本　一冊　存二卷（三至四）

330000－1798－0003314　普03589　集部/小說類/長篇之屬

**新刻濟顛大師醉菩提全傳四卷二十回**　（清）天花藏舉人撰　清掃葉山房刻本　二冊　存二卷（一、三）

330000－1798－0003315　普03588　類叢部/叢書類/彙編之屬

**申報館叢書正集五十七種附錄三種**　（清）尊聞閣主編　**續集一百四十二種**　蔡爾康編　清同治至光緒申報館鉛印本　六冊　存一種

衢州市博物館古籍普查登記目錄

330000－1798－0003317　普03586　集部/小說類/短篇之屬

**繪圖兒童故事四卷**　清石印本　一冊

330000－1798－0003318　普03577　類叢部/類書類/專類之屬

**四書典制類聯音註三十三卷**　（清）閻其淵輯　清刻本　十冊　存二十七卷（一至四、七至十、十四至二十、二十二至二十三、二十七至三十、二十八至三十三）

330000－1798－0003319　普03576　經部/四書類/總義之屬/傳說

**四書人物類典串珠四十卷**　（清）臧志仁輯　清刻本　十一冊　存三十卷（一至六、十三至十五、二十至四十）

330000－1798－0003321　普03573　類叢部/類書類/通類之屬

**古香齋鑒賞袖珍初學記三十卷**　（唐）徐堅等輯　清刻本　六冊　存十四卷（一至三、五至六、十一至十二、十九至二十一、二十五至二十六、二十九至三十）

330000－1798－0003322　普03572　經部/四書類/總義之屬/傳說

**四書典林三十卷四書古人典林十二卷**　（清）江永輯　清養正堂刻本　五冊　存十四卷（四至十一、十九至二十一，古人典林十至十二）

330000－1798－0003323　普03574　子部/小說家類/異聞之屬

**山海經箋疏十八卷圖讚一卷訂譌一卷敘錄一卷**　（清）郝懿行撰　清光緒十九年（1893）上海仿古齋石印本　一冊　缺十八卷（一至十八）

330000－1798－0003324　普03571　類叢部/類書類/通類之屬

**策海全書□□卷**　（宋）馬貴與撰　（清）瞿曾輯　清刻本　一冊　存一卷（六）

330000－1798－0003325　普03570　類叢部/類書類/專類之屬

**格致鏡原一百卷**　（清）陳元龍撰　清光緒十四年（1888）上海大同書局石印本　二冊　存十六卷（一至十、四十九至五十四）

330000－1798－0003326　普03569－1　類叢部/類書類/專類之屬

**詩學含英十四卷**　（清）劉文蔚輯　清刻本　一冊　存五卷（四至八）

330000－1798－0003327　普03569－2　類叢部/類書類/專類之屬

**詩學含英十四卷**　（清）劉文蔚輯　清刻本　一冊　存三卷（四至六）

330000－1798－0003328　普03568　類叢部/類書類/專類之屬

**四書典制類聯音註三十三卷**　（清）閻其淵輯　清刻本　二冊　存四卷（四、二十四至二十六）

330000－1798－0003329　普03575　子部/小說家類/異聞之屬

**山海經廣注十八卷讀山海經語一卷山海經雜述一卷圖五卷**　（清）吳任臣撰　清刻本　二冊　存四卷（山海經廣注一至三、雜述）

330000－1798－0003330　普03749　類叢部/類書類/專類之屬

**五洲近代藝學考二十卷**　（清）雙管閣主人撰　清光緒二十九年（1903）上海書局石印本　一冊　存一卷（一）

330000－1798－0003331　普03748　類叢部/類書類/專類之屬

**佩文韻府一百六卷**　（清）張玉書　（清）蔡升元等輯　**佩文韻府拾遺一百六卷**　（清）汪灝（清）何焯等輯　清刻本　三冊　存三卷（佩文韻府六十七上、七十七、七十九）

330000－1798－0003332　普03609　子部/小說家類/雜事之屬

**福田集一卷**　清刻本　一冊

330000－1798－0003333　普03610　子部/雜著類/雜纂之屬

**玉芝堂談薈三十六卷首一卷**　（明）徐應秋輯

清光緒元年(1875)蒨園刻本　二十五冊
存二十六卷(二至四、七至八、十至十三、十五至十七、二十至二十八、三十至三十一、三十四至三十五,首)

330000－1798－0003334　普03635　子部/雜著類/雜說之屬
**何氏語林三十卷**　(明)何良俊撰並注　明刻本　一冊　存四卷(二十七至三十)

330000－1798－0003335　普03634　子部/雜著類/雜說之屬
**春渚紀聞十卷**　(宋)何薳撰　清嘉慶十六年(1811)祝氏留香室刻本　一冊　存四卷(一至四)

330000－1798－0003336　普03636　子部/雜著類/雜纂之屬
**古今韵史十二卷**　(明)陳繼儒　(明)程銓撰　清刻本　二冊　存六卷(韵人一至二、韵事三至四、韵語三至四)

330000－1798－0003337　普03614－1　集部/小說類/短篇之屬
**聊齋志異新評十六卷**　(清)蒲松齡撰　(清)王士禎評　(清)呂湛恩注　(清)但明倫新評　清道光二十二年(1842)刻朱墨套印本　十冊　存八卷(一至八)

330000－1798－0003340　普03614－4　集部/小說類/短篇之屬
**聊齋志異十六卷**　(清)蒲松齡撰　(清)王士禎評　清刻本　一冊　存一卷(九)

330000－1798－0003341　普04438　集部/總集類/選集之屬/斷代
**管周合稿二種**　(清)管世銘　(清)周景益撰　清同治十二年(1873)刻本　六冊

330000－1798－0003347　普04439　史部/傳記類/科舉錄之屬
[光緒己卯科庚辰科]**尊聞閣墨選一卷**　(清)謝儁杭等撰　清光緒六年(1880)上海申報館鉛印本　一冊

330000－1798－0003348　普04440　集部/總

集類/課藝之屬
**偭月草堂窗課不分卷**　清抄本　一冊

330000－1798－0003349　普03524　類叢部/類書類/通類之屬
**增廣四書五經典林十二卷**　(清)求是齋主人編　清光緒十五年(1889)上海積山書局石印本　一冊　存二卷(一至二)

330000－1798－0003350　普04451　子部/儒家類/儒學之屬/蒙學
**國朝歷科發蒙小品一卷**　(清)唐惟懋評選　(清)吳鳳儀注　清文華堂刻本　三冊

330000－1798－0003351　普03612　集部/小說類/長篇之屬
**綠野仙踪八十回**　(清)李百川撰　清刻本　二十冊

330000－1798－0003352　普04472　史部/傳記類/科舉錄之屬
[光緒戊戌科]**浙江會試硃卷不分卷**　(清)王庭楊等撰　清刻本　一冊

330000－1798－0003353　普03617－1、普05953　集部/小說類/長篇之屬
**東周列國全志二十三卷一百八回**　(清)蔡昇評點　清刻本　十冊　存八卷(九至十二、十五、十七至十八、二十三)

330000－1798－0003354　普04461　集部/總集類/課藝之屬
**塾課小題正鵠初集不分卷二集二卷三集三卷**　(清)李元度輯　**訓蒙草詳註一卷**　(清)路德撰　(清)李元度注　清道光文奎堂刻本　十一冊

330000－1798－0003355　普03617－2　集部/小說類/長篇之屬
**東周列國全志二十三卷一百八回**　(清)蔡昇評點　清石印本　十冊　存七卷(二至八)

330000－1798－0003360　普03617－7　集部/小說類/長篇之屬
**東周列國全志二十三卷一百八回**　(清)蔡昇評點　清刻本　四冊　存三卷(二至四)

330000－1798－0003361　普 03532　類叢部/
類書類/通類之屬

**千金裘初集二十七卷二集二十六卷**　（清）蔣
義彬　（清）徐元麟輯　清咸豐二年（1852）刻
本　六冊

330000－1798－0003362　普 04468　集部/總
集類/課藝之屬

**分體利試文中□□卷**　（清）韓炎等撰　清刻
本　祝佳璣題記　一冊　存一卷（四）

330000－1798－0003363　普 03525　類叢部/
類書類/通類之屬

**詩料集錦詳註六卷**　（清）伴鶴居士輯釋　清
刻本　二冊　存四卷（一至二、五至六）

330000－1798－0003364　普 04467　集部/總
集類/課藝之屬

**崇辨堂墨選不分卷**　清刻本　一冊

330000－1798－0003365　普 04466　集部/總
集類/課藝之屬

**窗作讀本不分卷**　清抄本　一冊

330000－1798－0003366　普 03535　類叢部/
叢書類/彙編之屬

**融金館叢書十一種**　（清）沈炳震輯　清光緒
六年至十一年（1880－1885）會稽徐氏八杉齋
刻本　六冊　存一種

330000－1798－0003367　普 04465　子部/儒
家類/儒學之屬/蒙學

**啟悟新編不分卷**　（清）章光祖編　清□經堂
刻本　一冊

330000－1798－0003368　普 03530　類叢部/
類書類/通類之屬

**文章潤色九卷**　清光緒十年（1884）上海同文
書局石印本　一冊

330000－1798－0003369　普 04463　集部/總
集類/課藝之屬

**沉浸醲郁不分卷**　（清）俞振庸等撰　清咸豐
四年（1854）申甫抄本　清申甫題記　一冊

330000－1798－0003370　普 03529　類叢部/

類書類/通類之屬

**駢體典林富艷二十八卷**　清咸豐十年（1860）
刻本　四冊　存十三卷（一至三、十二至十
五、十六至十七、二十一至二十四）

330000－1798－0003371　普 04460　集部/總
集類/課藝之屬

**小題能與新編不分卷**　清刻本　一冊

330000－1798－0003372　普 03531　經部/群
經總義類/文字音義之屬

**十三經類記十六卷**　（清）王燮元編　清咸豐
元年（1851）刻本　二冊

330000－1798－0003373　普 04459　經部/四
書類/總義之屬

**制義約選不分卷**　清刻本　一冊

330000－1798－0003375　普 04458　類叢部/
類書類/專類之屬

**典制文琳二集不分卷**　清刻本　一冊

330000－1798－0003376　普 03528　類叢部/
類書類/通類之屬

**文章潤色九卷**　清光緒十一年（1885）四明暢
懷書屋銅版石印本　一冊

330000－1798－0003377　普 04470　集部/總
集類/郡邑之屬

**京江三張先生合稿一卷**　（清）張玉書　（清）
張仕可　（清）張玉裁撰　清刻本　一冊

330000－1798－0003378　普 04471　集部/別
集類/清別集

**道生堂全稿（道生堂小題制藝初集二卷二集
二卷三集一卷）**　（清）鍾聲撰　清光緒十五
年（1889）文湘書局刻本　一冊　存一卷（初
集一）

330000－1798－0003379　普 03527　類叢部/
類書類/通類之屬

**策學備纂三十二卷首一卷**　（清）蔡啟盛
（清）吳潁炎等輯　清光緒十三年（1887）上海
點石齋石印本　十七冊　存十八卷（二至四、
七、十至十一、十四至二十、二十六至二十八、
三十一至三十二）

330000－1798－0003381　普04469　集部/總集類/課藝之屬

**目耕齋初集不分卷二集不分卷三集不分卷**
(清)徐楷評註　(清)沈叔眉選刊　清文苑山房刻本　一冊　存一集(初集)

330000－1798－0003393　普03615－13　集部/小說類/長篇之屬

**四大奇書第一種五十一卷一百二十回**　(明)羅本撰　(清)金人瑞批　(清)毛宗崗評　清刻本　十九冊　存四十四卷(一至二十七、三十二至四十四、四十六至四十九)

330000－1798－0003394　普03493－03495　類叢部/叢書類/彙編之屬

**嘯園叢書五十七種**　(清)葛元煦編　清光緒二年至七年(1876－1881)仁和葛氏刻本　三冊　存九種

330000－1798－0003395　普04449　集部/總集類/課藝之屬

**懋齋時藝不分卷**　(清)來宗敏撰　清嘉慶二十四年(1819)刻本　一冊

330000－1798－0003396　普04447　集部/總集類/課藝之屬

**集虛齋塾課(拆字新編)二卷**　(清)方朴山撰　(清)葉夢蘭註釋　清刻本　一冊　存一卷(論語)

330000－1798－0003397　普04448　集部/總集類/課藝之屬

**鐵網珊瑚集課藝不分卷**　清刻本　一冊

330000－1798－0003399　普03497　類叢部/類書類/專類之屬

**新鐫校正評註分類百子金丹全書十卷**　(明)郭偉選注　(明)郭中吉編　(明)王星聚校訂　清石印本　一冊　存二卷(五至六)

330000－1798－0003401　普04455　集部/總集類/課藝之屬

**匠門書屋文錄不分卷**　清刻本　一冊

330000－1798－0003402　普03496－2　集部/總集類/選集之屬/斷代之屬

**皇朝經世文續編一百二十卷**　(清)葛士濬輯　清鉛印本　一冊　存三卷(一百四至一百六)

330000－1798－0003403　普04454　集部/總集類/課藝之屬

**本朝文初學溯源一卷**　(清)葛淳　(清)葛涵編輯　清刻本　一冊

330000－1798－0003404　普04453　集部/總集類/課藝之屬

**易間集一卷**　(清)符熉編　清光緒三年(1877)摩兜堅堂刻本　一冊

330000－1798－0003405　普04452　集部/總集類/課藝之屬

**登瀛社稿續刊一卷**　清同治九年(1870)吳下刻本　一冊

330000－1798－0003406　普03487　子部/雜著類/雜說之屬

**求己錄三卷**　陶葆廉編　清光緒二十二年(1896)石印本　三冊

330000－1798－0003407　普03488　子部/儒家類/儒學之屬/勸學

**勸學篇二卷**　(清)張之洞撰　清光緒二十四年(1898)兩湖書院刻本　二冊

330000－1798－0003408　普04450　子部/儒家類/儒學之屬/蒙學

**發蒙小品不分卷**　清刻本　一冊

330000－1798－0003409　普04456　集部/總集類/課藝之屬

**近科墨粹不分卷**　清刻本　一冊

330000－1798－0003410　普04457　史部/傳記類/科舉錄之屬/歷科鄉試錄

**直省鄉墨不分卷**　清刻本　一冊

330000－1798－0003411　普03489　類叢部/類書類/專類之屬

**文林綺繡五種**　(明)凌迪知編　清光緒二十年(1894)上洋鴻寶齋石印本　一冊　存一種

330000－1798－0003412　普04446　史部/傳

記類/科舉錄之屬/歷科登科錄

[順治乙酉至辛丑科]國朝歷科元墨正宗不分卷　胡海南論次　清三多齋刻本　一冊

330000－1798－0003413　普04445　集部/總集類/課藝之屬

考卷約選不分卷　清刻本　一冊

330000－1798－0003414　普03518　類叢部/類書類/專類之屬

新增說文韻府群玉二十卷　（元）陰時夫輯（元）陰中夫注　清刻本　七冊　存七卷（二、七、九、十二、十七至十九）

330000－1798－0003415　普03492　子部/雜著類/雜說之屬

志雅堂雜鈔二卷　（宋）周密撰　清上海進步書局石印本　一冊

330000－1798－0003416　普03520　類叢部/類書類/專類之屬

子史精華一百六十卷　（清）吳士玉　（清）吳襄等輯　清刻本　九冊　存二十五卷（九、三十四至三十六、六十二至六十四、七十一至七十四、一百二至一百五、一百十一至一百十三、一百二十一、一百二十六、一百四十一至一百四十五）

330000－1798－0003417　普03519　經部/四書類/總義之屬/傳說

三太史彙纂四書人物備考十六卷　（明）項煜撰　明崇禎六年（1633）刻本　三冊　存十卷（一至六、十一至十四）

330000－1798－0003418　普04444　集部/總集類/課藝之屬

仁在堂時藝課一卷　（清）路德輯　清漁古山房刻本　一冊

330000－1798－0003419　普04442　集部/別集類/清別集

張太史塾課八卷　（清）張江撰　清刻本　一冊　存三卷（一至三）

330000－1798－0003420　普04441　集部/總集類/課藝之屬

增訂讀墨一隅不分卷　清刻本　二冊

330000－1798－0003421　普03517　經部/四書類/總義之屬/傳說

四書續考四卷　（清）陶起庠輯　（清）陶金璧（清）陶金瑩　（清）陶金烓編次　清刻本二冊

330000－1798－0003422　普03516　類叢部/類書類/專類之屬

四書典制類聯三十三卷　（清）閭其淵輯　清乾隆刻本　二冊　存二十四卷（一至十、二十至三十三）

330000－1798－0003423　普03515、普03547－03550　類叢部/類書類/通類之屬

玉海二百四卷附刻十三種六十一卷　（宋）王應麟撰　校補玉海瑣記二卷王深甯先生年譜一卷　（清）張大昌撰　清光緒九年至十六年（1883－1890）浙江書局刻本　七冊　存二十五卷（漢藝文志攷證一至五，詩地理攷一至六，急就篇補註三至四，姓氏急就篇上、下，小學紺珠一至十）

330000－1798－0003424　普03514、普03513類叢部/類書類/通類之屬

玉海二百四卷附刻十三種六十一卷　（宋）王應麟撰　校補玉海瑣記二卷王深甯先生年譜一卷　（清）張大昌撰　清光緒九年至十六年（1883－1890）浙江書局刻本　二冊　存三卷（校補玉海瑣記上、下，年譜）

330000－1798－0003425　普03512　經部/四書類/總義之屬/傳說

四書典林三十卷四書古人典林十二卷　（清）江永輯　清刻本　三冊　存十卷（二十六至三十、古人典林八至十二）

330000－1798－0003426　普04480　史部/傳記類/科舉錄之屬/歷科登科錄

[光緒庚辰科]會墨一卷　（清）景廉等鑒定清光緒鉛印本　一冊

330000－1798－0003428　普04479　集部/別集類/清別集

馮林一稿不分卷 （清）馮桂芬著 清光緒二年(1876)石印本 一冊

330000－1798－0003429 普03522 子部/儒家類/儒學之屬/性理

性理大全會通七十卷 （明）鍾人傑輯 清刻本 八冊 存二十四卷（二十至二十二、三十四至三十六、四十至五十五、六十九至七十）

330000－1798－0003430 普03521 類叢部/類書類/專類之屬

格致鏡原一百卷 （清）陳元龍撰 清刻本 五冊 存二十一卷（六十三至六十六、七十五至九十一）

330000－1798－0003431 普04478 子部/雜著類/雜說之屬

含英咀華不分卷 （清）□□撰 清范卓人抄本 一冊

330000－1798－0003432 普04477 集部/總集類/課藝之屬

大小題集不分卷 清范氏抄本 十二冊

330000－1798考－0003433 普04476 類叢部/類書類/通類之屬

文腋類編十卷 （清）劉燕輯 清刻本 二冊 存二卷（三、十）

330000－1798－0003434 普04475 經部/四書類/總義之屬

柏蘊皋稿不分卷 （清）柏蘊皋撰 清光緒二年(1876)四明茹古齋石印本 四冊

330000－1798－0003435 普04481 類叢部/叢書類/彙編之屬

申報館叢書正集五十七種附錄三種 （清）尊聞閣主編 續集一百四十二種 蔡爾康編 清同治至光緒上海申報館鉛印本 四冊 存一種

330000－1798－0003436 普03501 類叢部/類書類/專類之屬

文選類雋十四卷 （清）何松編 清光緒十六年(1890)珍藝書局鉛印本 一冊

330000－1798－0003437 普04482 史部/傳記類/科舉錄之屬/歷科鄉試錄

[同治甲子科]直省鄉墨精華不分卷 （清）馮林一評選 清同治四年(1865)杭州文光堂刻本 一冊

330000－1798－0003438 普03538 類叢部/類書類/通類之屬

淵鑑類函四百五十卷目錄四卷 （清）張英（清）王士禎等輯 清光緒九年(1883)上海點石齋石印本 十冊 缺四卷（目錄一至四）

330000－1798－0003439 普04483 集部/總集類/課藝之屬

小題三萬選不分卷 （清）求是齋主人輯 清光緒石印本 八冊

330000－1798－0003440 普04524 經部/群經總義類/傳說之屬

經義論策類編 （清）金騰編 清光緒二十六年(1900)石印本 七冊 存四種

330000－1798－0003441 普03539 經部/四書類/總義之屬/傳說

增補四書精繡圖像人物備考十二卷 （明）薛應旂撰 （明）陳仁錫增定 清刻本 二冊 存四卷（二至三、十一至十二）

330000－1798－0003442 普03537 類叢部/類書類/通類之屬

龍文鞭影二卷 （明）蕭良有纂輯 （清）楊臣靜增訂 （清）來集之音注 龍文鞭影二集二卷 （清）李暉吉 （清）徐瓚輯 清光緒二十五年(1899)墨潤堂石印本 四冊

330000－1798－0003443 普03536 史部/傳記類/總傳之屬/姓名

史姓韻編六十四卷 （清）汪輝祖撰 清光緒十年(1884)上海中西書局石印本 八冊

330000－1798－0003444 普04509 經部/四書類/總義之屬/傳說

四書論二卷 （清）王伊撰 清光緒二十七年(1901)上海文瑞樓石印本 朱勳林題記 一冊 存一卷（上）

330000－1798－0003447　普 04511　經部/四書類/總義之屬/傳說

**四書義十二卷**　（清）陸隴其撰　清石印本　一冊　存二卷（八至九）

330000－1798－0003448　普 03511　新學/商務/商學

**原富八卷**　（英國）斯密亞丹撰　嚴復譯　清光緒二十八年（1902）上海南洋公學譯書院鉛印本　三冊

330000－1798－0003450　普 04512　經部/四書類/總義之屬/傳說

**五經義不分卷**　（清）黃淦撰　清石印本　一冊　存葉三十一至六十一

330000－1798－0003451　普 03533　類叢部/類書類/通類之屬

**策府統宗六十五卷目錄一卷**　（清）劉昌齡輯　清光緒二十四年（1898）耕餘書屋石印本　三冊　存六卷（十一、三十二至三十五，目錄）

330000－1798－0003452　普 03545　類叢部/類書類/通類之屬

**子史輯要詩賦題解四卷**　（清）胡本淵編　清刻本　一冊　存二卷（一至二）

330000－1798－0003453　普 03544　類叢部/類書類/通類之屬

**增補事類統編九十三卷首一卷**　（清）黃葆真輯　清刻本　五冊　存十一卷（十六至十七、二十五至二十六、二十八至二十九、五十八至六十、七十七至七十八）

330000－1798－0003454　普 03543　史部/地理類/外紀之屬

**萬國分類時務大成四十卷首一卷**　（清）錢豐選輯　清光緒二十三年（1897）申江袖海山房石印本　四冊　存六卷（一至二、五、二十、二十四，首）

330000－1798－0003455　普 04523　經部/四書類/總義之屬/傳說

**四書五經義大全五十六卷首一卷**　（清）雙璞齋主人輯　清光緒二十八年（1902）圖書集成局鉛印本　一冊　存二卷（四十三至四十四）

330000－1798－0003456　普 04522　史部/傳記類/科舉錄之屬/歷科登科錄

**[光緒乙未]會試闈墨不分卷**　清光緒圖書集成局鉛印本　二冊

330000－1798－0003457　普 03542　類叢部/類書類/專類之屬

**韻府約編二十四卷**　（清）鄧愷輯　清刻本　一冊　存二卷（三至四）

330000－1798－0003458　普 03540　類叢部/叢書類/彙編之屬

**嘯園叢書五十七種**　（清）葛元煦編　清光緒二年至七年（1876－1881）仁和葛氏刻本　一冊　存二種

330000－1798－0003459　普 03546　類叢部/類書類/通類之屬

**增補萬寶全書二十卷**　（明）陳繼儒撰　（清）毛煥文增補　清文星堂刻本　二冊　存三卷（一至三）

330000－1798－0003460　普 04521　集部/總集類/課藝之屬

**登瀛社稿初集不分卷**　清范登倬抄本　一冊

330000－1798－0003461　普 04519　集部/總集類/課藝之屬

**格致書院課藝不分卷**　（清）王韜輯　清光緒二十四年（1898）上海博文書局石印本　五冊

330000－1798－0003462　普 04520　集部/別集類/清別集

**周懷山稿選本不分卷**　清范登倬抄本　一冊

330000－1798－0003463　普 04518　史部/傳記類/科舉錄之屬

**[光緒癸卯科]直墨采真一卷**　（清）京都大學堂評選　清光緒三十一年（1905）崇實書局石印本　四冊

330000－1798－0003464　普 04517　史部/傳記類/科舉錄之屬/歷科鄉試錄

**[光緒甲午]直省鄉墨不分卷**　（清）李夢瑩評

選　清光緒二十一年(1895)鉛印本　八冊

330000－1798－0003465　普04516　經部/四書類/總義之屬

**四書精義彙纂□□卷**　清石印本　一冊　存一卷(孟子六)

330000－1798－0003466　普04515　經部/四書類/總義之屬/傳說

**張謇批選四書義六卷續四書義六卷**　張謇撰　清光緒三十年(1904)上海文新書局石印本　三冊

330000－1798－0003467　普04514　集部/總集類/課藝之屬

**大題文府二集不分卷**　(清)同文書局輯　清石印本　一冊

330000－1798－0003468　普04513　集部/總集類/課藝之屬

**日耕齋三集不分卷**　(清)徐楷評注　(清)沈叔眉選　清光緒十六年(1890)石印本　二冊

330000－1798－0003469　普03554　經部/小學類/文字之屬/字書/字典

**文科大詞典十二卷**　國學扶輪社編輯　清宣統三年(1911)上海國學扶輪社鉛印本　七冊　存七卷(一至二、四、六、八至十)

330000－1798－0003470　普03551－1　類叢部/類書類/專類之屬

**初學行文語類四卷**　(清)孫埏編　清刻本　一冊　存二卷(三至四)

330000－1798－0003471　普03551－2　類叢部/類書類/專類之屬

**初學行文語類四卷**　(清)孫埏編　清刻本　二冊　存二卷(二、四)

330000－1798－0003472　普04493　史部/傳記類/科舉録之屬/歷科鄉試録

**直省鄉墨不分卷**　清刻本　九冊

330000－1798－0003473　普04510、普04668　集部/總集類/課藝之屬

**浙新課士録十一卷**　清末石印本　二冊　存二卷(六、八)

330000－1798－0003474　普04489　集部/總集類/課藝之屬

**元魁八秘附評艸箕時文不分卷**　(清)許景澄撰　清同治十年(1871)刻本　一冊

330000－1798－0003475　普03555　類叢部/類書類/專類之屬

**五經類編二十八卷**　(清)周世樟撰　清刻本　八冊　存十七卷(一至二、五至七、十三至十六、二十一至二十八)

330000－1798－0003476　普04488　史部/傳記類/科舉録之屬/歷科登科録

**[光緒甲午科]直省闈墨不分卷**　(清)李夢瑩評選　清光緒二十一年(1895)圖書集成局鉛印本　四冊

330000－1798－0003477　普04487　史部/傳記類/科舉録之屬/歷科登科録

**[光緒己丑恩科]直省闈墨不分卷**　(清)傅鍾麟評選　清光緒十六年(1890)上海鴻文書局石印本　四冊

330000－1798－0003478　普05199　經部/小學類/文字之屬/字書/字典

**康熙字典十二集三十六卷總目一卷檢字一卷辨似一卷等韻一卷補遺一卷備考一卷**　(清)張玉書等纂修　清刻本　十三冊　存十三卷(子集中、丑集上中下、寅集上中、申集下、酉集中下、戌集中下、亥集上中)

330000－1798－0003479　普04486　史部/傳記類/科舉録之屬/歷科鄉試録

**八科鄉會墨繩不分卷**　清鉛印本　二冊

330000－1798－0003480　普04485　史部/傳記類/科舉録之屬/歷科鄉試録

**[光緒癸巳恩科]順天鄉試闈墨不分卷**　清光緒上海著易堂書局鉛印本　一冊

330000－1798－0003481　普04484　集部/總集類/課藝之屬

**三狀元合稿三種**　(清)周鼎編　清鉛印本　二冊　存二種

330000－1798－0003482 普05201－1 集部/總集類/課藝之屬

**小題指南不分卷** （清）吳次歐輯 清同治元年(1862)二希堂刻本 二冊

330000－1798－0003483 普05201－2 集部/總集類/課藝之屬

**小題二集式法□□卷** （清）王步青評 （清）王士龔編 清刻本 二冊 存一卷(上)

330000－1798－0003484 普05201－3 集部/總集類/課藝之屬

**小題指南初集不分卷二集不分卷三集不分卷** （清）吳次歐輯 清刻本 二冊 存一集(三)

330000－1798－0003485 普04492 集部/總集類/課藝之屬

**明文才調集不分卷** （清）許振褘輯 清光緒二十四年(1898)上海書局石印本 一冊

330000－1798－0003486 普04491 集部/總集類/課藝之屬

**連章文萃不分卷** 清道光二十八年(1848)刻本 一冊

330000－1798－0003488 普04490 集部/總集類/課藝之屬

**採風錄不分卷** （清）何炳焯等撰 清光緒二十四年(1898)抄本 一冊

330000－1798－0003489 普05203 史部/編年類/通代之屬

**御批歷代通鑑輯覽一百二十卷** （清）傅恒等撰 清石印本 三冊 存十九卷(四十七至五十二、六十八至七十二、一百十三至一百二十)

330000－1798－0003490 普05204－1 史部/編年類/通代之屬

**新刊趙田了凡袁先生編纂古本歷史大方綱鑑補三十九卷首一卷** （宋）司馬光通鑑 （宋）朱熹綱目 （明）袁黃編纂 清石印本 一冊 存六卷(三十四至三十九)

330000－1798－0003491 普05204－2 史部/編年類/通代之屬

**御批增補了凡綱鑑四十卷首一卷** （明）袁黃纂 御撰資治通鑑綱目三編六卷首一卷附明紀福唐桂三王本末 （清）張廷玉等纂修 清光緒二十五年(1899)上海著易堂石印本 一冊 存四卷(三十七至四十)

330000－1798－0003492 普05205 史部/編年類/通代之屬

**御批歷代通鑑輯覽一百二十卷** （清）傅恒等撰 清石印本 三冊 存十三卷(二十五至二十九、五十一至五十四、七十二至七十五)

330000－1798－0003494 普05207－1 史部/史抄類

**前漢書精華錄四卷後漢書精華錄二卷** （清）高塏撰 清光緒二十五年(1899)慎記書莊石印本 四冊 存四卷(前漢書精華錄一至二、四,後漢書精華錄上)

330000－1798－0003496 普05208 史部/史評類/史論之屬

**讀通鑑論二十一卷** （清）王夫之撰 清光緒二十七年(1901)簡青書局石印本 一冊 存一卷(一)

330000－1798－0003498 普04501 集部/總集類/課藝之屬

**雞鳴館課徒草一卷** （清）束允升撰 （清）束允泰編 清光緒二十一年(1895)上海書局石印本 二冊

330000－1798－0003499 普05200－1 經部/禮記類/傳說之屬

**禮記增訂旁訓六卷** （清）徐立綱撰 清墨潤堂刻本 三冊 存二卷(三、六)

330000－1798－0003500 普05200－2 經部/禮記類/傳說之屬

**全本禮記體註十卷** （清）徐瑄撰 清刻本 一冊 存一卷(六)

330000－1798－0003501 普04500 集部/總集類/課藝之屬

**藝林珠玉不分卷** 清刻本 一冊

330000－1798－0003502　普 05200－3　經部/禮記類/傳說之屬

**禮記旁訓辨體合訂六卷**　（清）徐立綱輯　清循陔堂刻本　一冊　存一卷（三）

330000－1798－0003503　普 04499　經部/四書類/總義之屬

**欲寡過齋五經文初集不分卷**　（清）吳文桂著（清）顧麐元箋釋　清光緒八年（1882）刻本　一冊

330000－1798－0003504　普 05200－4　經部/禮記類/傳說之屬

**禮記增訂旁訓六卷**　（清）徐立綱撰　清文奎堂刻本　五冊　存二卷（三至四）

330000－1798－0003505　普 05200－5　經部/禮記類/傳說之屬

**禮記增訂旁訓六卷**　（清）徐立綱撰　清刻本　二冊　存一卷（六）

330000－1798－0003510　普 04498　史部/傳記類/科舉錄之屬/歷科登科錄

**[光緒甲午恩科]會試闈墨不分卷**　清光緒二十年（1894）上海書局石印本　一冊

330000－1798－0003511　普 04497　集部/詩文評類/制藝之屬

**小題珠玉初集不分卷**　（清）鄭守廉等撰　清刻本　一冊

330000－1798－0003512　普 04496　集部/總集/課藝之屬

**禮記題文□□卷**　清刻本　一冊　存一卷（三）

330000－1798－0003513　普 05230　集部/總集類/選集之屬/通代

**古文辭類纂七十四卷**　（清）姚鼐輯　**續古文辭類纂三十四卷**　王先謙輯　清光緒三十三年（1907）上海商務印書館鉛印本　十七冊　存六十四卷（古文辭類纂一至四十、五十一至七十四）

330000－1798－0003514　普 05215　經部/群經總義類/傳說之屬

**增批五經備旨五種**　（清）鄒聖脈纂輯　清光緒石印本　一冊　存一種

330000－1798－0003515　普 04495　集部/總集類/課藝之屬

**小題三萬選不分卷**　（清）求是齋主人輯　清光緒石印本　二冊

330000－1798－0003516　普 05216　經部/四書類/總義之屬/傳說

**四書體註合講十九卷**　（清）翁復編　清石印本　一冊　存二卷（孟子六至七）

330000－1798－0003517　普 04494　子部/儒家類/儒學之屬

**上論題文不分卷**　清石印本　一冊

330000－1798－0003518　普 05217　經部/叢編

**五經味根錄**　（清）關蔚煌輯　清石印本　一冊　存一種

330000－1798－0003519　普 05218　經部/小學類/文字之屬/字書/字典

**康熙字典十二集三十六卷總目一卷檢字一卷辨似一卷等韻一卷補遺一卷備考一卷**　（清）張玉書等纂修　清光緒二十年（1894）上海點石齋石印本　二冊　存十六卷（子集上中下、丑集上中下、巳集上中下、午集上中下，總目，檢字，辨似，等韻）

330000－1798－0003520　普 05219　經部/小學類/文字之屬/字書/字典

**字彙四集**　（清）陳淏子撰　清刻本　二冊　存二集（元、亨）

330000－1798－0003521　普 04508　集部/總集類/課藝之屬

**本朝歷科墨卷選不分卷**　清刻本　一冊

330000－1798－0003522　普 04507　集部/總集類/課藝之屬

**仁在堂核不分卷**　（清）路德輯　清刻本　一冊

330000－1798－0003523　普 04506　集部/總

集類/課藝之屬

**增選加註能與集不分卷** （清）李秬香改本
（清）金研香評　清同治八年(1869)浙省聚賢
堂刻本　二冊

330000－1798－0003524　普04503　集部/別
集類/清別集

**方椒塗稿不分卷** （清）方林撰　清光緒十七
年(1891)刻本　四冊

330000－1798－0003525　普05220－1　史
部/地理類/總志之屬/通代

**讀史方輿紀要一百三十卷** （清）顧祖禹撰
清末鉛印本　二冊　存十三卷(十六至二十
一、一百二十四至一百三十)

330000－1798－0003526　普05220－2　史
部/地理類/總志之屬/通代

**讀史方輿紀要一百三十卷** （清）顧祖禹撰
清末石印本　二冊　存十七卷(五十二至五
十九、七十至七十八)

330000－1798－0003527　普04505　集部/總
集類/課藝之屬

**時藝核續編不分卷** 清道光二十九年(1849)
刻本　一冊

330000－1798－0003528　普04504　史部/傳
記類/科舉錄之屬

**[嘉慶丙子科]墨卷鴻裁不分卷** （清）周灝編
　清刻本　一冊

330000－1798－0003529　普05221　經部/禮
記類/傳說之屬

**寄傲山房塾課纂輯禮記全文備旨十一卷**
（清）鄒聖脉纂輯　（清）鄒廷猷編次　清刻本
　二冊　存四卷(三至四、十至十一)

330000－1798－0003530　普04502　集部/總
集類/課藝之屬

**本朝歷科小題選不分卷** （清）何焯等撰　清
刻本　一冊

330000－1798－0003531　普05222－1　經
部/書類/傳說之屬

**寄傲山房塾課纂輯書經備旨蔡傳捷錄七卷**

（清）鄒聖脉纂輯　（清）鄒廷猷編次　清刻本
　一冊　存二卷(六至七)

330000－1798－0003532　普05222－2　經
部/書類/正文之屬

**正業堂書經正文□□卷** 清刻本　一冊　存
二卷(三至四)

330000－1798－0003533　普05222－3　經
部/書類/傳說之屬

**尚書離句六卷** （清）錢在培輯解　清刻本
一冊　存三卷(四至六)

330000－1798－0003534　普05222－4　經
部/書類/傳說之屬

**書經增訂旁訓四卷** （清）徐立綱旁訓　（清）
□□增訂　清大文堂刻本　二冊　存三卷
(一至三)

330000－1798－0003535　普05222－5　經
部/書類/傳說之屬

**書經增訂旁訓四卷** （清）徐立綱旁訓　（清）
□□增訂　清刻本　一冊　存一卷(四)

330000－1798－0003536　普05222－6　經
部/書類/傳說之屬

**書經集傳六卷** （宋）蔡沈撰　清文奎堂刻本
　二冊　存三卷(二至四)

330000－1798－0003537　普05222－7　經
部/書類/傳說之屬

**書經旁訓辨體合訂四卷** （清）徐立綱輯　清
光緒十七年(1891)刻本　三冊

330000－1798－0003538　普05222－8　經
部/書類/傳說之屬

**尚書離句六卷** （清）錢在培輯解　清刻本
二冊　存五卷(二至六)

330000－1798－0003539　普05222－9　經
部/書類/傳說之屬

**書經體註大全合參六卷** （宋）蔡沈集傳
（清）錢希祥輯注　**書經集傳六卷** （宋）蔡沈
集傳　清辨志堂刻本　二冊　存六卷(大全
合參二至四、書經集傳二至四)

330000－1798－0003541　普05214　經部/四書類/論語之屬/傳說

**增訂二論詳解四卷**　（清）劉忠輯　清大文堂刻本　一冊　存一卷（一）

330000－1798－0003542　普05213－1　經部/四書類/總義之屬/傳說

**四書章句集註十九卷**　（宋）朱熹撰　清刻本　一冊　存三卷（孟子一至三）

330000－1798－0003543　普05213－2　經部/四書類/總義之屬/傳說

**四書章句集註十九卷**　（宋）朱熹撰　清光緒三十二年（1906）上海商務印書館鉛印本　一冊　存三卷（孟子一至三）

330000－1798－0003544　普04597　集部/戲劇類/雜劇之屬

**古劇曲一卷十一章**　（清）吳梅撰　清光緒抄本　一冊

330000－1798－0003549　普05211　經部/四書類/總義之屬/傳說

**繪圖四子書十九卷**　（宋）朱熹撰　清光緒浙紹明達書莊石印本　一冊　存二卷（孟子四至五）

330000－1798－0003550　普05212－1　經部/四書類/論語之屬/傳說

**論語集註十卷**　（宋）朱熹撰　清刻本　九冊　存五卷（六至十）

330000－1798－0003551　普05212－2　經部/四書類/論語之屬/傳說

**五雲樓增訂四書講義補註附考備旨善本論語□□卷**　（明）鄧林撰　清刻本　一冊　存二卷（三至四）

330000－1798－0003552　普04588　集部/戲劇類/雜劇之屬

**破幽夢孤雁漢宮秋一卷**　（元）馬致遠撰　明刻本　一冊

330000－1798－0003554　普05223－1　經部/四書類/總義之屬/傳說

**四書體註十九卷**　（宋）朱熹撰　（清）范翔參訂　清刻本　一冊　存二卷（孟子六至七）

330000－1798－0003555　普05223－2　經部/四書類/總義之屬/傳說

**四書體註合講十九卷**　（清）翁復編　清刻本　二冊　存二卷（孟子六至七）

330000－1798－0003556　普05223－3　經部/四書類/總義之屬/傳說

**攷正增圖四書合講十九卷圖考一卷**　（清）翁復編　清刻本　一冊　存二卷（孟子六至七）

330000－1798－0003557　普05223－4　經部/四書類/總義之屬/傳說

**辨志堂訂正四書說約集解□□卷**　清刻本　一冊　存二卷（孟子六至七）

330000－1798－0003558　普04534、普06014　經部/群經總義類/傳說之屬

**經藝宏括不分卷**　（清）鋤經堂主人編　清光緒十四年（1888）上海積山書局石印本　二冊　存易經、春秋

330000－1798－0003559　普03556－1　類叢部/類書類/通類之屬

**玉海二百四卷附刻十三種六十一卷**　（宋）王應麟撰　**校補玉海瑣記二卷王深甯先生年譜一卷**　（清）張大昌撰　清光緒九年至十六年（1883－1890）浙江書局刻本　七十二冊　存一百六十二卷（玉海一至二十三、二十八至三十六、三十九至四十二、四十六至五十一、五十八至六十七、七十至七十七、八十至九十九、一百五十至一百五十三、一百五十五至一百五十八、一百六十一至一百八十六、一百八十九至一百九十二、一百九十五至一百九十六，辭學指南四，詩考一，詩地理攷一至六，漢藝文志攷證六至十，通鑑地理通釋一至九，漢制考一至四，踐阼篇集解一，周易鄭康成注一，周書王會補注一，小學紺珠七至十，六經天文篇上、下，通鑑答問一至三，急就篇一至四）

330000－1798－0003560　普04533　經部/孝經類/傳說之屬

**孝經論補編一卷**　（清）許冠瀛等撰　清刻本

一冊

330000－1798－0003561　普04532　新學/雜著/叢編

**新政應試必讀六種六卷**　（清）顧厚焜選　清光緒二十七年（1901）石印本　一冊　存一卷（六）

330000－1798－0003562　普03556－2　類叢部/類書類/通類之屬

**玉海二百四卷附刻十三種六十一卷**　（宋）王應麟撰　**校補玉海瑣記二卷王深甯先生年譜一卷**　（清）張大昌撰　清光緒九年至十六年（1883－1890）浙江書局刻本　一冊　存二卷（校補玉海瑣記上、下）

330000－1798－0003563　普04531　集部/總集類/課藝之屬

**格致書院課藝不分卷**　（清）王韜輯　清光緒弢園石印本　二冊　存丁亥年、庚寅年

330000－1798－0003564　普04530　史部/政書類/儀制之屬/科舉校規

**新政應試準繩□□卷**　（清）俞樾輯　清石印本　一冊　存一卷（二）

330000－1798－0003565　普04529　集部/總集類/選集之屬/通代

**文腋續選不分卷**　清范登保抄本　四冊

330000－1798－0003566　普05240　經部/小學類/文字之屬/說文/專著

**說文通訓定聲十八卷分部東韻一卷說雅一卷古今韻準一卷**　（清）朱駿聲撰　（清）朱鏡蓉參訂　**行述一卷**　朱孔彰撰　清石印本　四冊　存十卷（八至十四、東韻、說雅、韻準）

330000－1798－0003567　普04528　集部/總集類/課藝之屬

**評選直省闈藝大全八卷**　（清）李鐘奇等撰　清光緒石印本　三冊　存三卷（二、七至八）

330000－1798－0003568　普04527　集部/總集類/課藝之屬

**摘選管韜山稿不分卷**　清范登保抄本　一冊

330000－1798－0003570　普04526　經部/群經總義類/傳說之屬

**經義論策類編**　（清）金騰編　清光緒二十八年（1902）石印本　一冊　存一種

330000－1798－0003572　普04525　集部/總集類/制藝之屬

**三江邁倫集不分卷**　（清）杜聯蓮輯　清光緒二年（1876）刻本　六冊

330000－1798－0003573　普04593　集部/戲劇類/雜劇之屬

**灘簧劇本不分卷**　清抄本　一冊

330000－1798－0003575　普04592　集部/戲劇類/傳奇之屬

**繡刻演劇六十種**　（明）毛晉編　清刻本　一冊　存一種

330000－1798－0003576　普04539　集部/總集類/課藝之屬

**正誼書院課選不分卷**　清刻本　三冊

330000－1798－0003577　普05231－1　史部/編年類/通代之屬

**尺木堂綱鑑易知錄九十二卷明鑑易知錄十五卷**　（清）吳乘權等輯　清光緒十四年（1888）上海廣百宋齋鉛印本　十六冊　存七十一卷（綱鑑易知錄十四至二十一、三十三至四十、四十七至五十二、五十九至九十二，明鑑易知錄一至十五）

330000－1798－0003579　普04541　集部/別集類/清別集

**管靜山時文彙編不分卷**　清刻本　一冊

330000－1798－0003580　普05232　集部/詩文評類/類編之屬

**詩文鈔雜存不分卷**　清抄本　四冊

330000－1798－0003581　普04540　集部/總集類/課藝之屬

**日耕齋讀本初集不分卷**　（清）陳兆崙等撰　清光緒五年（1879）文奎堂刻本　二冊

330000－1798－0003582　普05233、普05430

子部/宗教類/道教之屬

**青詞匯錄□□卷**　清同治十一年(1872)程崇波刻本　五冊　存三卷(冥陽斛科儀二十三、清自然朝二十七、鍊度正本科儀)

330000－1798－0003583　普04538　經部/四書類/總義之屬/傳說

**四書五經義策論讀本二卷**　(清)史學館主人輯　清光緒二十八年(1902)刻本　一冊　存一卷(上)

330000－1798－0003584　普05234　集部/別集類/清別集

**胡文忠公遺集八十六卷首一卷**　(清)胡林翼撰　(清)鄭敦謹　(清)曾國荃輯　(清)胡鳳丹重編　清石印本　一冊　存十一卷(六至十六)

330000－1798－0003585　普05235、普05810　集部/別集類/清別集

**隨園文集二卷**　(清)袁枚撰　清宣統二年(1910)上海國學扶輪社石印本　二冊

330000－1798－0003588　普04536－04537　經部/四書類/總義之屬/傳說

**四書五經義策論續編不分卷**　(清)崇實齋輯　清光緒二十九年(1903)崇實學社石印本　三冊

330000－1798－0003589　普04604　集部/別集類/明別集

**玉茗堂全集四十六卷**　(明)湯顯祖撰　明天啟刻清康熙三十三年(1694)阮峴等修補本　十冊　存四卷(詩集一、四至五、十八)

330000－1798－0003590　普04542　集部/總集類/課藝之屬

**巧搭分品一卷**　(清)史鑑撰　清道光二十六年(1846)刻本　一冊

330000－1798－0003591　普04600　集部/總集類/課藝之屬

**考卷文鈔不分卷**　(清)周灝編　清嘉慶二十三年(1818)刻本　一冊

330000－1798－0003593　普04535　經部/四書類/總義之屬/傳說

**四書義不分卷**　清鉛印本　二冊

330000－1798－0003594　普05239　新學/學校

**文科中學教授細目不分卷**　清宣統二年(1910)學部圖書局石印本　四冊

330000－1798－0003595　普05245　史部/編年類/通代之屬

**通鑑綱目輯要正編十九卷續編八卷**　(清)姚培謙　(清)張景星錄　清石印本　二冊　存九卷(正編七至十五)

330000－1798－0003596　普04599　史部/傳記類/科舉錄之屬/歷科登科錄

**[乾隆癸未科]會墨一卷**　(清)孫效曾等撰　清刻本　一冊

330000－1798－0003598　普05244　經部/群經總義類/傳說之屬

**皇朝五經彙解二百七十卷**　(清)朱鏡清輯　清光緒十四年(1888)上海鴻文書局石印本　一冊　存五卷(易經一至五)

330000－1798－0003603　普04603　集部/總集類/選集之屬/斷代

**七家試帖輯註彙鈔九卷**　(清)張熙宇輯評　(清)王植桂輯註　清同治六年(1867)刻朱墨套印本　八冊

330000－1798－0003605　普05246　史部/編年類/通代之屬

**御批歷代通鑑輯覽一百二十卷**　(清)傅恒等撰　清石印本　一冊　存八卷(四十三至五十)

330000－1798－0003606　普05252　史部/紀傳類/正史之屬

**二十四史附考證**　清光緒上海圖書集成印書局鉛印本　一冊　存一種

330000－1798－0003607　普04602　集部/別集類/明別集

**新刊宋學士全集三十三卷附錄補遺一卷**　(明)宋濂撰　(明)韓叔陽補遺　明嘉靖三十

153

年(1551)韓叔陽等刻清初周日燦重修本　二冊　存三卷(十七至十八、三十三)

330000－1798－0003608　普05254－1　史部/編年類/通代之屬
尺木堂綱鑑易知錄九十二卷明鑑易知錄十五卷　(清)吳乘權等輯　清石印本　一冊　存二卷(綱鑑易知錄十九至二十)

330000－1798－0003610　普04601　集部/別集類/宋別集
劍南詩鈔六卷　(宋)陸游撰　(清)楊大鶴選　清刻本　一冊　存一卷(七言律)

330000－1798－0003613　普05253－3　史部/編年類/通代之屬
尺木堂綱鑑易知錄九十二卷明鑑易知錄十五卷　(清)吳乘權等輯　清道光三十年(1850)刻本　一冊　存三卷(明鑑易知錄一至三)

330000－1798－0003617　普05251－1　經部/四書類/總義之屬/傳說
四書章句集註十九卷　(宋)朱熹撰　清刻本　六冊　存三卷(孟子一至三)

330000－1798－0003618　普05251－2　經部/四書類/總義之屬/傳說
四書章句集註十九卷　(宋)朱熹撰　清慎詒堂刻本　二冊　存二卷(孟子四至五)

330000－1798－0003625　普05471　子部/農家農學類/總論之屬
重訂增補陶朱公致富奇書四卷　(明)陳繼儒輯　(清)石巖逸叟增補　清刻本　一冊　存二卷(一至二)

330000－1798－0003626　普05470　集部/別集類/清別集
味青館課徒草不分卷　(清)束允泰撰　清光緒十三年(1887)刻本　一冊

330000－1798－0003628　普05469　史部/傳記類/科舉錄之屬
[光緒辛卯科]浙江闈墨不分卷　(清)李端遇等撰　清光緒聚奎堂刻本　一冊

330000－1798－0003629　普05243－8　經部/四書類/總義之屬/傳說
四書章句集註十九卷　(宋)朱熹撰　清石印本　一冊　存三卷(孟子一至三)

330000－1798－0003630　普05468　子部/儒家類/儒學之屬/蒙學
養正草一卷續養正草一卷　(清)李元度撰　清光緒校書閣刻本　二冊

330000－1798－0003632　普05472　集部/總集類/課藝之屬
紫陽書院課藝八集不分卷　(清)朱文炳　(清)許郊編校　(清)吳左泉鑒定　清光緒十八年(1892)刻本　四冊

330000－1798－0003635　普05473　集部/別集類/清別集
思萼堂稿不分卷　(清)王沅撰　清刻本　二冊

330000－1798－0003636　普05477　子部/儒家類/儒學之屬/蒙學
天崇百篇不分卷　(清)吳懋政評選　清光緒十七年(1891)湖南思賢書局刻本　二冊

330000－1798－0003637　普05243－13　經部/四書類/總義之屬/傳說
四書讀本十九卷　(宋)朱熹章句　清光緒三十年(1904)上海鑄記石印本　二冊　存七卷(論語一至五、孟子四至五)

330000－1798－0003639　普05467　史部/編年類/通代之屬
尺木堂綱鑑易知錄九十二卷　(清)吳乘權等輯　御撰資治通鑑綱目三編二十卷　(清)張廷玉等撰　清刻本　二十一冊　存九十四卷(綱鑑易知錄二至九十二、御撰資治通鑑綱目三編十八至二十)

330000－1798－0003643　普05289　經部/四書類/孟子之屬/傳說
孟子集註七卷　(宋)朱熹撰　清刻本　一冊　存一卷(一)

330000－1798－0003644　普05288　史部/史

評類/史論之屬

**二十四史論新編二十三卷**　（清）朱鈞輯　清光緒二十八年(1902)上海書局石印本　七冊　存二十卷(一至七、十一至二十三)

330000－1798－0003649　普04617　集部/總集類/課藝之屬

**浙江試牘立誠編不分卷**　清刻本　一冊

330000－1798－0003650　普05290－1　史部/史評類/史論之屬

**讀通鑑論十卷附宋論五卷**　（清）王夫之撰　清光緒二十六年(1900)山西書業昌書莊石印本　八冊　存十卷(一至十)

330000－1798－0003651　普04616　集部/詩文評類

**彙纂詩法度鍼三十三卷首一卷**　（清）徐文弼輯　清刻本　一冊　存八卷(十一至十八)

330000－1798－0003652　普05290－2　經部/書類/傳說之屬

**尚書引義六卷**　（清）王夫之撰　清石印本　二冊

330000－1798－0003653　普05487－4　經部/春秋左傳類/傳說之屬

**東萊博議四卷**　（宋）呂祖謙撰　清光緒七年(1881)鳳城官舍刻本　一冊　存一卷(一)

330000－1798－0003654　普05290－3　經部/易類/傳說之屬

**周易外傳七卷**　（清）王夫之撰　清石印本　一冊　存三卷(五至七)

330000－1798－0003655　普05290－4　經部/詩類/傳說之屬

**詩廣傳五卷**　（清）王夫之撰　清石印本　一冊

330000－1798－0003656　普05487－5　經部/春秋左傳類/傳說之屬

**東萊博議四卷**　（宋）呂祖謙撰　清光緒二十九年(1903)寶善齋書莊石印本　四冊

330000－1798－0003657　普04624　集部/別

集類/清別集

**孝烈編六卷**　清刻本　一冊　存二卷(五至六)

330000－1798－0003658　普05487－6、普05987　經部/春秋左傳類/傳說之屬

**增批輯註東萊博議四卷**　（宋）呂祖謙撰　（清）劉鍾英輯注　清宣統三年(1911)上海會文堂書局石印本　四冊

330000－1798－0003659　普05290－5　經部/春秋總義類/傳說之屬

**春秋家說三卷**　（清）王夫之撰　清石印本　一冊

330000－1798－0003660　普05290－6、普05290－7　經部/春秋總義類/傳說之屬

**春秋世論五卷續春秋左氏傳博議二卷**　（清）王夫之撰　清石印本　二冊

330000－1798－0003661　普05487－7　經部/春秋左傳類/傳說之屬

**增批輯註東萊博議四卷**　（宋）呂祖謙撰　（清）劉鍾英輯注　清宣統三年(1911)上海會文堂書局石印本　一冊

330000－1798－0003663　普05483、普05971　經部/周禮類/傳說之屬

**周禮政要二卷**　（清）孫詒讓撰　清光緒三十年(1904)上海書局石印本　二冊

330000－1798－0003664　普05484　集部/總集類/選集之屬/斷代

**註釋唐詩三百首六卷**　（清）孫洙編　（清）李盤根集注　清刻本　一冊　存四卷(三至六)

330000－1798－0003666　普04623　集部/總集類/選集之屬/通代

**增補註釋四時景物排律詩選四卷**　（清）狄之武　（清）申贊皇原本　（清）胡焜註釋　清乾隆二十七年(1762)刻本　一冊　存一卷(一)

330000－1798－0003668　普04622　集部/總集類/選集之屬/斷代

**全唐詩九百卷目錄十二卷**　（清）曹寅等輯　清康熙刻本　二冊　存十九卷(陸龜蒙一至

十四、張蝝一、翁承贊一、黃滔一至三)

330000－1798－0003669　普04621　集部/總集類/選集之屬/通代

**增補重訂千家詩註解二卷** (宋)劉後村撰 (宋)謝枋得選 (清)王相注 **諸名家百壽詩一卷** (清)王相選輯　清光緒二年(1876)文星堂刻本　二冊

330000－1798－0003670　普05486　經部/禮記類/傳說之屬

**潄芳軒合纂禮記體註四卷** (清)范翔撰　清文星堂刻本　四冊

330000－1798－0003671　普04620　集部/總集類/選集之屬/通代

**增補重訂千家詩註解二卷** (宋)劉後村撰 (宋)謝枋得選 (清)王相注 **諸名家百壽詩一卷** (清)王相選輯　清碧梧齋刻本　一冊 存一卷(一)

330000－1798－0003673　普04612　子部/儒家類/儒學之屬/蒙學

**重訂千家詩二卷 對類指明一卷** (清)王方城輯　清宣統三年(1911)大文堂刻本　一冊 缺一卷(千家詩下)

330000－1798－0003676　普04611－1　類叢部/類書類/專類之屬

**青雲集分韻試帖詳註四卷** (清)楊逢春 (清)蕭應樾輯 (清)沈品華等注　清同治九年(1870)文富堂刻本　四冊

330000－1798－0003677　普04611－2　集部/總集類/課藝之屬

**試律青雲集四卷** (清)楊逢春輯 (清)沈品華等注　清道光三年(1823)刻本　四冊

330000－1798－0003678　普04611－3　類叢部/類書類/專類之屬

**青雲集分韻試帖詳註四卷** (清)楊逢春 (清)蕭應樾輯 (清)沈品華等注　清刻本 三冊　存三卷(二至四)

330000－1798－0003679　普04611－4　類叢部/類書類/專類之屬

**青雲集分韻試帖詳註四卷** (清)楊逢春 (清)蕭應樾輯 (清)沈品華等注　清刻本 一冊　存一卷(四)

330000－1798－0003680　普04610　集部/總集類/選集之屬/斷代

**唐律酌雅七卷** (清)周京 (清)王寶序等輯　清刻本　一冊　存四卷(四至七)

330000－1798－0003682　普04608　類叢部/類書類/通類之屬

**類林新咏三十六卷** (清)姚之駰撰　清刻本 一冊　存三卷(三至五)

330000－1798－0003683　普04607　集部/別集類/清別集

**退補齋詩存十六卷文存十二卷首二卷** (清)胡鳳丹撰 (清)王柏心等輯　清同治十二年(1873)永康胡氏退補齋刻本　一冊　存四卷(文存九至十二)

330000－1798－0003684　普04606　集部/別集類/清別集

**退補齋詩鈔二十卷** (清)胡鳳丹撰　清同治五年(1866)皖江刻本　一冊　存十卷(一至十)

330000－1798－0003685　普04605　集部/別集類/清別集

**施愚山先生學餘文集五十卷** (清)施閏章撰　清刻本　六冊　存三十二卷(六至十、十五至十九、二十九至五十)

330000－1798－0003686　普05503　子部/儒家類/儒學之屬/蒙學

**養正草一卷續養正草一卷** (清)李元度撰 清光緒校書閣刻本　二冊

330000－1798－0003688　普05502　集部/總集類/課藝之屬

**崇文書院課藝□□集** (清)盛慶蕃等編　清光緒五年(1879)刻本　六冊　存一集(五)

330000－1798－0003689　普05261　子部/醫家類/溫病之屬/瘟疫

**霍亂論二卷** (清)王士雄撰 **秘本眼科捷經**

一卷 傷寒舌鑑不分卷 （清）張登誕撰 咽喉脈證通論不分卷 洞主仙師白喉治法忌表抉微一卷 （清）耐修子錄 清石印本 一冊

330000－1798－0003690 普05501 經部/儀禮類/傳說之屬

儀禮章句十七卷 （清）吳廷華撰 清刻本 一冊 存二卷（十六至十七）

330000－1798－0003691 普05500 經部/周禮類/傳說之屬

周官精義十二卷 （清）連斗山輯 清光緒十三年(1887)兩儀堂刻本 一冊 存三卷（一至三）

330000－1798－0003692 普05499 經部/禮記類/傳說之屬

禮記節本十卷 （清）汪基撰 清末石印本 一冊 存二卷（二至三）

330000－1798－0003693 普05498 經部/春秋左傳類/傳說之屬

春秋左傳五十卷 （晉）杜預等註釋 （唐）陸德明音義 （明）鍾惺等評點 清刻本 七冊 存二十二卷（三至七、二十一至三十三、四十七至五十）

330000－1798－0003694 普05265 史部/傳記類/總傳之屬/仕宦

歷代名臣言行錄二十四卷 （清）朱桓輯 清石印本 七冊 存二十一卷（四至二十四）

330000－1798－0003695 普05259－1 史部/傳記類/總傳之屬/仕宦

歷代名臣言行錄二十四卷 （清）朱桓輯 清鉛印本 一冊 存二卷（五至六）

330000－1798－0003696 普05506 子部/農家農學類/園藝之屬/總志

二如亭群芳譜三十卷首一卷 （明）王象晉撰 清刻本 一冊 存一卷（三）

330000－1798－0003697 普05505 經部/四書類/總義之屬/傳說

新訂四書補註備旨十卷 （明）鄧林撰 （清）杜定基增訂 清刻本 一冊 存二卷（大學、中庸）

330000－1798－0003698 普05259－2 史部/傳記類/總傳之屬/仕宦

歷代名臣言行錄二十四卷 （清）朱桓輯 清石印本 一冊 存五卷（二十至二十四）

330000－1798－0003699 普5504－1 經部/禮記類/傳說之屬

全本禮記體註十卷 （清）徐瑄撰 清刻本 四冊 存四卷（五、七至九）

330000－1798－0003700 普05259－3 史部/傳記類/總傳之屬/仕宦

歷代名臣言行錄二十四卷 （清）朱桓輯 清末上海會文堂石印本 二冊 存七卷（一至二、九至十三）

330000－1798－0003701 普05504－2 經部/禮記類/傳說之屬

禮記增訂旁訓六卷 （清）徐立綱撰 清刻本 一冊 存一卷（五）

330000－1798－0003702 普05259－4 史部/傳記類/總傳之屬/仕宦

歷代名臣言行錄二十四卷 （清）朱桓輯 清光緒三十年(1904)上海商務印書館鉛印本 一冊 存四卷（十六至十九）

330000－1798－0003703 普05504－3 經部/禮記類/傳說之屬

全本禮記體註十卷 （清）徐瑄撰 清刻本 二冊 存二卷（五、九）

330000－1798－0003704 普05504－4 經部/禮記類/傳說之屬

禮記增訂旁訓六卷 （清）徐立綱撰 清刻本 一冊 存一卷（五）

330000－1798－0003705 普05258 史部/編年類/斷代之屬

皇朝政典撮要八卷 （日本）增田貢撰 （清）毛澂補編 清石印本 二冊 存二卷（七至八）

330000－1798－0003706 普05268 史部/地

理類/外紀之屬

**萬國近政考略十六卷** （清）鄒弢撰　清光緒二十四年(1898)慎記書莊石印本　一冊　存四卷(一至四)

330000 – 1798 – 0003707　普05504 – 5　經部/禮記類/傳說之屬

**禮記增訂旁訓六卷** （清）徐立綱撰　清文奎堂刻本　一冊　存一卷(五)

330000 – 1798 – 0003708　普05504 – 6　經部/禮記類/傳說之屬

**禮記旁訓辨禮合訂六卷** （清）徐立綱輯　清循陔堂刻本　一冊　存一卷(五)

330000 – 1798 – 0003709　普05504 – 7　經部/禮記類/傳說之屬

**禮記增訂旁訓六卷** （清）徐立綱撰　清墨潤堂刻本　一冊　存一卷(五)

330000 – 1798 – 0003710　普05380 – 3、普05504 – 8　經部/禮記類/傳說之屬

**禮記增訂旁訓六卷** （清）徐立綱撰　清刻本　二冊　存二卷(二、五)

330000 – 1798 – 0003711　普05504 – 9　經部/禮記類/傳說之屬

**禮記增訂旁訓六卷** （清）徐立綱撰　清刻本　一冊　存一卷(五)

330000 – 1798 – 0003712　普05504 – 10　經部/禮記類/傳說之屬

**禮記增訂旁訓六卷** （清）徐立綱撰　清刻本　一冊　存一卷(五)

330000 – 1798 – 0003713　普05504 – 11　經部/禮記類/傳說之屬

**禮記集說十卷** （元）陳澔撰　清刻本　一冊　存一卷(五)

330000 – 1798 – 0003718　普05267　史部/傳記類/總傳之屬/列女

**列女傳八卷** （漢）劉向撰　（清）梁端校注　清上海會文堂書局石印本　一冊　存二卷(一至二)

158

330000 – 1798 – 0003719　普04572　集部/總集類/課藝之屬

**小題文府不分卷** 清石印本　三冊

330000 – 1798 – 0003720　普05264　史部/編年類/斷代之屬

**東華錄三十二卷** （清）蔣良騏撰　清刻本　四冊　存十六卷(五至八、十三至十六、十七至二十四)

330000 – 1798 – 0003721　普05263　經部/春秋總義類/傳說之屬

**公羊傳選一卷穀梁傳選一卷** （清）儲欣評（清）儲芝參述　清乾隆五十一年(1786)萬卷樓刻本　一冊　存一卷(公羊傳選)

330000 – 1798 – 0003722　普05262　史部/史抄類

**史記選六卷** （清）儲欣選評　清刻本　一冊　存二卷(三至四)

330000 – 1798 – 0003723　普05260　集部/總集類/課藝之屬

**延經堂塾課不分卷** （清）朱鴻儒撰　清道光二十八年(1848)文星堂刻本　三冊

330000 – 1798 – 0003724　普05270　經部/四書類/論語之屬/傳說

**二論詳解四卷** （清）劉忠輯　清刻本　二冊　存二卷(三至四)

330000 – 1798 – 0003725　普05269　經部/四書類/論語之屬/傳說

**二論詳解四卷** （清）劉忠輯　清刻本　一冊　存一卷(二)

330000 – 1798 – 0003726　普05271　經部/四書類/論語之屬/傳說

**增訂二論詳解四卷** （清）劉忠輯　清紫英山房刻本　一冊　存一卷(四)

330000 – 1798 – 0003727　普05274　史部/編年類/通代之屬

**尺木堂綱鑑易知錄九十二卷明鑑易知錄十五卷** （清）吳乘權等輯　清石印本　二冊　存十四卷(綱鑑易知錄二十七至三十三、四十一

至四十七)

330000－1798－0003728　普04584　集部/別集類/清別集

**道生堂小題制藝初集二卷二集二卷三集一卷**
　（清）鍾聲撰　清光緒十八年(1892)上海五彩局石印本　四冊

330000－1798－0003729　普04583　集部/別集類/清別集

**曹寅谷稿選本不分卷**　（清）曹之升撰　清光緒范登保抄本　一冊

330000－1798－0003730　普04582　集部/別集類/清別集

**增訂周檟山全稿不分卷**　（清）顧響泉　（清）何曰銘輯　清光緒二年(1876)四明茹古齋鉛印本　二冊

330000－1798－0003731　普04581　集部/別集類/清別集

**韓慕盧文稿不分卷**　（清）韓葵撰　（清）瞿璣評　清光緒三年(1877)上海機器書局鉛印本　一冊

330000－1798－0003732　普05272　類叢部/叢書類/自著之屬

**西河合集一百十九種**　（清）毛奇齡撰　清刻本　六冊　存九種

330000－1798－0003734　普05276　子部/雜著類/雜纂之屬

**兩般秋雨盦隨筆八卷**　（清）梁紹壬撰　清宣統二年(1910)上海掃葉山房石印本　一冊　存二卷(七至八)

330000－1798－0003735　普05494－1　經部/四書類/論語之屬/傳說

**增訂二論詳解四卷**　（清）劉忠輯　清乾隆四十一年(1776)文奎堂刻本　二冊　存二卷(一至二)

330000－1798－0003736　普05273　集部/總集類/選集之屬/通代

**古文辭類纂七十四卷**　（清）姚鼐撰　**續古文辭類纂三十四卷**　王先謙輯　清光緒三十三

年(1907)上海商務印書館鉛印本　一冊　存十卷(古文辭類纂一至十)

330000－1798－0003737　普05494－2　經部/四書類/論語之屬/傳說

**論語集註十卷**　（宋）朱熹撰　清慎詒堂刻本　一冊　存五卷(一至五)

330000－1798－0003738　普05494－3　經部/四書類/論語之屬/傳說

**論語集註十卷**　（宋）朱熹撰　清慎言堂刻本　一冊　存五卷(一至五)

330000－1798－0003739　普05282　新學/報章

**國粹學報不分卷**　（清）國學保存會編　清末鉛印本　二冊　存二冊

330000－1798－0003740　普05494－4　經部/四書類/論語之屬/傳說

**論語十卷**　（宋）朱熹集注　清刻本　一冊　存二卷(四至五)

330000－1798－0003741　普04580　集部/別集類/清別集

**味青館續集不分卷**　（清）束允泰撰　清光緒二十二年(1896)上海書局石印本　一冊

330000－1798－0003742　普05495－1　經部/四書類/論語之屬/傳說

**論語十卷**　（宋）朱熹集注　清刻本　一冊　存五卷(一至五)

330000－1798－0003743　普05495－2　經部/四書類/論語之屬/傳說

**論語十卷**　（宋）朱熹集注　清末刻本　一冊　存五卷(一至五)

330000－1798－0003744　普05495－3　經部/四書類/論語之屬/傳說

**論語集註十卷**　（宋）朱熹撰　清慎詒堂刻本　一冊　存四卷(一至四)

330000－1798－0003745　普05495－4　經部/四書類/論語之屬/傳說

**論語十卷**　（宋）朱熹集注　清慎詒堂刻本

一冊　存五卷(一至五)

330000－1798－0003746　普05495－5　經部/四書類/論語之屬/傳說

**論語十卷**　(宋)朱熹集注　清末刻本　一冊
　　存五卷(一至五)

330000－1798－0003747　普05495－6　經部/四書類/論語之屬/傳說

**論語十卷**　(宋)朱熹集注　清末刻本　一冊
　　存一卷(五)

330000－1798－0003748　普05495－7　經部/四書類/論語之屬/傳說

**論語十卷**　(宋)朱熹集注　清慎言堂刻本
　　一冊　存五卷(一至五)

330000－1798－0003749　普04579　集部/別集類/清別集

**韞山堂管稿初集二卷二集四卷三集二卷**
(清)管世銘撰　清光緒十年(1884)京都琉璃廠刻本　八冊

330000－1798－0003751　普04578　史部/傳記類/科舉錄之屬

**兩浙校士錄選本不分卷**　(清)陳炑等撰　清光緒范登保抄本　一冊

330000－1798－0003753　普04577　集部/總集類/選集之屬

**八銘八法聽雨軒選本不分卷**　清光緒范登保抄本　一冊

330000－1798－0003754　普04576　集部/別集類/清別集

**洪銘之稿選本不分卷**　清光緒范登保抄本　一冊

330000－1798－0003756　普04575　史部/傳記類/科舉錄之屬/歷科鄉試錄

**歷科鄉會墨選本不分卷**　(清)周慶豐等撰　清光緒范登保抄本　四冊

330000－1798－0003759　普05497－1　經部/春秋左傳類/傳說之屬

**評點春秋綱目左傳句解彙雋六卷**　(清)韓葵

重訂　清光緒狀元閣李光明莊刻本　五冊　存五卷(一至四、六)

330000－1798－0003760　普04574　史部/傳記類/科舉錄之屬/諸貢錄

**硃貢卷鈔不分卷**　清光緒范登保抄本　二冊

330000－1798－0003761　普04573　集部/別集類/清別集

**江南春先生全稿不分卷**　(清)江璧撰　清同治十三年(1874)京都琉璃廠刻本　二冊

330000－1798－0003766　普05497－2　經部/春秋左傳類/傳說之屬

**評點春秋左傳綱目句解彙雋六卷**　(清)韓葵重訂　清大文堂刻本　二冊　存二卷(一、六)

330000－1798－0003767　普05497－3　經部/春秋左傳類/傳說之屬

**如西所刻諸名家評點春秋綱目左傳句解彙雋六卷**　(清)韓葵重訂　清如西所刻本　一冊　存一卷(一)

330000－1798－0003768　普04585　集部/總集類/彙編之屬

**選讀登瀛社稿續刊不分卷**　清光緒范登保抄本　一冊

330000－1798－0003769　普05496－1、普06047－4　經部/四書類/總義之屬

**退補齋校本四書正文四種**　清刻本　三冊　存二種

330000－1798－0003770　普05275－1　經部/四書類/總義之屬/傳說

**四書讀本十九卷**　(宋)朱熹撰　清宣統三年(1911)大文堂刻本　一冊　存一卷(孟子六)

330000－1798－0003771　普05496－2、普06055－5　經部/四書類/總義之屬/傳說

**四書章句集註十九卷**　(宋)朱熹撰　清刻本　三冊　存五卷(孟子一至三、六至七)

330000－1798－0003772　普05496－3、普06055－3　經部/四書類/總義之屬/傳說

四書章句集註十九卷　(宋)朱熹撰　清慎詒堂刻本　三冊　存三卷(孟子三、六至七)

330000－1798－0003773　普05275－2　經部/四書類/總義之屬/傳說

四書讀本十九卷　(宋)朱熹撰　清大文堂刻本　一冊　存一卷(孟子六)

330000－1798－0003774　普05496－4、普06055－4　經部/四書類/總義之屬/傳說

四書章句集註十九卷　(宋)朱熹撰　清刻本　三冊　存五卷(孟子一至三、六至七)

330000－1798－0003775　普05275－3、普06045　經部/四書類/總義之屬/傳說

四書讀本十九卷　(宋)朱熹章句　清宣統三年(1911)大文堂刻本　三冊　存三卷(孟子六、論語三至四)

330000－1798－0003776　普05496－5、普06055－2　經部/四書類/總義之屬/傳說

四書章句集註十九卷　(宋)朱熹撰　清文奎堂刻本　三冊　存五卷(孟子一至三、六至七)

330000－1798－0003777　普05496－6、普06055－1　經部/四書類/總義之屬/傳說

四書章句集註十九卷　(宋)朱熹撰　清刻本　三冊　存五卷(孟子一至三、六至七)

330000－1798－0003778　普05275－4　經部/四書類/總義之屬/傳說

四書讀本十九卷　(宋)朱熹撰　清宣統三年(1911)聚秀堂刻本　一冊　存一卷(孟子六)

330000－1798－0003779　普05496－7　經部/四書類/總義之屬/傳說

四書章句集註十九卷　(宋)朱熹撰　清聚奎樓刻本　一冊　存一卷(孟子七)

330000－1798－0003780　普05275－5　經部/四書類/總義之屬/傳說

四書讀本十九卷　(宋)朱熹撰　清聚秀書社刻本　一冊　存一卷(孟子六)

330000－1798－0003781　普05275－6、05312－14　經部/四書類/總義之屬/傳說

慎言堂監本四書正文五卷　清慎言堂刻本　二冊　存二卷(中孟、上論)

330000－1798－0003782　普05275－7　經部/四書類/總義之屬

文華堂監本四書正文四種　清文華堂刻本　一冊　存一種

330000－1798－0003786　普05275－8　經部/四書類

文賢堂監本四書正文四種　清刻本　一冊　存一種

330000－1798－0003788　普05275－9　經部/四書類/總義之屬

碧梧齋監本四書正文四種　清刻本　一冊　存一種

330000－1798－0003789　普05459　集部/總集類/選集之屬/通代

古文析義十六卷　(清)林雲銘輯並注　清刻本　二冊　存二卷(十一至十二)

330000－1798－0003790　普05275－10　經部/四書類/總義之屬/傳說

四書讀本十九卷　(宋)朱熹撰　清文元堂刻本　一冊　存一卷(孟子六)

330000－1798－0003792　普05275－11　經部/四書類/總義之屬/傳說

四書讀本十九卷　(宋)朱熹撰　清文元堂刻本　一冊　存一卷(孟子六)

330000－1798－0003793　普05275－12　經部/四書類/總義之屬/傳說

四書讀本十九卷　(宋)朱熹撰　清文元堂刻本　一冊　存一卷(孟子六)

330000－1798－0003798　普05275－13、普05443－6　經部/四書類/總義之屬/傳說

四書章句集註十九卷　(宋)朱熹撰　清三餘堂刻本　二冊　存二卷(孟子六至七)

330000－1798－0003800　普05275－14　經部/四書類/總義之屬/傳說

四書章句集註十九卷　（宋）朱熹撰　清同文堂刻本　一冊　存一卷(孟子六)

330000－1798－0003803　普05291－1　經部/四書類/總義之屬/傳說
四書體註合講十九卷　（清）翁復編　清刻本　二冊　存七卷(孟子六至七、論語六至十)

330000－1798－0003805　普05291－2　經部/四書類/總義之屬/傳說
四書體註合講十九卷　（清）翁復編　清光緒二十九年(1903)刻本　二冊　存七卷(大學、中庸、論語一至五)

330000－1798－0003806　普05464　經部/小學類/文字之屬/字書/訓蒙
養蒙針度五卷首一卷　（清）潘子聲撰　清光緒十二年(1886)衢郡三餘堂刻本　二冊　存三卷(一至三)

330000－1798－0003807　普05291－3　經部/四書類/總義之屬/傳說
四書體註合講十九卷　（清）翁復編　清光緒四年(1878)永康胡氏退補齋刻本　一冊　存二卷(大學、中庸)

330000－1798－0003810　普05291－4　經部/四書類/總義之屬/傳說
四書體註合講十九卷　（清）翁復編　清刻本　一冊　存二卷(孟子四至五)

330000－1798－0003811　普05291－5、普05446－1　經部/四書類/總義之屬/傳說
四書體註合講十九卷　（清）翁復編　清刻本　二冊　存七卷(論語六至十、孟子六至七)

330000－1798－0003814　普04558　集部/別集類/清別集
袁太史時文不分卷　（清）袁枚撰　（清）秦大士編　清光緒鉛印本　一冊

330000－1798－0003815　普04557　集部/總集類/彙編之屬
註釋塾課分編八集　（清）王步青評　（清）王士鰲編　清刻本　一冊　存二集(初集、二集)

330000－1798－0003816　普04556　集部/別集類/清別集
曲園課孫草二卷　（清）俞樾撰　清光緒刻本　一冊　存一卷(一)

330000－1798－0003817　普04555　子部/儒家類/儒學之屬/蒙學
新刻童子問路改本一卷附詩一卷　（清）鄭之琮原本　（清）車以庸改本　（清）周大封評選　清光緒二十四年(1898)刻本　一冊

330000－1798－0003818　普05515　經部/四書類/總義之屬/傳說
四書體註合講十九卷　（清）翁復編　清石印本　二冊　存八卷(論語一至五、孟子一至三)

330000－1798－0003819　普05511　子部/儒家類/儒學之屬/經濟
大學衍義四十三卷　（宋）真德秀撰　清光緒二十七年(1901)上海書局石印本　一冊　存七卷(一至七)

330000－1798－0003820　普05510　經部/四書類/總義之屬/傳說
四書味根錄三十七卷　（清）金澂撰　清石印本　一冊　存三卷(論語十一至十三)

330000－1798－0003823　普05285　經部/四書類/總義之屬/傳說
新訂四書補註備旨十卷　（明）鄧林撰　（清）杜定基增訂　清文奎堂刻本　一冊　存二卷(孟子一至二)

330000－1798－0003824　普05284　經部/四書類/總義之屬/傳說
新訂四書補註備旨十卷　（明）鄧林撰　（清）杜定基增訂　清刻本　一冊　存二卷(孟子一至二)

330000－1798－0003825　普05286　經部/四書類/總義之屬/傳說
四書或問語類大全合訂四十一卷　（清）黃越撰　清刻本　一冊　存二卷(論語五至六)

330000－1798－0003826　普05287　經部/四

書類/孟子之屬/傳說

**孟子集註大全十四卷** 清刻本 二冊 存四
卷(一至二、九至十)

330000－1798－0003827 普 05283－1 史
部/傳記類/科舉錄之屬/諸貢錄
**[咸豐辛酉科]浙江選拔貢卷不分卷** （清）范
登保撰 清咸豐刻本 一冊

330000－1798－0003828 普 05283－2 史
部/傳記類/科舉錄之屬/諸貢錄
**[咸豐辛酉科]浙江選拔貢卷不分卷** （清）范
登保撰 清咸豐刻本 一冊

330000－1798－0003829 普 05283－3 史
部/傳記類/科舉錄之屬/諸貢錄
**[咸豐辛酉科]浙江選拔貢卷不分卷** （清）范
登保撰 清咸豐刻本 一冊

330000－1798－0003830 普 05283－4 史
部/傳記類/科舉錄之屬/諸貢錄
**[咸豐辛酉科]浙江選拔貢卷不分卷** （清）范
登保撰 清咸豐刻本 一冊

330000－1798－0003831 普 05283－5 史
部/傳記類/科舉錄之屬/諸貢錄
**[咸豐辛酉科]浙江選拔貢卷不分卷** （清）范
登保撰 清咸豐刻本 一冊

330000－1798－0003832 普 05283－6 史
部/傳記類/科舉錄之屬/諸貢錄
**[咸豐辛酉科]浙江選拔貢卷不分卷** （清）范
登保撰 清咸豐刻本 一冊

330000－1798－0003833 普 05283－7 史
部/傳記類/科舉錄之屬/諸貢錄
**[咸豐辛酉科]浙江選拔貢卷不分卷** （清）范
登保撰 清咸豐刻本 一冊

330000－1798－0003834 普 05283－8 史
部/傳記類/科舉錄之屬/諸貢錄
**[咸豐辛酉科]浙江選拔貢卷不分卷** （清）范
登保撰 清咸豐刻本 一冊

330000－1798－0003835 普 05283－9 史
部/傳記類/科舉錄之屬/諸貢錄

**[咸豐辛酉科]浙江選拔貢卷不分卷** （清）范
登保撰 清咸豐刻本 一冊

330000－1798－0003836 普 05283－10 史
部/傳記類/科舉錄之屬/諸貢錄
**[咸豐辛酉科]浙江選拔貢卷不分卷** （清）范
登保撰 清咸豐刻本 一冊

330000－1798－0003837 普 05283－11 史
部/傳記類/科舉錄之屬/諸貢錄
**[咸豐辛酉科]浙江選拔貢卷不分卷** （清）范
登保撰 清咸豐刻本 一冊

330000－1798－0003838 普 05283－12 史
部/傳記類/科舉錄之屬/諸貢錄
**[咸豐辛酉科]浙江選拔貢卷不分卷** （清）范
登保撰 清咸豐刻本 一冊

330000－1798－0003839 普 05283－13 史
部/傳記類/科舉錄之屬/諸貢錄
**[咸豐辛酉科]浙江選拔貢卷不分卷** （清）范
登保撰 清咸豐刻本 一冊

330000－1798－0003840 普 05283－14 史
部/傳記類/科舉錄之屬/諸貢錄
**[咸豐辛酉科]浙江選拔貢卷不分卷** （清）范
登保撰 清咸豐刻本 一冊

330000－1798－0003841 普 05283－15 史
部/傳記類/科舉錄之屬/諸貢錄
**[咸豐辛酉科]浙江選拔貢卷不分卷** （清）范
登保撰 清咸豐刻本 一冊

330000－1798－0003842 普 05283－16 史
部/傳記類/科舉錄之屬/諸貢錄
**[咸豐辛酉科]浙江選拔貢卷不分卷** （清）范
登保撰 清咸豐刻本 一冊

330000－1798－0003843 普 05283－17 史
部/傳記類/科舉錄之屬/諸貢錄
**[咸豐辛酉科]浙江選拔貢卷不分卷** （清）范
登保撰 清咸豐刻本 一冊

330000－1798－0003844 普 05283－18 史
部/傳記類/科舉錄之屬/諸貢錄
**[咸豐辛酉科]浙江選拔貢卷不分卷** （清）范

登保撰　清咸豐刻本　一冊

330000－1798－0003845　普 05283－19　史部/傳記類/科舉錄之屬/諸貢錄
[咸豐辛酉科]浙江選拔貢卷不分卷　（清）范登保撰　清咸豐刻本　一冊

330000－1798－0003846　普 05283－20　史部/傳記類/科舉錄之屬/諸貢錄
[咸豐辛酉科]浙江選拔貢卷不分卷　（清）范登保撰　清咸豐刻本　一冊

330000－1798－0003847　普 05283－21　史部/傳記類/科舉錄之屬/諸貢錄
[咸豐辛酉科]浙江選拔貢卷不分卷　（清）范登保撰　清咸豐刻本　一冊

330000－1798－0003848　普 05283－22　史部/傳記類/科舉錄之屬/諸貢錄
[咸豐辛酉科]浙江選拔貢卷不分卷　（清）范登保撰　清咸豐刻本　一冊

330000－1798－0003849　普 05283－23　史部/傳記類/科舉錄之屬/諸貢錄
[咸豐辛酉科]浙江選拔貢卷不分卷　（清）范登保撰　清咸豐刻本　一冊

330000－1798－0003850　普 05283－24　史部/傳記類/科舉錄之屬/諸貢錄
[咸豐辛酉科]浙江選拔貢卷不分卷　（清）范登保撰　清咸豐刻本　一冊

330000－1798－0003851　普 05283－25　史部/傳記類/科舉錄之屬/諸貢錄
[咸豐辛酉科]浙江選拔貢卷不分卷　（清）范登保撰　清咸豐刻本　一冊

330000－1798－0003852　普 05283－26　史部/傳記類/科舉錄之屬/諸貢錄
[咸豐辛酉科]浙江選拔貢卷不分卷　（清）范登保撰　清咸豐刻本　一冊

330000－1798－0003853　普 05283－27　史部/傳記類/科舉錄之屬/諸貢錄
[咸豐辛酉科]浙江選拔貢卷不分卷　（清）范登保撰　清咸豐刻本　一冊

330000－1798－0003854　普 05283－28　史部/傳記類/科舉錄之屬/諸貢錄
[咸豐辛酉科]浙江選拔貢卷不分卷　（清）范登保撰　清咸豐刻本　一冊

330000－1798－0003855　普 05283－29　史部/傳記類/科舉錄之屬/諸貢錄
[咸豐辛酉科]浙江選拔貢卷不分卷　（清）范登保撰　清咸豐刻本　一冊

330000－1798－0003856　普 05283－30　史部/傳記類/科舉錄之屬/諸貢錄
[咸豐辛酉科]浙江選拔貢卷不分卷　（清）范登保撰　清咸豐刻本　一冊

330000－1798－0003857　普 04554　子部/儒家類/儒學之屬/蒙學
童子問路四卷　（清）鄭之琮輯　清刻本　一冊　存二卷(一至二)

330000－1798－0003858　普 04553　集部/別集類/清別集
八銘堂塾鈔初集八卷二集不分卷　（清）吳懋政編　清嘉慶十三年(1808)英德堂刻本　八冊

330000－1798－0003859　普 05283－31　史部/傳記類/科舉錄之屬/諸貢錄
[咸豐辛酉科]浙江選拔貢卷不分卷　（清）范登保撰　清咸豐刻本　一冊

330000－1798－0003860　普 05283－32　史部/傳記類/科舉錄之屬/諸貢錄
[咸豐辛酉科]浙江選拔貢卷不分卷　（清）范登保撰　清咸豐刻本　一冊

330000－1798－0003861　普 05283－33　史部/傳記類/科舉錄之屬/諸貢錄
[咸豐辛酉科]浙江選拔貢卷不分卷　（清）范登保撰　清咸豐刻本　一冊

330000－1798－0003862　普 05283－34　史部/傳記類/科舉錄之屬/諸貢錄
[咸豐辛酉科]浙江選拔貢卷不分卷　（清）范登保撰　清咸豐刻本　一冊

330000－1798－0003863　普 05283－35　史部/傳記類/科舉録之屬/諸貢録

**[咸豐辛酉科]浙江選拔貢卷不分卷**　（清）范登保撰　清咸豐刻本　一冊

330000－1798－0003864　普 05283－36　史部/傳記類/科舉録之屬/諸貢録

**[咸豐辛酉科]浙江選拔貢卷不分卷**　（清）范登保撰　清咸豐刻本　一冊

330000－1798－0003865　普 05509　經部/周禮類/傳說之屬

**周官精義十二卷**　（清）連斗山輯　清刻本　五冊　缺三卷(一至三)

330000－1798－0003867　普 04552　集部/總集類/課藝之屬

**初學小題拆字讀本一卷**　（清）張鋅評定　清刻本　一冊

330000－1798－0003868　普 04551　集部/總集類/課藝之屬

**巧搭脫穎不分卷**　（清）李秬香編　清刻本　一冊

330000－1798－0003869　普 05283－37　史部/傳記類/科舉録之屬/諸貢録

**[咸豐辛酉科]浙江選拔貢卷不分卷**　（清）范登保撰　清咸豐刻本　一冊

330000－1798－0003871　普 04550　集部/總集類/課藝之屬

**麗正書院課藝四卷**　（清）趙曾向輯　清刻本　一冊　存一卷(四)

330000－1798－0003872　普 05283－38　史部/傳記類/科舉録之屬/諸貢録

**[咸豐辛酉科]浙江選拔貢卷不分卷**　（清）范登保撰　清咸豐刻本　一冊

330000－1798－0003873　普 05283－39　史部/傳記類/科舉録之屬/諸貢録

**[咸豐辛酉科]浙江選拔貢卷不分卷**　（清）范登保撰　清咸豐刻本　一冊

330000－1798－0003874　普 05283－40　史部/傳記類/科舉録之屬/諸貢録

**[咸豐辛酉科]浙江選拔貢卷不分卷**　（清）范登保撰　清咸豐刻本　一冊

330000－1798－0003875　普 05283－41　史部/傳記類/科舉録之屬/諸貢録

**[咸豐辛酉科]浙江選拔貢卷不分卷**　（清）范登保撰　清咸豐刻本　一冊

330000－1798－0003876　普 05512　經部/小學類/文字之屬/字書/字典

**字彙十二集首一卷末一卷**　（明）梅膺祚撰　清刻本　一冊　存一集(戌)

330000－1798－0003877　普 05283－42　史部/傳記類/科舉録之屬/諸貢録

**[咸豐辛酉科]浙江選拔貢卷不分卷**　（清）范登保撰　清咸豐刻本　一冊

330000－1798－0003878　普 05283－43　史部/傳記類/科舉録之屬/諸貢録

**[咸豐辛酉科]浙江選拔貢卷不分卷**　（清）范登保撰　清咸豐刻本　一冊

330000－1798－0003884　普 04549　集部/總集類/課藝之屬

**劉大山詩經稿不分卷**　（清）劉巘撰　清刻本　一冊

330000－1798－0003885　普 04548　集部/總集類/課藝之屬

**脩能書屋課藝一卷**　（清）卞斌撰　清嘉慶二十一年(1816)刻本　一冊

330000－1798－0003886　普 05283－44　史部/傳記類/科舉録之屬/諸貢録

**[咸豐辛酉科]浙江選拔貢卷不分卷**　（清）范登保撰　清咸豐刻本　一冊

330000－1798－0003887　普 06368　經部/春秋總義類/傳說之屬

**春秋集義五十八卷首一卷末二卷**　（清）吳鳳來撰　清刻本　十四冊　存四十一卷(二十至五十八、末一至二)

330000－1798－0003888　普 06360、普 06448

子部/醫家類/外科之屬/外科方

**瘍醫大全四十卷** （清）顧世澄撰　清刻本
三十八冊　存三十八卷（一至三十六、三十
八、四十）

330000－1798－0003889　普05283－45　史
部/傳記類/科舉錄之屬/諸貢錄

**[咸豐辛酉科]浙江選拔貢卷不分卷** （清）范
登保撰　清咸豐刻本　一冊

330000－1798－0003890　善06362　史部/編
年類/通代之屬

**資治通鑑前編十八卷舉要三卷** （元）金履祥
撰　**首一卷** （明）陳樫撰　清乾隆十年
（1745）金郡率祖堂刻本　五冊　存十一卷
（一、六至七、十至十六，首）

330000－1798－0003891　普05283－46　史
部/傳記類/科舉錄之屬/諸貢錄

**[咸豐辛酉科]浙江選拔貢卷不分卷** （清）范
登保撰　清咸豐刻本　一冊

330000－1798－0003892　普05283－47　史
部/傳記類/科舉錄之屬/諸貢錄

**[咸豐辛酉科]浙江選拔貢卷不分卷** （清）范
登保撰　清咸豐刻本　一冊

330000－1798－0003893　普04547　子部/儒
家類/儒學之屬

**張百川先生訓子三十篇不分卷** （清）張江撰
清刻本　一冊

330000－1798－0003894　普05283－48　史
部/傳記類/科舉錄之屬/諸貢錄

**[咸豐辛酉科]浙江選拔貢卷不分卷** （清）范
登保撰　清咸豐刻本　一冊

330000－1798－0003895　普06364　史部/編
年類/斷代之屬

**繹史摭遺十八卷** （清）李瑤撰　清刻本　五
冊　存七卷（十至十三、十六至十八）

330000－1798－0003896　普04546　史部/史
抄類

**前明名人傳稿摘錄一卷** （明）許孚遠等撰
**國朝名人傳稿摘錄二卷** （清）黃越等撰　清

刻本　一冊

330000－1798－0003897　普06365　子部/
叢編

**二十二子** （清）浙江書局編　清光緒元年至
三年（1875－1877）浙江書局刻本　二冊　存
一種

330000－1798－0003898　普06363　子部/
叢編

**二十二子彙函** （清）浙江書局編　清光緒元
年至三年（1875－1877）浙江書局刻本　二冊
存一種

330000－1798－0003900　普05283－49　史
部/傳記類/科舉錄之屬/諸貢錄

**[咸豐辛酉科]浙江選拔貢卷不分卷** （清）范
登保撰　清咸豐刻本　一冊

330000－1798－0003901　普06353　子部/醫
家類/醫案之屬

**臨證指南醫案十卷附種福堂公選良方** （清）
葉桂撰　清光緒三十二年（1906）維經書局石
印本　一冊　存二卷（一至二）

330000－1798－0003902　普04545　集部/總
集類/課藝之屬

**海秋制藝前集一卷** （清）湯鵬著　清道光十
九年（1839）刻本　一冊

330000－1798－0003903　普05283－50　史
部/傳記類/科舉錄之屬/諸貢錄

**[咸豐辛酉科]浙江選拔貢卷不分卷** （清）范
登保撰　清咸豐刻本　一冊

330000－1798－0003904　普06358、普06466
子部/農家農學類/獸醫之屬

**元亨療馬集四卷** （明）喻仁　（明）喻傑撰
清刻本　二冊　存二卷（二、四）

330000－1798－0003905　普04544　集部/別
集類/清別集

**曹寅谷制藝不分卷續刻不分卷** （清）曹之升
撰　清乾隆六十年（1795）刻本　一冊

330000－1798－0003906　普04543　集部/別

集類/明別集

**項太史全稿一卷**　（明）項煜撰　清道光五年（1825）刻本　一冊

330000－1798－0003907　普05283－51　史部/傳記類/科舉錄之屬/諸貢錄

**[咸豐辛酉科]浙江選拔貢卷不分卷**　（清）范登保撰　清咸豐刻本　一冊

330000－1798－0003908　普05283－52　史部/傳記類/科舉錄之屬/諸貢錄

**[咸豐辛酉科]浙江選拔貢卷不分卷**　（清）范登保撰　清咸豐刻本　一冊

330000－1798－0003909　普05283－53　史部/傳記類/科舉錄之屬/諸貢錄

**[咸豐辛酉科]浙江選拔貢卷不分卷**　（清）范登保撰　清咸豐刻本　一冊

330000－1798－0003910　普05283－54　史部/傳記類/科舉錄之屬/諸貢錄

**[咸豐辛酉科]浙江選拔貢卷不分卷**　（清）范登保撰　清咸豐刻本　一冊

330000－1798－0003911　普05283－55　史部/傳記類/科舉錄之屬/諸貢錄

**[咸豐辛酉科]浙江選拔貢卷不分卷**　（清）范登保撰　清咸豐刻本　一冊

330000－1798－0003912　普06374、普06384　集部/總集類/選集之屬/斷代

**元詩選六卷補遺一卷**　（清）顧奎光選輯　清刻本　二冊　存三卷(一、六,補遺)

330000－1798－0003913　善06369　類叢部/類書類/通類之屬

**玉海二百卷附刻辭學指南四卷詩攷一卷詩地理攷六卷漢藝文志攷證十卷通鑑地理通釋十四卷漢制攷四卷踐阼篇集解一卷急就篇補注四卷姓氏急就篇二卷小學紺珠十卷六經天文編二卷周易鄭康成注一卷周書王會補注一卷通鑑答問五卷**　（宋）王應麟撰　元刻明正德、嘉靖、萬曆、崇禎補刻清康熙二十六年（1687）吉水李振裕補刻印本　八冊　存二十卷(五十六至五十七、一百十三至一百十四、一百二十三至一百二十六、一百四十至一百四十六、一百六十一至一百六十五)

330000－1798－0003914　普06377　史部/紀傳類/正史之屬

**明史稿三百十卷目錄三卷**　（清）王鴻緒撰　清雍正敬慎堂刻本　一冊　存三卷(列傳十二至十四)

330000－1798－0003915　普05283－56　史部/傳記類/科舉錄之屬/諸貢錄

**[咸豐辛酉科]浙江選拔貢卷不分卷**　（清）范登保撰　清咸豐刻本　一冊

330000－1798－0003916　普06371　類叢部/叢書類/彙編之屬

**函海一百五十二種**　（清）李調元編　清乾隆綿州李氏萬卷樓刻嘉慶十四年（1809）李鼎元重校印本　一冊　存二種

330000－1798－0003917　普06376　子部/兵家類/兵法之屬

**紀效新書十八卷首一卷**　（明）戚繼光撰　清照曠閣刻本　一冊　存二卷(一、首)

330000－1798－0003918　普06375　集部/總集類/選集之屬/斷代

**刪訂唐詩解二十四卷**　（明）唐汝詢輯　（清）吳昌祺評　清刻本　一冊　存三卷(十八至二十)

330000－1798－0003919　普06372　經部/易類/傳說之屬

**易經增訂旁訓三卷**　（清）徐立綱撰　清文奎堂刻本　一冊　存一卷(一)

330000－1798－0003920　普05283－57　史部/傳記類/科舉錄之屬/諸貢錄

**[咸豐辛酉科]浙江選拔貢卷不分卷**　（清）范登保撰　清咸豐刻本　一冊

330000－1798－0003921　普05283－58　史部/傳記類/科舉錄之屬/諸貢錄

**[咸豐辛酉科]浙江選拔貢卷不分卷**　（清）范登保撰　清咸豐刻本　一冊

330000－1798－0003922　普05283－59　史部/傳記類/科舉録之屬/諸貢録

[咸豐辛酉科]浙江選拔貢卷不分卷　（清）范登保撰　清咸豐刻本　一册

330000－1798－0003923　普05283－60　史部/傳記類/科舉録之屬/諸貢録

[咸豐辛酉科]浙江選拔貢卷不分卷　（清）范登保撰　清咸豐刻本　一册

330000－1798－0003924　普06370　類叢部/類書類/專類之屬

淵鑑類函四百五十卷目録四卷　（清）張英（清）王士禎等輯　清刻本　三册　存八卷（一百八十七至一百八十九、一百九十二至一百九十三、三百三十三至三百三十五）

330000－1798－0003925　普06367　經部/易類/傳說之屬

周易本義啓蒙翼傳四卷　（元）胡一桂學　清嘉慶十七年(1812)慶餘堂刻本　二册　存二卷(上、中)

330000－1798－0003927　普04559　集部/總集類/課藝之屬

五經文府五卷　（清）鴻寶齋輯　清末石印本　三册　存二卷(詩經、春秋)

330000－1798－0003928　普04560　集部/總集類/課藝之屬

小題文府不分卷　清石印本　二册

330000－1798－0003929　普06355　史部/編年類/通代之屬

御批歷代通鑑輯覽一百二十卷　（清）傅恒等撰　清通文書局石印本　二十三册　缺三十七卷(一至四、二十三至二十六、六十五至七十三、七十七至七十九、八十四至八十七、一百四至一百七、一百十二至一百二十)

330000－1798－0003930　普05283－61　史部/傳記類/科舉録之屬/諸貢録

[咸豐辛酉科]浙江選拔貢卷不分卷　（清）范登保撰　清咸豐刻本　一册

330000－1798－0003932　普05283－62　史

部/傳記類/科舉録之屬/諸貢録

[咸豐辛酉科]浙江選拔貢卷不分卷　（清）范登保撰　清咸豐刻本　一册

330000－1798－0003933　普05283－63　史部/傳記類/科舉録之屬/諸貢録

[咸豐辛酉科]浙江選拔貢卷不分卷　（清）范登保撰　清咸豐刻本　一册

330000－1798－0003934　普05283－64　史部/傳記類/科舉録之屬/諸貢録

[咸豐辛酉科]浙江選拔貢卷不分卷　（清）范登保撰　清咸豐刻本　一册

330000－1798－0003935　普05283－65　史部/傳記類/科舉録之屬/諸貢録

[咸豐辛酉科]浙江選拔貢卷不分卷　（清）范登保撰　清咸豐刻本　一册

330000－1798－0003936　普05283－66　史部/傳記類/科舉録之屬/諸貢録

[咸豐辛酉科]浙江選拔貢卷不分卷　（清）范登保撰　清咸豐刻本　一册

330000－1798－0003937　普05283－67　史部/傳記類/科舉録之屬/諸貢録

[咸豐辛酉科]浙江選拔貢卷不分卷　（清）范登保撰　清咸豐刻本　一册

330000－1798－0003938　普05283－68　史部/傳記類/科舉録之屬/諸貢録

[咸豐辛酉科]浙江選拔貢卷不分卷　（清）范登保撰　清咸豐刻本　一册

330000－1798－0003939　普05283－69　史部/傳記類/科舉録之屬/諸貢録

[咸豐辛酉科]浙江選拔貢卷不分卷　（清）范登保撰　清咸豐刻本　一册

330000－1798－0003940　普05283－70　史部/傳記類/科舉録之屬/諸貢録

[咸豐辛酉科]浙江選拔貢卷不分卷　（清）范登保撰　清咸豐刻本　一册

330000－1798－0003941　普06357　集部/別集類/清別集

梅村詩集箋注十八卷 （清）吳偉業撰 （清）吳翌鳳箋注 清嘉慶十九年(1814)嚴榮滄浪吟榭刻本 八冊 存十三卷(二至十四)

330000－1798－0003942 普04570 史部/傳記類/科舉錄之屬/歷科鄉試錄

[光緒甲午科]直省鄉墨一卷 （清）李夢瑩評選 清光緒二十一年(1895)上海寶文書局石印本 一冊

330000－1798－0003943 普04569 集部/總集類/課藝之屬

增選巧搭網珊不分卷 清袖海山房石印本 一冊

330000－1798－0003944 普06361 史部/編年類/通代之屬

尺木堂綱鑑易知錄九十二卷明鑑易知錄十五卷 （清）吳乘權等輯 清刻本 二十二冊 存四十七卷(綱鑑易知錄六至九、十四至十五、二十五至二十七、四十五至六十六、六十九至八十二、八十九至九十)

330000－1798－0003945 普04568 史部/傳記類/科舉錄之屬/歷科鄉試錄

[光緒丁酉]直省鄉墨不分卷 （清）王焯（清）郭家聲評選 清光緒二十三年(1897)圖書集成局鉛印本 二冊

330000－1798－0003946 普05283－71 史部/傳記類/科舉錄之屬/諸貢錄

[咸豐辛酉科]浙江選拔貢卷不分卷 （清）范登保撰 清咸豐刻本 一冊

330000－1798－0003947 普05283－72 史部/傳記類/科舉錄之屬/諸貢錄

[咸豐辛酉科]浙江選拔貢卷不分卷 （清）范登保撰 清咸豐刻本 一冊

330000－1798－0003948 普04567 史部/傳記類/科舉錄之屬/歷科鄉試錄

[光緒癸卯恩科]江西闈墨一卷 清光緒上海文寶書局石印本 一冊

330000－1798－0003949 普05283－73 史部/傳記類/科舉錄之屬/諸貢錄

[咸豐辛酉科]浙江選拔貢卷不分卷 （清）范登保撰 清咸豐刻本 一冊

330000－1798－0003950 普04566 集部/總集類/課藝之屬

小題正鵠初集不分卷二集不分卷三集不分卷四集不分卷 （清）李元度輯 清刻本 一冊 存一集(三)

330000－1798－0003951 普05283－74 史部/傳記類/科舉錄之屬/諸貢錄

[咸豐辛酉科]浙江選拔貢卷不分卷 （清）范登保撰 清咸豐刻本 一冊

330000－1798－0003952 普05283－75 史部/傳記類/科舉錄之屬/諸貢錄

[咸豐辛酉科]浙江選拔貢卷不分卷 （清）范登保撰 清咸豐刻本 一冊

330000－1798－0003953 普04565 經部/群經總義類/傳說之屬

經秋權不分卷 （清）路德等撰 清刻本 一冊

330000－1798－0003954 普04564 史部/傳記類/科舉錄之屬/歷科鄉試錄

鄉墨金錕不分卷 （清）鮑敦甫評輯 清刻本 一冊

330000－1798－0003955 普05283－76 史部/傳記類/科舉錄之屬/諸貢錄

[咸豐辛酉科]浙江選拔貢卷不分卷 （清）范登保撰 清咸豐刻本 一冊

330000－1798－0003956 普05283－77 史部/傳記類/科舉錄之屬/諸貢錄

[咸豐辛酉科]浙江選拔貢卷不分卷 （清）范登保撰 清咸豐刻本 一冊

330000－1798－0003957 普05283－78 史部/傳記類/科舉錄之屬/諸貢錄

[咸豐辛酉科]浙江選拔貢卷不分卷 （清）范登保撰 清咸豐刻本 一冊

330000－1798－0003958 普05283－79 史部/傳記類/科舉錄之屬/諸貢錄

[咸豐辛酉科]浙江選拔貢卷不分卷　（清）范登保撰　清咸豐刻本　一冊

330000－1798－0003959　普05283－80　史部/傳記類/科舉錄之屬/諸貢錄

[咸豐辛酉科]浙江選拔貢卷不分卷　（清）范登保撰　清咸豐刻本　一冊

330000－1798－0003960　普04563　史部/傳記類/科舉錄之屬/歷科鄉試錄

[咸豐乙未科至同治癸亥科]鄉會墨淳續刻一卷　（清）李伯坦選評　清同治三年(1864)求是齋刻本　一冊

330000－1798－0003961　普04562　集部/總集類/課藝之屬

大題求是不分卷　清刻本　一冊

330000－1798－0003962　普04561　集部/總集類/課藝之屬

近墨摘選不分卷　清范登保抄本　一冊

330000－1798－0003963　普06430、普06472　類叢部/類書類/專類之屬

子史精華一百六十卷　（清）吳士玉　（清）吳襄等輯　清光緒十三年(1887)上海積山書局石印本　十一冊

330000－1798－0003964　普06471　史部/政書類/律令之屬/律例

大清律例增修統纂集成四十卷附督捕則例二卷　（清）姚潤輯　（清）陶駿　（清）陶念霖增輯　清光緒二十五年(1899)鉛印本　二十二冊　缺二卷(四、三十七)

330000－1798－0003965　普06470　經部/小學類/文字之屬/字書/字典

康熙字典十二集三十六卷總目一卷檢字一卷辨似一卷等韻一卷補遺一卷備考一卷　（清）張玉書等纂修　清光緒二十九年(1903)上海文瀾書局石印本　八冊

330000－1798－0003968　普06402　經部/春秋左傳類/傳說之屬

寄傲山房塾課纂輯春秋十二卷　（清）鄒聖脉纂輯　（清）鄒可庭編次　清光緒五年(1879)

慈水古草堂刻本　三冊　存六卷(一至二、六至九)

330000－1798－0003969　普06379　類叢部/類書類/通類之屬

增補事類統編九十三卷首一卷　（清）黃葆真輯　清道光二十九年(1849)丹陽黃葆真粵東敦好堂刻本　二十七冊　缺十三卷(二十八至二十九、五十二至五十三、五十七至六十五)

330000－1798－0003970　普06401　史部/政書類/通制之屬

三通考輯要七十六卷　湯壽潛輯　清光緒鉛印本　四冊　存十八卷(欽定續文獻通考輯要九至二十六)

330000－1798－0003971　普06426　史部/史評類/史論之屬

歷代史論十二卷宋史論三卷元史論一卷（明）張溥撰　明史論四卷　（清）谷應泰撰　左傳史論二卷　（清）高士奇撰　清光緒二十年(1894)上海袖海局石印本　五冊

330000－1798－0003972　普06424　集部/總集類/選集之屬/通代

增廣詩句題解彙編四卷附詩家姓氏考一卷（清）同文書局編　清光緒十五年(1889)上海檢古齋石印本　一冊　存一卷(姓氏考)

330000－1798－0003977　普06432　集部/總集類/選集之屬/通代

古文辭類纂十五卷　（清）姚鼐輯　續古文辭類纂十卷　王先謙輯　清光緒十六年(1890)上海文瑞樓鉛印本　十冊

330000－1798－0003980　普06428　經部/四書類/論語之屬/傳說

論語集注旁證二十卷　（清）梁章鉅撰　清光緒十七年(1891)上海廣百宋齋鉛印本　三冊　缺五卷(六至十)

330000－1798－0003981　普06423　集部/曲類/曲藝之屬

百寶箱二卷三十二齣　（清）黃圖珌撰　清石

170

印本　一冊　存一卷(二)

330000－1798－0003982　普 05890、普 06425
子部/醫家類/方書之屬/單方驗方

**驗方新編二十四卷**　(清)鮑相璈輯　清光緒
四年(1878)石印本　五冊　存十五卷(一至
六、八至十一、二十至二十四)

330000－1798－0003983　善 06396　史部/地
理類

**山水二經合刻二種**　清乾隆天都黃晟槐蔭草
堂刻本　三冊　存一種

330000－1798－0003984　普 06395　經部/四
書類/孟子之屬/傳說

**增補蘇批孟子二卷孟子年譜一卷**　(宋)蘇洵
撰　(清)趙大浣增補　清同治十二年(1873)
刻敦仁堂朱墨套印本　一冊　缺一卷(下孟)

330000－1798－0003985　普 06394　集部/總
集類/選集之屬/通代

**七十家賦鈔六卷**　(清)張惠言輯　清光緒四
年(1878)宏達堂刻本　二冊　存三卷(一至
三)

330000－1798－0003986　普 06393　集部/總
集類/選集之屬/通代

**瀛奎律髓刊誤四十九卷**　(元)方回輯　(清)
紀昀勘誤　清刻本　一冊　存五卷(四十二
至四十六)

330000－1798－0003987　普 06392　經部/四
書類/總義之屬/傳說

**四書經註集證十九卷**　(清)吳昌宗撰　清刻
本　二冊　存二卷(論語七、孟子三)

330000－1798－0003988　善 06391　經部/四
書類/總義之屬/傳說

**集虛齋四書口義十卷**　(清)方烺如撰　(清)
于光華編　清乾隆五十三年(1788)刻本　二
冊　存三卷(一至二、十)

330000－1798－0003989　普 06388　子部/
叢編

**二十二子彙函**　(清)浙江書局編　清光緒元
年至三年(1875－1877)浙江書局刻本　一冊

存一種

330000－1798－0003990　普 06385　經部/易
類/傳說之屬

**周易象義集成十九卷首一卷**　(清)程茂熙輯
注　清刻本　一冊　存四卷(十三至十六)

330000－1798－0003991　普 06387　集部/總
集類/選集之屬/通代

**御選唐宋詩醇四十七卷目錄二卷**　(清)高宗
弘曆輯　清刻本　一冊　存六卷(二十一至
二十六)

330000－1798－0003992　普 06390　集部/別
集類/唐五代別集

**杜詩集說二十卷**　(唐)杜甫撰　(清)江浩然
輯　杜工部年譜一卷　(清)朱鶴齡撰　清本
立堂刻本　二冊　存五卷(五至八、年譜)

330000－1798－0003993　普 05283－81　史
部/傳記類/科舉錄之屬/諸貢錄

**[咸豐辛酉科]浙江選拔貢卷不分卷**　(清)范
登保撰　清咸豐刻本　一冊

330000－1798－0003994　普 06398　史部/政
書類/通制之屬

**文獻通考三百四十八卷**　(元)馬端臨撰　清
咸豐九年(1859)崇仁謝氏刻本　一冊　存三
卷(一百四十六至一百四十八)

330000－1798－0003995　普 04657　類叢部/
類書類/通類之屬

**角山樓增補類腋六十七卷**　(清)姚培謙輯
(清)趙克宜增輯　清末石印本　一冊　存十
卷(物部十一至二十)

330000－1798－0003996　普 05283－82　史
部/傳記類/科舉錄之屬/諸貢錄

**[咸豐辛酉科]浙江選拔貢卷不分卷**　(清)范
登保撰　清咸豐刻本　一冊

330000－1798－0003998　善 06400　集部/曲
類/曲韻曲譜曲律之屬

**納書楹曲譜正集四卷續集四卷補遺四卷外集
二卷納書楹玉茗堂四夢曲譜八卷**　(清)葉堂
撰　清乾隆五十七年至五十九年(1792－

1794)納書楹刻脩綆山房後印本　一冊　存
三卷(正集三、補遺二、玉茗堂四夢曲譜一)

330000－1798－0003999　普05283－83　史
部/傳記類/科舉錄之屬/諸貢錄

[咸豐辛酉科]浙江選拔貢卷不分卷　（清）范
登保撰　清咸豐刻本　一冊

330000－1798－0004000　普05283－84　史
部/傳記類/科舉錄之屬/諸貢錄

[咸豐辛酉科]浙江選拔貢卷不分卷　（清）范
登保撰　清咸豐刻本　一冊

330000－1798－0004001　普05283－85　史
部/傳記類/科舉錄之屬/諸貢錄

[咸豐辛酉科]浙江選拔貢卷不分卷　（清）范
登保撰　清咸豐刻本　一冊

330000－1798－0004002　普04658　類叢部/
類書類/通類之屬

角山樓增補類腋六十七卷　（清）姚培謙輯
(清)趙克宜增輯　清光緒六年(1880)鎔鑄樓
鉛印本　十四冊　存五十卷(天部一至八,地
部一至三、七至十三、十八至二十四、人部一
至九、十三至十五,物部一至七、十至十二、十
五至十七)

330000－1798－0004003　普05283－86　史
部/傳記類/科舉錄之屬/諸貢錄

[咸豐辛酉科]浙江選拔貢卷不分卷　（清）范
登保撰　清咸豐刻本　一冊

330000－1798－0004004　普06382　類叢部/
類書類/通類之屬

典匯十二卷　（清）蔡青閣主人輯　清光緒十
二年(1886)上海點石齋石印本　五冊

330000－1798－0004005　普05283－87　史
部/傳記類/科舉錄之屬/諸貢錄

[咸豐辛酉科]浙江選拔貢卷不分卷　（清）范
登保撰　清咸豐刻本　一冊

330000－1798－0004006　普06381　史部/金
石類/錢幣之屬/雜著

新刻精參鷹洋定論一卷　（清）沈一飛著　清
光緒二十三年(1897)文星堂刻本　一冊

330000－1798－0004007　普05283－88　史
部/傳記類/科舉錄之屬/諸貢錄

[咸豐辛酉科]浙江選拔貢卷不分卷　（清）范
登保撰　清咸豐刻本　一冊

330000－1798－0004008　普06383　子部/
叢編

二十五子彙函　（清）鴻文書局編　清光緒十
九年(1893)上海鴻文書局石印本　八冊　存
十種

330000－1798－0004009　普04656　類叢部/
類書類/通類之屬

策府統宗續編三十二卷　（清）蜚英主人輯
清光緒二十年(1894)蜚英局石印本　五冊
存二十九卷(一至五、九至三十二)

330000－1798－0004010　普04663　集部/戲
劇類/傳奇之屬

芸經堂繪像第七才子書六卷四十二齣　　（元）
高明撰　（清）毛綸評點　清刻本　四冊　存
四卷(三至六)

330000－1798－0004011　普06380　經部/小
學類/文字之屬/字書/字典

康熙字典十二集三十六卷總目一卷檢字一卷
辨似一卷等韻一卷補遺一卷備考一卷　（清）
張玉書等纂修　清光緒十三年(1887)上海積
山書局石印本　七冊　缺五卷(亥集上中下、
補遺、備考)

330000－1798－0004012　普05283－89　史
部/傳記類/科舉錄之屬/諸貢錄

[咸豐辛酉科]浙江選拔貢卷不分卷　（清）范
登保撰　清咸豐刻本　一冊

330000－1798－0004013　普05283－90　史
部/傳記類/科舉錄之屬/諸貢錄

[咸豐辛酉科]浙江選拔貢卷不分卷　（清）范
登保撰　清咸豐刻本　一冊

330000－1798－0004015　普04665－04666
史部/編年類/通代之屬

尺木堂綱鑑易知錄九十二卷明鑑易知錄十五
卷　（清）吳乘權等輯　清光緒二十三年

（1897）煥文書局鉛印本　八冊　存三十八卷
（綱鑑易知錄一至十一、十九至二十五、三十三至三十九、八十七至九十二,明鑑易知錄一至七）

330000－1798－0004016　普05283－91　史部/傳記類/科舉錄之屬/諸貢錄
[咸豐辛酉科]浙江選拔貢卷不分卷　（清）范登保撰　清咸豐刻本　一冊

330000－1798－0004018　普05283－92　史部/傳記類/科舉錄之屬/諸貢錄
[咸豐辛酉科]浙江選拔貢卷不分卷　（清）范登保撰　清咸豐刻本　一冊

330000－1798－0004019　普05283－93　史部/傳記類/科舉錄之屬/諸貢錄
[咸豐辛酉科]浙江選拔貢卷不分卷　（清）范登保撰　清咸豐刻本　一冊

330000－1798－0004020　普05283－95　史部/傳記類/科舉錄之屬/諸貢錄
[咸豐辛酉科]浙江選拔貢卷不分卷　（清）范登保撰　清咸豐刻本　一冊

330000－1798－0004022　普05283－94　史部/傳記類/科舉錄之屬/諸貢錄
[咸豐辛酉科]浙江選拔貢卷不分卷　（清）范登保撰　清咸豐刻本　一冊

330000－1798－0004023　普05283－96　史部/傳記類/科舉錄之屬/諸貢錄
[咸豐辛酉科]浙江選拔貢卷不分卷　（清）范登保撰　清咸豐刻本　一冊

330000－1798－0004024　普06467　子部/醫家類/婦科之屬/通論
女科要旨四卷　（清）陳念祖撰　清道光二十一年（1841）南雅堂刻本　一冊　存二卷（一至二）

330000－1798－0004025　普06461　子部/醫家類/方書之屬/單方驗方
易簡方便醫書六卷　（清）周茂五輯　清石印本　二冊　存二卷（五至六）

330000－1798－0004027　普04662　集部/戲劇類/傳奇之屬
鳳求鳳傳二卷　清刻本　一冊　存一卷（二）

330000－1798－0004028　普05283－97　史部/傳記類/科舉錄之屬/諸貢錄
[咸豐辛酉科]浙江選拔貢卷不分卷　（清）范登保撰　清咸豐刻本　一冊

330000－1798－0004029　普05283－98　史部/傳記類/科舉錄之屬/諸貢錄
[咸豐辛酉科]浙江選拔貢卷不分卷　（清）范登保撰　清咸豐刻本　一冊

330000－1798－0004031　普05283－99　史部/傳記類/科舉錄之屬/諸貢錄
[咸豐辛酉科]浙江選拔貢卷不分卷　（清）范登保撰　清咸豐刻本　一冊

330000－1798－0004032　普04661　集部/總集類/郡邑之屬
樵餘客話不分卷　（清）水簾樵子芰亭氏抄　清光緒六年（1880）水簾樵子芰亭氏抄本　一冊

330000－1798－0004033　普05283－100　史部/傳記類/科舉錄之屬/諸貢錄
[咸豐辛酉科]浙江選拔貢卷不分卷　（清）范登保撰　清咸豐刻本　一冊

330000－1798－0004036　普05294　集部/小說類/長篇之屬
東周列國全志二十三卷一百八回　（清）蔡昇評點　清刻朱墨套印本　十四冊　存十四卷（三至九、十二至十四、十六、十九、二十一、二十三）

330000－1798－0004037　普06456　子部/醫家類/綜合之屬/通論
醫門法律六卷　（清）喻昌撰　清石印本　一冊　存二卷（五至六）

330000－1798－0004038　普05292　經部/四書類/總義之屬/傳說
四書味根錄三十七卷首二卷　（清）金澂撰　清同治六年（1867）刻本　四冊　存二十一卷

（大學；中庸一至二；論語一至七、十四至二十，首；孟子四至六）

330000－1798－0004039　普06454、普06450
子部/醫家類/類編之屬

**陳修園醫書二十四種**　（清）陳念祖等撰　清光緒二十九年（1903）上海錦章書局石印本
二冊　存二種

330000－1798－0004040　普05308　子部/醫家類/溫病之屬

**時病論八卷**　（清）雷豐撰　清光緒三十年（1904）石印本　一冊

330000－1798－0004041　普04654　類叢部/類書類/通類之屬

**文料大成四卷**　清光緒二十二年（1896）上海書局石印本　一冊　存三卷（一至三上）

330000－1798－0004042　普04653　類叢部/類書類/通類之屬

**文料大成四卷**　清光緒二十一年（1895）蜚英石印本　一冊　存三卷（一至三上）

330000－1798－0004045　普06415　經部/群經總義類/傳說之屬

**增訂五經體註大全五種**　（清）嚴氏家塾主人輯　清光緒八年（1882）湖南寶芸堂刻本　十一冊　存四種

330000－1798－0004047　普06453　子部/醫家類/診法之屬/其他診法

**舌鑑辨正二卷**　（清）梁玉瑜撰　（清）陶保廉輯　清光緒三十二年（1906）石印本　一冊
存一卷（一）

330000－1798－0004049　普06451　子部/醫家類/本草之屬/歷代綜合本草

**增訂童氏本草備要八卷**　（清）汪昂撰　（清）李保常增輯　清光緒二十二年（1896）上海圖書集成印書局鉛印本　一冊　存一卷（一）

330000－1798－0004050　普06452　子部/醫家類/類編之屬

**陳修園醫書二十一種**　（清）陳念祖等撰　清鉛印本　一冊　存一種

330000－1798－0004051　普06455、普06462
子部/醫家類/方書之屬/歷代方書

**醫方集解二十三卷本草備要八卷**　（清）汪昂輯　清光緒十七年（1891）上洋珍藝局鉛印本
三冊　存十七卷（醫方集解一至四、十一至二十三）

330000－1798－0004052　普04652　經部/四書類/總義之屬/傳說

**增註四書人物類典串珠四十卷**　（清）臧志仁輯　清光緒十九年（1893）上海鴻寶齋石印本
二冊　存二十二卷（一至七、二十六至四十）

330000－1798－0004053　普04655　類叢部/類書類/專類之屬

**新鐫校正詳註分類百子金丹全書十卷**　（明）郭偉選注　（明）郭中吉編　（明）王星聚校訂
清光緒二十年（1894）上海袖海山房石印本
四冊　存七卷（一至三、七至十）

330000－1798－0004054　普05248－2　經部/叢編

**重刊宋本十三經注疏四百十六卷附十三經注疏校勘記四百十六卷**　（清）阮元撰　（清）盧宣旬摘録　**校勘記識語四卷**　（清）汪文臺撰
清光緒十三年（1887）上海脈望仙館石印本
四冊　存四種

330000－1798－0004055　普05248－1　經部/叢編

**重刊宋本十三經注疏四百十六卷附十三經注疏校勘記四百十六卷**　（清）阮元撰　（清）盧宣旬摘録　**校勘記識語四卷**　（清）汪文臺撰
清光緒十三年（1887）上海脈望仙館石印本
八冊　存五種

330000－1798－0004056　普04648　類叢部/類書類/通類之屬

**鑄史駢言十二卷**　（清）孫玉田編　清刻本
三冊　存七卷（六至十二）

330000－1798－0004057　普04647　類叢部/類書類/通類之屬

**玉海纂二十二卷**　（明）劉鴻訓撰　清光緒五

年(1879)八杉齋刻本　一冊　存一卷(一)

330000－1798－0004058　普04646　經部/四書類/總義之屬/傳說

**四書典林三十卷**　(清)江永輯　清寧城芹香齋、鐵耕齋刻本　三冊　存十四卷(一至八、二十五至三十)

330000－1798－0004059　普05248－3　經部/叢編

**重刊宋本十三經注疏四百十六卷附十三經注疏校勘記四百十六卷**　(清)阮元撰　(清)盧宣旬摘錄　**校勘記識語四卷**　(清)汪文臺撰　清末石印本　二冊　存二種

330000－1798－0004060　普06463　子部/醫家類/本草之屬/本草藥性

**太醫院增補青囊藥性賦直解三卷**　(明)太醫院編　(明)羅必煒訂　清大文堂刻本　一冊　存一卷(一)

330000－1798－0004061　普04645　集部/總集類/選集之屬/斷代

**宋詩百一鈔八卷**　(清)張景星　(清)姚培謙　(清)王永祺輯　清刻本　一冊　存二卷(五至六)

330000－1798－0004062　普05248－4　經部/叢編

**重刊宋本十三經注疏四百十六卷附十三經注疏校勘記四百十六卷　十三經注疏校勘記識語四卷**　(清)汪文臺撰　清袖海山房石印本　一冊　存一種

330000－1798－0004063　普06464　子部/醫家類/方書之屬/單方驗方

**醫方易簡集九卷**　(清)王晉夫輯　(清)王鵬壽續輯　清刻本　一冊　存三卷(三至五)

330000－1798－0004064　普06465　子部/醫家類/方書之屬/單方驗方

**種福堂公選良方四卷**　(清)葉桂撰　清刻本　一冊　存二卷(三至四)

330000－1798－0004065　普04644　史部/傳

記類/科舉錄之屬

**光緒至宣統浙江貢卷不分卷**　(清)金兆豐等撰　清刻本　五冊

330000－1798－0004066　普06416　史部/時令類

**月令粹編二十四卷圖說一卷**　(清)秦嘉謨撰　清嘉慶十七年(1812)江都秦嘉謨琳琅仙館刻本　四冊　存十七卷(一至四、九至十二、十七至二十一、二十二至二十四,圖說)

330000－1798－0004067　普06417　集部/總集類/選集之屬/通代

**宋元詩會一百卷**　(清)陳焯輯　清刻本　一冊　存六卷(二十八至三十三)

330000－1798－0004068　普06418　史部/編年類/通代之屬

**續資治通鑑綱目二十七卷**　(明)商輅等撰　(明)陳仁錫評　清刻本　五冊　存五卷(十五、十七至二十)

330000－1798－0004069　普06421　集部/總集類/選集之屬/通代

**梁昭明文選十二卷**　(南朝梁)蕭統輯　(明)張鳳翼纂注　清刻本　一冊　存一卷(九)

330000－1798－0004070　善06420　集部/總集類/選集之屬/通代

**文選六十卷**　(南朝梁)蕭統輯　(唐)李善注　(清)何焯評　清乾隆三十七年(1772)長洲葉樹藩海錄軒刻朱墨套印本　三冊　存十五卷(十至十四、三十五至三十九、五十六至六十)

330000－1798－0004071　善06419　經部/小學類/文字之屬/字書/字體

**漢隸字源五卷碑目一卷附字一卷**　(宋)婁機撰　明末毛氏汲古閣覆宋刻本　二冊　存二卷(一、四)

330000－1798－0004072　普06474－06475　史部/傳記類/科舉錄之屬

**浙江歲試卷不分卷**　(清)邱登等撰　清刻本　二冊

330000－1798－0004073　普06414　史部/政書類/律令之屬/律例

**大清律例彙纂大成四十卷首一卷附督捕則例二卷五軍道里表一卷三流道里表一卷秋審實緩比較彙案一卷部頒新增一卷**　（清）刑部輯　清光緒二十四年(1898)石印本　十冊　存二十三卷(一至四、八至九、十八至二十三、二十七至二十八、三十一至三十五、三十八至四十,首)

330000－1798－0004075　普06406　子部/醫家類/方書之屬/單方驗方

**葆元録一卷**　（清）蕭然居士輯　清刻本　一冊

330000－1798－0004076　普06407　子部/醫家類/傷寒金匱之屬/傷寒論

**傷寒論註四卷**　（清）柯琴撰　清刻本　一冊

330000－1798－0004077　普06408　子部/醫家類/綜合之屬/通論

**醫家四要四卷**　（清）程曦等撰　清刻本　一冊　存一卷(二)

330000－1798－0004078　普06411　子部/醫家類/綜合之屬/通論

**古今名醫彙粹八卷**　（清）羅美輯　清刻本　四冊　存四卷(二至四、六)

330000－1798－0004079　普06412　子部/醫家類/醫經之屬/内經

**黃帝内經靈樞註證發微九卷**　（明）馬蒔撰　清刻本　二冊　存四卷(四至七)

330000－1798－0004085　普05247－6　經部/小學類/文字之屬/字書/字典

**康熙字典十二集三十六卷總目一卷檢字一卷辨似一卷等韻一卷補遺一卷備考一卷**　（清）張玉書等纂修　清末上海久敬齋石印本　一冊　存九卷(寅集上中下、卯集上中下、辰集上中下)

330000－1798－0004088　普06410　子部/醫家類/針灸之屬/經絡腧穴

**奇經八脉考一卷**　（明）李時珍撰　清刻本　一冊

330000－1798－0004089　普05634　子部/雜著類/雜編之屬

**掃葉山房圖書彙報□□卷**　（清）掃葉山房主人撰　清上海掃葉山房石印本　一冊　存五卷(一至五)

330000－1798－0004090　普05957、普06013、普06443　子部/醫家類/綜合之屬/通論

**御纂醫宗金鑑九十卷首一卷**　（清）吳謙等撰　清刻本　十七冊　存三十卷(一至四、六至十六、二十一至二十九、五十一至五十六)

330000－1798－0004092　普06442　子部/醫家類/綜合之屬/雜著

**筆花醫鏡四卷**　（清）江涵暾撰　清刻本　一冊　存一卷(二)

330000－1798－0004095　普04629、普04650　集部/別集類/清別集

**試律清華二集四卷**　（清）蔣義彬輯　清道光二十二年(1842)積玉堂刻本　二冊　存二卷(一至二)

330000－1798－0004096　普06444　子部/雜著類/雜考之屬

**十駕齋養新録二十卷餘録三卷**撰　**錢辛楣先生[大昕]年譜一卷**　（清）錢大昕編　（清）錢慶曾校註　**竹汀居士[錢大昕]年譜續編一卷**　（清）錢慶曾撰　清光緒二年(1876)浙江書局刻本　六冊　缺六卷(三至八)

330000－1798－0004097　普04649　集部/總集類/彙編之屬

**硃批七家詩選註釋七卷**　（清）張熙宇輯評　（清）張昶註釋　清道光十二年(1832)刻朱墨套印本　一冊　存二卷(一至二)

330000－1798－0004098　普06445　史部/地理類/總志之屬/斷代

**廣輿記二十四卷**　（明）陸應陽輯　（清）蔡方炳增輯　清刻本　七冊　存十七卷(四至十

五、十八至二十二）

330000－1798－0004100　普04643　集部/總集類/課藝之屬

**詁經精舍課藝六集十二卷**　（清）俞樾編　清光緒十一年（1885）刻本　一冊　存二卷（一至二）

330000－1798－0004101　善06441　經部/叢編

**仿宋相臺五經九十六卷附考證**　（清）□□輯　清乾隆四十八年（1783）武英殿刻本　一冊　存三卷（毛詩十五至十七）

330000－1798－0004102　普06447　類叢部/叢書類/彙編之屬

**後知不足齋叢書四十七種**　（清）鮑廷爵編　清同治至光緒常熟鮑氏刻本　一冊　存一種

330000－1798－0004104　普04642、普05881　集部/總集類/選集之屬/通代

**八大家古文八卷**　（清）朱璘評選　清萬卷堂刻本　二冊　存四卷（二至三、十至十一）

330000－1798－0004106　普04641　集部/別集類/清別集

**玉芝堂文集一卷**　（清）邵齋燾撰　**思補堂文集一卷**　（清）劉燁撰　**儀鄭堂遺稿一卷**（清）孔廣森撰　清刻本　一冊

330000－1798－0004107　普06436　子部/雜著類/雜纂之屬

**玉芝堂談薈三十六卷**　（明）徐應秋輯　清刻本　十七冊　存二十卷（一、三至四、七、十、十二至十九、二十二至二十三、二十五、二十七、三十三至三十四、三十六）

330000－1798－0004108　普06440　經部/小學類/訓詁之屬/方言

**越諺三卷**　（清）范寅撰　清谷應山房刻本　一冊　存一卷（二）

330000－1798－0004111　普05654　子部/醫家類/類編之屬

**吳氏醫學述第三種本草從新六卷**　（清）吳儀洛輯　清刻本　二冊　存二卷（三、五）

330000－1798－0004113　普04640　史部/傳記類/科舉錄之屬/歷科鄉試錄

**江南闈墨不分卷**　清刻本　一冊

330000－1798－0004114　普04639　集部/總集類/選集之屬/通代

**重訂文選集評十五卷首一卷末一卷**　（清）于光華輯　清刻本　四冊　存四卷（九至十二）

330000－1798－0004115　普06437　集部/總集類/郡邑之屬

**國朝金陵詩徵四十八卷**　（清）朱緒曾編　清光緒十三年（1887）德清俞樾刻本　十冊　存三十卷（九至十七、二十一至四十一）

330000－1798－0004117　普05985　經部/四書類/總義之屬/傳說

**四書朱子本義匯參四十三卷首四卷**　（清）王步青輯　清石印本　三冊　存五卷（中庸一、首，論語一、首，孟子三）

330000－1798－0004122　普05998、普06005　史部/傳記類/總傳之屬/通代

**尚友錄二十二卷**　（清）應祖錫輯　清石印本　四冊　存十卷（一至三、十六至二十二）

330000－1798－0004124　普05999　子部/雜著類/雜說之屬

**古學萬花谷八卷**　（清）騂瑜堂主人編　清刻本　二冊　存四卷（三至四、七至八）

330000－1798－0004125　普04632　集部/總集類/選集之屬/斷代

**山曉閣西漢文選□□卷**　（清）孫琮輯並評　清刻本　一冊　存二卷（六至七）

330000－1798－0004126　普05943－1、普06001、普06006　史部/史評類/考訂之屬

**廿二史策案十二卷首一卷**　（清）王鋆輯　清同治八年（1869）刻本　五冊　存十一卷（一至六、九至十二，首）

330000－1798－0004128　普05298　子部/醫家類/溫病之屬/其他溫疫病證

**問心堂溫病條辨六卷首一卷**　（清）吳瑭撰　清同治九年（1870）刻本　四冊　存五卷（一

至四、首)

330000－1798－0004129　普04638　集部/別
集類/清別集
**七十二硯齋文鈔不分卷**　(清)黃恩彤等撰
清抄本　一冊

330000－1798－0004130　普06009　經部/易
類/傳說之屬
**寄傲山房塾課纂輯御案易經備旨七卷**　(清)
鄒聖脉纂輯　(清)鄒廷猷編次　清石印本
一冊　存四卷(四至七)

330000－1798－0004131　普04637　集部/總
集類/選集之屬/通代
**御選唐宋文醇五十八卷目錄一卷**　(清)高宗
弘曆輯　清乾隆刻本　一冊　存二卷(十一
至十二)

330000－1798－0004132　普06007　經部/四
書類/總義之屬/傳說
**四書味根錄三十七卷**　(清)金澂撰　清同治
三年(1864)萬萃樓刻本　一冊　存一卷(大
學)

330000－1798－0004134　普04635　集部/總
集類/選集之屬/通代
**御選唐宋詩醇四十七卷目錄二卷**　(清)高宗
弘曆輯　清光緒七年(1881)浙江書局刻本
一冊　存四卷(一至四)

330000－1798－0004135　普05983　子部/儒
家類/儒學之屬/性理
**淵鑒齋御纂朱子全書六十六卷**　(宋)朱熹撰
(清)李光地等輯　清石印本　三冊　存三
卷(四、六至七)

330000－1798－0004136　普06002　集部/曲
類/彈詞之屬
**繪圖後三笑才子奇書二十一卷**　(清)曹春江
撰　清石印本　一冊　存一卷(二)

330000－1798－0004138　普05976　新學/雜
著/叢編
**西學啓蒙十六種**　(英國)赫德編　(英國)艾
約瑟譯　清光緒石印本　一冊　存一種

330000－1798－0004140　普05978　經部/小
學類/音韻之屬/韻書
**字類標韻六卷**　(清)華綱輯　清光緒十三年
(1887)大同局石印本　一冊

330000－1798－0004142　普05981　集部/總
集類/課藝之屬
**試帖詩鏡二卷**　清同治十三年(1874)涵德堂
刻本　六冊

330000－1798－0004144　普04677　集部/總
集類/課藝之屬
**小題文粹二集不分卷**　清刻本　一冊

330000－1798－0004145　普04678　子部/儒
家類/儒學之屬/蒙學
**發蒙小品二集不分卷**　清刻本　一冊

330000－1798－0004148　普04679　集部/總
集類/選集之屬/斷代
**唐詩別裁集引典備註二十卷**　(清)沈德潛輯
(清)俞汝昌注　清刻本　一冊　存四卷
(十六至十九)

330000－1798－0004149　普04670　集部/詩
文評類/詩評之屬
**帖體詩存註釋八卷**　(清)宓如椿撰　(清)吳
傳鍇注　清刻本　一冊　存二卷(一至二)

330000－1798－0004151　普04669　集部/別
集類/清別集
**養雲山館試帖四卷**　(清)許球撰　(清)王榮
紱注　清刻本　清徐利題記　一冊　存一卷
(四)

330000－1798－0004153　普04671　集部/別
集類/清別集
**有正味齋試帖詩注八卷**　(清)吳錫麒撰
(清)吳清皋等注　清道光八年(1828)同文堂
刻本　三冊　存五卷(一、三至四、七至八)

330000－1798－0004155　普04667　史部/傳
記類/總傳之屬/通代
**校正尚友錄續集二十二卷**　(清)張亮基輯
清光緒二十二年(1896)寶善書局石印本　一
冊　存四卷(一至四)

330000－1798－0004157　普 06081　集部/總集類/課藝之屬

**小題正鵠初集不分卷二集不分卷三集不分卷四集不分卷**　（清）李元度輯　清刻本　一冊　存一集（三）

330000－1798－0004158　普 06080　史部/史抄類

**史略八十七卷**　（清）朱堃輯　清石印本　一冊　存十三卷（六十至七十二）

330000－1798－0004159　普 04672－04673、普 04676　集部/別集類/清別集

**寄嶽雲齋試體詩選詳註四卷**　（清）聶銑敏撰　（清）張學蘇箋　清刻本　三冊　存三卷（一至三）

330000－1798－0004160　普 06078　類叢部/類書類/通類之屬

**增廣試帖玉芙蓉五卷韻目一卷類目一卷續集二卷韻目一卷類目一卷**　（清）同文書局主人輯　清石印本　一冊　存一卷（增廣試帖玉芙蓉類目）

330000－1798－0004161　普 06077　史部/政書類/通制之屬

**文獻通考詳節二十四卷**　（元）馬端臨撰　（清）嚴虞惇輯　清光緒十五年（1889）上海珍藝書局鉛印本　一冊　存二卷（十二至十三）

330000－1798－0004162　普 04675　集部/別集類/清別集

**增訂寄嶽雲齋試體詩選四卷**　（清）聶銑敏撰　（清）朱兆鳳評　清蘇州掃葉山房刻本　一冊

330000－1798－0004163　普 04674　集部/別集類/清別集

**寄嶽雲齋試體詩選詳註四卷**　（清）聶銑敏撰　（清）張學蘇箋　清刻本　一冊　存一卷（三）

330000－1798－0004166　普 04794　史部/傳記類/總傳之屬/家乘

**[浙江蘭溪]濟陽江氏宗譜不分卷**　（清）江佩玉　（清）江彩文總理　清宣統三年（1911）江爾昌抄本　三冊

330000－1798－0004167　普 05988　史部/傳記類/別傳之屬/事狀

**曾文正公大事記四卷**　（清）王定安撰　清光緒三十一年（1905）上海商務印書館鉛印本　一冊

330000－1798－0004169　普 05989－05991　史部/紀事本末類

**歷朝紀事本末九種**　（清）陳如升　（清）朱記榮輯　（清）慎記主人增輯　清光緒二十五年（1899）上海慎記書莊石印本　三冊　存三種

330000－1798－0004170　普 05992　史部/政書類/通制之屬

**資治新書十四卷首一卷**　（清）李漁輯　清康熙芥子園刻本　三冊　存四卷（二至三、八至九）

330000－1798－0004171　普 05993　史部/傳記類/總傳之屬/斷代

**國朝先正事略六十卷**　（清）李元度撰　清石印本　三冊　存二十九卷（十五至二十、二十六至三十三、四十六至六十）

330000－1798－0004172　普 04792　史部/傳記類/總傳之屬/家乘

**[浙江衢州]三衢中河詹氏宗譜八卷首二卷**　（清）詹嗣曾纂　（清）詹熙續纂　清光緒二十四年（1898）木活字印本　四冊　存六卷（五至八、首一至二）

330000－1798－0004174　普 04791－1　史部/傳記類/總傳之屬/家乘

**[浙江衢州]重修三衢仁德葉氏宗譜十卷首一卷**　清光緒木活字印本　一冊　存二卷（七至八）

330000－1798－0004175　普 05995　經部/禮記類/傳說之屬

**禮記節本十卷**　（清）汪基撰　清末石印本　一冊　存二卷（二至三）

330000－1798－0004177　普 06012　經部/易

類/傳說之屬

**御纂周易折中二十二卷首一卷** （清）李光地等纂　清光緒三十年(1904)上海育文書局石印本　一冊　存十一卷(一至十、首)

330000－1798－0004178　普06011　集部/總集類/課藝之屬

**大題文府不分卷** （清）退菴居士輯　清末石印本　一冊　存下孟葉六至六十六

330000－1798－0004180　普06076　子部/醫家類/方書之屬/歷代方書

**本草萬方鍼綫八卷** （清）蔡烈先輯　清芥子園刻本　一冊　存二卷(七至八)

330000－1798－0004181　普06010　集部/總集類/課藝之屬

**小題文府不分卷**　清末石印本　一冊

330000－1798－0004182　普06096　經部/小學類/音韻之屬/韻書

**韻字旁通一卷轉音撮要一卷字形彙考一卷** （清）杜蕙撰　清刻本　一冊

330000－1798－0004184　普06095　集部/總集類/選集之屬/斷代

**本朝律賦集腋八集** （清）馬俊良輯　清刻本　一冊　存一卷(秋集)

330000－1798－0004187　普06021　史部/傳記類/科舉錄之屬/歷科鄉試錄

**[光緒丙子科]直省墨繩不分卷**　清光緒石印本　三冊

330000－1798－0004189　普06093　子部/農家農學類/總論之屬

**重訂增補陶朱公致富全書六卷** （明）陳繼儒輯　（清）石巖逸叟增補　清石印本　一冊　存二卷(四至五)

330000－1798－0004190　普00920、普00923　子部/宗教類/佛教之屬/經疏

**佛說觀無量壽佛經附圖頌一卷** （南朝宋）釋畺良耶舍譯　（明）釋傳燈圖並頌　清光緒六年(1880)刻本　二冊

330000－1798－0004193　普06090　集部/詩文評類/文評之屬

**藝林類擷十六卷** （清）謝輔坫選　清刻本　一冊　存二卷(十三至十四)

330000－1798－0004196　普06088　經部/群經總義類/傳說之屬

**經義論策類編** （清）金騰編　清石印本　一冊　存一種

330000－1798－0004197　普01240　集部/別集類/清別集

**滑疑集八卷** （清）韓錫胙撰　（清）宗稷辰重編　清同治十三年(1874)浙江處州府署刻本　二冊　存四卷(一至四)

330000－1798－0004199　普01238　經部/小學類/文字之屬/字書/訓蒙

**千字文釋義一卷** （清）汪嘯尹輯　（清）孫謙益注　清歙西徐士業刻本　一冊

330000－1798－0004200　普01242　子部/宗教類/道教之屬/戒律

**暗室燈二卷** （清）深山居士輯　清刻本　一冊

330000－1798－0004201　普01241　集部/總集類/酬唱之屬

**喻軍門六十壽言不分卷** （清）喻光容輯　清光緒刻本　一冊

330000－1798－0004202　普06018　集部/曲類/彈詞之屬

**綉像蘊香丸四卷二十回** （清）嘯霞山人撰　清刻本　一冊　存一卷(四)

330000－1798－0004203　普06022　集部/小說類/長篇之屬

**草木春秋演義五卷三十二回** （清）江洪撰　清刻本　一冊　存一卷(三)

330000－1798－0004204　普06024　集部/小說類/長篇之屬

**繡像後續南北兩宋包公狄青演義初傳十四卷六十八回** （清）李雨堂撰　清刻本　一冊　存一卷(十一)

330000 - 1798 - 0004205　普06023　集部/小說類/長篇之屬

**濟顛全傳四卷二十回**　（清）天花藏墨人編　清刻本　一冊　存一卷（二）

330000 - 1798 - 0004206　普05973、普06025　集部/小說類/長篇之屬

**新刻增刪二度梅奇說六卷四十回**　（清）惜陰堂主人輯　（清）繡虎堂主人評　清刻本　二冊　存二卷（一至二）

330000 - 1798 - 0004207　普06026　集部/小說類/短篇之屬

**龍圖公案十卷**　清刻本　一冊　存二卷（八至九）

330000 - 1798 - 0004208　普06027　子部/醫家類/方書之屬/單方驗方

**四科簡效方四卷**　（清）王士雄撰　清光緒十一年（1885）越州徐氏刻本　一冊　存一卷（一）

330000 - 1798 - 0004209　普06028　經部/易類/傳說之屬

**周易本義四卷附圖說一卷卦歌一卷筮儀一卷**　（宋）朱熹撰　清宣統元年（1909）上海校經山房石印本　一冊　存四卷（一、圖說、卦歌、筮儀）

330000 - 1798 - 0004210　普04790 - 1　史部/傳記類/總傳之屬/家乘

**[浙江衢州]西河徐氏宗譜二十二卷首一卷**　（清）徐守恩等纂修　清光緒二十一年（1895）惇敘堂木活字印本　七冊　存十六卷（一至七、十四至二十一,首）

330000 - 1798 - 0004211　普04790 - 2　史部/傳記類/總傳之屬/家乘

**[浙江衢州]西河徐氏宗譜二十二卷首一卷**　（清）徐守恩等纂修　清光緒二十一年（1895）惇敘堂木活字印本　六冊　存十三卷（一至七、九、十六至十九,首）

330000 - 1798 - 0004214　普05972　集部/總集類/課藝之屬

**格致書院課藝不分卷**　（清）王韜輯　清光緒弢園石印本　二冊　存庚寅年上、辛卯年下

330000 - 1798 - 0004216　普05968　子部/雜著類/雜纂之屬

**經餘必讀二卷續編二卷**　（清）雷琳　（清）錢樹棠　（清）錢樹立輯　清光緒十六年（1890）上海鴻文書局石印本　二冊

330000 - 1798 - 0004217　普04790 - 3　史部/傳記類/總傳之屬/家乘

**[浙江衢州]西河徐氏宗譜二十二卷首一卷**　（清）徐守恩等纂修　清光緒二十一年（1895）惇敘堂木活字印本　三冊　存五卷（一至三、七,首）

330000 - 1798 - 0004218　普05970　子部/雜著類/雜編之屬

**行文寶笈二卷**　（清）顧紹鼎輯　清光緒十一年（1885）石印本　一冊　存一卷（上）

330000 - 1798 - 0004219　普05977　類叢部/叢書類/自著之屬

**王船山先生經史論八種七十四卷**　（清）王夫之撰　清光緒二十七年（1901）吳門公學石印本　一冊　存一種

330000 - 1798 - 0004220　普06035　經部/四書類/總義之屬/傳說

**學庸示掌二卷**　（清）湯自銘撰　清刻本　一冊

330000 - 1798 - 0004222　普05979　史部/史抄類

**史略八十七卷**　（清）朱坤輯　清光緒二十八年（1902）上海書局石印本　五冊　缺七卷（九至十五）

330000 - 1798 - 0004225　普01248　集部/總集類/選集之屬/通代

**文選音義八卷**　（清）余蕭客撰　清光緒二十二年（1896）上海書局石印本　一冊

330000 - 1798 - 0004228　普01249　類叢部/類書類/通類之屬

**謝華啟秀八卷**　（明）楊慎輯　清刻本　一冊

存四卷(一至四)

330000－1798－0004229　普01250　子部/儒家類/儒學之屬/蒙學

**小學神童詩一卷**　清咸豐十年(1860)三衢慕小學齋刻本　一冊

330000－1798－0004230　普01251　類叢部/叢書類/自著之屬

**庸庵全集七種**　(清)薛福成撰　清光緒十年至二十四年(1884－1898)無錫薛氏刻本　二冊　存一種

330000－1798－0004233　普05366、普06052　子部/儒家類/儒學之屬/蒙學

**發蒙小品六卷**　(清)陳岳等撰　清刻本　四冊　存三卷(上蒙、下蒙、下論)

330000－1798－0004236　普01235　類叢部/叢書類/自著之屬

**庸庵全集七種**　(清)薛福成撰　清光緒十年至二十四年(1884－1898)無錫薛氏刻本　三冊　存一種

330000－1798－0004237　普06049　史部/傳記類/科舉錄之屬/諸貢錄

**浙江試牘不分卷**　(清)趙光輯　清浙江署衙刻本　一冊

330000－1798－0004239　普06046　子部/儒家類/儒學之屬/蒙學

**詳註初學所珍□□卷**　清刻本　一冊　存一卷(上孟)

330000－1798－0004240　普06048　子部/儒家類/儒學之屬/蒙學

**幼學須知直解二卷**　(清)程允升撰　清大成齋刻本　一冊　存一卷(下)

330000－1798－0004242　普01237　集部/別集類/清別集

**璇璣碎錦一卷**　(清)萬樹撰　清刻本　一冊

330000－1798－0004243　普06042　史部/紀傳類/正史之屬

**二十四史附考證**　清光緒上海圖書集成印書局鉛印本　一冊　存一種

330000－1798－0004245　普06044　經部/易類/圖說之屬

**易學啟蒙通釋二卷附圖一卷**　(宋)胡方平通釋　清嘉慶十七年(1812)慶餘堂刻本　一冊　存一卷(一)

330000－1798－0004246　普06047－3　經部/四書類/論語之屬/傳說

**論語十卷**　(宋)朱熹集注　清慎詒堂刻本　一冊　存三卷(一至三)

330000－1798－0004247　普06047－1　經部/四書類/論語之屬/傳說

**論語十卷**　(宋)朱熹集注　清末刻本　二冊　存五卷(一至五)

330000－1798－0004248　普06047－2　經部/四書類/論語之屬/傳說

**論語十卷**　(宋)朱熹集注　清末刻本　二冊　存五卷(一至五)

330000－1798－0004249　普06054　史部/地理類/方志之屬/郡縣志

**[道光]西安縣新志正誤三卷**　(清)陳塤纂　清光緒九年(1883)刻本　一冊

330000－1798－0004250　普06061　集部/小說類/短篇之屬

**龍圖公案十卷**　清刻本　一冊　存二卷(四至五)

330000－1798－0004251　普06060　類叢部/類書類/通類之屬

**分類緘腋四卷**　(清)涂謙撰　清刻本　一冊　存一卷(三)

330000－1798－0004252　普06056　類叢部/類書類/專類之屬

**韻府約編二十四卷**　(清)鄧愷輯　清刻本　三冊　存八卷(十一至十二、十七至二十、二十一至二十二)

330000－1798－0004253　普05344　經部/四書類/總義之屬/文字音義

**四書文不分卷** 清刻本 二冊

330000–1798–0004254 普 06039 經部/小學類/文字之屬/字書/字典

**康熙字典十二集三十六卷總目一卷檢字一卷辨似一卷等韻一卷補遺一卷備考一卷** （清）張玉書等纂修 清刻本 十七冊 缺十七卷(子集上中下、丑集上中下、寅集上中下、卯集上中下、辰集上中下,補遺,備考)

330000–1798–0004257 普 05963 經部/小學類/文字之屬/字書/訓蒙

**臨文便覽十種十卷** （清）張啟泰輯 清光緒十二年(1886)同文書局石印本 一冊 存五卷(甲、乙、丙、丁、戊)

330000–1798–0004261 普 06074 子部/儒家類/儒學之屬/蒙學

**新訂增註幼學須知故事大全六卷首一卷** (清)程登吉撰 （清)雷兆瑞輯注 清刻本 一冊

330000–1798–0004262 普 05343 史部/傳記類/科舉錄之屬/諸貢錄

**硃貢卷鈔不分卷** 清抄本 一冊

330000–1798–0004263 普 05943–2 史部/史評類/考訂之屬

**廿二史策案十二卷首一卷** （清）王鋈輯 清刻本 三冊 存六卷(一至三、十一至十二,首)

330000–1798–0004264 普 05380–1、普 05381–1、普 06073–1 經部/禮記類/傳說之屬

**禮記增訂旁訓六卷** （清）徐立綱撰 清大文堂刻本 三冊 存三卷(一至三)

330000–1798–0004265 普 06073–2 經部/禮記類/傳說之屬

**禮記增訂旁訓六卷** （清）徐立綱撰 清刻本 一冊 存一卷(三)

330000–1798–0004267 普 05342 經部/小學類/文字之屬/字書/字典

**康熙字典十二集三十六卷總目一卷檢字一卷辨似一卷等韻一卷補遺一卷備考一卷** （清）張玉書等纂修 清刻本 三冊 存三卷(子集上中下)

330000–1798–0004268 普 06072 經部/禮記類/傳說之屬

**全本禮記體註十卷** （清）徐瑄撰 清刻本 一冊 存一卷(六)

330000–1798–0004270 普 05353 經部/小學類/文字之屬/字書/字典

**增釋文明字彙十二卷** （清）許愚纂 清刻本 四冊 存四卷(卯集、午集、未集、亥集)

330000–1798–0004271 普 06071 史部/政書類/通制之屬

**九通** （清）□□輯 清光緒八年至二十二年(1882–1896)浙江書局刻本 三冊 存一種

330000–1798–0004273 普 06070 子部/叢編

**二十二子(二十二子彙函)** （清)浙江書局編 清刻本 一冊 存一種

330000–1798–0004274 普 05352 經部/小學類/文字之屬/字書/字典

**字彙四集** （清）陳淏子撰 清刻本 二冊 存二集(元、亨)

330000–1798–0004275 普 06069 史部/地理類/方志之屬/郡縣志

**[光緒]宣平縣志二十卷首一卷** （清）皮樹棠修 （清)祝鳳梧纂 清光緒四年(1878)刻本 一冊 存三卷(五至七)

330000–1798–0004279 普 05863 子部/天文曆算類/算書之屬

**御製數理精蘊上編五卷下編四十卷表八卷** 清末石印本 一冊 存五卷(下編三十一至三十五)

330000–1798–0004280 普 05362 集部/別集類/清別集

**淡永山窗詩集十一卷** （清）周世滋撰 清咸豐十一年(1861)刻本 三冊

330000－1798－0004281　普06112　子部/醫家類/方書之屬/單方驗方

**驗方新編□□卷**　（清）鮑相璈輯　清刻本　一冊　存一卷（十）

330000－1798－0004282　普06067　子部/天文曆算類/曆法之屬

**新鐫曆法便覽象吉備要通書大全二十九卷**　（清）魏鑑撰　清刻本　一冊　存一卷（十三）

330000－1798－0004283　普06066　經部/叢編

**五經體注大全五種**　（清）嚴氏家塾主人輯　清刻本　一冊　存一種

330000－1798－0004284　普05359　子部/天文曆算類/算書之屬

**算法初津一卷**　清光緒二十八年（1902）重慶公義書院鉛印本　一冊

330000－1798－0004285　普05981－1　子部/術數類/陰陽五行之屬

**欽定協紀辨方書三十六卷**　（清）允祿　（清）張照等纂修　清末刻本　二冊　存三卷（一、三十二至三十三）

330000－1798－0004286　普06065　經部/詩類/傳說之屬

**詩經集傳八卷**　（宋）朱熹撰　清文奎堂刻本　二冊　存三卷（三至五）

330000－1798－0004287　普06064　經部/詩類/傳說之屬

**詩經體註嬭嬡八卷**　（清）高朝瓔定　（清）沈世楷輯　清刻本　一冊　存二卷（四至五）

330000－1798－0004288　普05889　子部/醫家類/本草之屬/歷代綜合本草

**本草綱目五十二卷**　（明）李時珍撰　清芥子園刻本　五冊　存八卷（八、十七、二十九至三十、四十至四十三）

330000－1798－0004289　普06059、普05383－1　集部/總集類/選集之屬/通代

**文選六十卷**　（南朝梁）蕭統輯　（唐）李善注　清刻本　三冊　存十八卷（十二至十七、二十四至二十九、五十五至六十）

330000－1798－0004290　普05361－1　集部/別集類/清別集

**蒙山仙館詩鈔一卷**　（清）掃花散人撰　清刻本　二冊

330000－1798－0004291　普05361－2　集部/別集類/清別集

**蒙山仙館詩鈔一卷**　（清）掃花散人撰　清刻本　二冊

330000－1798－0004292　普05914－1　子部/儒家類/儒學之屬/蒙學

**小學千家詩人生必讀二卷**　（清）余晦齋輯　清石印本　一冊

330000－1798－0004293　普05361－3　集部/別集類/清別集

**蒙山仙館詩鈔一卷**　（清）掃花散人撰　清刻本　二冊

330000－1798－0004294　普06057　子部/宗教類/道教之屬/戒律

**太上感應篇直講一卷**　清光緒十八年（1892）刻本　一冊

330000－1798－0004295　普05361－4　集部/別集類/清別集

**蒙山仙館詩鈔一卷**　（清）掃花散人撰　清刻本　二冊

330000－1798－0004296　普06058　經部/四書類/總義之屬/傳說

**酌雅齋四書遵註合講十九卷附圖考一卷**　（宋）朱熹集注　（清）翁復編　清酌雅齋刻本　一冊　存五卷（論語六至十）

330000－1798－0004297　普05914－2　子部/儒家類/儒學之屬/蒙學

**新刻續千家詩二卷**　（清）晦齋學人輯　清光緒十八年（1892）刻本　一冊

330000－1798－0004299　普05931　子部/醫家類/類編之屬

**南雅堂醫書全集十六種**　（清）陳念祖撰　清

同治四年(1865)文奎堂刻本　一冊　存一種

330000－1798－0004300　普06086　史部/時令類

**增廣詳註月令粹編二十四卷圖說一卷**　(清)秦嘉謨輯　(清)管斯駿增編　清光緒十五年(1889)吳縣管氏管可壽齋鉛印本　一冊　存六卷(一至六)

330000－1798－0004301　普05930　子部/醫家類/本草之屬/本草藥性

**藥性賦二卷**　(明)羅必煒參訂　清刻本　一冊　存一卷(一)

330000－1798－0004302　普05351　經部/小學類/文字之屬/字書/字典

**字彙十二集首一卷末一卷**　(明)梅膺祚撰　清刻本　四冊　存四集(子、寅、戌、亥)

330000－1798－0004306　普06084　集部/小說類/短篇之屬

**今古奇觀四十卷**　(明)抱甕老人輯　清末鉛印本　一冊　存八卷(七至十四)

330000－1798－0004308　普05350　史部/傳記類/科舉錄之屬

**選墨不分卷**　清抄本　二冊

330000－1798－0004310　普06083　集部/小說類/長篇之屬

**四大奇書第一種十九卷首一卷一百二十回**　(明)羅本撰　(清)毛宗崗評　清刻本　一冊　存三卷(七至九)

330000－1798－0004311　普05905　史部/地理類/外紀之屬

**瀛環志略十卷**　(清)徐繼畬撰　清光緒石印本　一冊　存一卷(三)

330000－1798－0004312　普06082　集部/總集類/課藝之屬

**大題觀畧不分卷**　清刻本　一冊

330000－1798－0004313　普05904－1　史部/傳記類/科舉錄之屬/歷科登科錄

**[光緒甲辰恩科]會試闈墨一卷**　(清)譚廷闓等撰　清光緒三十年(1904)上海同文書社鉛印本　一冊

330000－1798－0004314　普06092　類叢部/類書類/專類之屬

**詩韻含英十八卷**　(清)劉文蔚輯　清刻本　一冊　存五卷(九至十三)

330000－1798－0004315　普05904－2　史部/傳記類/科舉錄之屬/歷科登科錄

**[光緒壬辰科]會試闈墨一卷**　(清)劉可毅等撰　清光緒鉛印本　一冊

330000－1798－0004317　普05347　經部/四書類/總義之屬/傳說

**四書題鏡十六卷**　(清)汪鯉翔撰　清刻本　一冊　存一卷(二)

330000－1798－0004318　普06097　經部/春秋左傳類/傳說之屬

**東萊博議四卷**　(宋)呂祖謙撰　清石印本　一冊　存一卷(三)

330000－1798－0004319　普06098　經部/禮記類/傳說之屬

**全本禮記體註十卷**　(清)徐瑄撰　清刻本　一冊　存一卷(三)

330000－1798－0004320　普06113　史部/編年類/通代之屬

**通鑑擥要前編二卷正編十九卷續編八卷附錄一卷明史擥要八卷**　(清)姚培謙　(清)張景星輯錄　清刻本　一冊　存二卷(續編七至八)

330000－1798－0004321　普06111　子部/術數類/命書相書之屬

**新鐫鬼谷子先生四字經前定數不分卷**　(戰國)王詡著　清上□函三堂刻本　一冊

330000－1798－0004322　普06110　經部/叢編

**五經備旨五種**　(清)鄒聖脈纂輯　清刻本　一冊　存一種

330000－1798－0004323　普06109　類叢部/

類書類/專類之屬

**類聯雅品四卷** （清）王邏補輯　清刻本　一冊　存二卷（一至二）

330000－1798－0004324　普05348　類叢部/類書類/專類之屬

**詩學含英十四卷** （清）劉文蔚輯　清刻本　一冊　存三卷（十二至十四）

330000－1798－0004325　普06108　子部/醫家類/方書之屬/單方驗方

**驗方新編十六卷** （清）鮑相璈輯　清光緒石印本　一冊　存三卷（十四至十六）

330000－1798－0004327　普05349　類叢部/類書類/專類之屬

**仰止子詳考古今名家潤色詩林正宗十二卷韻林正宗六卷** （明）余象斗輯　清刻本　一冊　存一卷（詩林正宗五）

330000－1798－0004329　普05962　經部/小學類/音韻之屬/古今韻說

**古今韻略五卷** （清）邵長蘅撰　清刻本　一冊　存二卷（二至三）

330000－1798－0004330　普06105　集部/總集類/彙編之屬

**國朝四大家詩鈔四種** （清）邵玘　（清）屠德修編　清刻本　一冊　存一種

330000－1798－0004332　普05922　集部/總集類/課藝之屬

**武林三書院課藝合編不分卷** （清）夏子松鑒定　（清）任官燮編校　清同治九年（1870）刻本　一冊

330000－1798－0004333　普06104　子部/醫家類/兒科之屬/通論

**鼎鍥幼幼集成六卷** （清）陳復正輯　清刻本　一冊　存一卷（一）

330000－1798－0004334　普06101　子部/宗教類/道教之屬

**天仙正理直論增註二卷** （明）伍守陽撰並注　（明）伍守虛同注　清宣統元年（1909）宏道堂刻本　一冊

330000－1798－0004335　普05921　新學/雜著/叢編

**新學大叢書一百二十卷** 清光緒二十九年（1903）上海積山喬記書局石印本　四冊　存十五卷（十六至十八、九十七至一百八）

330000－1798－0004336　普06103　集部/別集類/清別集

**重訂少嵒賦草四卷** （清）夏思沺撰　清刻本　一冊　存二卷（三至四）

330000－1798－0004337　普05923　類叢部/類書類/專類之屬

**新增說文韻府群玉二十卷** （元）陰時夫輯　（元）陰中夫注　清刻本　二冊　存二卷（十、十七）

330000－1798－0004338　普05441　經部/小學類/文字之屬/字書/字典

**康熙字典十二集三十六卷總目一卷檢字一卷辨似一卷等韻一卷補遺一卷備考一卷** （清）張玉書等纂修　清刻本　四十冊　缺十一卷（子集上中下、丑集下、卯集上下、辰集上、巳集下、申集中,檢字,辨似）

330000－1798－0004339　普05355　集部/戲劇類/傳奇之屬

**玉搔頭傳奇二卷三十齣** （清）李漁撰　（清）杜溶批評　清刻本　一冊　存一卷（一）

330000－1798－0004340　普06102　子部/醫家類/類編之屬

**吳氏醫學述第三種本草從新六卷** （清）吳儀洛輯　清刻本　一冊　存一卷（五）

330000－1798－0004346　普05448－1　史部/編年類/通代之屬

**綱鑑易知錄九十二卷明鑑易知錄十五卷** （清）吳乘權　（清）周之炯　（清）周之燦輯　清刻本　二冊　存四卷（五十七至五十八、六十五至六十六）

330000－1798－0004347　普05939－05940　子部/醫家類/兒科之屬/通論

**幼科三種** 清宣統元年（1909）上海文元書莊

石印本　二冊　存二種

330000－1798－0004348　普06099　集部/小說類/長篇之屬

**四大奇書第一種六十卷一百二十回**　（明）羅本撰　（清）毛宗崗評　清刻本　一冊　存二卷（五十至五十一）

330000－1798－0004349　普05448－2　史部/編年類/通代之屬

**尺木堂綱鑑易知錄九十二卷明鑑易知錄十五卷**　（清）吳乘權等輯　清光緒鉛印本　六冊　存五十五卷（綱鑑易知錄六至二十六、三十四至六十七）

330000－1798－0004352　普05723　經部/四書類/總義之屬/傳說

**四書味根錄三十七卷**　（清）金澂撰　清石印本　一冊　存七卷（論語十四至二十）

330000－1798－0004354　普05803　集部/總集類/尺牘之屬

**海上名妓手札二卷附圖考尺牘一卷**　（清）嬌鈴女史編　清石印本　一冊　缺一卷（上）

330000－1798－0004355　普05802　集部/總集類/課藝之屬

**小題三萬選不分卷**　（清）求是齋主人輯　清石印本　五冊　存上論、下論、上孟、中孟、中庸

330000－1798－0004356　普05364　集部/總集類/課藝之屬

**課藝彙編不分卷**　清抄本　一冊

330000－1798－0004358　普05801　類叢部/類書類/通類之屬

**鑄史駢言十二卷**　（清）孫玉田編　清光緒十三年（1887）上海鴻寶齋石印本　二冊

330000－1798－0004359　普05393　類叢部/類書類/通類之屬

**增廣賦海統編三十卷**　（清）二雲樓主人輯　清末石印本　三冊　存八卷（二至三、十六至十八、二十一至二十三）

330000－1798－0004360　普05800　集部/總集類/選集之屬/斷代

**明詩別裁集十二卷**　（清）沈德潛　（清）周準輯　清刻本　一冊　存三卷（三至五）

330000－1798－0004362　普05933－1　子部/醫家類/針灸之屬/通論

**鍼灸大成十卷**　（明）楊繼洲撰　清光緒三十三年（1907）振茂義記書莊石印本　一冊　存二卷（一至二）

330000－1798－0004363　普05933－2　子部/醫家類/針灸之屬/通論

**鍼灸大成十卷**　（明）楊繼洲撰　清光緒二十二年（1896）上海文瑞樓石印本　一冊　存二卷（一至二）

330000－1798－0004364　普05799　集部/總集類/選集之屬/通代

**五朝詩別裁集五種**　（清）□□輯　清刻本　一冊　存一種

330000－1798－0004365　普05798　集部/總集類/選集之屬/斷代

**五朝詩別裁集五種**　（清）□□輯　清刻本　一冊　存一種

330000－1798－0004366　普05365　經部/四書類/總義之屬/傳說

**四書題鏡十六卷**　（清）汪鯉翔撰　清刻本　七冊　存七卷（一至四、十、十二、十四）

330000－1798－0004368　普05392　類叢部/類書類/通類之屬

**試帖詩海三十二卷**　清石印本　三冊　存三卷（一、三、十）

330000－1798－0004369　普05368　集部/小說類/長篇之屬

**芥子園繪像第七才子書六卷**　（元）高明撰　（清）毛聲山評　清芥子園刻本　一冊　存一卷（二）

330000－1798－0004370　普05386　集部/總集類/課藝之屬

**詁經精舍課藝五集八卷**　（清）俞樾編　清光

緒九年（1883）刻本　二冊　存四卷（一至四）

330000－1798－0004373　普05385　集部/總集類/選集之屬/通代

**古文彙編□□卷**　馮敬直評註　清刻本　三冊　存六卷（三至四、九至十二）

330000－1798－0004376　普05317　子部/儒家類/儒學之屬/蒙學

**初學啟悟集二卷**　（清）汪承忠評選　（清）黃梅峯詮解　清刻本　一冊　存一卷（二）

330000－1798－0004377　普05721　集部/總集類/課藝之屬

**格致書院課藝不分卷**　（清）王韜輯　清光緒弢園石印本　二冊　存戊子年、壬辰年下

330000－1798－0004378　普05327　子部/儒家類/儒學之屬/蒙學

**新刻增註幼學須知直解二卷**　（清）程允升著　清雍正九年（1731）武林正業堂刻本　一冊　存一卷（上）

330000－1798－0004380　普05722　經部/群經總義類/傳說之屬

**經義述聞三十二卷**　（清）王引之撰　清末鉛印本　一冊　存二卷（十三至十四）

330000－1798－0004381　普05725　類叢部/類書類/專類之屬

**詩韻含英十八卷**　（清）劉文蔚輯　清刻本　一冊　存八卷（一至八）

330000－1798－0004383　普05734　新學/雜著/叢編

**西學大成五十六種**　（清）王西清　（清）盧梯青編　清石印本　一冊　存二種

330000－1798－0004386　普05324　新學/學校

**最新初等小學國文教科書十冊**　蔣維喬　莊俞編纂　清光緒三十年至宣統二年（1904－1910）上海商務印書館鉛印本　一冊　存一冊（三）

330000－1798－0004387　普05782　史部/地

理類/山川之屬/水志

**水經注四十卷首一卷**　（北魏）酈道元撰　清石印本　一冊　存二卷（七至八）

330000－1798－0004388　普05888、普05954　集部/小說類/長篇之屬

**第五才子書水滸傳七十五卷七十回**　（元）施耐庵撰　（清）金人瑞評　清末刻本　二冊　存七卷（十七至二十三）

330000－1798－0004391　普05878　子部/醫家類/本草之屬/本草藥性

**太醫院增補青囊藥性賦直解八卷首一卷末一卷**　（明）羅必煒訂　清刻本　一冊　存四卷（三至六）

330000－1798－0004392　普05759　經部/小學類/文字之屬/字書/字體

**字學舉隅不分卷**　（清）黃本驥　（清）龍啓瑞撰　清光緒二年（1876）刻本　一冊

330000－1798－0004393　普05876　子部/醫家類/類編之屬

**薛氏醫按二十四種**　（明）吳琯編　清刻本　一冊　存一種

330000－1798－0004394　普05756　集部/總集類/課藝之屬

**興朝應試必讀書八卷**　（清）詹熙評注　清光緒二十四年（1898）衢州益齋石印本　四冊　存四卷（一、三、五、七）

330000－1798－0004396　普05877　子部/醫家類/診法之屬/脈經脈訣

**圖註脈訣辨真四卷脈訣附方一卷**　題（晉）王叔和撰　（明）張世賢注　清刻本　一冊　存二卷（三至四）

330000－1798－0004398　普05319　經部/詩類/正文之屬

**監本詩經正文五卷**　（宋）朱熹撰　清光緒十二年（1886）富春齋刻本　一冊　存二卷（一至二）

330000－1798－0004400　普05879　經部/詩類/傳說之屬

**欽定詩經傳說彙纂二十一卷首二卷詩序二卷**　（清）聖祖玄燁定　（清）王鴻緒　（清）揆敘總裁　清刻本　一冊　存一卷（十九）

330000－1798－0004401　普05318　集部/總集類/課藝之屬

**塾課小題分編八集**　（清）王步青論次　清刻本　二冊　存二集

330000－1798－0004402　普05880　經部/春秋總義類/傳說之屬

**春秋體註大全四卷**　（清）徐寅賓撰　（清）解志元參訂　**春秋四卷**　（宋）胡安國傳　金甌纂　清刻本　一冊　存二卷（春秋體註大全一、春秋一）

330000－1798－0004404　普05724　經部/小學類/音韻之屬/韻書

**增註字類標韻六卷**　（清）華綱撰　（清）范多玨重訂　清刻本　一冊　存三卷（一至三）

330000－1798－0004405　普05884　集部/曲類/寶卷之屬

**劉香寶卷一卷**　清刻本　一冊

330000－1798－0004408　普05395－2、普05895　集部/總集類/選集之屬/斷代

**註釋唐詩三百首六卷**　（清）孫洙編　（清）李盤根集注　清文奎堂刻本　二冊

330000－1798－0004409　普05882　子部/宗教類/佛教之屬/經

**金剛般若經註解全集**　（明）王源靜輯　清同治八年（1869）刻本　一冊　存一種

330000－1798－0004412　普05901　子部/宗教類/道教之屬/戒律

**陰騭文彙訓四卷**　（清）王登賢纂註　清刻本　二冊

330000－1798－0004413　普05900　子部/宗教類/道教之屬/經文

**太上祖師三世因由總錄三卷**　清刻本　一冊

330000－1798－0004414　普05320　經部/禮記類/傳說之屬

**漱芳軒合纂禮記體註四卷**　（清）范翔撰　清刻本　二冊　存二卷（一、三）

330000－1798－0004415　普05917　經部/春秋左傳類/傳說之屬

**評點春秋左傳綱目句解彙雋六卷**　（清）韓菼重訂　清末石印本　二冊　存二卷（四至五）

330000－1798－0004416　普05913　子部/術數類/陰陽五行之屬

**重刻萬奇門遁甲句解烟波釣叟歌一卷**　（宋）趙普譔歌　（明）羅通遁法　（明）池紀解編　清刻本　一冊

330000－1798－0004419　普05911　史部/地理類/總志之屬/通代

**天下郡國利病書一百二十卷**　（清）顧炎武撰　清石印本　一冊　存四卷（十一至十四）

330000－1798－0004421　普05765　集部/小說類/長篇之屬

**聖朝鼎盛萬年清八集七十六回**　清石印本　一冊　存二集（七至八）

330000－1798－0004422　普05920　子部/儒家類/儒學之屬/禮教/家訓

**石恂齋先生傳家寶訓十卷**　（清）吳晁參錄　清刻本　一冊　存三卷（三至五）

330000－1798－0004424　普05916　集部/別集類/唐五代別集

**杜工部詩說十二卷**　（唐）杜甫撰　（清）黃生說　清刻本　一冊　存一卷（五）

330000－1798－0004425　普05915　集部/別集類/唐五代別集

**杜詩詳註二十五卷首一卷**　（唐）杜甫撰　（清）仇兆鰲輯註　清刻本　七冊　存七卷（一至二、六至七、十二、二十至二十一）

330000－1798－0004426　普05764　集部/小說類/長篇之屬

**繪圖說唐前傳三卷六十八回**　清末民初石印本　一冊　存一卷（三）

330000－1798－0004427　普05329　經部/詩

類/傳說之屬

**詩經增訂旁訓四卷** （清）徐立綱撰 （清）
□□增訂 清刻本 四冊 存三卷(一至三)

330000－1798－0004428 普05332 經部/春
秋左傳類/傳說之屬

**左繡三十卷首一卷** （清）馮李驊 （清）陸浩
評輯 **春秋經傳集解三十卷** （晉）杜預撰
(宋)林堯叟注 (唐)陸德明音釋 清刻本
一冊 存四卷(左繡二十九至三十、春秋經傳
集解二十九至三十)

330000－1798－0004429 普05331 類叢部/
叢書類/自著之屬

**道貫真源** （清）董德寧輯 清乾隆至嘉慶古
越集陽樓刻本 一冊 存一卷(周易參同契
正義上)

330000－1798－0004430 普05330 經部/小
學類/文字之屬/字書/字典

**字彙十二集首一卷末一卷** （明）梅膺祚撰
清刻本 一冊 存一集(亥)

330000－1798－0004434 普05387－1 集
部/總集類/選集之屬/斷代

**唐詩三百首註疏六卷** （清）蘅塘退士(孫洙)
編 （清）章燮注 清文奎堂刻本 一冊 存
一卷(一)

330000－1798－0004435 普05387－2 集
部/總集類/選集之屬/斷代

**唐詩三百首註疏六卷** （清）蘅塘退士(孫洙)
編 （清）章燮注 清道光十五年(1835)浙蘭
慎言堂刻本 一冊 存一卷(一)

330000－1798－0004436 普05818 集部/別
集類/清別集

**飲冰室壬寅癸卯文集十六卷** 梁啓超撰 清
光緒日本東京新智學社石印本 七冊 存七
卷(壬寅一、七、十至十三,癸卯三)

330000－1798－0004437 普05387－3 集
部/總集類/選集之屬/斷代

**唐詩三百首註疏六卷** （清）蘅塘退士(孫洙)
編 （清）章燮注 清三益堂刻本 二冊 存

二卷(一、四)

330000－1798－0004438 普05387－4 集
部/總集類/選集之屬/斷代

**唐詩三百首註疏六卷** （清）蘅塘退士(孫洙)
編 （清）章燮注 清立言堂刻本 三冊 存
三卷(一、四、六)

330000－1798－0004440 普05387－5 集
部/總集類/選集之屬/斷代

**唐詩三百首註疏六卷** （清）蘅塘退士(孫洙)
編 （清）章燮注 清刻本 三冊 存三卷
(一、五至六)

330000－1798－0004441 普05312－1、普
05315－4、普05354－11 經部/四書類/總義
之屬/傳說

**濬記書局藏板四書正文四種** 清濬記書局文
刻本 四冊 存三種

330000－1798－0004442 普05387－6 集
部/總集類/選集之屬/斷代

**唐詩三百首註疏六卷** （清）蘅塘退士(孫洙)
編 （清）章燮注 清文會堂刻本 四冊

330000－1798－0004443 普05815 集部/別
集類/清別集

**柏梘山房文集十六卷** （清）梅曾亮撰 清末
石印本 一冊 存五卷(八至十二)

330000－1798－0004445 普05388－1 集
部/總集類/選集之屬/斷代

**唐詩三百首六卷** （清）蘅塘退士(孫洙)編
清刻本 一冊 存二卷(三至四)

330000－1798－0004446 普05312－2、普
05315－3、普05354－10 經部/四書類/總義
之屬/傳說

**濬記書局藏板四書正文四種** 清濬記書局文
刻本 四冊 存三種

330000－1798－0004447 普05388－2 集
部/總集類/選集之屬/斷代

**唐詩三百首續選六卷** （清）于慶元編 清刻
本 一冊 存一卷(五言古詩)

330000－1798－0004448　普 05312－3、普 05315－2、普 05354－9　經部/四書類/總義之屬/傳說

**蘭谿慎言堂四書正文四種**　清蘭谿慎言堂刻本　四冊　存三種

330000－1798－0004449　普 05312－4　經部/四書類/論語之屬/傳說

**論語十卷**　(宋)朱熹集注　清刻本　一冊　存五卷(一至五)

330000－1798－0004451　普 05383－2　集部/總集類/選集之屬/通代

**文選六十卷**　(南朝梁)蕭統輯　(唐)李善注　清刻本　一冊　存二卷(十一至十二)

330000－1798－0004453　普 05312－5、普 05354－4　經部/四書類/論語之屬/傳說

**論語十卷**　(宋)朱熹集注　清衢城丁務本堂刻本　二冊　存二卷(三至四)

330000－1798－0004454　普 05312－6、普 05354－8　經部/四書類/論語之屬/傳說

**論語十卷**　(宋)朱熹集注　清衢城丁務本堂刻本　二冊　存二卷(三至四)

330000－1798－0004455　普 05312－7、普 05354－7　經部/四書類/論語之屬/傳說

**論語十卷**　(宋)朱熹集注　清衢城丁務本堂刻本　二冊　存二卷(三至四)

330000－1798－0004456　普 05312－8、普 05354－6　經部/四書類/論語之屬/傳說

**論語十卷**　(宋)朱熹集注　清衢城丁務本堂刻本　二冊　存二卷(三至四)

330000－1798－0004458　普 05384－2　集部/總集類/選集之屬/通代

**兩儀堂重訂古文釋義新編八卷**　(清)余誠輯　清兩儀堂刻本　一冊　存一卷(三)

330000－1798－0004459　普 05384－3　集部/總集類/選集之屬/通代

**桂芳齋重訂古文釋義新編八卷**　(清)余誠評註　清桂芳齋刻本　一冊　存一卷(八)

330000－1798－0004461　普 05384－4　集部/總集類/選集之屬/通代

**古文析義十六卷**　(清)林雲銘輯並注　清刻本　一冊　存二卷(六至七)

330000－1798－0004462　普 05405　經部/春秋總義類/傳說之屬

**春秋文通一卷**　清刻本　一冊

330000－1798－0004463　普 05312－9、普 05315－1、普 05354－5　經部/四書類/總義之屬/傳說

**四書讀本十九卷**　(宋)朱熹章句　清宣統三年(1911)衢城大文堂刻本　四冊　存四卷(大學、中庸、論語三至四)

330000－1798－0004465　普 05312－10、普 05354－3　經部/四書類/論語之屬/傳說

**論語十卷**　(宋)朱熹集注　清衢城聚秀書社刻本　二冊　存二卷(三至四)

330000－1798－0004466　普 05417－1　史部/編年類/通代之屬

**資治通鑑綱目五十九卷**　(宋)朱熹撰　(明)陳仁錫評　**資治通鑑綱目續編一卷**　(明)陳桱撰　(明)陳仁錫評　**資治通鑑綱目前編二十五卷**　(明)南軒撰　(明)陳仁錫評　**續資治通鑑綱目二十七卷**　(明)商輅等撰　(明)陳仁錫評　清刻本　一冊　存一卷(資治通鑑綱目二十二)

330000－1798－0004468　普 05312－11、普 05354－2　經部/四書類/論語之屬/傳說

**論語十卷**　(宋)朱熹集注　清衢城聚秀書社刻本　二冊　存二卷(三至四)

330000－1798－0004470　普 05312－12、普 05354－1　經部/四書類/論語之屬/傳說

**論語十卷**　(宋)朱熹集注　清衢城聚秀書社刻本　三冊　存三卷(三至四、六)

330000－1798－0004473　普 05416－1　史部/編年類/通代之屬

**御批歷代通鑑輯覽一百二十卷**　(清)傅恒等撰　清光緒二十九年(1903)上海商務印書館

鉛印本　一冊　存三卷(六十四至六十六)

330000－1798－0004474　普05416－2　史部/編年類/通代之屬

**御批歷代通鑑輯覽一百二十卷**　(清)傅恒等撰　清光緒石印本　一冊　存五卷(五十八至六十二)

330000－1798－0004477　普05414　經部/春秋左傳類/傳說之屬

**續春秋左氏傳博議二卷**　(清)王夫之撰　清簡青齋書局石印本　一冊

330000－1798－0004478　普05407、普05413　史部/編年類/通代之屬

**袁王綱鑑合編三十九卷**　(明)袁黃輯　(明)王世貞編　**御撰明紀綱目二十卷**　(清)張廷玉等編次　清光緒三十年(1904)上海商務印書館鉛印本　五冊　缺十六卷(合編一至十六)

330000－1798－0004481　普05408　史部/編年類/通代之屬

**鳳洲綱鑑會纂四十六卷**　(明)王世貞纂　(明)陳仁錫訂　清石印本　一冊　存九卷(二十九至三十七)

330000－1798－0004482　普05845　集部/總集類/選集之屬/斷代

**國朝律賦新機初集一卷二集一卷**　(清)孫理評輯　(清)胡金杕　(清)胡玉樹箋注　清嘉慶十六年(1811)書業堂刻本　二冊

330000－1798－0004483　普05412　史部/編年類/通代之屬

**增兩朝御批正續通鑑類纂二十卷**　(清)馬佳松纂　清末和記書莊石印本　一冊　存三卷(十三至十五)

330000－1798－0004484　普05411　史部/傳記類/科舉錄之屬/歷科鄉試錄

**[光緒乙酉科]浙江鄉試闈墨不分卷**　(清)陳陔等撰　清末鉛印本　一冊

330000－1798－0004485　普05840　集部/總集類/選集之屬/斷代

**韻蘭集賦鈔六卷**　(清)陸雲槎輯　(清)宋淮三考典　清刻本　二冊　存三卷(一、五至六)

330000－1798－0004487　普05315－5、普05354－12　經部/四書類/總義之屬/文字音義

**四書遵韻辯異正體七卷**　(清)高克正校正　清衢州務本堂刻本　四冊　缺三卷(孟子一至三)

330000－1798－0004489　普05315－6、普05354－13　經部/四書類/總義之屬/文字音義

**四書遵韻辯異正體七卷**　(清)高克正校正　清宣統三年(1911)衢城聚秀堂刻本　四冊　缺三卷(孟子一至三)

330000－1798－0004491　普05315－7、普05354－14　經部/四書類/總義之屬/文字音義

**四書遵韻辯異正體七卷**　(清)高克正校正　清衢城聚奎堂刻本　三冊　缺四卷(論語一、孟子一至三)

330000－1798－0004493　普05390　集部/總集類/選集之屬/通代

**東萊先生古文關鍵二卷**　(宋)呂祖謙評　(宋)蔡文子註　(清)徐樹屏考異　清光緒二十四年(1898)上海書局石印本　一冊

330000－1798－0004497　普05394、普05401－4　集部/總集類/選集之屬/通代

**古唐詩合解古詩四卷唐詩十二卷**　(清)王堯衢注　清刻本　四冊　存八卷(古詩一至四、唐詩六至九)

330000－1798－0004499　普05832　子部/儒家類/儒學之屬/勸學

**輶軒語七卷**　(清)張之洞撰　清光緒四年(1878)敏德堂刻本　二冊

330000－1798－0004501　普05399　集部/總集類/選集之屬/斷代

**增註七家詩七卷**　(清)張熙宇輯評　(清)王

植桂輯註　清光緒十八年(1892)上海圖書集成印書局鉛印本　一冊　存二卷(一至二)

330000－1798－0004502　普05397－1　集部/總集類/選集之屬/斷代

**七家詩選(增註七家試帖彙選)七卷**　(清)張熙宇輯評　(清)張昶注釋　清蘇州掃葉山房刻本　六冊

330000－1798－0004503　普05797　集部/總集類/選集之屬/斷代

**欽定國朝詩別裁集三十二卷**　(清)沈德潛纂評　清刻本　八冊　存十六卷(三至六、十五至二十、二十五至三十)

330000－1798－0004504　普05397－2　集部/總集類/選集之屬/斷代

**七家詩選七卷**　(清)張熙宇輯評　(清)張昶注釋　清刻朱墨套印本　二冊　存三卷(五至七)

330000－1798－0004505　普05401－1　集部/總集類/選集之屬/通代

**古唐詩合解古詩四卷唐詩十二卷**　(清)王堯衢注　清刻本　一冊　存四卷(古詩一至四)

330000－1798－0004506　普05796　集部/總集類/選集之屬/斷代

**重訂唐詩別裁集二十卷**　(清)沈德潛輯　清刻本　四冊　存七卷(一至五、八至九)

330000－1798－0004508　普05783　子部/醫家類/醫經之屬/内經

**素問靈樞類纂約註三卷**　(清)汪昂撰　清刻本　一冊　存一卷(上)

330000－1798－0004509　普05395－1　集部/總集類/選集之屬/斷代

**註釋唐詩三百首六卷**　(清)孫洙編　(清)李盤根集注　清刻本　一冊　存四卷(三至六)

330000－1798－0004510　普05401－2　集部/總集類/選集之屬/通代

**古唐詩合解古詩四卷唐詩十二卷**　(清)王堯衢注　清光緒南京李光明莊刻本　一冊　存四卷(古詩一至四)

330000－1798－0004511　普05401－3　集部/總集類/選集之屬/通代

**古唐詩合解古詩四卷唐詩十二卷**　(清)王堯衢注　清道光二十五年(1845)碧梧齋刻本　二冊　存四卷(唐詩一至四)

330000－1798－0004512　普05402　子部/儒家類/儒學之屬/蒙學

**寄傲山房塾課新增幼學故事瓊林四卷首一卷**　(明)程登吉撰　(清)鄒聖脈增補　清光緒二十二年(1896)姜文奎堂刻本　四冊

330000－1798－0004513　普05403　子部/儒家類/儒學之屬/蒙學

**寄傲山房塾課新增幼學故事瓊林四卷首一卷**　(明)程登吉撰　(清)鄒聖脈增補　清光緒十□年文奎堂刻本　二冊

330000－1798－0004514　普05788　類叢部/類書類/專類之屬

**類腋五十五卷**　(清)姚培謙輯　清刻本　一冊　存八卷(天部一至八)

330000－1798－0004515　普05787－2　子部/醫家類/醫案之屬

**臨證指南種福堂公選良方八卷**　(清)葉桂撰　清上海龍文書局石印本　一冊　存一卷(八)

330000－1798－0004517　普05794　史部/史抄類

**史記菁華錄六卷**　(清)姚祖恩輯　清石印本　一冊　存一卷(六)

330000－1798－0004520　普05789　子部/醫家類/方書之屬/單方驗方

**驗方新編十六卷**　(清)鮑相璈輯　清光緒三十年(1904)上海洽記書局石印本　一冊　存三卷(一至三)

330000－1798－0004523　普05404－5　集部/總集類/選集之屬/通代

**繪圖增批古文觀止十二卷**　(清)吳乘權(清)吳大職輯　清宣統元年(1909)上海章福記石印本　一冊　存二卷(一至二)

330000－1798－0004528　普 05790　子部/小說家類/異聞之屬

**山海經廣注十八卷讀山海經語一卷山海經雜述一卷圖五卷**　（清）吳任臣撰　清刻本　一冊　存八卷（十一至十八）

330000－1798－0004529　普 05791　經部/春秋總義類/傳說之屬

**春秋胡傳三十卷**　（宋）胡安國撰　（宋）林堯叟音注　清刻本　一冊　存五卷（十至十四）

330000－1798－0004530　普 05792　集部/總集類/選集之屬/斷代

**唐詩三百首註疏六卷**　（清）蘅塘退士（孫洙）編　（清）章燮注　清道光十五年(1835)刻本　一冊　存二卷（一至二）

330000－1798－0004531　普 05793　史部/史抄類

**史鑑節要六卷**　（清）鮑東里撰　清刻本　二冊　存四卷（三至六）

330000－1798－0004533　普 05438　子部/儒家類/儒學之屬/蒙學

**發蒙針度初集四卷補編一卷**　（清）王惟梅編　（清）朱惟寅等糸訂　清同治八年(1869)味蘭軒刻本　一冊　存一卷（論語）

330000－1798－0004534　普 05437　集部/總集類/課藝之屬

**紫陽課藝不分卷**　（清）朱文炳　（清）許郊編校　清刻本　一冊

330000－1798－0004535　普 05377　經部/書類/傳說之屬

**書經揭要六卷**　（清）周蕙田輯録　清刻本　一冊　存三卷（一至三）

330000－1798－0004536　普 05436　集部/別集類/清別集

**轀山堂時文初集一卷二集二卷三集一卷**　（清）管世銘撰　清刻本　二冊　存一卷（三集）

330000－1798－0004537　普 05435　集部/別集類/清別集

**轀山堂時文初集一卷二集二卷三集一卷**　（清）管世銘撰　清刻本　一冊　存一卷（二集二）

330000－1798－0004538　普 05378－1　經部/書類/傳說之屬

**寄傲山房塾課纂輯書經備旨蔡註捷録七卷**　（清）鄒聖脉纂輯　（清）鄒廷猷編次　清刻本　一冊　存二卷（四至五）

330000－1798－0004539　普 05378－2　經部/書類/傳說之屬

**書經集傳六卷**　（宋）蔡沈集註　**書經體註六卷**　清刻本　一冊　存四卷（書經集傳五至六、書經體註五至六）

330000－1798－0004541　普 05431　類叢部/類書類/專類之屬

**詩韻類錦十一卷**　清刻本　四冊　存四卷（七至十）

330000－1798－0004543　普 05421　經部/四書類/總義之屬/傳說

**四書味根録三十七卷**　（清）金澂撰　清刻本　一冊　存四卷（論語十一至十四）

330000－1798－0004544　普 05419　經部/四書類/總義之屬/傳說

**四書朱子本義匯參四十三卷首四卷**　（清）王步青輯　清石印本　一冊　存二卷（中庸一、首）

330000－1798－0004545　普 05380－2、普 05381－2　經部/禮記類/傳說之屬

**禮記增訂旁訓六卷**　（清）徐立綱撰　清墨潤堂刻本　二冊　存二卷（一至二）

330000－1798－0004546　普 05381－3　經部/禮記類/傳說之屬

**漱芳軒合纂禮記體註四卷**　（清）范翔撰　清文奎堂刻本　一冊　存一卷（一）

330000－1798－0004547　普 05380－4、普 05381－4　經部/禮記類/傳說之屬

**禮記增訂旁訓六卷**　（清）徐立綱撰　清文奎堂刻本　二冊　存一卷（一）

330000－1798－0004548　普 05381－5　經部/禮記類/傳說之屬

**禮記體註大全四卷**　(清)范紫登原本　(清)曹士瑋纂輯　(清)徐旦參訂　清乾隆十一年(1746)三多齋刻本　一冊　存一卷(一)

330000－1798－0004549　普 05376－1　經部/詩類/傳說之屬

**詩傳大全二十卷綱領一卷圖一卷**　(明)胡廣等撰　明詩瘦閣刻本　一冊　存三卷(三至五)

330000－1798－0004550　普 05376－2　經部/詩類/傳說之屬

**詩經旁訓辨體合訂四卷**　(清)徐立綱輯　清刻本　三冊

330000－1798－0004551　普 05376－3　經部/詩類/傳說之屬

**詩經集傳八卷**　(宋)朱熹撰　清文奎堂刻本　一冊　存一卷(一)

330000－1798－0004552　普 05380－5　經部/禮記類/傳說之屬

**全本禮記體註十卷**　(清)徐瑄撰　清刻本　一冊　存一卷(二)

330000－1798－0004553　普 05376－4　經部/詩類/傳說之屬

**詩經旁訓辨體合訂四卷**　(清)徐立綱輯　清文星堂刻本　二冊　存二卷(一至二)

330000－1798－0004554　普 05376－6　經部/詩類/傳說之屬

**詩經增訂旁訓四卷**　(清)徐立綱撰　(清)□□增訂　清匠門書屋刻本　二冊　存二卷(一至二)

330000－1798－0004555　普 05376－7　經部/詩類/傳說之屬

**詩經集傳八卷**　(宋)朱熹撰　清無錫日升山房刻本　二冊　存二卷(一、三)

330000－1798－0004556　普 05376－5　經部/詩類/傳說之屬

**詩經集傳八卷**　(宋)朱熹撰　清刻本　二冊　存五卷(一至五)

330000－1798－0004557　普 05443－1　經部/四書類/總義之屬/傳說

**四書便蒙十九卷**　(宋)朱熹撰　清刻本　一冊　存一卷(孟子一)

330000－1798－0004558　普 05376－8　經部/詩類/傳說之屬

**詩經旁訓辨體合訂四卷**　(清)徐立綱輯　清循陔堂刻本　二冊　存三卷(一、三至四)

330000－1798－0004559　普 05443－2　經部/四書類/總義之屬/傳說

**四書便蒙十九卷**　(宋)朱熹撰　清刻本　一冊　存一卷(孟子一)

330000－1798－0004560　普 05376－9　經部/詩類/傳說之屬

**詩經增訂旁訓四卷**　(清)徐立綱撰　(清)□□增訂　清大文堂刻本　三冊

330000－1798－0004561　普 05443－3　經部/四書類/總義之屬/傳說

**四書便蒙十九卷**　(宋)朱熹撰　清何務本堂刻本　一冊　存一卷(孟子一)

330000－1798－0004562　普 05443－4　經部/四書類/總義之屬/傳說

**四書便蒙十九卷**　(宋)朱熹撰　清刻本　一冊　存一卷(孟子一)

330000－1798－0004563　普 05376－10　經部/詩類/傳說之屬

**詩經集傳八卷**　(宋)朱熹撰　清光緒二十六年(1900)立言堂刻本　一冊　存二卷(一至二)

330000－1798－0004564　普 05443－5　經部/四書類/總義之屬/傳說

**四書便蒙十九卷**　(宋)朱熹撰　清刻本　一冊　存一卷(孟子一)

330000－1798－0004565　普 05376－11　經部/詩類/傳說之屬

**詩經集傳八卷**　(宋)朱熹撰　清光緒二十六

年(1900)立言堂刻本 一冊 存二卷(一至二)

330000－1798－0004566 普05376－12 經部/詩類/正文之屬

**監本詩經正文五卷** （宋）朱熹撰 清刻本 二冊

330000－1798－0004567 普05376－13 經部/四書類/總義之屬

**文華堂監本四書正文四種** 清刻本 一冊 存一種

330000－1798－0004568 普05376－14 經部/詩類/正文之屬

**泰萃樓監本詩經正文五卷** 清刻本 一冊 存三卷(三至五)

330000－1798－0004569 普05442 子部/儒家類/儒學之屬/蒙學

**童子問路四卷** （清）鄭之琮輯 清刻本 二冊

330000－1798－0004572 普05376－16 經部/詩類/傳說之屬

**御纂詩義折中二十卷** （清）高宗弘曆敕撰 （清）傅恆 （清）陳兆崙等纂 清宣統二年(1910)益吾齋石印本 一冊 存三卷(一至三)

330000－1798－0004573 普05376－17 經部/叢編

**五經備旨四十五卷** （清）鄒聖脈纂輯 清刻本 二冊 存四卷(詩經一至二、四至五)

330000－1798－0004574 普05445 類叢部/叢書類/郡邑之屬

**浦城遺書十四種** （清）梁章鉅 （清）祝昌泰編 清嘉慶十六年至十九年(1811－1814)浦城祝氏留香室刻道光十四年(1834)彙印本 四冊 存一種

330000－1798－0004575 普05851 集部/別集類/清別集

**浣花初集一卷** （清）董國華等撰 （清）雷斟編 清刻本 一冊

330000－1798－0004576 普05849 集部/總集類/選集之屬/通代

**玉堂名翰不分卷** （清）宋楠等撰 清刻本 一冊 存第二冊

330000－1798－0004578 普05446－2 經部/四書類/論語之屬/傳說

**論語集註十卷** （宋）朱熹撰 清慎詒堂刻本 一冊 存五卷(六至十)

330000－1798－0004579 普05844 集部/總集類/選集之屬/斷代

**國朝律賦新機續鈔四卷** （清）葛其仁 （清）胡玉樹 （清）王寶仁編注 清刻本 一冊 存一卷(一)

330000－1798－0004580 普05843 集部/總集類/課藝之屬

**館賦鴛鍼四卷** （清）蔣圻編次 清刻本 一冊 存一卷(四)

330000－1798－0004581 普05446－3 經部/四書類/論語之屬/傳說

**論語集註十卷** （宋）朱熹撰 清刻本 二冊 存四卷(四至七)

330000－1798－0004582 普05446－4 經部/四書類/總義之屬/傳說

**四書章句集註十九卷** （宋）朱熹撰 清刻本 一冊 存二卷(孟子六至七)

330000－1798－0004583 普05841 集部/詩文評類/文評之屬

**律賦雕龍不分卷** （清）蔡霞舉輯 （清）陳翊霄注 清石印本 一冊

330000－1798－0004584 普05446－6 經部/四書類/總義之屬/傳說

**論語集註本義匯參二十卷** （清）王步青輯 清敦復堂刻本 一冊 存二卷(十七至十八)

330000－1798－0004585 普05853 集部/總集類/課藝之屬

**敬修堂詞賦課鈔十六卷附金臺課藝一卷** （清）胡敬輯 清刻本 一冊 存三卷(十五至十六、金臺課藝)

330000－1798－0004586　普 05446－5　經部/四書類/總義之屬/傳說

**新訂四書補註備旨十卷**　（明）鄧林撰　（清）杜定基增訂　清刻本　一冊　存一卷(孟子四)

330000－1798－0004587　普 05854　經部/四書類/總義之屬

**四書類典賦二十四卷**　（清）甘紱撰　清刻本　一冊　存二卷(七至八)

330000－1798－0004588　普 05855　集部/總集類/選集之屬/斷代

**本朝應制和聲集六卷首三卷二集三卷首一卷補編一卷**　（清）沈德潛　（清）王居正輯並評　清刻本　一冊　存三卷(首一至三)

330000－1798－0004589　善 05873　集部/別集類/明別集

**玉茗堂全集四十六卷**　（明）湯顯祖撰　明天啟刻清康熙三十三年(1694)阮峴等修補本　八冊　存二十二卷(文集一、四至五、八至十六,賦集一至六,尺牘一至四)

330000－1798－0004590　普 05872　集部/別集類/宋別集

**宋丞相文山先生全集二十卷**　（宋）文天祥撰　清刻本　二冊　存八卷(三至四、六、十一至十五)

330000－1798－0004591　普 05447－1　集部/總集類/選集之屬/通代

**古文觀止十二卷**　（清）吳乘權　（清）吳大職輯　清汲綆齋刻本　一冊　存二卷(十一至十二)

330000－1798－0004592　普 05447－2　集部/總集類/選集之屬/通代

**古文觀止十二卷**　（清）吳乘權　（清）吳大職輯　清浙蘭慎言堂刻本　一冊　存二卷(五至六)

330000－1798－0004593　普 05447－3　集部/總集類/選集之屬/通代

**古文觀止十二卷**　（清）吳乘權　（清）吳大職

輯　清咸豐三年(1853)文奎堂刻本　一冊　存二卷(一至二)

330000－1798－0004594　普 05447－4　集部/總集類/選集之屬/通代

**古文觀止十二卷**　（清）吳留村鑒定　（清）吳乘權　（清）吳大職輯　清刻本　二冊　存四卷(三至六)

330000－1798－0004595　普 05447－5　集部/總集類/選集之屬/通代

**古文觀止十二卷**　（清）吳乘權　（清）吳大職輯　清兩儀堂刻本　一冊　存二卷(五至六)

330000－1798－0004596　普 05447－6　集部/總集類/選集之屬/通代

**五鳳樓古文觀止十二卷**　（清）吳乘權　（清）吳大職輯　清刻本　一冊　存二卷(一至二)

330000－1798－0004597　普 05447－7　集部/總集類/選集之屬/通代

**文盛堂古文十二卷**　（清）吳留村鑒定　（清）吳乘權　（清）吳大職手錄　清刻本　一冊　存二卷(十一至十二)

330000－1798－0004598　普 05447－8　集部/總集類/選集之屬/通代

**尺木堂古文觀止十二卷**　（清）吳乘權　（清）吳大職輯　清刻本　一冊　存二卷(九至十)

330000－1798－0004599　普 05447－9　集部/總集類/選集之屬/通代

**籍古齋古文觀止十二卷**　（清）吳乘權　（清）吳大職輯　清光緒七年(1881)浙蘭籍古齋刻本　一冊　存二卷(九至十)

330000－1798－0004600　普 05447－10　集部/總集類/選集之屬/通代

**古文觀止十二卷**　（清）吳乘權　（清）吳大職輯　清刻本　一冊　存二卷(十一至十二)

330000－1798－0004604　普 05727　經部/小學類/音韻之屬/韻書

**岐疑韻辨一卷**　清刻本　一冊

330000－1798－0004605　普 05728　集部/詩

文評類/詩評之屬

**隨園詩話補遺□□卷** （清）袁枚撰　清刻本
一冊　存三卷（一至三）

330000－1798－0004608　普05726　經部/小
學類/音韻之屬/韻書

**詩韻集成十卷** （清）余照輯　清刻本　二冊
存八卷（一至五、八至十）

330000－1798－0004609　普05729－1　經
部/四書類/總義之屬/傳說

**四書體註合講十九卷** （清）翁復編　清石印
本　一冊　存二卷（孟子六至七）

330000－1798－0004610　普05729－2　經
部/四書類/總義之屬/傳說

**四書體註合講十九卷** （清）翁復編　清刻本
一冊　存五卷（論語六至十）

330000－1798－0004611　普05729－3　經
部/四書類/總義之屬/傳說

**四書體註合講十九卷** （清）翁復編　清刻本
一冊　存三卷（孟子一至三）

330000－1798－0004612　普05839　集部/總
集類/選集之屬/斷代

**國朝律賦新機續鈔四卷** （清）葛其仁　（清）
胡玉樹　（清）王寶仁編注　清刻本　二冊
存二卷（三至四）

330000－1798－0004613　普05737　史部/編
年類/通代之屬

**竹書紀年二卷** （南朝梁）沈約注　清刻本
一冊

330000－1798－0004614　普05738　史部/雜
史類/斷代之屬

**汲冢周書十卷** （晉）孔晁注　清刻本　一冊

330000－1798－0004616　普05744　經部/小
學類/音韻之屬/韻書

**詩韻合璧五卷** （清）湯祥瑟輯　清石印本
二冊　存二卷（二、四）

330000－1798－0004617　普05743　史部/傳
記類/科舉錄之屬

**墨卷約選不分卷** （清）翟登轂等撰　清刻本
一冊

330000－1798－0004618　普05741　子部/儒
家類/儒學之屬/蒙學

**發蒙小品六卷** （清）唐惟戀編　（清）吳鳳儀
注　清刻本　一冊　存三卷（下論、大學、中
庸）

330000－1798－0004619　普05740　集部/總
集類/課藝之屬

**塾課小題分編八集** （清）王步青論次　清刻
本　一冊　存一集

330000－1798－0004625　普05866　集部/別
集類/宋別集

**蘇文忠詩合註五十卷首一卷目錄一卷** （宋）
蘇軾撰　（清）馮應榴輯　清刻本　一冊　存
一卷（首）

330000－1798－0004626　普05867　經部/小
學類/音韻之屬/等韻

**二十三母土音表讀法不分卷** （清）吳善述輯
清光緒四年（1878）四明黃氏補不足齋刻本
一冊

330000－1798－0004627　普05742－1　集
部/總集類/選集之屬/通代

**古文觀止十二卷** （清）吳乘權　（清）吳大職
輯　清上海錦章書局石印本　一冊　存二卷
（七至八）

330000－1798－0004628　普05868　子部/術
數類/陰陽五行之屬

**精編曆法總覽合節鰲頭通書大全□□卷**
（明）熊秉戀輯　清刻本　一冊　存一卷（九）

330000－1798－0004629　普05869　集部/總
集類/選集之屬/通代

**秦漢文定十二卷** （明）倪元璐輯　清刻本
一冊　存二卷（五至六）

330000－1798－0004632　普05316－1　經
部/四書類/總義之屬/傳說

**四書體註合講十九卷** （清）翁復編　清文富
堂刻本　三冊　存九卷（論語一至五、孟子四

至七)

330000－1798－0004633　普05835　史部/傳記類/別傳之屬/事狀

**曾文正公大事記五卷**　(清)李鴻章　(清)曾國荃審定　清石印本　一冊　存三卷(三至五)

330000－1798－0004635　普05833　集部/總集類/選集之屬/通代

**昭明文選六臣彙註疏解三十九卷**　(清)顧施禎輯　清嘉慶二十四年(1819)六經堂刻本　二冊　存二卷(六、九)

330000－1798－0004636　普05838　子部/醫家類/綜合之屬/合刻、合抄

**景岳全書六十四卷**　(明)張介賓撰　清文星堂刻本　七冊　存十六卷(七至八、十九至二十一、四十至四十二、五十二至五十三、五十五至六十)

330000－1798－0004637　普05831　經部/四書類/孟子之屬/傳說

**孟子集註本義匯參十四卷首一卷**　(清)王步青輯　清敦復堂刻本　一冊　存二卷(十一至十二)

330000－1798－0004638　普05830　集部/別集類/明別集

**震川尺牘二卷**　(明)歸有光撰　清刻本　一冊　存一卷(二)

330000－1798－0004639　普05316－2　經部/四書類/總義之屬/傳說

**永言堂四書遵註合講十九卷附圖考一卷**　(清)翁復編　清永言堂刻本　一冊　存五卷(論語一至五)

330000－1798－0004640　普05316－3　經部/四書類/總義之屬/傳說

**四書體註合講十九卷**　(清)翁復編　清刻本　一冊　存五卷(論語一至五)

330000－1798－0004641　普05316－4　經部/四書類/總義之屬/傳說

**酌雅齋四書遵註合講十九卷**　(宋)朱熹集注

(清)翁復編　清刻本　一冊　存五卷(論語一至五)

330000－1798－0004642　普05316－5　經部/四書類/總義之屬/傳說

**大文堂四書體註合講十九卷**　(清)翁復編　清大文堂刻本　一冊　存五卷(論語一至五)

330000－1798－0004643　普05316－6　經部/四書類/總義之屬/傳說

**酌雅齋四書遵註合講十九卷附圖一卷**　(宋)朱熹集注　(清)翁復編　清刻本　二冊　存八卷(論語一至五、孟子一至三)

330000－1798－0004644　普05784－1　子部/醫家類/兒科之屬/痘疹

**種痘新書十二卷**　(清)張琰輯　清刻本　一冊　存三卷(九至十一)

330000－1798－0004645　普05784－2　子部/醫家類/兒科之屬/痘疹

**種痘新書十二卷**　(清)張琰輯　清刻本　一冊　存三卷(七至九)

330000－1798－0004646　普05795　史部/史評類/史論之屬

**世史淘金二卷**　(清)陳陞謨撰　清光緒八年(1882)刻本　一冊

330000－1798－0004647　普05316－7　經部/四書類/總義之屬/傳說

**四書體註合講十九卷**　(清)翁復編　清刻本　一冊　存五卷(論語一至五)

330000－1798－0004649　普05316－8　經部/四書類/總義之屬/傳說

**四書體註合講十九卷**　(清)翁復編　清刻本　一冊　存五卷(論語一至五)

330000－1798－0004651　普05360－1　集部/總集類/選集之屬/通代

**籍古齋古文觀止十二卷**　(清)吳乘權　(清)吳大職輯　清光緒七年(1881)浙蘭籍古齋刻本　四冊　存八卷(五至十二)

330000－1798－0004653　普05360－2　集

199

部/總集類/選集之屬/通代

鴻文堂古文觀止十二卷　（清）吳留村鑒定
（清）吳乘權　（清）吳大職輯　清乾隆刻本
二冊　存四卷（五至六、十一至十二）

330000－1798－0004655　普05360－3　集
部/總集類/選集之屬/通代

古文觀止十二卷　（清）吳乘權　（清）吳大職
輯　清刻本　二冊　存四卷（五至八）

330000－1798－0004656　普05771　集部/別
集類/清別集

翠薇山房稿不分卷　（清）張作楠等撰　清刻
本　一冊

330000－1798－0004657　普05749　子部/宗
教類/道教之屬

大洞經示讀註釋三卷　（清）劉體恕輯　清刻
本　一冊　存一卷（上）

330000－1798－0004658　普05770　集部/小
說類/長篇之屬

繪圖平山冷燕四才子書四卷二十回　（清）荻
岸散人編次　清光緒石印本　一冊　存二卷
（一至二）

330000－1798－0004659　普05747　子部/醫
家類/喉科口齒之屬/白喉

洞主仙師白喉治法忌表抉微一卷　（清）耐修
子輯並注　清光緒三十年（1904）鉛印本
一冊

330000－1798－0004660　普05769　集部/小
說類/長篇之屬

新刻異說南唐演義全傳十卷一百回　（清）如
蓮居士編　清刻本　一冊　存一卷（一）

330000－1798－0004662　普05751　子部/醫
家類/綜合之屬/通論

東醫寶鑑雜病篇十一卷　（朝鮮）許浚撰　清
刻本　一冊　存一卷（雜病篇一下）

330000－1798－0004664　普05775　經部/易
類/傳說之屬

周易本義四卷附圖說一卷卦歌一卷筮儀一卷
（宋）朱熹撰　清文星堂刻本　二冊

330000－1798－0004666　普05777　史部/傳
記類/科舉錄之屬/諸貢錄

［咸豐辛酉科］浙江選拔貢卷一卷　（清）陸宗
游撰　清刻本　一冊

330000－1798－0004667　普05757　經部/四
書類/總義之屬/傳說

增訂畊餘瑣錄十二卷　（清）雪樵甫輯　清刻
本　一冊　存二卷（五至六）

330000－1798－0004668　普05778　集部/總
集類

本源錄不分卷　清道光三十年（1850）刻本
一冊

330000－1798－0004669　普05755　經部/小
學類/訓詁之屬/群雅

廣雅疏證十卷附博雅音十卷　（清）王念孫撰
清光緒十九年（1893）上海鴻文書局石印本
一冊　存三卷（廣雅疏證一至三）

330000－1798－0004671　普05779　史部/傳
記類/總傳之屬/通代

尚友錄二十二卷　（明）廖用賢輯　清刻本
二冊　存三卷（四至五、十九）

330000－1798－0004672　普05780　史部/編
年類/通代之屬

鼎鋟鍾伯敬訂正資治綱鑑正史大全七十四卷
首一卷　（明）鍾惺訂正　明崇禎刻本　二冊
存五卷（二十五至二十六、六十一至六十
三）

330000－1798－0004673　普05781　史部/編
年類/通代之屬

資治通鑑綱目發明五十九卷　（宋）尹起莘撰
清雍正八年至十一年（1730－1733）刻嘉慶
重修同治十三年（1874）補刻光緒續補刻本
二冊　存十二卷（一至七、四十四至四十八）

# 書名筆畫字頭索引

# 六畫

# 七畫

## 十一畫

205

## 十二畫

207

# 書名筆畫索引

# 三畫

# 四畫

215

## 五畫

# 七畫

# 八畫

# 九畫

232

233

## 十一畫

# 十二畫

241

247

# 十五畫

# 十六畫

# 十七畫

# 二十二畫

# 二十三畫

# 二十四畫

# 其他